26 Monday

Week 22 (146-219)

HOLIDAY IN ENGLAND, N. IRELAND AND WALES

Another glorious day and in the morning Paul and Lamme did some gardening and I listened to records and made a rather hasty and unsatisfactory link for Petals for Thursday so that I wouldn't have to rush in at the crack of dawn on Thursday. Left around 1:00 for London. It was yet another glorious day and I felt very melancholy about leaving Pig behind – she seemed upset too. Picked up a hitcher beyond Stowe who'd seen Bebop Deluxe at our Village Hall. Took him near Ipswich, picked up two girls, children's nurses or something, and drove them both into Colchester and to the Clacton roundabout. Rather less traffic than I'd imagined and I reached London around 3:15. Sat in the car for a bit and then went and sat in Petals' office and made 'phone calls. The whole place quite deserted because it was a Bank Holiday and I was feeling very lonely and very forlorn. Ambled over to the studio and the monitor screen in the control room was showing Evel Knievel's attempts at Wembley Stadium to jump his motor-cycle over 13 single-decker buses. Incredible American hokum with Evel telling us all that he is still kinda proud of that old red, white and blue, cheer-leaders high-stepping round the ground, well out of time and dropping their batons as they went. Then Evel did a few rather dispiriting wheelies and then stood on top of the buses to tell us, in his home-spun way, that gee, he's no kind of a politician but he reckons, y'all, that our wunnerful country sure should stay in the Common Market and that Amyrica would be real happy if we did. Unfortunately Bill Schumo, ex-Beefheart man, arrived with the tape of the LP of Mallard, which is the band which was the Magic Band. I was a bit disappointed with their new vocalist [illegible] but the first half of the LP, which was all I had a chance to hear, sounded pretty good. Then Greg Thain arrived and stayed for the first thirty minutes of the programme and really distracted me with a series of silly questions while I was trying to get on with the programme. Eventually chased him out and tried to salvage something of the programme. Hate doing these golden hits holiday shows. When it was over I rushed out and drove fairly swiftly round to Hadleigh and the White Lion. Arrived exactly at the same time as Pig and the others. Had a drink there – as usual the place was almost empty. Had another drink at a crowded pub outside Hadleigh and a third at one in Bildeston. Looked great from the outside but it was filled w. scruffs around a duff jukebox.

Evening Appointments

R&B

JOHN PEEL

und Sheila Ravenscroft

Memoiren des einflussreichsten DJs der Welt

Aus dem Englischen
von Christoph Hahn

ROGNER & BERNHARD
BEI ZWEITAUSENDEINS

1. Auflage, Oktober 2006.

Die Originalausgabe erschien 2005 unter dem Titel *Margrave of the Marshes*
bei Bantam Press, London.

ISBN-10: 3-8077-1021-3
ISBN-13: 978-3-8077-1021-1
www.rogner-bernhard.de

Lektorat: Hollow Skai, Hamburg.
Mitarbeit: Rainer Kolbe, Tating/Eiderstedt, sachregister.de
Umschlag: Philippa Walz und Andreas Opiolka, Stuttgart.
Umschlagabbildung: © VG Bild-Kunst, Bonn 2006. Foto: Simon Danby.
Satz und Herstellung: Dieter Kohler GmbH, Wallerstein.
Gesetzt aus der Garamond.
Druck und Einband: Kösel, Krugzell.
Printed in Germany.

Dieses Buch gibt es nur bei Zweitausendeins im Versand,
Postfach, D-60381 Frankfurt am Main,
Telefon 069-4208000, Fax 069-415003.
Internet www.Zweitausendeins.de, E-Mail Service@Zweitausendeins.de.
Oder in den Zweitausendeins-Läden in Berlin, Düsseldorf,
Frankfurt am Main, Freiburg, 2 x in Hamburg, in Hannover, Köln,
Mannheim, München, Nürnberg, Stuttgart.

In der Schweiz über buch 2000, Postfach 89, CH-8910 Affoltern a. A.

Es war Johns Wunsch, dass dieses Buch
Reverend R. H. J. Brooke gewidmet wird.

Wir möchten dieses Buch John widmen –
mit all unserer Liebe.

Inhalt

Vorwort

Held wider Willen

Mein erstes Treffen mit John Peel endete beinahe tragisch, im Keller eines Plattenladens in Schöneberg. John war nach Berlin gekommen, um sein Radioprogramm für BFBS vor Ort zu produzieren, und wollte die Stadt keinesfalls wieder verlassen, ohne zuvor ein paar obskure und abseitige Platten in seinen Besitz gebracht zu haben. Möglichst solche lokaler Provenienz, hatte er am Telefon sein Begehr präzisiert, »you know, the kind of stuff I can't get in London«. Also verabredeten wir uns beim Zensor, der im Hinterzimmer eines Schuhgeschäfts in der Belziger Straße residierte. Mehr Loch als Laden, bargen diese paar trostlosen, ewig eingestaubten, mit Kisten bis unter die Decke vollgestellten Quadratmeter ein großes Versprechen. Das wöchentlich eingelöst wurde, wenn der Postmann klingelte, nicht selten zweimal, weil er mit der beladenen Sackkarre nicht an den Teds vorbeikam, die vorne im Blue Moon ihre Creepers anprobierten. Die regelmäßigen Importe waren unsere Nabelschnur nach London, des Zensors Kabuff fungierte als Nachschubbasis. Für 7inch-Singles vor allem, als Tonträger unschlagbar, wenn es um akute Musik ging, um kreative Schnellschüsse aus der Hüfte, um Mitteilungswut. Punk hatte seinen Zenit zwar bereits überschritten, denn wir schrieben 1978, aber die Singles-Flut hielt unvermindert an, wollte bewältigt sein.

Es war John Peel, der hier mit leuchtendem Beispiel voranging. Ihm vor allem war es zu verdanken, dass die Welt diese Platten von kleinen und kleinsten Labels zur Kenntnis nahm, die irrlichternde Vielfalt von Bands, die weit unterhalb des Radars etablierter Labels ihrer Leidenschaft frönten, unerhörte neue Klänge kreierend, unbotmäßige Botschaften verbreitend. Peel war Inspirator und Katalysator zugleich, als Radio-DJ natürlich, aber auch als Kolumnist und Kritiker. Und nun war er es, der mit leuchtenden Augen hereinkam, seinen Blick mit Wohlgefallen über das leidlich organisierte Chaos von unausgepackten Paketen und überfüllten Regalen schweifen ließ, über Myriaden von Scheiben, die ihm alle wohlvertraut sein mussten. Peel begrüßte uns, fragte den Zensor nach Reggae-Neuheiten aus Jamaica, der verwies ihn ans andere Ende der Theke. Wir schauten ihm nach, er winkte noch herüber, als er des Reggae-Angebots gewahr wurde, dann war er urplötzlich verschwunden. Und in die schweren Dub-Sounds vom Plattenspieler mischte sich ein unheilvolles Poltern und Krachen.

Peel war die enge, steile Treppe hinuntergefallen, die ins Souterrain führte, das dem Zensor als Lager diente und zum Glück nicht aufgeräumt war. Und so bot sich uns nach dem ersten Schreck ein eher komisches Bild im Halbdunkel des Kellers. John lag leicht verrenkt in einem Berg leerer Kartons, die seinen Sturz gebremst hatten, und gab, noch kreidebleich, mit fester Stimme Entwarnung. »Don't worry«, schallte es herauf, »I'm perfectly alright.« Er hätte sich das Genick brechen können, mutmaßte ich eine halbe Stunde später, als wir Richtung U-Bahn strebten, beide mit gut gefüllten Zensor-Tüten in Händen. O ja, gab John zurück, vor seinem geistigen Auge seien schon einige Schlagzeilen vorbeigezogen, die sich die Gazetten im UK garantiert nicht hätten entgehen lassen. DJ findet Tod im Plattenladen. Peel stirbt beim Plattenkauf. John Peel wird Opfer seiner Plattengier. Mehr als genug Stoff, um die 20-minütige Fahrt zum Ernst-Reuter-Platz mit Gelächter zu füllen.

Meine früheste Erinnerung an John Peel reicht ins Jahr 1967 zurück. Peel hatte auf dem Piratenschiff von Radio London angeheuert und moderierte ein merkwürdiges Programm, das er *The Perfumed Garden* nannte, nicht von ungefähr. Sounds aus dem embryonalen Underground, mäandernde LP-Tracks von Quicksilver Messenger Service und Psychedelia von Pink Floyd. Ein wilder und wundersamer Trip durch völlig unbekannte musikalische Gefilde, unterbrochen nur von Johns tiefer, unaufgeregter und lakonischer Stimme, die selten ohne selbstironischen Unterton an mein Ohr drang. Eine Wohltat, denn die meisten anderen DJs buhlten um Aufmerksamkeit, hyperventilierten in transatlantischem Kauderwelsch. Peel sagte überhaupt nicht viel, vermied jugendforsche Dampfplauderei und vermittelte so nachhaltig, wenngleich unabsichtlich den Eindruck von Coolness und Souveränität. Selbst wenn er eine Platte mit der falschen Geschwindigkeit abfuhr, ließ er sich nicht aus der Ruhe bringen, brummte ein trockenes »Sorry, folks« und schob den Regler an die richtige Stelle. Während oft genug heftiger Seegang den Kahn zum Schlingern brachte und Peels Contenance auf harte Proben stellte.

Schlag Mitternacht begann *The Perfumed Garden*, doch leider oft ohne mich. Wenn der Wind ungünstig blies oder das Wetter Kapriolen schlug, war das Mittelwellen-Signal von Radio London zu schwach, um den Weg von der Themsemündung bis zum Transistorempfänger unter meinem Kopfkissen zu schaffen. In besonders klaren oder regnerischen Nächten aber schien John ganz nah zu sein, ein Freund ohne Gesicht, der mir Jefferson Airplane vorstellte und Lightnin'

Hopkins, Musik, die sonst nirgendwo im Radio vorkam. John Peel erweiterte Horizonte, schon damals.

Das Ende von Radio London war ein Trauerspiel. Im August verabschiedete die Labour-Regierung von Harold Wilson den Marine Offences Act, der den Pirate Stations nur die Wahl ließ, in die Illegalität zu gehen, mit harten strafrechtlichen Konsequenzen, oder die Segel zu streichen. Radio Caroline tat Ersteres, Radio London gab auf, wie im Übrigen die restlichen Radiopiraten. Um den Unmut über das unpopuläre Verbot zu dämpfen und die Pop-Begeisterung Britanniens zu ventilieren, brachte die alte Tante BBC mit Radio 1 eine neue Welle an den Start, die rund 20 DJs einen festen Arbeitsplatz bot. Die meisten von ihnen hatten sich bereits als Pirate-DJs einen guten Ruf erworben und mussten sich nun von erbosten Free-Radio-Fans als Verräter titulieren lassen. Darunter auch John Peel, der durchaus unter den Invektiven litt, die bei Demonstrationen skandiert wurden, der aber noch 30 Jahre später nur ungern Auskunft gab über seinen seinerzeitigen Gefühlshaushalt. Es habe keine gangbare Alternative für ihn gegeben, beschied er bündig.

Als die Radio-1-DJs ihren Dienst antraten, frohsinnige und karrierebewußte junge Männer zumeist, die es verstanden, sinnfrei draufloszuplappern, war John belächelter Außenseiter. Niemand hätte damals wohl einen Shilling auf seine Zukunft als Broadcaster gesetzt. Immerhin schloss seine neue Show namens *Top Gear* nahtlos da an, wo der parfümierte Garten geendet hatte. Der Rest ist nicht nur Radiogeschichte, John Peel veränderte die Topografie der Musiklandschaft. Indem er unzählige Talente aufspürte und förderte, von Tyrannosaurus Rex und David Bowie über die Undertones und Smiths bis zu Pulp und den White Stripes. Ganzen Stilrichtungen ebnete er den Weg, weltweit. Denn seine Sendungen reichten via BBC World Service in die letzten Winkel des globalen Dorfes. In die deutschen zumal. Nicht im Traum würde mir einfallen, mich als Radiomacher auf eine Stufe mit ihm zu stellen, doch waren wir etliche Jahre lang Kollegen, teilten uns Frequenzen. Bei Radio 4U etwa, wo *John Peel's Music* nach meiner Sendung lief und es mir zur Ehre gereichte, an ihn übergeben zu dürfen. Zuletzt auf Radio Eins, wo er seinen irrwitzigen Eklektizismus so lange kredenzte, bis ihn ein verblüffend lukratives Angebot zum Kürzertreten bewog. Man hatte ihm einen Millionenbetrag für seine Autobiografie geboten.

Die Peel-Gemeinde, wie gerne gefrotzelt wurde in den Korridoren der BBC, litt nie an Mitgliederschwund. Weil Johns Interesse stets dem Neuen galt, dem Riskanten. So gelang es wohl nur wenigen, mit ihm älter zu werden. »Die meisten meiner Hörer halten mich fünf Jahre aus«, wusste er, »dann wird es ihnen zu anstrengend, und sie ziehen sich auf ihre Plattensammlung zurück.« Wenn diese Schätzung stimmt, hat Peel als Radio-DJ mehrere Generationen informiert, verunsichert, vor den Kopf gestoßen. Das Problem der Überalterung des Zielpublikums kannte er mithin nicht, es wuchs immer eine Generation nach, die ihn für sich entdeckte und durch ihn Entdeckungen machte. Dafür wurde er geschätzt. Geliebt wurde John Peel, weil er John Peel war. Aufrichtig und unbestechlich, ohne Allüren, den Bullshit-Detektor stets in Betrieb. Peel verabscheute Pomp, hasste Personenkult. Erst recht, wenn es um seine Person ging. Er selbst verfing sich nur darin, wenn die Rede auf die »Reds« kam, auf den FC Liverpool im Allgemeinen oder auf Kenny Dalglish im Besonderen. Dann nahm Johns Stimme einen weicheren, fast schwärmerischen Ausdruck an, und ein »terribly exciting, of course« kam ihm über die Lippen, das keinen Raum mehr bot für den kleinsten Zweifel.

So allergisch John auf Hybris und Hype reagierte, so offen und ungeschützt ließ er seiner Begeisterung freien Lauf. »Best to stay a fan, isn't it?«, fragte er rhetorisch, ob es nun seine leidgeprüfte Passion für die Geschehnisse an der Anfield Road betraf oder sein sonderbares Faible für The Fall. Oder seine nie versiegende Neugier auf neue Musik, vorzugsweise in seinem favorisierten Format. »I can't get enough of those 7inch-Singles by bands I've never heard of before«, muss er so oder ähnlich tausendmal bekundet haben, »because they contain elements of surprise.« Ebenso entschieden lehnte er die dubiosen Segnungen digitaler Klangreproduktion ab. »Jeez, how I hate CDs«, rief er dann aus, »the clinical, airbrushed sound, the horrid little plastic boxes, the idea that the sodding things are good for us.« Um als Nächstes eine Dub-12inch aufzulegen, gefertigt in Kingston, unter freiem Himmel, aus recyceltem Vinyl. »That's more like it«, schnaufte er dann zufrieden, wenn die Nadel knisternd in der Auslaufrille zum Stehen gekommen war.

Peel war eine Anomalie. Ein kluger, humorvoller, freundlicher und bescheidener Mann, ein Dissident, Kulturkritiker, Mahner. Einer, der nie Vorbild sein wollte oder gar Held, der nur unbeirrbar tat, was er für richtig hielt. Einer, dem klar war, dass sein Mut zum Risiko die Möglichkeit des Irrtums einschloss. »Hero. Legend. Good Bloke.«, so titelte der *NME* nach Johns Tod. Man wird kaum einen finden, der das für Übertreibung hielte. Bestimmt keinen, der John Peel kannte.

Wolfgang Doebeling, im September 2006

Prolog

Der Eintritt in die literarische Welt kam für unsere gesamte Familie unerwartet und wurde von gemischten Gefühlen begleitet, zumal die Umstände, die dazu führten, nicht gerade begrüßenswert waren. Unser Vater hatte zum Zeitpunkt seines Todes die erste Hälfte dieses Buches fertig gestellt, und obwohl es uns möglich gewesen wäre, lediglich seine Zeilen zu veröffentlichen, erschien es uns wichtig, die Geschichte zu Ende zu erzählen, und sei es nur, um klarzustellen, dass er unsere Mutter nicht in jenem Etablissement kennen gelernt hat, in dem seine Aufzeichnungen enden. Darin enthalten sind seine Erlebnisse in Amerika bis kurz vor seiner ersten Radiosendung. Über die sieben Jahre zwischen seinem Radiodebüt und seinem Zusammentreffen mit unserer Mutter gibt es keinerlei Berichte aus erster Hand, und auch für die Ereignisse in der Zeit danach ist nicht jedes Detail hundertprozentig verbürgt, doch wir haben uns bemüht, die Fakten, so gut es ging, zu sammeln und uns auf das ausgesprochen gute Erinnerungsvermögen unserer Mutter zu verlassen.

Unser Vater war von verschiedenen Leuten bedrängt worden, seine Autobiografie zu schreiben, und er hatte es dreißig Jahre lang immer wieder versprochen. Wir hatten sogar schon ein extra Zimmer anbauen lassen, das nur diesem Zweck dienen sollte, das er aber augenblicklich mit

Schallplatten vollstellte, sobald es fertig war. Irgendwann kam er, nachdem diverse Altersvorsorgen sich in Luft aufgelöst hatten, zu der Einsicht, dass es nun vielleicht doch eine gute Gelegenheit war, damit anzufangen. Zu einem bestimmten Zeitpunkt wollte er das Buch mit der Zeile beginnen: »Die jungen Offiziere tauschten Blicke aus. Mrs. Bradshaw war wieder an Bord.« Keine Ahnung, wieso und weshalb. Sobald er einen Arbeitsrhythmus entwickelt hatte, war er sehr produktiv, wobei die Früchte seiner Bemühungen allerdings eines Montagmorgens infolge einer Unachtsamkeit gelöscht wurden – er war nicht gerade ein Ass am Computer. Gewöhnlich saß er mit seinem Laptop am Küchentisch und tippte unter den aufmerksamen Augen von Bill Shankly auf dem Foto an der Wand vor sich hin. Um ehrlich zu sein, waren wir entsetzt, als wir erfuhren, dass unser Vater ein Buch schreiben würde. Nicht, dass er sich Sachen einfach so ausgedacht hätte, aber er hatte in der Vergangenheit häufig irgendwelche Geschichten über uns völlig übertrieben oder Situationen falsch interpretiert und, na ja, sich Einiges einfach nur ausgedacht. Wir sind allerdings einigermaßen sicher, dass dies hier nicht der Fall war. Wir hätten allerdings gerne gelesen, was er, wenn er die Gelegenheit dazu gehabt hätte, noch so alles aus dem Ärmel gezaubert hätte.

Der Titel des Buches stand, soweit uns bekannt ist, noch nicht fest. Es bereitete ihm ein großes Vergnügen, mit ebenso witzigen wie teilweise verwirrenden Titeln aufzuwarten: *How's Your Flow?*, *Wet Echo*, *Flying Cream Shots*, *Goatman Codds*, *If He Ever Hits Puberty*, *Buckskins and Buggery*, *The Wotters Won the Wace*, *A History of the Iodine Trade 1847–1902*, *An ABC of High-Jumping*, *The Questing Stemel Garamond: How He Overcame the Gelks and Punished the Dwellers Within the Well* und *Jesus Wasn't Made of Fish.* (*Wie ist dein Panorama?*, *Nasses Echo*, *Die Fliegenden*

Sahneschüsse, *Wenn er jemals die Pubertät erreicht*, *Lederhosen und Analverkehr*, *Die Wäuber Gewannen das Wennen*, *Eine Geschichte des Iod-Handels von 1847–1902*, *Ein ABC des Hochsprungs*, *Der strebsame Stemel Garamond: Wie er die Gelks besiegte und die Schläfrigen im Schacht bestrafte* und *Jesus bestand nicht aus Fisch*) Wir fanden diese Titelvorschläge in seinem Koffer, den er nach Peru mitgenommen hatte, neben einer Notiz: »Im Bett gelegen und unglaublich vulgäre Wayne-Rooney-Gesänge komponiert. Darunter ist ein wahres Prachtexemplar, aber dies ist nicht der Ort, um mich weiter darüber auszulassen.« Was nahelegt, dass er sich nicht hundertprozentig auf seine eigentlichen Pflichten konzentriert hat. In demselben Notizbuch befanden sich weitere Einträge, Erinnerungen und Beobachtungen:

> Um drei Uhr aufgewacht,
> die anderen werden um fünf geweckt,
> ein Amerikaner brüllt irgendwas um 5:30,
> der Mann in der Kabine nebenan furzt überaus laut,
> dann Stille,
> hat's einen Staatsstreich gegeben?
> 6:45 – völlige Stille.
>
> Der Hauptunterschied zwischen der politischen Situation hier und bei uns besteht darin, dass wir besser – oder vielleicht eher subtiler – sind, was Korruption und Vetternwirtschaft angeht. Es gibt in der peruanischen Politik keinen Peter Mandelson.
>
> Buch über finnische Hütten in die Autobiografie mit einarbeiten.

Wir haben sämtliche Entscheidungen, die das Buch betrafen, hintangestellt, da wir keinen Schimmer hatten, was unserem Vater vorschwebte, wenn es überhaupt etwas gab, das ihm vorschwebte. Doch wir sind ziemlich sicher, dass er damit

Die Familie zu Hause in Suffolk anlässlich Johns 65. Geburtstag.
Von links nach rechts: Thomas, Florence, Alexandra, Sheila, John, William

einverstanden gewesen wäre, die albernen Zeichnungen, die unsere Mutter von sich und ihm gemacht hatte, an den Beginn jedes Kapitels zu stellen. Unser Vater sagte immer, dass diese Zeichnungen das Erste wären, das er retten würde, falls das Haus jemals in Brand geraten sollte. Das hat er allerdings von allem und jedem behauptet.

Die Nachforschungen, die wir alle für den zweiten Teil des Buches anstellen mussten, waren – natürlich – eigenartig, boten aber auch eine Gelegenheit, die vielen Artikel zu lesen, die unser Vater für verschiedene Zeitungen und Zeitschriften verfasst hatte. Manche davon sind wirklich gut, andere wiederum doch recht dämlich. Versteckt zwischen all seinen obszönen Stickern, deutschen Schundmagazinen und alten Radio-1-Postkarten fanden wir seine alten Tagebücher, durch die wir uns in den letzten sechs Monaten kämpften. Diese decken, allerdings mit Lücken, die Jahre zwischen 1967 und 1983 ab, und aus ihnen wird ersichtlich, wie hart unser Vater gearbeitet hat – ständig unterwegs, von einem Auftritt zum nächsten, kreuz und quer durch das ganze Land, unterbrochen von Schlafpausen an Autobahnraststätten. Wir stießen auf einige Details, die wir offen gestanden lieber nicht erfahren hätten, aber auch auf etliche Geschichten über unsere eigene Kindheit, die wir überaus amüsant fanden, mit denen wir Sie aber lieber nicht langweilen wollen. Jedenfalls hat Thomas wohl irgendwann eine Maus gegessen.

Im Verlauf des Buches werden Sie auf die Berichte unseres Vaters über seine Begegnungen mit einigen Präsidenten der USA stoßen. Die Fotos, die er in diesem Zusammenhang erwähnt, also der Beweis für diese Zusammentreffen, sind nicht, wie er lange Zeit glaubte, verloren gegangen, sondern sie wurden vom Bruder seiner ersten Frau vierzig Jahre lang aufbewahrt, der ihm irgendwann anbot, sie ihm aus Amerika zuzusenden. Als unser Vater diese Dias nach all den Jahren in die Finger bekam, strahlte er vor Freude über das ganze Gesicht. Er konnte es kaum fassen, endlich den Beweis in Händen zu halten, dass seine Geschichten doch wahr gewesen waren.

Es gibt in unserem Haus keinen physischen Hinweis darauf, dass unser Vater nicht mehr unter uns ist. Der Stapel mit den Schallplatten, die er noch anhören wollte, steht nach wie vor neben dem Plattenspieler, daneben ein kleinerer Stapel mit Platten, die er für eine Sendung sortieren wollte. Sämtliche Gerätschaften und Bestandteile seines über die Jahre ausgetüftelten Systems sind nach wie vor an Ort und Stelle, auch wenn sie nicht benutzt werden. Wir haben keine Ahnung, was wir mit den Stapeln von Demo-CDs machen sollen, die sich in sämtlichen Ecken auftürmen. »Darunter könnte ein zweiter Elvis stecken«, hören wir ihn noch immer sagen, und wir haben ein ebenso schlechtes Gewissen wie er bei dem Gedanken, sie einfach wegzuwerfen. Es ist klar, dass wir seine Arbeit nicht fortsetzen können, die ganzen Demos zu hören und diese Bands zu fördern, aber wir dachten, dass wir zumindest versuchen sollten, dieses Buch fertig zu stellen.

Wir können nicht so tun, als seien diese Erinnerungen die Lektüre, die unserem Vater vorgeschwebt hat, sondern nur hoffen, dass wir genügend Originaltöne von ihm recycelt haben, damit seine Stimme durch das ganze Buch hallt. Etliche seiner Geschichten hat er nicht oft genug erzählt, dass wir sie uns gemerkt haben, doch wir haben versucht, all das unterzubringen, was ihm wichtig war. Wir hoffen, dass sich in der Mühe, die unsere Mutter und wir investiert haben, um dies zu einer lesenswerten Chronik seines Lebens zu machen, auch spiegelt, wie viel er uns allen bedeutet hat.

William, Alexandra, Thomas und Florence

ERSTER TEIL

Es ist offensichtlich, dass Discjockeys im Grunde genommen eine Kaste von Parasiten darstellen. Wir sind – mit beklagenswert wenigen Ausnahmen – weder kreativ noch produktiv. Unser Umgang mit den Schöpfungen anderer (Schallplatten) versetzt uns allerdings in die Lage, uns zu Lenkern des öffentlichen Geschmacks aufzuschwingen, doch es gibt keinen Grund, der dafür, aber auch keinen, der dagegen spricht, dass ausgerechnet ich diese Kolumne schreibe und nicht Sie. Dessen ungeachtet liegen die Dinge nun mal so, wie sie liegen, auch wenn meine Position unverdient ist. Ich habe einen festen Glauben an das Radio als ein Medium, dessen Möglichkeiten tragischerweise bei Weitem nicht ausgeschöpft werden, und ich glaube an die Musik, die ich spiele. Im Bewusstsein der Tatsache, dass ich mich in einer heiklen Situation befinde, die eigentlich grundfalsch ist, tue ich alles, was in meiner Macht steht, um das zu verbreiten, was ich zu hören bekomme und gut finde. Dass Sie diese Musik zu hören bekommen und sich daran freuen können, haben Sie den Musikern zu verdanken, die sie machen – nicht J. Peel.

John Peel, *Disc and Music Echo*, 1969

Kapitel 1

Sheila und ich müssen heute babysitten, und unser Enkel Archie ist alles andere als glücklich. Der Brei aus Tomaten, Süßkartoffeln und Basilikum, den seine Mutter, unsere Tochter Alexandra, heute Morgen mit ihm zusammen abgeliefert hat, schmeckt ihm nicht. Mir würde er wohl auch nicht schmecken. Was ihm darüber hinaus nicht recht zu behagen scheint, sind die ganzen Gurte, mit denen er an seinem Kinderstuhl festgezurrt ist. Auch da hat er mein vollstes Verständnis. Ich bin mir nicht sicher, aber kann es sein, dass ich mich an den Druck, das Scheuern, ja sogar an die verschiedenen Gerüche erinnere, mit denen der junge John Robert Parker Ravenscroft gebändigt wurde? Es gab, und das weiß ich noch ganz genau, ein braunes Lederband, das Nanny benutzte, wenn sie mit mir spazieren ging, und ich kann mich noch gut an seinen Geruch erinnern – vielleicht sogar an den

Geschmack. Kann sogar sein, dass kleine Glöckchen daran waren.

Ich wurde, so habe ich es den Leuten immer erzählt, im Alter von vier Jahren in einer Holzfällerhütte im Schwarzwald geboren, doch die Wahrheit ist leider, dass ich ein paar Tage vor dem Ausbruch des Zweiten Weltkriegs im Heswall Cottage Hospital zur Welt kam. Das Cottage Hospital ist mittlerweile ein Privathaus, und die Familie, die dort wohnt, hat zweimal Kontakt mit mir aufgenommen. Das eine Mal, als der Familienvater mir einen Ziegelstein aus einer Mauer schickte, die sie hatten einreißen lassen, und das zweite Mal, als ich vor Kurzem in Liverpool war, wo ich im Chibuku auflegen sollte – das ist ein Club, kein Brettspiel –, und seine Söhne mich eingeladen hatten, dort zu übernachten, wo ich das Licht der Welt erblickt hatte. Wäre nicht bereits ein Zimmer im Raquette für mich gebucht gewesen und wären nicht Unmengen von Rotwein nötig gewesen, um mich während der langen Nacht über Wasser zu halten, hätte ich das Angebot bestimmt angenommen. Sie würden staunen, wie viele Leute einen Zusammenhang zwischen meinem Geburtsdatum und dem Ausbruch des Krieges herstellen. »Dann ist das alles Ihre Schuld«, lachen sie, aber ich lache nicht mit ihnen, ebenso wenig wie ich in letzter Zeit das Amüsement von Leuten teile, die mich mit den Worten »Kennen Sie zufällig John Peel?« begrüßen. Etliche von ihnen sind unter einer dünnen Erdschicht auf den Feldwegen abseits der A 505 begraben, und die Polizei erklärt, dass sie vor einem Rätsel steht.

Es ist nicht weiter verwunderlich, dass ich kaum Erinnerungen an den Krieg habe. Mein Vater war fort und kämpfte in Nordafrika gegen die Deutschen. Mutter war im Schlafzimmer. Manchmal wurde ich durch die Verandatüren des Wohnzimmers über den seltsamen Fußweg und den ehemaligen Tennisplatz, den wir immer den »Großen Rasen«

Johns Eltern, Harriet und Bob Ravenscroft

nannten, in den Luftschutzkeller am oberen Ende des Gartens getragen. Später bekam ich dann Gesellschaft von Francis Houghton Leslie Ravenscroft, der, wie mir Jahre später erklärt wurde, in London gezeugt wurde, als mein Vater Heimaturlaub hatte. Aus dem großen blauen Radio im Luftschutzraum drangen Meldungen über den Krieg in Europa, die wir nicht verstanden. Wobei wir allerdings dann doch irgendwie eine Verbindung herstellen konnten zwischen diesen Meldungen und den Silhouetten von Kampfflugzeugen in den Büchern, die man uns von Zeit zu Zeit zeigte, dem Sperrballon, der auf dem Feld nebenan niederging, den seltsamen gepuderten Lebensmitteln, die wir zu essen bekamen, und mit der Tatsache, dass Vater nicht da war. Vater, so entschied ich irgendwann, existierte vermutlich überhaupt nicht. Zumindest in den ersten sechs Jahren meines Lebens war er so unerreichbar und unwirklich wie die Gestalten aus *The Blue Fairy Book*, weniger wirklich als der Pfannenmann oder Mondgesicht und die anderen Gestalten aus Enid Blytons Wunderweltenbaum.

Die Bücher zur Identifizierung von Flugzeugen waren ganz nützlich. Ich wusste, dass man nach schwarzen Kreuzen auf den Flügeln Ausschau halten musste, und man hatte mich ausdrücklich gewarnt, dass ich mich auf gar keinen Fall in der oberen Hälfte des Gartens herumtreiben sollte, der in Größe und Form ungefähr einem Fußballfeld entsprach, auf dessen Mittellinie ein Pfad verlief, der sich von der Sandsteinmauer am einen Ende bis zu dem Hühnergehege erstreckte, das mein Vater nach seiner Rückkehr anlegte. Eines Nachmittags war ich zusammen mit Francis, der damals noch eine auffällig gelbe Hautfarbe hatte und die meiste Zeit schlief, zur Küchentür hinausgetrottet und den Pfad entlanggewackelt, vorbei an dem Werkzeugschuppen, dem Gewächshaus, der Jauchegrube und dem Misthaufen, vorbei an den Reihen von Bohnen, Erbsen und Rhabarber, bis wir schließlich zu dem kleinen Pfad kamen, der den Garten in zwei Hälften teilte. Hier bedeutete ich meinem Bruder, dass ich nun eine Exkursion in die verbotene Zone unternehmen würde. Er beobachtete meinen ersten Schritt als freier Denker mit Skepsis, soweit es einem achtzehn Monate alten Kind möglich ist, so etwas wie Skepsis zu äußern, und kaum hatte ich diesen einen Schritt getan, rauschte auch schon ein Flugzeug – ein deutsches Flugzeug – im Tiefflug über den Garten. Es dauerte einige Jahre des Friedens, bis ich wieder einen Fuß über den Begrenzungspfad setzte.

Ich war, so ist mittlerweile klar geworden, als Kind ein Einzelgänger. Zu Hause vertrieb ich mir, wenn das Wetter mitspielte, die Zeit damit, auf Bäume zu klettern oder zu lesen. Dank Nanny, die eigentlich Florence Horne hieß und von unserem Vater zu Ehren des berühmten Seefahrers den Namen Trader verpasst bekam, konnte ich schon lesen, bevor ich in die Vorschule kam. Mein Lieblingsbaum zum Lesen war eine knorrige alte Kiefer, von der aus man einen

Blick über das Feld hatte, das unser Haus von dem unseres Nachbarn trennte und auf dem zu bestimmten Zeiten des Jahres deutsche Kriegsgefangene arbeiteten. Diese Gefangenen arbeiteten unbewacht, vermutlich weil sie wenig Ehrgeiz an den Tag legten, die relative Sicherheit einer Farm in Cheshire gegen ein doch überaus ungewisses Schicksal, sagen wir mal: an der Ostfront einzutauschen. In ihrem gebrochenen, aber nicht uncharmanten Englisch warnten sie mich vor den Gefahren, die mit dem Klettern auf Kiefern einhergingen, und seitdem erzähle ich immer wieder gerne die Geschichte, dass sie mir und Francis an Feiertagen selbst geschnitzte Holzfiguren schenkten, doch eine innere Stimme sagt mir, dass ich mir das nur ausgedacht habe.

Abgesehen von den Whittimores, die die Felder jenseits der Straße zum Haus der Behrends bewirtschafteten, das in einiger Entfernung inmitten von Bäumen stand, und Mr Hughes, dessen Felder auf der anderen Seite der Hauptstraße lagen, kam kaum jemand mal zu Besuch. Colin und Martin Whittimore waren etwa genauso alt wie Francis und ich, und weil es sonst keine anderen Kinder gab, spielten wir häufig zusammen. Francis und Colin waren sogar irgendwie miteinander verheiratet, eine Ehe, die zwar nicht den Segen einer der großen Religionen fand, die aber heutzutage von der englischen Kirche vermutlich wohlwollender betrachtet würde als damals. (Randnotiz: Herausfinden, welche Position die Kirche in Bezug auf gleichgeschlechtliche Ehen von Dreijährigen einnimmt.)

Wenn wir nicht mit den Whittimores zusammen waren, blieben Francis und ich uns größtenteils selbst überlassen. Und da Francis die meiste Zeit schlief, bedeutete dies, dass ich viel Zeit hatte, im Garten herumzustreunen und mich mit meinem imaginären Freund Boo Boo zu unterhalten. Boo Boo hatte sein ungemütliches Zuhause unter einem Busch im Steingarten, nur einen Steinwurf entfernt vom Flaggenmast und gerade mal um die Ecke von der Stelle, wo ein Aushilfsgärtner, ein Kerl knapp unter zwanzig, der mit dem Rad aus Burton kam, um die Felder zu pflügen und zu säen, mir anbot, einen Blick auf seinen Penis zu werfen. Ich erinnere mich daran, dass ich von dessen Größe ebenso beeindruckt war wie von der Fähigkeit des Kerls, ihn scheinbar beliebig wachsen und schrumpfen zu lassen, doch lehnte ich in der Folgezeit sämtliche Einladungen ab, mir das gute Stück noch einmal anzusehen. Obwohl es wirklich ziemlich groß war.

Außer auf Bäume zu klettern, mich mit Boo Boo zu unterhalten und das Geschlechtsteil einer Aushilfskraft zu begutachten sowie Mutter beim Hissen des Union Jack zu helfen, der für die gesamte Dauer des Krieges über unserem Garten wehte, gab es kaum Aufregendes außer unseren regelmäßigen Spaziergängen nach Burton in Begleitung von Nanny. Je nach Laune führte sie Francis, der in seinem Kinderwagen schlief und dessen gelbliche Gesichtsfarbe bei sämtlichen Passanten aufgeregte Kommentare hervorrief (notabene: Francis ist mittlerweile nicht mehr gelb, ein Zustand, der schon seit einigen Jahren anhält), und mich, der ich neben ihnen her hopste, entweder die Denhall Road entlang in Richtung Bahnhof Burton Point und die Marschen, die dahinter lagen, oder sie bog nach links in die Burton Road ein, die zum Dorf führte. Wenn sich Nanny für die erste – und längere – Strecke entschied, musste sie nach zwei Dritteln des Wegs zum Fluss, wenn wir zur Eisenbahnbrücke kamen, eine weitere Entscheidung treffen. Hier konnte man entweder links ein Tor durchqueren und auf einem Pfad bis zum Bahnhof und noch weiter laufen oder geradeaus den Hügel hinab zu den Marschen gehen.

An einer Biegung am Fuß des Hügels lag der Eingang zum Anwesen der Summers. Die Summers rangierten gesellschaftlich einige Etagen höher als wir. Soweit wir das mitbekamen, gehörte ihnen das Stahlwerk, das wir durch den blauen Dunst am gegenüberliegenden Ufer des Dee sehen konnten. Doch was noch wichtiger war, sie hatten anscheinend Dutzende von Gärtnern, die offensichtlich scheu wie Rehe im Unterholz verschwanden, sobald Besucher auftauchten, und sie hatten einen Swimmingpool. Von Zeit zu Zeit durften wir diesen benutzen, und jedes Mal wurden wir ganz neidisch angesichts der Umkleidekabinen, der hölzernen Boote und des unglaublich blauen Wassers. Gelegentlich leistete uns ein Mitglied der Familie Summers dabei Gesellschaft, er war der Einzige aus der Familie, den wir je zu Gesicht bekamen und der ebenfalls in Shrewsbury war, als ich einige Jahre später dort eingeschult wurde. Dieser Summers – ich glaube nicht, dass wir ihn je mit Namen kannten – sah aus wie ein Abziehbild jener gespenstisch gut aussehenden Jungs, die mit einer an Lust grenzenden Detailtreue von den Zeichnern in jene Abenteuergeschichten eingebaut wurden, denen ich mich zuwandte, als ich die Wesen des Wunderweltenbaums hinter mir gelassen hatte. Er hatte das, was man in jenen Geschichten als ein offenes, freundliches Gesicht beschrieben hätte, und silbernes Haar, wie es heute offensichtlich für jeden Kandidaten unabdingbar ist, der sich in den USA für ein Amt bewirbt.

Egal welchen Weg Nanny, Francis und ich auch nahmen, wir landeten immer in Burton. Dort, bei Mrs Boyle's oder bei Jackson's, klatschte Nanny mit anderen Kindermädchen. Jackson's, der Lebensmittelladen, war derart überwältigend, dass ich damals der Meinung war, ein Leben als Lebensmittelhändler müsste aufregender sein als alles andere auf der Welt. Mrs Boyle's hingegen war, soweit ich mich entsinne, ein Zeitungsladen, der von einer, wie der Name schon sagt, Mrs Boyle geleitet wurde. Beide Geschäfte stellten ihren Betrieb in grauer Vorzeit ein, und Burton ist mittlerweile eine Schlafstadt, durch die man tagsüber fahren kann, ohne eine Menschenseele zu erblicken. Ich weiß dies, weil ich es bereits mehr als einmal getan habe.

Es begab sich vor Jackson's, dass Nanny einer Ansammlung von wetteifernden Nannys die Details einer Begebenheit ausbreitete, die prägend sein sollte für die nächsten zwanzig Jahre meines Lebens. Ich will Ihnen nichts vormachen und behaupten, dass ich bereits im Alter von fünf Jahren darum bemüht war, eine Identität zu finden, etwas, das mich vom Rest der Menschheit unterschied. Doch während Francis immerhin gelb war und dauernd schlief, der junge Summers silbernes Haar hatte und der Gärtner ein enormes Glied, gab es an mir nichts, was mich für meine Mitmenschen sonderlich interessant gemacht hätte.

Der Tag brach an, und wie damals anscheinend an allen Tagen schien die Sonne, wirbelten Schmetterlinge vor dem Fenster des Esszimmers umher, und das Gezwitscher der Vögel war so laut, dass man sich kaum unterhalten konnte. Und so kam es, dass ich nach einem Blick aus dem Fenster befand, es handele sich um einen ausgezeichneten Morgen, und den Entschluss fasste, mit dem Dreirad eine Runde durch den Garten zu drehen. Der Höhepunkt dieses Unternehmens sollte in einer wilden Abfahrt vom Komposthaufen entlang einer langen Geraden bestehen, an die sich eine leichte Biegung anschloss, die am Gewächshaus vorbeiführte, wo der Dreiradfahrer dann sozusagen zurückschaltete, um den verzwickten Teil der Strecke am Werkzeugschuppen und der Hintertür vorbei durch das Tor zur Auffahrt in Angriff zu nehmen. Zu meinem Pech spielte mir das Schicksal an der Stelle mit der leichten Biegung einen Streich, denn die Lenkung versagte und ich schoss durch die Wand des Gewächshauses. In dem Augenblick, als ich merkte, dass ich die Kontrolle über mein Gefährt verloren hatte, und mir bewusst wurde, dass ich demnächst durch eine Wand aus Glas rauschen würde, riss ich instinktiv den linken Arm hoch, um mein Gesicht zu schützen, und so kam es, dass Nanny mich fand – mitten in den Scherben, während das linke Hinterrad meines Fahrzeugs sich vermutlich noch immer drehte, mit einer klaffenden Wunde auf der Höhe des Ellbogens und einer weiteren an der Innenseite meines Handgelenks. Wenn ich die Narben heute betrachte, wundere ich mich noch immer, wie es mir damals gelungen ist zu vermeiden, mir eine Schlagader aufzutrennen und daran zu verbluten. Falls sich die Gelegenheit je ergeben sollte, werde ich Ihnen mit großem Vergnügen meine Wunden präsentieren. Ich stand unter Schock, doch seltsamerweise spürte ich keinen Schmerz, und so führte Nanny mich ins Haus, wo Mutter den Schaden in Augenschein nehmen und die weiteren Schritte in die Wege leiten konnte. Sie entschloss sich, Dr. Gunn zu holen.

An Dr. Gunn erinnere ich mich aus zwei Gründen: wegen seines Koffers, der voll war mit chirurgischen Instrumenten und kleinen Flaschen, die mit Flüssigkeiten in allen möglichen Farben gefüllt waren, und weil er ein wahrhaft seltsames Auto fuhr, dessen Marke und Modellname ich bis zum heutigen Tag nicht herausgefunden habe. Es war so seltsam, dass ich meine gesamte Kindheit über ein frühes Spielzeugauto von Dinky-Toys gehütet habe wie meinen Augapfel, denn es war absolut einmalig, und keiner meiner Freunde hatte so eines in seiner Sammlung, weshalb ich davon ausgehe, dass Sie heutzutage Tausende von Pfund dafür bezahlen müssten – und dieses Spielzeugauto wurde bei uns zu Hause immer nur als Dr. Gunns Auto bezeichnet. Ich saß also auf dem Esszimmertisch – der Lieblingsplatz meiner Mutter, wenn es darum ging, mir eine meiner zahlreichen Abreibungen zu verpassen – und betrachtete, während ich auf den Doktor wartete, meine Wunden. Ich weiß noch, dass mir auffiel, wie groß die Ähnlichkeit zwischen dem Inneren einer Tomate und dem Inneren eines menschlichen Armes war. Ich stand immer noch zu sehr unter Schock, um zu weinen, und ich vergoss auch keine Träne, als der Doktor mir den Arm – ohne Betäubung, versteht sich – wieder zunähte, um mich anschließend wieder auf die Menschheit loszulassen.

An jenem Nachmittag vor Jackson's wurde ich Zeuge, wie Nanny vor der versammelten Kindermädchenschar von Burton die Geschichte erzählte, dass ich all dies hinter mich gebracht hätte, ohne eine einzige Träne zu vergießen. Die übrigen Nannys waren mächtig beeindruckt. So beeindruckt, dass ich beschloss, von nun an als Der-Junge-der-niemals-weint durchs Leben zu gehen. Um ehrlich zu sein, habe ich vermutlich schon bei der einen oder anderen Gelegenheit geheult: am ersten Tag im Internat vielleicht, oder als der kleine Welpe, den ich mir schon bei seiner Geburt gewünscht hatte und den ich an Weihnachten 1947 auch tatsächlich geschenkt bekam, mir in der ersten Woche des Jahres 1948 wieder weggenommen und an Mr Hughes, den Farmer, weitergegeben wurde. Doch im Großen und Ganzen weinte ich ziemlich selten, bis ich Sheila begegnete. Von da an – und ich habe keine Ahnung, wie ein Psychoanalytiker diese Tatsache deuten würde – habe ich nahezu ohne Unterlass und bei allen Gelegenheiten geweint, die sich mir boten, bei der Lektüre des Kinderbuches *Unsere kleine Farm* ebenso wie bei den Triumphen des FC Liverpool im europäischen Fußball.

Zum Zeitpunkt meines Unfalls ging ich schon in den Kindergarten von Miss Jones, der auf dem Brachland an der Grenze zwischen Neston und Parkgate lag. Moderne Erziehungskonzepte, wonach man ruhig ein bis zwei Jahre mit Action-Painting und Knetarbeiten zubringen sollte und damit, Zeichnungen von Mama und Papa anzufertigen, waren Miss Jones und ihren Walküren nicht geläufig. Am ersten Tag brachte man uns die Namen der Wochentage auf Französisch bei – einige von diesen weiß ich noch heute –, und eine Miss Laxton gab uns eine Einführung in zeitgenössische Erziehungskonzepte, indem sie mit Tafelschwämmen nach uns warf. Sie hatte einen kräftigen Wurfarm und ein gutes Auge, die gute Miss Laxton. Trotz meiner erfolgreichen Bemühungen auf dem Gebiet der französischen Wochentage hinterließ ich in Miss Jones' Etablissement keinen bleibenden Eindruck. Um ehrlich zu sein, ist es haargenau so auch in meinem Zeugnis am Ende des ersten Schuljahrs von der Leiterin attestiert: »Robin hat im Unterricht keinen bleibenden Eindruck hinterlassen.« Was ich sehr verletzend fand.

Andererseits war es auch genau dort, wo ich mich zum ersten Mal verliebte. Und zwar in ein dunkelhaariges Mädchen namens Helen Maddox. Unsere Liebe nahm niemals körperliche Formen an – möglicherweise ein Resultat der Mangelernährung während des Krieges –, doch wenn ich die Augen schließe, sehe ich noch immer Helen vor ihrem Haus in einer Gasse in der Nähe des Wheatsheaf Pub in Ness. Oder war es das Haus, in dem Jane Barker wohnte? Die war auch ganz süß. Aber egal, jedenfalls war dies die Gasse, in der Francis und ich während eines unvergesslichen Spaziergangs mit unserem Vater entlangspazierten.

Vater redete mit uns niemals über Tagespolitik – Fragen zur Gesundheit und dem Allgemeinbefinden überließ er unserer Mutter, die mit uns ebenso wenig darüber sprach. An diesem Tag jedoch waren wir mit dem Bus von Birkenhead nach Neston gefahren und hatten den Anschluss nach Burton verpasst, weshalb wir keine andere Wahl hatten, als den fünf oder sechs Kilometer langen Weg zu Fuß zu gehen. Jeden Meter dieses Weges verbrachte unser Vater damit, uns über die Bedeutung eines regelmäßigen Stuhlgangs zu informieren und darüber, welche schwerwiegenden Folgen physischer wie psychischer Natur es nach sich ziehen kann, wenn man sich diesbezüglich nicht an einen rigiden Zeitplan hält. Mittlerweile keimt in mir der Verdacht auf, dass mein lasterhaftes Leben zumindest teilweise auf mein Versagen zurückzuführen ist, die Ratschläge zu befolgen, die mir mein Vater bei jenem denkwürdigen Spaziergang mit auf den Weg gab. »Geh dann, wenn du musst« war immer meine Einstellung, was all diese unsauberen Geschäfte betrifft, und diesen Rat habe ich auch an meine Kinder weitergegeben, wenn sie Rat suchend in mein Zimmer geschlichen kamen, wie es ratlose junge Menschen in ihrer Verzweiflung manchmal tun, um dann zu fragen: »Lieber Vater, bitte erkläre mir doch mal, wie das mit dem, ähem, Aufs-Klo-Gehen funktioniert.«

Dem oben stehenden Bericht wird der aufmerksame Leser entnommen haben, dass mein Vater, anders als so viele Väter und Großväter, Mütter und Großmütter, unversehrt aus dem Krieg zurückgekehrt war. Doch ebenso wie die meisten, die im Zweiten Weltkrieg gedient hatten, denen ich begegnet bin, sprach auch er so gut wie nie von dem, was er in dieser Zeit erlebt hatte. Als er zurückkehrte, bekleidete er

John und sein Vater

den Rang eines Captain der königlichen Artillerie, doch er vollzog sehr rasch den Wechsel ins zivile Leben und hatte wenig übrig für die Sorte Männer, die sich für die Dauer des Krieges freiwillig gemeldet hatten und nach Kriegsende immer noch darauf bestanden, mit ihrem militärischen Rang angesprochen zu werden.

Das erste Mal, dass Francis und ich unseren Vater zu Gesicht bekamen, war während einer Ferienreise nach Tre-Arddur Bay in Anglesey, wo Alan, der damals noch gar nicht auf der Welt war, einige Jahre später zur Schule gehen sollte. Man kann es sich heutzutage kaum noch vorstellen, aber damals herrschte kaum Verkehr auf den Straßen, was daran lag, dass Autos nur etwas für die Wohlhabenden waren und darüber hinaus Benzin rationiert war, so dass Francis und ich, wann immer wir ein Motorengeräusch in der Ferne hörten, zur Straße liefen, um zu sehen, was da wohl vorbeikommen würde. Eines Nachmittags – natürlich herrschte Sonnenschein, und der Himmel war strahlend blau, und wenn Sie möchten, können Sie dazu noch ein paar Möwen herumflattern lassen – spielten wir im Garten, als wir von der Straße das Geräusch eines Motorrads hörten und zum Tor rannten, um zu sehen, was denn da an uns vorbeirauschen würde. Zu unserer Überraschung – und ich glaube, leichtem Entsetzen – fuhr das Motorrad jedoch nicht an uns vorbei, sondern verlangsamte sein Tempo und bog in die Einfahrt ein. Die war mit Kies bestreut und führte im Kreis um einen Rasen, über den ich quer rüber ins Haus lief, während der Fahrer noch dem Weg folgte. Mutter stand am Waschbecken am Fenster und wusch sich die Haare, als ich hereingestürmt kam und rief: »Mama, Mama, da ist ein Mann an der Tür, der sieht ganz komisch aus!« Sie schaute zum Fenster hinaus, brach in Tränen aus und sagte: »Das ist dein Vater.« Augenblicke später stand ich staunend mit Francis zusammen vor dem Mann, den wir von nun an als unseren Motorradfahrer betrachteten, und schauten an ihm hoch. So sah unser Vater also aus.

Jahre später fand ich mich noch einmal an der gleichen Stelle wieder und erzählte diese Geschichte einem Fernsehteam. Während ich die Situation schilderte, spürte ich, wie in mir etwas aufstieg, das sich nicht beherrschen ließ, und ich schwelgte schon in der Vorstellung, dass ich einen Herzanfall erleiden würde, sobald ich die Geschichte zu Ende gebracht hätte, doch stattdessen stieß ich, als es so weit war, nur einen theatralischen Seufzer aus und sank tränenüberströmt zu Boden. Die Fernsehcrew war so freundlich, diesen Zusammenbruch aus dem Bericht herauszuschneiden. Ich vermute, dass ihre Rücksichtnahme auf mangelnde Erfahrung auf dem Gebiet der Fernsehberichterstattung zurückzuführen ist.

Kapitel 2

Barbara von Radio Flora in Hannover wird demnächst anrufen. Als ich mich letzte Woche mit ihr unterhalten habe, äußerte sie sich etwas vage über die Sendung, die ich einmal im Monat für – wenn ich mich recht erinnere – Radio FSK in Hamburg aufnehme. Dies ist derzeit meine einzige Verbindung zu Deutschland. Mein Freund Sebastian Cording macht Kopien von dem DAT-Band, das ich an FSK schicke, und leitet sie weiter an deutschsprachige Radiosender. Der Großteil von diesen befindet sich – wie sollte es auch anders sein – in Deutschland, obwohl es auch in Österreich und der Schweiz einige Abnehmer der Sendung gibt. Was aus den Sendungen – zwei Stunden konkurrenzlosen Vergnügens für die ganze Familie – wird, sobald sie den Briefkasten hier im Dorf verlassen haben, bleibt irgendwie im Dunkeln. Beziehungsweise, um noch einen Schritt weiter zu gehen:

Es liegt völlig im Dunkeln. Obwohl ich seit mittlerweile vier oder fünf Jahren Sendungen für FSK mache, warte ich noch immer auf den ersten Brief oder die erste E-Mail eines Hörers – wenn man die Zuschrift einer Dame nicht mitzählt, die für ein freies Radio irgendwo an der Küste in Norddeutschland arbeitet. Der Höhepunkt des Monats, so ließ sie mich wissen, sei jedes Mal, wenn sie dran ist, meine Sendung abzuspielen, und sie allein mit einem Glas Wein im Senderaum sitzt und aufs Meer hinausschaut, während sie der Musik zuhört. Einzig und allein für diese Frau nehme ich weiterhin Sendungen auf.

Barbara hingegen weiß nicht genau, ob Radio Flora meine Arbeit nach wie vor ausstrahlt – hier meldet sich die Stimme des Kritikers: »Das nennen Sie Arbeit?« Ich selbst habe auch keine Ahnung, ob das je der Fall war. Sie wird demnächst im Auftrag von Kai noch mal anrufen, dessen Englisch nicht so gut ist, weil Kai einige Fragen zu David Bowie hat.

Alle Europäer interessieren sich für David Bowie. Erst vor ein paar Wochen war ein Filmteam aus Dänemark hier, und sie fragten in diesem nicht uncharmanten tirilierenden Tonfall: »Erzählen Sie uns von David Bowie! Wie haben Sie reagiert, als Sie ›Aladdin Sane‹ zum ersten Mal hörten?« Ich versuchte vergeblich zu erklären, dass ich mich beim besten Willen nicht an meine Reaktion auf die Veröffentlichung dieser LP erinnern konnte. »Ich nehme an, sie hat mir gefallen und ich habe ein paar Stücke davon im Radio gespielt«, sagte ich lächelnd. »Aber Ihre tieferen Empfindungen, John, erzählen Sie uns davon«, beharrten sie. Und so kam es, dass ich, anstatt zu erklären, dass ich keine tieferen Empfindungen habe, ihnen von meiner Tournee mit David Bowie und Tyrannosaurus Rex erzählte. Zumal sich mir bei dieser Geschichte die Gelegenheit bot, eine kleine Nummer einzubauen, die ich mal eingeübt habe – nichts großartig Kompliziertes, einfach nur eine Mann-in-der-Telefonzelle-

Nummer – und die im Allgemeinen immer ganz gut ankommt.

Von der gesamten Tour kann ich mich nur an ein Konzert erinnern – das in Brighton. Marc Bolan/Tyrannosaurus Rex waren die Headliner der Tour, und Bowie, der zwar mit »Space Oddity« einen Riesenhit hatte, war gerade nicht so angesagt und fand sich am unteren Ende des Plakats wieder; es ist zwar kaum zu glauben, aber selbst die niedrigste Kreatur aus Gottes Schöpfungskatalog, ein australischer Sitar-Spieler, war weiter oben auf dem Plakat aufgelistet. Ich saß also in der Garderobe und unterhielt mich mit Marc, als mir auffiel, dass es schon halb neun war und die Show so langsam losgehen sollte, also ging ich zur Tür und brüllte in den Korridor: »David, du bist dran!« Und dies ist der einzige direkte Kontakt, den ich auf jener Tour mit dem »Chamäleon des Pop« (Copyright: so ziemlich jeder, der je etwas über Bowie geschrieben hat) hatte. Ich meine, welchen Sinn macht es schon, sich mit einem Pantomimen zu unterhalten? Verstehen Sie, was ich meine?

Aber egal, spulen wir ein paar Jahre vor. Inzwischen ist David ein Star, er hat in Berlin und New York gelebt und ist groß, Groß, GROSS. Seine Plattenfirma veranstaltet einen Empfang in irgendeinem schummrig-roten Plüsch-Etablissement, wo ich in einer Ecke herumlungere, über das Leben sinniere und versuche, meine spärlichen Erinnerungen an die Tour mit Tyrannosaurus Rex zusammenzuklauben. Dabei fällt mir wieder ein, dass David mir irgendwann einen Brief geschrieben hat, in dem er fragte, ob ich mir vorstellen könnte, ein »Kunst-Labor« finanziell zu unterstützen, das er in Beckenham aufziehen wollte. Und da kam mir der Gedanke, ich könnte ja mal rübergehen und mich ein bisschen mit meinem alten Kumpel David unterhalten. Dieses bescheidene Ansinnen im Hinterkopf, verließ ich meinen Platz in der Ecke und machte mich auf den Weg zu der Stelle, wo der Star Hof hielt, umringt von einer Gruppe unglaublich glamouröser Verehrer. Ich war nur noch ein paar Schritte entfernt, als plötzlich ein riesengroßer schwarzer Typ – ein Karate-Experte, wie ich später jedem erzählte, der es hören wollte – seinen beeindruckenden Körper zwischen mich und mein Ziel schob. »Hey, du Arschloch! Du hast dich wohl verlaufen, oder wo willst du hin?«, wollte er wissen. »Ich wollt' mich nur kurz mit David unterhalten«, erwiderte ich und setzte schnell mein übliches nervöses Lächeln auf. »Dich mit David unterhalten! Einen verdammten Scheiß wirst du«, war die Antwort. Und seitdem habe ich, auch wenn diese Langzeitwirkung von dem New Yorker Karate-Experten vermutlich gar nicht beabsichtigt war, mit David Bowie kein einziges Wort mehr gewechselt. Er ist allerdings in einem Filmbeitrag für die Sendung *This is Your Life* zu sehen, in der es um mich ging, und obwohl ich mich nicht daran erinnern kann, was er über mich gesagt hat, nehme ich doch an, dass es etwas Nettes gewesen ist. Wie schon – war es Captain W. E. Johns? – sagte: Das Leben ist ein komisches Geschäft.

Also werde ich Barbara von Radio Flora diese Geschichte erzählen und hoffen, dass ihr das reicht. Normalerweise ist das der Fall.

* * *

Im Alter von sieben Jahren verließ ich die Anstalt von Miss Jones, nachdem ich meine Zeit dort abgeleistet hatte, ohne großartig aufgefallen zu sein – obwohl ich mir einbilde, dass sie zu dem Zeitpunkt, als ich abging, endlich bemerkt hatten, dass mein Name John und nicht Robin war –, um den Sommer zu Hause zu verbringen, bevor man mich an die Woodlands School nach Deganwy verfrachtete. Ich habe nur noch wenige Erinnerungen an jenen Sommer, doch Sie können sich hier gern einen eigenen Absatz zusammenbasteln mit endlosem Sonnenschein, Schmetterlingen, Lebensmittelknappheit und ein paar Gedanken an die heutzutage geradezu possierlich anmutenden vorsintflutlichen Techniken, die mit dem Einbringen der Ernte verbunden waren, plus, wenn Ihnen nach so was ist, einem kleinen Seitenblick auf die lachenden Mädels vom Land und ihre – wie sagt man so treffend? – kecke, freche Art. Vermutlich verbrachte ich die meiste Zeit damit, mir auszumalen, wie es wohl in Woodlands sein würde, wenn ich nicht gerade versuchte, den örtlichen Kindern aus dem Weg zu gehen, von denen meine Eltern glaubten, dass mich der Kontakt zu ihnen weiterbringen würde. Diese Jungs waren in allem, was sie taten, einfach glänzend, und ich erinnere mich ganz speziell an einen von ihnen, der das klassische Beispiel für ein Kind ist, das von Erwachsenen bewundert, von seinen Altersgenossen aber verabscheut und gehasst wurde. In Augenblicken der Verzweiflung fragte mein Vater mich immer wieder, warum ich nicht ein kleines bisschen wie dieser Junge sein könnte, doch er hörte nie zu, wenn ich ihm daraufhin erklärte, dass ich mich lieber bei lebendigem Leib verspeisen lassen würde, als so zu sein wie dieser Kerl. Er war überall ein Ass – im Cricket, im Tennis, vermutlich auch im Squash, Fives, Hockey und was weiß ich noch alles –, aber was dem Ganzen die Krone aufsetzte, war, dass er in einem meiner schwachen Momente in unserem Garten auftauchte und die Unverfrorenheit besaß, mehrmals hintereinander, und das auch noch auf meinem Fahrrad, zu versuchen, meine Weltrekordzeit auf der Strecke zu brechen, die Francis und ich in unserem Garten angelegt hatten. Als er unter großem Hallo von der Startlinie davonstob, standen Francis und ich nur da, schauten ihm mit finsteren Blicken hinterher und hofften, wenn auch vergeblich, dass er die Kurve nicht kriegen würde, wenn er an die schwierige Rechts-Links-Kombination durch das Tor bei der Küchentür kam, und wir das wunderbare Geräusch des

Aufeinanderprallens von Schädel und Torpfosten zu hören bekämen, gefolgt von dem Scheppern, wenn das Fahrrad samt Fahrer gegen die Betonwand der Garage krachte.

Als der Sommer – endloser Sonnenschein, Schmetterlinge, wohin sind sie alle verschwunden – sich dem Ende näherte, machte sich die Familie daran, sich auf das Trauma der Verabschiedung des jungen Herrn vorzubereiten, der aufs Internat geschickt wurde. Ein Koffer, der gut und gerne einem Paar durchschnittlich großer Erwachsener als Behausung hätte dienen können, wurde erworben, und Mutter nahm mich mit zu Browns and Chester, um die Schuluniform zu erstehen, eine Schwindel erregende Kombination aus Rot und Grau, mit der jener Koffer gefüllt werden sollte. Ich habe mich stets bemüht, den Eindruck zu erwecken, ich sei, unabhängig von meinem heutigen Erscheinungsbild, zumindest als Kind recht ansehnlich gewesen, doch im Gegensatz dazu war Mutter der Auffassung, dass ich zumindest in einer Hinsicht ernsthaft missgestaltet war. Sobald wir in der Abteilung für Schuluniformen für Jungs angelangt waren, suchte sie bei der unterwürfig herbeieilenden Belegschaft lauthals Bestätigung und Hoffnung, dass ein Kleidungsstück gefunden werden könne, mit dem sich das, was sie als ein exzessiv großes Hinterteil bezeichnete, verhüllen ließe. Als sie diese Gedanken dröhnend in die Welt hinausposaunte, kam der Geschäftsbetrieb von Chester zum völligen Erliegen. Es war wie in einem Cartoon von H. M. Bateman: Ich versank förmlich im Boden, während gleichzeitig Kunden und Angestellte ihre Hälse reckten, um einen Blick auf den missgebildeten Körperteil und seinen unglücklichen Besitzer zu werfen, die Türen zu den Büros der Buchhaltung und der Geschäftsführung öffneten sich, und Leute linsten heraus, sorgenvolle Gesichter, erfüllt von Vorfreude auf den einzigen Lacher des Tages. Wieder zu Hause angekommen, ging ich in mein Zimmer und inspizierte dort, so gut es ging, meinen Hintern, doch ich konnte nichts Abnormes feststellen, was seine Größe anging. Ich habe es nie fertig gebracht, meiner Mutter zu erzählen, dass mein Hintern ein paar Jahre später in Shrewsbury auf einige Bewunderung seitens einer ganzen Reihe älterer Jungs stieß. Mit manchen Sachen behelligt man seine Eltern lieber nicht.

Irgendwann, nachdem der Koffer mit der Bahn vorausgeschickt worden war, kam dann der Augenblick, an dem man mich zum Bahnhof in Chester brachte, wo ich meine neuen Schulkameraden treffen und mit ihnen zusammen im Bummelzug nach Llandudno Junction fahren sollte. Damit ich mir die Zeit vertreiben konnte, hatte man mir am Bahnhofskiosk einen dünnen Band mit Witzen und Cartoons aus dem Gastronomiebereich gekauft. Einer der Cartoons ist mir seither in Erinnerung, und er erscheint mir eine tiefe universelle Wahrheit zu transportieren, obwohl ich nicht genau weiß, welche. Ein Gast in einem Restaurant wendet sich mit unzufriedener Miene an einen Ober und deutet voller Geringschätzung mit der Gabel auf den Teller vor ihm auf dem Tisch. »Herr Ober«, sagt er, »das hier ist viel zu groß. Es ist kein Omelett, sondern ein Om.«

Gleich nach unserem Eintreffen wurden wir zu Zweierreihen arrangiert und mussten die restlichen anderthalb Kilometer zu Fuß absolvieren. Mir zugeteilt war ein Junge namens Warburton, der die Aufgabe hatte, den jungen Ravenscroft in die zahlreichen Regeln und Eigenheiten des Internatslebens einzuführen. Das Erste, was Warburton mir erzählte, ließ mir das Mark in den Knochen gefrieren. Die Franzosen, so offenbarte er mir, hatten ein Wort, das sie im täglichen Sprachgebrauch benutzten, welches wir hingegen als nahezu unaussprechlich betrachteten. Als ich nicht lockerließ, bis er damit herausrückte, sagte er schließlich »Pipi« und schaute weg. Ich bewunderte ihn für sein Feingefühl, und wir schwiegen für den Rest des Weges.

Die Woodlands School in Deganwy konnte auf eine über fünfzigjährige Geschichte zurückblicken und war nur eine von einer Reihe ähnlicher Anstalten in der Umgebung. Es hätte keinen großen Unterschied gemacht, wenn ich in Rydal, Epworth, Heronwater oder Tre-Arddur Bay gelandet wäre, und ich habe nie gefragt, warum man ausgerechnet Woodlands ausgesucht hatte. Der Schulleiter war ein Captain Lloyd, und die beiden Vorsitzenden des Lehrerkollegiums hießen Mr Brooke – der, wie mir erzählt wurde, mit dem verstorbenen Rupert Brooke verwandt war – und Mr Gibson, der nach einer betörenden Mischung aus Früchten und Bleistiftspänen roch. Dann gab es noch einen weiteren Mr Lloyd (nicht verwandt mit dem ersten), der einen tollen Daimler besaß mit einem auf dem Kühler angebrachten Thermometer für die Wassertemperatur.

Wesentlich bedeutsamer als das Lehrpersonal waren für mich natürlich meine Mitinsassen. Der einzige andere Junge, der in diesem Halbjahr neu an die Schule gekommen war, hieß Sparrow Harrison; er ist gleichzeitig der einzige Mensch außerhalb meiner Familie, den ich kennen lernte, bevor ich Mitte zwanzig war, und zu dem ich noch immer Kontakt habe. Sparrow war immer Sparrow – ungeachtet der Tatsache, dass niemand beim Vornamen angesprochen wurde und ich tatsächlich die Vornamen der Jungs, die ich als meine besten Kumpels betrachtete, überhaupt nicht kannte. Bis zum Sommer 2004 hatte ich stets geglaubt, mein Freund Sparrow sei auf diesen Namen getauft worden, und fand dies immer sehr faszinierend, bis ich irgendwann herausfand, dass er einen richtigen Namen hat, der zwar ähnlich klingt wie Sparrow, aber wesentlich profaner ist. Für mich wird er trotzdem immer Sparrow bleiben.

Sparrow stammt aus einer Familie, die diverse bedeutende Persönlichkeiten hervorgebracht hat, und er selbst litt unter schwerem Stottern, das er jedoch überwand, um später eine

Organisation zu gründen, die anderen von dieser Behinderung Betroffenen mit Rat und Tat zur Seite steht. Darüber hinaus war er mit den Krays befreundet, was jedoch eher mit seiner Vorliebe fürs Boxen – er war in den Sechzigern Boxer – zu tun hat als mit einer Verbindung zum organisierten Verbrechen. Seine Fähigkeiten als Boxer machten ihn zu einem wertvollen Freund in Woodlands. Schikanen und manchmal makaber ausgetüftelte Misshandlungen seitens der Mitschüler gehörten zum Alltag. Während des ersten Halbjahrs sahen Sparrow und ich mit an, wie ein Junge, von dem seine Kumpels der Ansicht waren, dass er es verdient hatte, an das eiserne Geländer festgebunden wurde, das entlang des Brachlandes verlief, auf dem die Jungs Tunnel und Schützengräben aushoben. Die waren mit Stöcken und Torf und Matsch bedeckt und dienten als »Hütten«, was von den heutigen Behörden wegen der Risiken für Sicherheit und Gesundheit an keiner Schule mehr geduldet würde. Sobald der unglückliche Junge an dem Zaun festgezurrt war, wurde ein gebogenes Stück Wellblech – vermutlich aus den Überresten eines Luftschutzkellers aus dem Krieg – an ihm befestigt, bevor es mit Erdklumpen und Steinen bombardiert wurde. Glücklicherweise habe ich selbst niemals etwas angestellt, das mir eine solche Behandlung eingetragen hätte, doch ich kann mir gut vorstellen, dass es für die Betroffenen eine fürchterliche und schmerzhafte Angelegenheit darstellte.

Eine weitere Form der Schikane wurde aus Gründen, die ich nie herausgefunden habe, »Puto« genannt. Dabei wurde das Opfer mit dem Rücken auf einen Tisch gelegt, seine Gliedmaßen an die Tischbeine gefesselt, und ein Spezialist für diese Art Behandlung trat heran und fing an, auf dem Bauch des Jungen zu trommeln – und zwar ewig lange. Anfangs gelang es dem Opfer noch, seine Bauchmuskeln anzuspannen, doch mit der Zeit ließen die Kräfte nach, und es gab keine Möglichkeit, den Trommelschlägen zu entgehen, die gar nicht mal besonders heftig waren. Auch dieses habe ich nicht selbst mitgemacht, weder als Trommler noch als Trommelfell, doch man hat mir allseits versichert, dass es eine überaus unangenehme Angelegenheit war.

Im Großen und Ganzen waren die Schikanen und Misshandlungen jedoch eher konventioneller Natur: Treten, Boxen und An-den-Haaren-Ziehen waren die gebräuchlichsten Formen. Der Junge, unter dem ich – wie der Großteil meiner Freunde – am meisten zu leiden hatte, war ein stumpfsinniger Typ namens Bardsley. Dessen Familie, so ging die Legende, besaß ein Bauunternehmen in Manchester, wie es überhaupt den Anschein machte, dass die meisten Schüler in Woodlands aus der Gegend um Manchester stammten und ein Großteil Anhänger von Manchester United waren, weshalb meine Vermutung, dass auch Bardsley ein United-Fan war, nicht so weit hergeholt scheint. Gut möglich, dass in dieser Annahme mein beständiger Mangel an Begeisterung für einen Fußballclub begründet ist, der sich in den letzten Jahren immer mehr zu einem globalen Wirtschaftsunternehmen gewandelt hat.

Doch bevor ich die Manchester-Fans noch weiter in Rage bringe, sollte ich vielleicht lieber von meinen Freunden Charlie und Alison berichten.

In den Anfangstagen von Radio 1 wurde mir angedeutet, dass es nicht angemessen sei, mit Hörern, die mir Briefe schickten, in zu engen Kontakt zu treten. Was der Grund für diese Richtlinie gewesen sein mochte, konnte ich nie herausfinden, doch ich nahm an, dass es sich vielleicht um eine Form traditionellen BBC-Denkens handelte, basierend auf der Furcht, dass zu enger Kontakt zu den Hörern unter Umständen zu vorehelichem Händchenhalten oder in extremen Fällen sogar Küssen führen könnte. Aber egal, es war eine Anweisung, die ich vollständig ignorierte, mit dem

Resultat, dass ich viele der Leute, die Sheila und ich als unsere engsten Freunde betrachten, auf haargenau jenem Wege kennen gelernt habe, wobei es auch einige gab, mit denen ich in der Tat Händchen gehalten habe, doch werde ich die Details über jene Beziehungen in einem versiegelten Abschnitt am Ende des Buches ausbreiten.

Es erübrigt sich zu sagen, dass der Großteil der Post, die ich bei Radio 1 bekam, Platten betraf, die ich in meinen Sendungen gespielt hatte, und hauptsächlich von Leuten stammte, die sich bis zu zehn Jahre Zeit gelassen hatten, bevor sie dem Drang nachgaben, mir zu schreiben. »Wie«, wollten die Briefeschreiber wissen, »hieß dieser Reggae-Track, den du im Herbst 1971, glaube ich, gespielt hast, in dem das Wort ›Jah‹ vorkam? Gleich danach lief ein langes Stück mit ziemlich viel Gitarrengekniedel.« Eines Tages jedoch befand sich unter all den Briefen und Postkarten dieses Kalibers ein Brief, der in Marazion in Cornwall abgestempelt war. Die Handschrift war ausladend und schwungvoll und deutete auf ein optimistisches, extrovertiertes Wesen hin. Es stellte sich heraus, dass sie einem fünfzehnjährigen Mädchen namens Alison Martin gehörte, die mehr daran interessiert war, mir ihr Leben in Cornwall zu schildern, als sich nach alten Reggae-Platten zu erkundigen, in denen das Wort »Jah« vorkam, und so schrieb ich ihr zurück, woraus sich eine langjährige Korrespondenz entwickelte, die aufrechterhalten wurde bis zu einem Abend, als die so genannte John Peel Roadshow in der Technischen Universität von Manchester Station machte und die dortigen Studenten angesichts des Repertoires mitgebrachter Schallplatten alles andere als begeistert waren. Als ich mich bei meinem frustrierten Publikum für meine Unzulänglichkeit entschuldigte, streckte sich mir eine Hand entgegen und packte mich am Arm, wobei die dazugehörige Person ausrief: »Hallo, ich bin Alison aus Marazion.« Ich schaute herunter und erblickte eine Frau, die ziemlich genau so aussah, wie meiner Vorstellung nach jemand aus Marazion auszusehen hatte. Sie war eher klein, hatte einen dunklen Teint und mehr Haare, als man gemeinhin erwarten würde, und es dauerte nicht lange, bis sie zu einer Freundin der Familie wurde, die regelmäßig zu Besuch war in unserem Haus in der Ödnis von East Anglia.

Irgendwann in den Neunzigern bekam ich einen Anruf von Alison, in dem sie mir mitteilte, dass sie jemanden getroffen habe, von dem sie den Eindruck hatte, es könnte »der Richtige« für sie sein, und dass sein Name Charlie wäre und er – o Gott, sie traute sich kaum, es mir zu sagen – ein Fan von Manchester United war. Ich erklärte ihr, sie müsse die Verbindung sofort lösen, da sie ansonsten Gefahr liefe, endloser Finsternis und Verdammnis anheimzufallen, wo alles nur noch Fegen und Zähneknirschen ist.

Natürlich hörte Alison nicht auf mich. Sie und Charlie heirateten und haben mittlerweile drei Kinder (sämtliche Schwangerschaftstests, so gestand sie mir vor Kurzem, wurden in unserem Badezimmer im Erdgeschoss durchgeführt), und ich muss mich angesichts der Tatsache, dass nicht nur Charlie, sondern auch all seine Brüder, sein Vater und seine Ahnenreihe bis in die Nebel der Steinzeit Manchester-Fans waren und sind, irgendwie mit dem ganzen Manchester-Kram arrangieren. Zumindest gehört er also nicht zu jenen bedauernswerten unzulänglichen Kreaturen, die, weil ihnen im eigenen Leben jeglicher Erfolg versagt bleibt, sich auf etwas stürzen, das zumindest einen Abglanz dessen verspricht. Darüber hinaus besitzt Charlie die guten Manieren, es nicht zu erwähnen, wenn Liverpool von United geschlagen wird, und ich gebe mir alle Mühe, es ihm im ungekehrten Falle gleichzutun, obwohl dies in den letzten Spielzeiten nicht sonderlich schwerfiel.

Kapitel 3

Sämtliche Briefe aus Woodlands wurden, bevor man sie abschickte, gegengelesen, so dass es nicht möglich war, meine Eltern darüber zu informieren, dass ich schikaniert wurde. Manchmal gelang es mir, einen gut versteckten Hilfeschrei unterzuschmuggeln, und Mutter konnte sich später noch daran erinnern, wie sie weinte, wenn sie meine vermutlich tränengetränkten Mitteilungen las und meinen Vater anflehte, etwas zu unternehmen. Rückblickend fällt es schwer, sich vorzustellen, worin dieses »etwas« denn hätte bestehen sollen, und so begnügte sich Vater damit, mir zu raten, diesem Bardsley einen ordentlichen Schlag auf die Nase zu verpassen. Obwohl es in der Literatur jener Tage nur so von flachsblonden Jungs namens Jack wimmelte, die haargenau das quasi aus dem Handgelenk erledigten, genügte mir ein Blick auf die massige Erscheinung dieses fetten Dumpfsacks, um festzustellen, dass dies keine realistische Option war. Bis zu jenem Nachmittag, an dem ich den oberen Umkleideraum betrat, wo sowohl Francis als auch ich unsere Spinde hatten (76 und 54), und meinen Bruder tränenüberströmt vorfand, während Bardsley einige seiner primitiven Techniken an ihm ausprobierte, obwohl Frank im Vergleich zu ihm allenfalls eine halbe Portion war. Ich rief mir Vaters Worte in Erinnerung und dachte an all die Jacks, die mein Vorgehen aus vollem Herzen gebilligt hätten, und schlug dem Mistkerl, so fest wie ich nur konnte, ins Gesicht. Es wäre schön, jetzt berichten zu können, dass er mit dem Hintern auf den Boden knallte und zu schluchzen begann, bevor er sich Jesus zuwandte und den Rest seines Lebens nur noch gute Taten vollbrachte, aber er schaute nur völlig verdutzt aus der Wäsche und ging aus dem Raum. Zu unser beider Erstaunen wurden wir jedoch nie wieder von ihm behelligt.

Zu dem Zeitpunkt, als Francis nach Woodlands kam, war Capt. Lloyd bereits in den Ruhestand getreten und von einem Duo abgelöst worden, das aus Colonel Sinker und Reverend Brooke bestand, wobei der Reverend die um Längen interessantere Persönlichkeit war. Ausgestattet mit einer beträchtlichen Leibesfülle, bot seine Kleidung stets einen anschaulichen Überblick über seinen zurückliegenden Speiseplan, so dass man mit Fug und Recht annehmen konnte, dass sich aus dem Brustlatz seines Talars eine nahrhafte Brühe gewinnen ließe, wenn man ihn auskochte. Seit ich selbst die sechzig überschritten habe, ist in mir die Erkenntnis gereift, dass das großzügige Verteilen von Nahrungsmitteln auf der Kleidung mit einer Unvermeidlichkeit geschieht, die einen frösteln lässt. Wenn ich, während ich dies schreibe, an meinem T-Shirt herunterblicke, finde ich dort Spuren meines letzten Mittagessens, darunter ein mehrere Zentimeter langer Soßenstreifen, und plötzlich, fünfundfünfzig Jahre später, empfinde ich so etwas wie Verbundenheit mit meinem ehemaligen Schulleiter.

Soweit ich mich entsinne, unterrichtete Brooke Latein, doch umfasste sein Aufgabenbereich darüber hinaus das Verabreichen der Prügelstrafe sowie die Vorbereitung unserer schlichten Gemüter auf die, rrräusperrr, Veränderungen, die sich in unseren Körpern abspielen würden. Bei einigen meiner Mitschüler waren diese Veränderungen bereits in vollem Gange, und einer von ihnen, Patterson, konnte sogar schon onanieren bis zum Abspritzen. Mir hingegen war es trotz stundenlangen Übens nicht gelungen, mehr zustande zu bringen als eine puterrote Vorhaut, und so tröstete ich mich über meine sexuellen Unzulänglichkeiten hinweg, indem ich mit dem Rauchen anfing. Dies hatte den positiven Effekt, dass es mir das Rauchen für den Rest des Lebens vergällte, denn als ich von Woodlands nach Shrewsbury wechselte, gab ich es endgültig auf. Nun ja, »endgültig« ist vielleicht ein bisschen übertrieben, denn es gab eine kurze Zeit Mitte der Sechziger, als ich mich ein paar Monate lang als Vertreter für Ernteversicherungen in West-Texas verdingte und Pfeife rauchte, in der irrigen Ansicht, auf diese Art einen weltläufigen Eindruck zu erwecken und entsprechend anziehend auf die jungen Damen vom Lande zu wirken, deren Dörfer und Kleinstädte ich damals abklapperte. Ich ließ es dann endgültig bleiben, als ich mir auf dem Weg nach Abilene versehentlich eine Ladung Asche in den Schoß kippte und erkannte, dass stümperhaftes Pfeiferauchen während des Autofahrens unter Umständen nicht nur langfristig, sondern auch kurzfristig zum Tod führen konnte.

In Woodlands Zigaretten aufzutreiben war alles andere als einfach, und so mussten sich die rauchenden Männer von Welt meistens mit Kippen begnügen, die sie auf dem Schulgelände fanden – bis irgendjemand herausfand, dass man auch Löschpapier rauchen konnte. Dies hatte zudem den

Vorteil, dass man dazu nicht ins Freie gehen musste, denn es erweckte wesentlich weniger Verdacht, wenn ein Schüler einen Bogen Löschpapier mit sich herumtrug, als den Stummel einer weggeworfenen Craven A. Und so kam es, dass sich drei oder vier von uns am Kamin der Schulbibliothek versammeln und relativ ungestraft paffen konnten. Im Verlauf einiger Wochen reifte in uns die Erkenntnis, dass das Löschpapier je nach Farbe verschiedene Geschmacksnuancen hatte und dass, obwohl sämtliche Sorten ziemlich gut waren, manche doch ein bisschen besser schmeckten als andere. »Ravenscroft hat rotes«, wurde gemurmelt, während wir auf dem Weg zur Bibliothek waren, und ein Strahlen huschte über unsere Gesichter in Erwartung der Genüsse, die vor uns lagen. Natürlich schmeckten sämtliche Löschpapiersorten gleich – nämlich wie Löschpapier –, doch begegnete ich einer ähnlichen Variante von Pseudoexpertentum einige Jahre später im London der Sechziger beim Haschrauchen zusammen mit anderen Hippies. Um ganz ehrlich zu sein, hat mich das Rauchen von Pflanzenharzen nie sonderlich begeistert, weil mir nämlich nahezu jedes Mal schlecht davon wurde, aber wann immer jemand vollmundig verkündete, dass es sich bei dem, was wir gerade rauchten, um Schwarzen Peruaner handelte – oder was immer in jenen Tagen zu den edlen Sorten gezählt wurde –, konnte ich nicht umhin, mich an die Tage in Woodlands zu erinnern und den Schwindel mit dem Löschpapier.

In der letzten Woche des Aufenthalts in Woodlands wurde jeder Schüler einzeln in Reverend Brookes Büro bestellt, wo er eine Lektion in dem erhielt, was man vielleicht mit »Sexualkunde« bezeichnen könnte. Es bestand kein Zweifel, dass wir dies wirklich nötig hatten. Es war uns zwar zu Ohren gekommen, dass Onanie, die wir betrieben, sooft sich die Gelegenheit bot, eine Verschlechterung des Sehvermögens, entstellende Flecken, einen krummen Rücken und rapiden geistigen Verfall zur Folge hatte, doch darüber hinaus wussten wir so gut wie nichts. Von Zeit zu Zeit machten gewisse Gerüchte unter den Abgängern die Runde. »An der Mädchenschule«, so verkündete jemand voller Aufregung, »sind Haarbürsten mit langen Griffen verboten.« Woraufhin wir wissende Blicke austauschten, ohne wirklich zu wissen, was diese Information wohl bedeuten mochte. Brooke, so muss ich leider sagen, tat wenig, um diese Wissenslücken zu füllen – vielleicht weil er selbst nicht allzu viel Ahnung von Sex hatte.

»An der nächsten Schule, an die du kommst«, so sagte er, »wirst du feststellen, dass, ähem, wenn du einen Krug voll Wasser hast und du noch mehr Wasser hineinfüllst, der Krug überlaufen wird. Nun denn, viel Glück (blickt auf ein Blatt Papier) in Shrewsbury. Schau doch mal wieder vorbei. Auf Wiedersehen.« Wären mir in den folgenden Jahren nicht ein oder zwei glückliche Zufälle dazwischengekommen, so hätte ich garantiert Sheila in unserer Hochzeitsnacht mit einem gewinnenden Lächeln gurrend zugeraunt, dass ich nur mal kurz nach oben gehe und einen Krug mit Wasser fülle. Nicht auszudenken, wie sie wohl reagiert hätte.

Obwohl manche meiner Freunde zugaben, dass sie Schwestern hatten, war doch keiner bereit, sich darüber in Diskussionen einzulassen, welche Unterschiede der – wie soll ich das formulieren? – geografischen Feinheiten in den Regionen unterhalb des Nabels ihnen aufgefallen sein mochten, und so kam es, dass ich mich über diese Unterschiede vollkommen im Unklaren befand, bis zu einem bestimmten Nachmittag unweit von Ludlow.

Ich war zu Besuch bei meiner Patentante Ethleen in ihrem wunderbaren Gutshaus Ashford Manor. Das Gutshaus erschien mir damals prächtiger als jedes andere Haus und diente mir in den folgenden Jahren als Vorlage, wenn ich mir Blandings Castle und all die anderen prachtvollen

Anwesen vorstellte, die in den Büchern von P. G. Woodhouse vorkamen. Vor dem Haus erstreckte sich ein unvorstellbar großer Rasen mit einem See, in dem sogar – wenn ich mich recht erinnere – eine kleine Insel lag. Auf dem Hof stand ein schrottreifer alter Bentley aus den späten Zwanzigern, der damals eher als ein zwar kurioser, aber dennoch wenig begehrenswerter Gebrauchtwagen betrachtet wurde und nicht als eine Investition in die Zukunft, während neben ihm ein kettengetriebener Vorläufer des Frazer Nash im Matsch versank. Ethleen war mit Kit verheiratet, der seine Brötchen als Florist verdiente und aus dessen Ohren Unmengen von Haaren sprossen. Trotz des wundervollen Hauses, das sie bewohnte, hielten sich hartnäckige Gerüchte, die Familie stünde kurz vor der Pleite, ja es wurde sogar behauptet, Kit würde im Winter Eichhörnchen schießen, damit sie etwas zu essen hatten.

Es mag aus heutiger Sicht befremdlich erscheinen, dass ein fünfzehn Jahre alter Junge Verstecken spielt, aber haargenau dies taten wir an jenem glorreichen Sommernachmittag. Wir – Ethleens Kinder, deren Freunde (von denen ich bis dato nicht einen einzigen kannte) und ich – spielten die Variante, bei der derjenige, der dran ist, sich verstecken muss, und sobald ein anderes Kind ihn findet, schließt sich dieses Kind ihm an und bleibt bei ihm, bis der oder die Nächste zu ihm stößt und so weiter. Ich kann mich an die genauen Regeln nicht erinnern, aber ich glaube, der Letzte, der zu dem vergnügten Haufen stößt, ist dann bei der nächsten Runde dran. Wie dem auch sei, irgendwann kam die Reihe an mich, und ich versteckte mich in dem Klohäuschen auf dem Hof und wartete, dass mich jemand entdecken würde. »Hier findet mich keiner«, dachte ich vermutlich und lachte mein finsteres Schurkenlachen, das der kleinen Maisie Chambers in einer Novembernacht vor etlichen Jahren so schreckliche Angst einjagen sollte. Fünf oder zehn Minuten vergingen, dann ging die Tür auf, und ein Mädchen, dessen Name ich bis heute nicht kenne, zwängte sich neben mich in das dunkle Toilettenhäuschen. Bevor sie die Tür schloss, erklärte sie, dass sie ganz dringend müsste, zog ihre Unterhose herunter und setzte sich auf die Toilette, als sei dies das Natürlichste auf der Welt. Nichts, was mir in den bisherigen fünfzehn Jahren meiner Existenz widerfahren war, hatte mich auf das vorbereitet, von dem ich nun einen Blick erhaschte, bevor die Tür sich schloss und es wieder finster wurde. Ich hatte genügend Selbstbeherrschung, muss ich mit einigem Stolz anmerken, nicht laut loszukreischen oder angesichts der sich ausbreitenden Dünste einen Ohnmachtsanfall zu erleiden, aber irgendwas, das wusste ich, stimmte hier nicht. Was, in Gottes Namen, war diesem armen Kind nur widerfahren? Welches furchtbare Schicksal mochte sie erlitten haben, dass sie so schrecklich entstellt war? Sollte ich mein Versteck verlassen und Hilfe herbeirufen? Diese und andere finstere Gedanken schossen mir durch den Kopf, während wir weiter versteckt blieben und auf einen dritten Spielkameraden warteten. Es sollte sechs Jahre dauern, bis sich mir erneut ein solcher Anblick bot, doch hatte ich in der Zwischenzeit das eine oder andere dazugelernt, so dass ich diesmal bestens vorbereitet war, obwohl ich mir anfangs die Gegend noch von einer Fremdenführerin erklären lassen musste. Dennoch habe ich mich oft gefragt, wer dieses Mädchen war und ob sie auch nur den Schimmer einer Ahnung hatte, welche Wirkung sie auf meine Fantasie hatte. Falls sie diese Zeilen lesen sollte, vielen Dank, Madame.

Wir waren über Seitenstraßen gefahren, um zu vermeiden, dass wir den ganzen Tag im Stau standen, doch der Plan war nicht aufgegangen. Irgendwo südlich von Stow-on-the-World saßen wir plötzlich fest in einer Schlange von Autos, die sich alle halbe Stunde um eine Meile vorwärtsbewegte, ohne dass wir je verstanden, warum. Hatte nicht Madonna ein Haus in Stow, so überlegten Sheila und ich, und konnte es sein, dass sie die Straßen für den Verkehr hatte sperren lassen, um zu vermeiden, dass irgendwer sie in Shorts herumlaufen sah? Ich erinnerte Sheila daran, dass ein öffentlicher Fußweg so dicht an unserem Haus vorbeiführte, dass jeder, der sich auf sein unverbrüchliches Wegerecht beruft, eine gute Chance hat, den einen oder anderen von uns im Bad zu beobachten, und wir überlegten, wie gut unsere Chancen wohl stünden, diesen Feldweg sperren zu lassen. Nicht besonders gut, fanden wir beide.

Um halb sechs abends hatten wir endlich Eastnor Castle erreicht, wo das Big-Chill-Festival stattfand und ich Schallplatten auflegen sollte. Nachdem wir eine Stunde lang kreuz und quer über das Gelände gelaufen waren, wobei ich die ganze Zeit über eine elend schwere Plattenkiste aus durchsichtigem Plastik mit mir herumschleppte, die ich mir ein paar Jahre zuvor zugelegt hatte, weil ich dachte, dass ich damit endlich mal richtig cool aussehen würde, waren wir nicht allerbester Stimmung, als wir endlich an der Finlandia Cocktail Bar ankamen. Eigentlich hatte ich sowieso schon miese Laune. Wir standen also draußen herum und schauten uns um, ob das Zelt so was wie einen Künstlereingang hatte, als irgendwer in der Menge uns bemerkte und anfing zu applaudieren. Es dauerte nur ein paar Sekunden, bis sich Hunderte anderer Festivalbesucher diesem Applaus anschlossen. So was, dachte ich, passiert nur in Cliff-Richard-Filmen. »Die denken wahrscheinlich, du bist Bob Harris«, flüsterte Sheila. Ich räusperte mich, und wir bahnten uns den Weg ins Zelt.

Ich werde oft mit Bob Harris verwechselt, ungeachtet der Tatsache, dass wir uns so gut wie gar nicht ähnlich sehen. Er ist dünner und rötlicher als ich – und größer, aber dennoch vergeht kaum eine Woche, wo mir nicht jemand erzählt: »Ich kenne Sie. Ich hab früher keine Folge von *Whistle Test* verpasst, echt.« »Ich glaube, Sie verwechseln …«, versuche ich einzuwerfen, doch sie lassen nicht locker. »Echt, keine einzige Folge. Wie war das damals, als (fügen Sie hier bitte irgendeine langweilige Siebziger-Jahre-Progrock-Band Ihrer Wahl ein) in der Show waren?« Zumindest bei einer Gelegenheit in einem Pub in Nordlondon, als ein Schotte, der einen ziemlich gewalttätigen Eindruck machte, darauf bestand, ich sei Bob, und auf mein beharrliches Leugnen mit zunehmender Entrüstung reagierte, war ich gezwungen, mit einem lebensüberdrüssigen, aber hoffentlich nicht allzu bitteren Lachen schulterzuckend einzuräumen, dass ich tatsächlich Bob Harris sei und es mich freute, dass er die Sendung so mochte. Ich habe Bob gefragt, ob er ab und zu von Leuten angesprochen wird, die ihn für mich halten, doch er hat mir versichert, dies sei ihm nie passiert. Ich tröstete mich mit dem Gedanken, dass Bob, zumindest in den letzten Jahren – im Gegensatz zu mir – wohl eher selten von besorgten Veranstaltern gebeten wurde, ein paar langweilige Platten aufzulegen, weil die Leute auf der Tanzfläche zu heftig abgingen. Ich wurde außerdem auch schon aufgefordert, einen dicken, verschwitzten Mann mit schweinchenrosa Teint zu küssen, was ich unter großem Gejohle tat. Wann hat Bob Harris zum letzten Mal einen Mann auf einer Bühne geküsst, hä?

Ich verließ Woodlands zum Ende des Osterhalbjahres 1953, nach wie vor glücklos, was das Onanieren betraf, doch hatte ich, wenn auch erst ein paar Tage vor Schluss, zumindest die Blamage vermieden, der erste Junge zu sein, der die Schule ohne Schwimmprüfung verließ. Meine mangelnde Eleganz an Pools und Stränden geht auf das Konto meiner Mutter, war sie doch der Auffassung, die beste Methode, einem Kind das Schwimmen beizubringen, bestünde darin, dass man es ins Meer hinausschleppt und dann in die Wellen fallen lässt.

Und das hat sie in Rhosneigr dann auch getan, als ich vier Jahre alt war – mit den entsprechend katastrophalen Folgen. Ich war augenblicklich untergegangen, und als ich ein paar Sekunden später wieder aus dem Wasser gefischt wurde, hatte ich den festen Entschluss gefasst, nie wieder zuzulassen, dass mein Kopf unter Wasser gerät. Nachdem ich bei verschiedenen anderen Gelegenheiten schon mindestens ein halbes Dutzend Mal bei der Schwimmprüfung – eine Bahn im Schulschwimmbad – gescheitert war, verlor die Schulleitung die Geduld, und während der Rest der Schule beim Mittagessen saß, wurde ich zum Schwimmbecken geführt, zu Wasser gelassen und gezwungen, meine Bahn zu absolvieren. Mit je einem Rettungsschwimmer zu beiden Seiten, die strikte Anweisung hatten, mich wieder auf Kurs zu bringen, sollte ich versuchen, zum Beckenrand zu flüchten.

John in Rhosneigr

In jenem Sommer wohnten wir wie gewöhnlich im Red House am Broad Beach in Richtung Lion Rocks in Rhosneigr. Jahre später verbrachten Francis und ich zwei der traurigsten Wochen unseres Lebens in einem Caravan, der auf dem flachen Stück Land am anderen Ende des Strands geparkt war, als Vater versuchte, uns – und vermutlich auch sich selbst – davon zu überzeugen, dass zumindest so etwas Ähnliches wie Normalität aufrechterhalten werden könnte, nachdem Mutter und er getrennte Wege gingen. Ich empfinde noch immer stechende Schuldgefühle, wenn ich daran denke, wie wir uns wegen der Klumpen in seiner Vanillesoße über ihn lustig gemacht haben.

Als der Sommer zu Ende war, ging ich an die Shrewsbury School. Wie allgemein üblich, brachte man mich einen Tag vorher dorthin, damit ich mich so weit wie möglich akklimatisieren konnte. Vater und Mutter waren beide zu diesem seltsamen und furchtbaren Tag erschienen, an dessen Ende ich allein in einem Haus zurückgelassen wurde, das als Übergangshaus bezeichnet wurde. Dieses lag gegenüber von dem Gebäude, für das ich vorgesehen war und das der Leitung von A. J. Hagger unterstand. An dieser Stelle muss erwähnt werden, dass Hagger und ich nie miteinander zurechtkamen. Obwohl es sich hier natürlich anbieten würde, wie das auch etliche andere in ihren Autobiografien getan haben, zu versuchen, mich als Rebell zu verkaufen, der auf sämtliche Konventionen pfeift und wider den Stachel löckt, so sind die Wurzeln des Konflikts Hagger/Ravenscroft J. R. P. wesentlich profanerer Natur und lediglich meiner Unfähigkeit geschuldet, länger als ein paar Sekunden aufzupassen. Rückblickend habe ich sogar den Verdacht, dass ich eigentlich durch die Aufnahmeprüfung für Shrewsbury, die ich noch in Woodlands abgelegt hatte, durchgefallen war und man mich nur deswegen aufgenommen hatte, weil mein Vater, mein Onkel und meine beiden Großväter ebenfalls dort gewesen waren, ohne dass sie sich allerdings in irgendeiner Weise besonders hervorgetan hätten. Mit dieser Familientradition brach ich, indem ich gleich in meinem ersten Jahr das Schlusslicht der Schule wurde.

Man hatte mich in die »dritte Klasse« gesteckt, was zwar so klingt, als wäre es zumindest immer noch besser als die erste oder zweite Klasse – doch dem war nicht so. Es gab keine erste oder zweite Klasse, und die dritte war so etwas Ähnliches wie das, was man anderswo als »Förderklasse« bezeichnen würde. Aber, um fair zu bleiben mit den Genossen, die wenigsten von uns waren wirklich doof. Es war nur so, dass wir andere Dinge im Kopf hatten, und ich war insgeheim sogar stolz darauf, das Schlusslicht der Schule zu sein. Es hob mich, so versuchte ich meine Eltern zu überzeugen, ebenso aus der Masse heraus, als wenn ich der beste Schüler gewesen wäre, was, wie sie meiner Ansicht nach doch wohl zugestehen mussten, eher unwahrscheinlich war. Und weil ich schon mal so schön in Fahrt war, fügte ich noch hinzu, dass sie sich auf diese Weise auch guten Gewissens den »Speech Day« sparen könnten, an dem die gesamte Schule einer jahrhundertealten Tradition folgend am Schulleiter vorbeizog und ihm den »Mützengruß« entbot. (Der Mützengruß war ein Salut, bei dem man den Hinterkopf an der Stelle berühren musste, wo man eine Kippa tragen würde, hätten wir damit nicht während der Regentschaft von William und Mary aufgehört. Es wurde von einem erwartet, dass man sämtlichen Mitgliedern des Lehrerkollegiums stets den Mützengruß entbot, egal wo man ihnen begegnete. Unterlassungen wurden bestraft. Vermutlich mit Schlägen, so wie die meisten Vergehen.) Von den Eltern wurde erwartet, dass sie sich vor den Schulgebäuden versammelten und diese überaus öde Parade anschauten. Meine Eltern, so argumentierte ich, sollten froh sein, dass ich ihnen diese verdrießliche Pflicht ersparte – was sie allerdings leider nicht recht überzeugend fanden. Jahre später machte ich einen Anlauf, mich von den Geistern zu befreien, von denen ich mir während meiner Zeit in Shrewsbury eine ansehnliche Kollektion zugelegt hatte, indem ich zusagte, vor der Morgenversammlung in Eton zu sprechen. Ich habe offen gestanden nur noch verschwommene Erinnerungen daran, doch ich weiß noch, dass man mir erzählte, es gäbe für die Schüler auch Alternativen zur Morgenversammlung. Ich spekuliere einfach mal wild drauflos und behaupte, dass es sich dabei vermutlich um so etwas Charakterformendes handelte, wie sich kielholen zu lassen von Marinereservisten in historischen Kostümen, weshalb bei meiner Ansprache ein ziemlicher Andrang herrschte. Ich bin mir ziemlich sicher, dass ich weder etwas sonderlich Interessantes noch etwas großartig Amüsantes erzählt habe, aber man führte mich im Anschluss daran dennoch über das Gelände – beziehungsweise den »Campus« –, und was mich dabei besonders beeindruckte, war ein Gebäude, in dem die hellsten Köpfe unter den Studenten zu ihrem eigenen Schutz zusammengepfercht waren. Diese waren, so erklärte man mir, so sehr damit beschäftigt, die Werke irgendwelcher obskuren mitteleuropäischen Philosophen im Kopf ins Assyrische zu übersetzen oder irgendwas in dieser Richtung, dass sie nicht nur ganz vergaßen, sich bei Regen unterzustellen, sondern auch gegen Backsteinmauern liefen und mit einiger Regelmäßigkeit die Treppe herunterfielen. »So ähnlich ging's uns auch in der dritten Klasse«, dachte ich mir und empfand beinahe so etwas wie Stolz, als ich mich wieder von dem Gebäude abwendete, das außerdem noch einen seltsamen Namen hatte – Gulli, vielleicht, oder Motte.

Haggers Reaktion auf all meine Vergehen war, mir Prügel zu verabreichen. Dabei handelte es sich um relativ formelle Prozeduren, im Verlauf derer wir beide unsere Kleider anbehielten. Ich machte mir nicht sonderlich viel daraus, geschlagen zu werden, und ich habe auch später im Leben nie einen Geschmack daran entwickelt, aber ich war definitiv daran gewöhnt. Von früh an hatte ich zu Hause mit großer Regelmäßigkeit von Mutter Schläge bezogen. Sie wollte vermeiden, dass aus mir ein Waschlappen wird, hatte sie mir Jahre später erklärt. Die Prügel meiner Mutter waren insofern eine informelle Angelegenheit, als die Anzahl der Schläge unbestimmt war, aber sie waren eine formale Prozedur, weil ihnen stets das gleiche grausame Ritual vorausging. Wann immer Trader der Auffassung war, dass ich mir etwas hatte zuschulden kommen lassen, marschierte sie zum Fuß der Treppe und rief die Worte: »Sind Sie da?« Wenn meine Mutter, die meist auf dem Bett lag und Liebesromane las, das dann hörte, sprang sie aus dem Bett auf, rauschte zum Zimmer hinaus auf den Flur und die Treppe herunter, um sich unterdessen erstens einen Gürtel und zweitens mich zu schnappen. Sodann wurde ich ins Esszimmer gezerrt, über den Tisch gelegt, und ich bezog so lange Prügel, bis meine Mutter der Sache überdrüssig wurde. Fragen wurden nie gestellt. Es genügte, dass Trader rief: »Sind Sie da?« Wenn Mutter diese Frage überhörte, kam ich ungeschoren davon. Auf mich machte diese Form der Rechtsprechung einen zutiefst mittelalterlichen Eindruck.

Die Schläge, die ich von Mr Hagger bezog, erhielt ich in den meisten Fällen für Vergehen, die an keinem anderen Ort der Welt – außer vielleicht an einer anderen Schule – als solche gegolten hätten. Unser Leben war eingezwängt in ein Korsett aus Regeln und Vorschriften, wie man es ansonsten nur in der Armee findet, und ähnlich wie beim Militär war es nahezu unmöglich, einen Tag hinter sich zu bringen, ohne dabei irgendeine Vorschrift zu verletzen oder gewisse Sonderrechte zu übersehen. Manche davon waren derart obskur, dass ich mir bis zum heutigen Tage nicht über ihre Bedeutung im Klaren bin. So waren beispielsweise nur die ersten acht der Schule berechtigt, Uhren auf ihren Socken zu haben. Falls Sie wissen, was das bedeutet, tun Sie mir den Gefallen und behalten Sie es für sich. Mir ist das Bild von Uhren auf Socken, das ich mir in meiner Vorstellung zurechtgelegt habe, in den letzten fünfzig Jahren so sehr ans Herz gewachsen, dass ich es mir nicht von der schnöden Realität versauen lassen möchte. Es gab Fußwege und Korridore, auf denen man weder reden, die Hände in den Hosentaschen haben und in manchen Fällen noch nicht einmal gehen durfte. Eine Abwechslung von diesen dämlichen Restriktionen bildeten lediglich die zwanzig Minuten zwischen neun Uhr dreißig und neun Uhr fünfzig, die dem »Schroten« vorbehalten waren. Dabei handelte es sich, auch wenn es manchen vielleicht enttäuschen mochte, nicht um eine Tätigkeit, die in Wörterbüchern gemeinhin als »Zerkleinern auf einem Walzenstuhl, Quetschen oder Mahlen zwischen harten, rauen Oberflächen oder ähnliche Vorgänge« bezeichnet wird, obwohl dies ziemlich adäquat beschreibt, was dabei vor sich ging. Schroten bezeichnete bei uns eine Reihe von rauen Spielen mit zusammengerollten Socken, improvisierten Toren, Hechtsprüngen unter und auf Eisenbetten und manchmal auch dem, was man als übermäßigen Körperkontakt bezeichnen könnte. Riggs war das einzige Haus, in dem Schroten erlaubt war, weshalb wir auch entsprechend beneidet wurden.

Wir Neulinge hatten natürlich wesentlich mehr zu tun, als unseren schulischen Pflichten nachzukommen und uns, wie es im Gebet heißt, in den drei Elementen – Rennen, Reiten, Schwimmen – zu vervollkommnen. Wir mussten uns darüber hinaus noch mit »Douling« und Farben-Tests herumschlagen und, soweit wir nicht das Glück hatten, physisch arg missgestaltet zu sein, mit der Zuneigung anderer.

»Douling«, so erklärten mir die schlaueren meiner Freunde, war von dem griechischen Wort für Sklave abgeleitet, und es bedeutete, dass man während der ersten beiden Schuljahre seitens eines der Hausältesten oder eines der Stubenältesten zu absolut jeder Aufgabe herangezogen werden konnte. Diese hatten eine enorme Bandbreite, sei es, dass man jemandem ein Ei kochen oder ihm einen herunterholen musste. Die Ältesten zitierten die Douls herbei, indem sie auf den Flur traten und entweder »Ddddooouuuuullll« brüllten oder »Doul Doul Doul Doul Doul Doul«. Bei der ersten Variante hatte man unverzüglich anzutanzen, egal was man gerade tat, bei der zweiten Variante musste man nur dann rennen, wenn man nicht entweder mit Schulaufgaben beschäftigt war oder sich bereits für einen der anderen Sklaventreiber abrackerte. Rückblickend erscheint es erstaunlich, wie jemand, der seinen Verstand einigermaßen beieinander hatte, sich auch nur fünf Minuten lang diesen Quatsch gefallen lassen konnte, und was noch erstaunlicher erscheint, ist die Tatsache, dass die Gründer des Magazins *Private Eye,* die ebenfalls diese Schule besuchten, allerdings in anderen Häusern wohnten, dabei vermutlich auch mitmachten, und zwar sowohl als Douls wie auch als Aufseher.

Wenn sämtliche verfügbaren Douls in Reih und Glied angetreten waren, wählte der Aufseher gewöhnlich den letzten aus oder, wenn sie entsprechend aufgelegt waren, den hübschesten, und ließen ihn Schuhe putzen, Kadettenuniformen bügeln oder irgendeinen Botengang erledigen. So was war noch erträglich.

Unerträglich hingegen waren die Stubenaufseher. Eine Studierstube bestand gewöhnlich aus drei oder vier Personen, wobei der Älteste die Funktion des Aufsehers hatte und die Jüngeren die Douls waren. Ich selbst hatte ein Jahr lang einen Jungen namens Cox als Aufseher, und eine der Arbeiten, die er mir mit Regelmäßigkeit aufhalste, bestand darin, die Reifen seines Fahrrads mit Schuhcreme auf Hochglanz zu bringen. Wenn er sie in Augenschein genommen und für sauber und glänzend genug befunden hatte, drehte er mit seinem Rad eine Runde durch den Matsch und befahl mir, wieder von vorne anzufangen. Natürlich war die Versuchung stark, ihm zu sagen, er soll sich gefälligst ins Knie ficken, doch dies hätte unweigerlich eine strenge Bestrafung nach sich gezogen. Da ich aber derzeit solchen Einschränkungen nicht unterworfen bin, hier noch ein kurzer Gruß an ihn: Fick dich ins Knie, Cox.

Ein anderer Stubenältester zwang mich, eine wesentlich unangenehmere Arbeit zu verrichten, und zwar während der Zeit, die eigentlich für die Hausaufgaben vorgesehen war. Diese Stunde lief eigentlich unter der Bezeichnung »Förderstunde«, doch für meinen Stubenaufseher bedeutete dies »Handarbeit«. Wenn mein Peiniger aus irgendeinem Grund selbst gerade keinen Bedarf hatte, einen heruntergeholt zu bekommen, vielleicht weil er zuvor schon einen anderen kleinen Jungen dazu vergattert hatte, es ihm zu besorgen, dann lieh er mich an einen seiner beiden Freunde aus, und ich war verpflichtet, es jenem zu besorgen. Dieser Mann – und obwohl ich sehr versucht bin, ihn namentlich zu nennen, verkneife ich es mir – war, glaube ich, die einzige wahrhaft amoralische Person, der ich jemals begegnet bin. Gegen Ende unserer gemeinsamen Zeit nötigte er mich, ihn in einer öffentlichen Toilette auf dem Friedhof am Stadtrand von Shrewsbury zu treffen, wo er mich vergewaltigte. Natürlich war dies ein ekelhaftes Erlebnis, doch so seltsam es auch erscheinen mag, hatte es keinen sonderlich traumatischen Effekt, vermutlich aufgrund der permanenten Gewöhnung an systematischen sexuellen Missbrauch. Es sollte dennoch etliche Jahre dauern, bis ich mich überwinden konnte, irgendjemandem von diesem Erlebnis zu erzählen, und als ich es schließlich meiner Frau Sheila gegenüber erwähnte, während wir eines Nachmittags in den Achtzigern durch Shrewsbury fuhren und an den Toilettenhäuschen am Friedhof vorbeikamen, regte sie sich, glaube ich, darüber mehr auf, als ich selbst es je getan hatte. Allerdings haben wir nie wieder ein Wort darüber verloren.

Natürlich bestand das Leben in Shrewsbury nicht nur aus Prügel und Arschficks. Ich wurde von der dritten Klasse in die untere vierte versetzt und von dort in die obere vierte und landete schließlich in der fünften. Jedes dieser Jahre absolvierte ich, ohne mich in irgendeiner Weise hervorzutun. Einmal gewann ich zwar bei einem Aufsatzwettbewerb den ersten Preis, allerdings wies man mich darauf hin, dass sich außer mir niemand sonst angemeldet hatte. Leider sind meine Gedanken zum Thema »Was der Einzelne zur Völkerverständigung beitragen kann« ebenso verloren gegangen wie das Buch mit Cartoons, das ich als Preis gewann. Von den Cartoons habe ich die meisten ohnehin nicht verstanden.

Während dieser ganzen Zeit hing über meinem Haupt das Damoklesschwert Universität. Ich hatte, wie mir jetzt erst klar geworden ist, eine verzerrte Vorstellung von dieser Institution. Universitäten bedeuteten für uns Oxford oder Cambridge, und Leute, die Schande über ihre Familien gebracht hatten, weil sie es nicht geschafft hatten, dort aufgenommen zu werden, konnten, wenn sie auch nur einen Funken Anstand besaßen, sich eigentlich nur für fünf Jahre freiwillig zu den Kolonialtruppen melden, um so die Scharte auszuwetzen. Ich war ziemlich sicher – und es ist erstaunlich, dass niemand auch nur den Versuch machte, mir diese Vorstellungen auszureden –, dass die Universität eine Kombination aus Shrewsbury und der Operette *The Student Prince* darstellte und man mich an meinem ersten Tag als Fuchs – was immer das war – zwingen würde, in der Mensa auf einem vierhundert Jahre alten Eichentisch zu stehen und das Lied »There Is A Tavern In The Town« auf Lateinisch zu singen. Und da ich dies steif und fest glaubte, war es auch kein Wunder, dass ich in dem Augenblick, als mir jemand erklärte, ich sollte mich endlich auf den Hosenboden setzen und büffeln, was das Zeug hielt, weil ich es sonst nie auf die Universität schaffen würde, mit einem Mal glaubte, den Schlüssel zur Glückseligkeit in Händen zu halten. Also setzte ich mich nicht auf den Hosenboden und büffelte auch nicht, was das Zeug hielt, sondern ließ es zu, dass mein Leben durch die Klänge von Lonnie Donegan und kurze Zeit später Elvis eine völlig neue Wendung nahm.

Kapitel 4

Es mag eine Ironie des Schicksals sein, doch heute Morgen, am 16. August 2004, waren in der Post zwei Briefe von Sharon Donegan, der Witwe Lonnie Donegans. Der eine enthielt eine Broschüre für ein Musical mit dem Titel *Lonnie D.*, das demnächst im Whitley Bay Playhouse aufgeführt werden soll, unter Mitwirkung von Peter und Anthony Donegan, einer Skiffle-Band und einem Schauspieler-Ensemble. Der zweite Umschlag enthielt ein Programmheft der Royal Albert Hall vom 21. Juni, an dem eine Gedächtnisveranstaltung zu Ehren Lonnie Donegans stattfand und an der ich neben einer ganzen Reihe von Stars ebenfalls hätte teilnehmen sollen. Ich hatte meine Dienste als Conférencier sogar selbst angeboten, doch wurde ich auf dem Rückweg vom Sónar Festival in Barcelona in Nordfrankreich durch eine Autopanne aufgehalten. Es besteht gar kein Zweifel, dass eine Veranstaltung zu Ehren Lonnie Donegans schon lange fällig war, und das Konzert in der Royal Albert Hall konnte mit einer der seltsamsten Zusammenstellungen von Künstlern, die die Welt je gesehen beziehungsweise nicht gesehen hatte, aufwarten. Chas and Dave waren ebenso dabei wie Rolf Harris, Gerry Marsden, Rick Wakeman, Billy Bragg, The Barron Knights, Roger Daltrey, Joe Cocker, Van Morrison und die üblichen Verdächtigen. Diese Reihe illustriert, zumindest für mich, in perfekter Weise das Dilemma im Kern von Donegans Musik. Interessanterweise herrscht ein ähnliches Dilemma auch im Falle von Elvis Presley.

Lonnies erster Hit, »Rock Island Line«, gleichzeitig auch die einzige seiner Platten, die in den USA erfolgreich war, tauchte in den englischen Charts zum ersten Mal in der ersten Woche des Jahres 1956 auf, vier Monate vor Elvis' »Heartbreak Hotel«. Ich denke mal, ich hörte es, wie viele andere auch, zum ersten Mal in einer der Wunschsendungen der BBC, entweder *Housewives' Choice* oder *Family Favourites.*

Housewives' Choice war eine tägliche Vormittagssendung mit wechselnden Gastmoderatoren. Ein Wesen von einem fremden Planeten, das uns inkognito einen Besuch abstattete, hätte aufgrund dieser Sendung den Eindruck gewonnen, dass Hausfrauen eine Art subnormale Minderheit darstellten, denen im Verlauf der Heiratszeremonie, die in den Fünfzigern fast alle Hausfrauen durchlaufen hatten, ein Teil ihres Hirns entfernt worden war. Weshalb dies alles geschah – das hätte unser Besuch von einem fremden Stern allerdings noch mal genauer nachfragen müssen.

Family Favourites hingegen hatte ein festes Moderatorenteam, das Ehepaar Jean Metcalfe und Cliff Michelmoore. In der Fassung, die ich hauptsächlich zu hören bekam, hatte es sich leicht gewandelt zu *Two-Way Family Favourites* beziehungweise, wenn auch seltener, zu *Three-Way Family*

Favourites. Die *Two-Way*-Fassung brachte britische Truppenangehörige, die in Deutschland stationiert waren, mit ihren Familien in der Heimat zusammen, und in der *Three-Way*-Version wurden auch noch die Truppen auf Zypern zugeschaltet, damit sie ihren Spaß hatten.

In beiden Sendungen wurde ziemlich konservative Musik gespielt, obwohl man sich in diesem Zusammenhang daran erinnern muss, dass es damals kaum populäre Musik gab, die nicht konservativ gewesen wäre, und dass die Streitkräfte ohnehin eher selten eine Brutstätte des Radikalismus waren. Glenn Miller und sein Orchester wurden furchtbar oft gespielt, ebenso Doris Day, Guy Mitchell, Frankie Laine, Johnnie Ray und Winifred Atwell. Songs aus den Musicals *Oklahoma!* und *Carousel* sowie andere beliebte Musical-Hits standen auch häufig auf dem Programm. (Was in meinem Falle nicht folgenlos blieb – ich hege bis heute eine seltsame Vorliebe für den Song »Everything's Up To Date In Kansas City« aus *Oklahoma!*, vor allem wegen des pseudorustikalen Charakters der zweiten Zeile: »They've gone about as fur as they can go!« Dieses »fur« schafft mich jedes Mal wieder.) In den Wunschsendungen gab es außerdem jede Menge leichte Kost aus dem Bereich der Klassik – der Name Rudolph Friml ist mir noch in trüber Erinnerung –, und dem ungeduldigen und skeptischen Teenager, der ich damals war, kam es so vor, als dürfte keine Sendung über den Äther gehen ohne »The Nun's Chorus«, woher der auch immer stammen mochte.

Die bereits erwähnten Day, Mitchell, Laine, Ray und Atwell standen alle bei Phillips Records unter Vertrag, und man konnte ziemlich genau einschätzen, wie gut man mit Leuten zurechtkommen würde, indem man herausfand, welchen der fünf er oder sie mochten. Was mich betraf, so waren Guy Mitchell und Doris Day völlig inakzeptabel – zu, na ja, sauber und gelackt, obwohl ich zugeben muss, dass ich mir »A Purple Cow« von Doris Day gekauft habe. So, jetzt ist es raus. Von den Übrigen mochte ich Frankie Laine am liebsten. Mutter hatte mich zu einem seiner Konzerte im Liverpool Empire mitgenommen, und ich hatte einen zumindest ansatzweise rauen Burschen in entsprechendem Raue-Burschen-Outfit erwartet, doch was dann auftauchte, war ein Typ von fast dreißig mit Bauchansatz in einem Anzug aus changierender Seide. Singen konnte er allerdings immer noch, und ich wartete pflichtbewusst vor dem Bühneneingang, um mir ein Autogramm geben zu lassen, bekam aber keins. Das Gleiche habe ich bei Johnnie Ray auch versucht, angestachelt von den abschätzigen Presseberichten hinsichtlich seines Hangs zu übersteigerten Emotionen, doch ist mir auch hier der Erfolg versagt geblieben. Es war mir allerdings vergönnt mitzuerleben, wie weibliche Teenager zu kreischenden Horden mutierten, und sowohl der Anblick als auch der Klang dessen haben mich tief bewegt. Winifred Atwell habe ich leider nie gesehen. Ich hatte die meisten ihrer Schallplatten, und von dem ganzen Quintett sind ihre Platten die einzigen, die noch immer ziemlich aufregend klingen können – mit Ausnahme von Frankie Laines »The Kid's Last Fight«. Der Song kann gegen jede Konkurrenz antreten – was man von Kid nicht behaupten konnte.

Lonnies »Rock Island Line« war ein ganz anderes Kaliber. Es hatte die erzählerische Qualität von »The Kid's Last Fight«, verbunden mit einem Gefühl der Freiheit und der Grenzenlosigkeit und getragen von einem Geist der Kompromisslosigkeit. Damit verglichen hörte sich alles, was bis dahin existierte, überkandidelt und klaustrophobisch an. Dennoch, selbst »Rock Island Line«, das eigentlich schon zwei Jahre zuvor im Anschluss an eine Session mit der Chris Barber Jazz Band aufgenommen worden war, sah blass aus im Vergleich zu »Lost John«, Lonnies erster 78er auf Pye Nixa mit »Stewball« auf der Rückseite.

Einige Tage bevor Lonnie starb, traf ich, zusammen mit meinen BBC-Kollegen Louise Kattenhorn und Hermeet Chadha, den King of Skiffle in seinem Hotelzimmer in Nottingham. Vollgepumpt mit Schmerzmitteln hatte er am Abend zuvor sein übliches 90-Minuten-Programm mit vollem Einsatz absolviert, und er sah aus, als sei er ernsthaft krank – was er auch war. Aber das hinderte ihn nicht daran, nett und spaßig zu sein und sich zum wiederholten Male von mir anzuhören, wie viel seine Musik mir immer bedeutet hat. Irgendwie kam es dann dazu, dass ich eine Strophe aus »Lost John« gesungen habe, diejenige, die mit »Lost John need a pair of shoes of his own« anfängt, und bei der letzten Zeile, »You couldn't tell whichaway Lost John gwine«, sang Donegan mit. »Ich habe mit Lonnie Donegan im Duett gesungen«, dachte ich beim Rausgehen, wobei Lonnie, als er die Tür zumachte, noch meinte, das nächste Mal würde er mir beibringen, Gitarre zu spielen. »Ich habe mit Lonnie Donegan im Duett gesungen!« Wenn irgendjemand der fünfzehn Jahre alten Ausgabe von mir erzählt hätte, dass dies jemals passieren würde, schwer vorstellbar, welche Folgen das wohl gehabt hätte.

Auf Pye Nixa N 15036 (Katalognummer) folgte eine Reihe weiterer großartiger Platten. *Skiffle Session* mit dem düsteren »New Burying Ground« und dem stürmischen »Bring A Little Water, Sylvie«, und danach erschien mit *Lonnie Donegan Showcase* eine absolute Ausnahmeplatte, eine LP, die es in die Singles-Charts brachte. Auf dieser Platte erreichen Lonnie und seine Skiffle-Band mit der glühend heißen Version des Gassenhauers »Frankie And Johnny« einen absoluten Höhepunkt ihres Schaffens. Ich habe diesen Song schon Dutzenden von Leuten vorgespielt, die Lonnie Donegan, wenn überhaupt, dann allenfalls von seinen Novelty-Hits »Does Your Chewing Gum Lose Its Flavour?« und »My Old Man's A Dustman« kannten, und alle waren sie platt. Unter den Geplätteten sind die wundervollen Black Keys aus Omaha oder die White Stripes aus Detroit. Jack und Meg waren von der Intensität und absoluten Einzigartigkeit von Lonnies Vorstellung auf »Frankie And Johnny« so beeindruckt, dass Jack, als er ein paar Monate später seinen Brit Award in Empfang nahm, nichts weiter sagte als: »Denkt immer dran, Lonnie Donegan war der Erste. Ihm habt ihr das alles zu verdanken.« In der Tat.

Seit ich, ach, ich weiß nicht, sagen wir: soo groß bin, habe ich immer wieder behauptet, dass der Augenblick, als ich Elvis zum ersten Mal im Radio gehört habe, der bestimmende Moment meines Lebens gewesen ist. Er ist definitiv in einer Liga mit dem Moment, als ich Sheila zum ersten Mal begegnet bin, und dem Treffer von Alan Kennedy gegen Real Madrid im Parc des Princes in Paris. Vermutlich hörte ich Elvis, ebenso wie Lonnie, zum ersten Mal bei *Two-Way Family Favourites*. Ich bin sicher, dass irgendwo in den Weiten des Internets eine Seite existiert, die mir exakt Auskunft darüber geben könnte, wann und wo »Heartbreak Hotel« gespielt wurde – und für wen. Aber Sie wissen ja, das Leben ist zu kurz … Ich habe immer behauptet, die Platte wäre für einen Lieutenant/Bombardier Higgings im BFPO 15 gespielt worden, doch dies, so muss ich leider gestehen, habe ich mir nur ausgedacht. Es soll hier genügen, dass Elvis als »die neue Gesangssensation aus Amerika« angekündigt wurde, und das traf den Nagel auf den Kopf. Heutzutage fällt es vielleicht nicht mehr allzu sehr aus dem Rahmen, aber damals hatte »Heartbreak Hotel« den gleichen Effekt auf mich, als wenn ein nackter Außerirdischer zur Tür hereinmarschiert gekommen wäre und mir verkündet hätte, er wollte bei mir bleiben bis ans Ende meiner Tage. Als Elvis auftauchte, schlichen sich Frankie Laine und Johnnie Ray auf Zehenspitzen aus dem Zimmer, und die Welt war nicht mehr die gleiche. »Heartbreak Hotel« hatte etwas Furchteinflößendes, etwas unzüchtig Animalisches, etwas, das ernsthaft außer Kontrolle geraten war, und obwohl ich Elvis zutiefst beunruhigend empfand, wollte ich doch mehr. Und ich bekam es. Ich könnte Ihnen noch heute jeden einzelnen Song von seiner ersten, lediglich *Elvis Presley* betitelten LP vorsingen, und vielleicht mache ich das ja eines Tages. Obwohl es andere Rock'n'Roller gab, denen ich im Lauf der Zeit den Vorzug vor Elvis gab, vor allem Gene Vincent, so war es doch das einzige Mal, dass ich bei einer richtigen Schallplattenauktion mitsteigerte, als eine Elvis-Single, die bei Sun Records erschienen war, zur Versteigerung anstand. Wobei zu beachten ist, dass es sich nicht einfach um irgendeine alte Sun-Single handelte, sondern um eine, die von Elvis' Band signiert war. Sie hatten alle unterschrieben: Scotty Moore (Gitarre), Bill Black (Bass), DJ Fontana (Schlagzeug), und Elvis hatte seine Ecke des Covers beschriftet mit »Elvis Presley (Sänger)«. Diese Platte, so fand ich, gehörte in mein Haus.

Da ich unfähig war, mich dem Stress der Auktion auszusetzen, und genau wusste, dass mir mit ziemlicher Sicherheit die Gäule durchgehen und ich mehr bieten würde, als wir uns leisten konnten, bat ich meine Freundin und Literaturagentin Cat Ledger, mich zu vertreten. Es kostet mich große Überwindung, diese Worte zu Papier zu bringen, aber Cat war autorisiert, bis zu einem Betrag von dreitausend Pfund mitzubieten. Zu meinem Glück ging die Auktion weit über diese lächerliche Summe hinaus, und die Platte ruht nun aller Wahrscheinlichkeit nach in einem Banksafe in Tokio oder Los Angeles. Wo immer sie auch sein mag, sie ist nicht da, wo sie hingehört – hier bei mir.

In Riggs Hall, The Schools, Shrewsbury, herrschte ein deprimierend geringes Interesse an Lonnie oder Elvis. Um genau zu sein, wurde populäre wie auch klassische Musik des zwanzigsten Jahrhunderts im Haus eher feindselig betrachtet. In dem Repetitorium, dem ich angehörte, als Rock'n'Roll in mein Leben trat, waren die Platten der Wahl eine Aufnahme von Händels »Zadok the Priest« aus der Krönungsfeier für George VI. sowie eine Aufnahme der glänzenden Rede, die besagter König während des Krieges hielt und in der er aus dem Gedicht »A man stood at the gate of the year« zitiert.

Irgendwann war meine Verzweiflung, jemanden zu finden, der ebenfalls mit Lonnie, Elvis, Gene und dem ganzen Rest etwas anfangen konnte, so groß, dass ich ein paar Platten zu einem Treffen einer Gruppe mitnahm, die sich in bewusster Verkennung der Realität »High Society« nannte. Und dies, obwohl ich wusste, dass es sich dabei um einen Kreis von Jazz-Fans handelte, deren Vorsitzender ein verbiesterter Typ namens Comyns war, der außerdem noch Hausältester war. Entsprechend verkrampft fiel dann auch seine Reaktion auf die Platte aus, die ich zu dem Treffen mitgebracht hatte. In dem Bestreben, den Zirkel zu beeindrucken, hatte ich »Sleep« von Earl Bostic mitgebracht, mit dem Titel »Flamingo« auf der B-Seite, in der Hoffnung, damit die Kluft zwischen uns überbrücken zu können. Doch Comyns mochte die Platte kein bisschen und sonderte ein paar harsche Worte ab bezüglich Bostics tonaler Bandbreite, bevor er mir die Tür wies. Während ich niedergeschlagen zurück ins Haus schlurfte, fragte ich mich, wie Comyns' Reaktion ausgefallen wäre, wenn ich statt Bostic Gene Vincents infernalisches »Race With The Devil« mitgebracht hätte.

Neben der Musik des Teufels war Fußball der einzige weitere Trostspender im Leben des jungen Ravenscroft. Wobei es weniger der Liga-Sport war, der mich begeisterte, denn daran schien damals niemand interessiert zu sein, als selbst zu spielen (ich war Fan von Liverpool seit dem Cup-Finale von 1950, als Liverpool 0:2 gegen Arsenal verlor, woraufhin ich bis Mitte der Neunziger keine Arsenal-Fans ins Haus ließ, mit Ausnahme von Robert Wyatt und Alfie – und ich bin nicht sicher, dass die Rücknahme dieser Politik ein richtiger Schritt war). Ich war ein Rechtsaußen der alten Schule – Sie wissen schon, mit dem Ball bis zur Grundlinie und dann flanken. Eigentlich hätte ich lieber Linksaußen gespielt, als Referenz an Billy Lidell, das Idol meiner Kindheit, dessen Porträt bis heute in unserem Esszimmer hängt und von dem das erste Autogramm stammt, das ich je bekam. Ich war zum ersten Mal alleine zur Anfield Road gefahren und hatte Billy gesehen, als er aus dem Bus stieg – in jenen Tagen fuhren die Spieler noch mit öffentlichen Verkehrsmitteln zum Spiel. Ich hatte mir einen Reklamezettel für die sozialistische Wochenzeitung *Reynolds Weekly* geschnappt und ihn

John erzielt 1978 in Wembley einen Treffer für das Team von Radio 1

gebeten, ihn für mich zu signieren. Dieses Autogramm habe ich noch heute, es liegt in dem alten Schreibtisch meines Vaters, und es ist vielleicht der Gegenstand, der mir am meisten bedeutet. Ich hatte es bei mir, als Liverpool Real Madrid im Europapokal-Finale in Paris besiegte, und ebenso bei ihrem Sieg über Brügge im Wembley-Stadion. In Paris war ich zusammen mit John Gorman von der Künstlerband The Scaffold, und wir hatten es sogar geschafft, in derselben Maschine zu fliegen wie die Frauen der Spieler. John und ich hatten beide die großartige Idee gehabt, rote Hosen anzuziehen, doch rückblickend muss ich leider sagen, dass keiner von uns besonders gut darin aussah.

Nach dem Spiel fanden wir uns in einer Gruppe von zwanzig oder dreißig Scousers (Liverpooler) wieder, die alle nur eins im Sinn hatten – feiern. Zu diesem Zweck suchten wir eine Bar unweit der Champs-Élysées auf, die sich als Biker-Treffpunkt entpuppte. Da Heldenmut nicht zu meinen herausragenden Charaktereigenschaften zählt, machte mich dies anfangs ein wenig nervös, doch es stellte sich heraus, dass französische Biker mit ihren hohen Wangenknochen und makellosen Ledermonturen – aber hatten sie auch Motorräder, fragte ich mich – nicht nur blendend aussahen, sondern auch bereitwillig Platz machten für die jubelnden Liverpool-Fans. Die übrigen Franzosen in der Bar verhielten sich ganz anders, als man aufgrund der gängigen Vorurteile erwartet hätte, und waren freundlich und spendabel. Sie versuchten nach besten Kräften, in unsere Gesänge einzustimmen, und machten bei der großen Bierschlacht mit, die gegen zwei Uhr morgens ausbrach und an deren Ende wir von Kopf bis Fuß pudelnass hinaus auf die Straße strömten und die schönste Version von »You'll Never Walk Alone« sangen, die ich je gehört habe. Danach traten wir den Rückweg zu unseren Hotels, Kleinbussen, Autos und Campingplätzen an. Wie der Zufall es wollte, wohnten Gorman und ich im selben Hotel wie die Truppe von Liverpool, und als wir am Morgen zum Frühstück gingen, sahen wir Bill Shankly an der Rezeption stehen und seine Rechnung bezahlen. Als er sich daranmachte, nach draußen zum Bus zu gehen, schoss ich vor und bot ihm an, seine Taschen zu tragen. Anscheinend fand dieser großartige Mann dies nicht weiter seltsam, denn er willigte augenblicklich ein. Ich hingegen betrachte diese Aktion als die größte sportliche Leistung meines Lebens. Ein Foto von Bill ist das einzige Bild, das in unserer Küche hängen darf. Ich habe es, wie man so schön sagt, vor Augen, während ich dies schreibe, und gerade bin ich rübergegangen, um nachzuschauen, was die Bildunterschrift besagt. Dort steht: »Bill Shankly, Trainer von Liverpool, unterstützt eine Initiative zur Errichtung von weiteren Sportstätten in der Stadt.« Die anderen Leute auf dem Bild sind ganz normale Menschen aus Liverpool, und ich frage mich oft, wer sie wohl sein mögen, speziell der Kerl links im Bild, der das, was Bill zu sagen hat, offensichtlich sehr zum Lachen findet. Da sie seit zwanzig Jahren in unserer Küche hängen, kommen sie mir vor wie alte Bekannte. Unsere Tochter Florence, die vor Kurzem ihren Abschluss an der Universität von Liverpool gemacht hat, trägt ihm zu Ehren den Namen Florence Victoria Shankly Ravenscroft – ein Name, der zumindest zum Nachdenken Anlass bietet. Angesichts der grotesken Verhältnisse, die heutzutage in dieser Sportart herrschen, frage ich mich oft, welche Rolle jemand wie Bill im Jahre 2005 in diesem Zusammenhang spielen würde? Hätte er überhaupt Lust darauf?

Bei dem Spiel in Wembley 1978 war ich allein und stand oben auf der Stehplatztribüne. Als Dalglish den Siegtreffer erzielte, drehte sich ein Riesenkerl, der vor mir stand, um und sprang in meine Arme. Wir alle kippten nach vorn. Ich stürzte unter seinem Gewicht zu Boden und machte mir einen Moment lang ernste Gedanken um mein Wohlergehen.

Die Rückenschmerzen, unter denen ich bis heute zu leiden habe, führe ich auf diesen Augenblick zurück, aber das war mir damals egal, und das ist es auch heute noch. Ich habe selten solche Freude empfunden. Die Leute sagen: »Sicher, John, aber was ist mit der Geburt deiner Kinder …?« Klar, das kam schon nahe ran, räume ich dann ein, aber die Tore von Dalglish und Kennedy stehen nun mal ganz oben auf dieser Liste. »Und deine Hochzeit mit Sheila, was war damit?«, beharren diese Leute, doch zu diesem Zeitpunkt bin ich bereits in eine Unterhaltung mit jemand anderem vertieft, möglicherweise über die Analekten des Konfuzius, aber wahrscheinlich eher doch nicht.

Meine eigenen Leistungen auf dem Fußballplatz waren bedauerlicherweise eher miserabel. Ich wurde zwar in die Mannschaft meines Hauses aufgenommen und bekam sogar ein Trikot, doch war dies, darüber bin ich mir im Klaren, eher meiner Unerschrockenheit und meinem Eifer zu verdanken als meinen spielerischen Fähigkeiten. Im Verlauf der Jahre hatte ich die Fähigkeit erworben, einen Ball sehr hart und sehr genau zu treten. An diesen Qualitäten hatte ich, schon lange bevor ich nach Shrewsbury kam, auf dem Großen Rasen zu Hause gearbeitet.

In Haddon Corner hatten Francis und ich am beziehungsweise nach dem 18. Dezember 1946 Gesellschaft bekommen von dem jungen Alan Watson Ravenscroft. Obwohl Francis und ich den neuen Rekruten nicht uninteressant fanden, störte uns die Tatsache, dass er eindeutig Papas Liebling war. Wenn ich zurückblicke, erscheint es nicht weiter verwunderlich, denn er war schließlich der Einzige von uns, den Vater wirklich kennen gelernt hatte, aber Alan schafft es noch immer, wenn auch unbeabsichtigt, in mir das Gefühl der Eifersucht aufsteigen zu lassen, indem er einfach nur von den Spaziergängen erzählt, die er und Vater miteinander unternommen haben. Francis und ich

John und seine Brüder Alan (Mitte) und Francis (rechts)

zahlten es ihm heim, indem wir Alan einluden, mit uns auf dem Großen Rasen Fußball zu spielen. Um ehrlich zu sein, beschränkte sich Francis' Rolle eher auf die des Zuschauers, da sein Interesse an diesem großartigen Sport sich in Grenzen hielt, während ich Alan überredete, vor der Hecke in Stellung zu gehen und das Tor zu hüten. Sodann nahm ich Anlauf und drosch den Ball mit der Mitleidslosigkeit und der Präzision eines geübten Henkers in Richtung Alan. Für gewöhnlich traf ich ihn, und er wurde in die Hecke geschleudert, aus der er sich dann mühsam befreite und schluchzend ins Haus rannte, wo er von Trader getröstet wurde. Fünfzehn Minuten später, zwanzig, als er ein wenig älter und klüger war, wurde der Vorgang dann wiederholt.

Diese speziellen Fähigkeiten brachte ich mit nach Woodlands, wo ich als blutgrätschender rechter Verteidiger der Corinthians zum Einsatz kam. (Die Mannschaften der anderen Häuser hießen Barbarians und Free Foresters –

keine Ahnung, warum). Wieder wäre es mir lieber gewesen, ein Linksfüßer zu sein wie Billy Lidell, doch wann immer ich versuchte, den Ball mit meinem linken Fuß zu spielen, fiel ich auf den Rücken. Ich erinnere mich nur an zwei Spiele in Woodlands – eines war ein Cricket-Match, bei dem ich einen Jungen namens Pearson mit Absicht einen Schläger überzog, weshalb ich beinahe von der Schule geflogen wäre, und das andere war ein Spiel gegen die Barbarians, in dessen Verlauf ich auf die Mittelstürmerposition beordert wurde und die beiden Siegtreffer schoss. An den letzten der beiden erinnere ich mich noch immer, und es versetzt mich nach wie vor in Erstaunen, wie bestimmte Augenblicke in Zeitlupe abzulaufen scheinen. Ich kann die Augen schließen und sehe den schweren, matschverklebten Lederball in hohem Bogen von meinem schweren, matschverklebten Lederschuh aufsteigen und vorbei an den ausgestreckten Händen des Torhüters, der sich – wie Sportreporter es ausdrücken – »verzweifelt reckt«, im Netz einschlagen, wenn wir denn Netze gehabt hätten. Dies, verflucht noch mal, ist das einzige Erlebnis, das mir wenigstens eine Ahnung davon vermittelte, was Alan Kennedy und Kenny Dalglish wohl während des bereits erwähnten Europapokal-Finales empfunden haben mochten.

In Shrewsbury spielte ich Fußball bei jeder sich bietenden Gelegenheit, mit einer Hartnäckigkeit, die nach Ansicht einiger Freunde an Besessenheit grenzte, doch war ich leider hundsmiserabel und viel zu langsam und ängstlich in den Zweikämpfen. Aus Furcht, ich könnte mir wehtun, schaffte ich es gerade mal in die zweite Mannschaft des Hauses, und das Trikot, das ich irgendwann bekam, stellte wohl eher eine Art Gnadenbrot dar, als dass es eine Anerkennung meiner Beharrlichkeit war.

Kapitel 5

Letzte Nacht hat es wieder geregnet. Es regnet in diesem Augenblick. Es wird heute Nachmittag regnen und heute Nacht und morgen. Glücklicherweise hat es nicht gestern Nachmittag geregnet, als sich William mit seiner Zahra, Alexandra und ihr Ashley sowie Flossie, derzeit gerade solo unterwegs, mit Thomas im V2004 in Chelmsford getroffen haben. »Die reinste Geschäftemacherei«, sagte Alexandra, »so was habe ich noch nie erlebt.« Sie ist immer noch stinksauer darüber, dass ihre Plastikflasche mit Wodka vom Sicherheitspersonal konfisziert wurde. Zu trinken gab es anscheinend nur Virgin Cola. Wie sagt man so schön? Nett.

Dass sich unser Interesse in dieser Woche so stark auf das Wetter richtet, liegt daran, dass wir am Sonntag eine Party abhalten, um einerseits meine Pensionierung und gleichzeitig unsere Perlenhochzeit zu feiern, wie man dieses Jubiläum nach Aussagen von Experten nennt. Wir werden auf dem Feld auf der anderen Seite der Straße ein Zelt aufstellen, während die Autos auf einem anderen Feld geparkt werden können, und wir wollen nicht, dass sich das Ganze zu einer Schlammorgie à la Glastonbury auswächst – allein schon, um zu vermeiden, dass der *East Anglian* Wind davon bekommt und eine kurze Meldung mit der Überschrift »Ein DJ kommt ins Rotieren« bringt. So was haben sie schon mehrmals gebracht, und einmal ist wirklich genug, Jungs.

Ich sitze schon wieder am Küchentisch und höre Archie zu, der mittlerweile elf Monate alt ist und sein erstes Wort sprechen kann. Es hört sich an wie ein gesungenes »Hallo«, zumindest klingt es so wie die Standardtonfolge eines »Hallo«. Archie hat mittlerweile mitbekommen, dass, wann immer er »Hallo« sagt oder singt, sein Publikum überaus angetan ist. Zu seinen Fans gehört an diesem Morgen neben den üblichen Verdächtigen auch Caroline, die, seit Sheila 1996 ihre Hirnblutung erlitt, zweimal pro Woche vorbeikommt, um beim Putzen zu helfen. Caroline ist die schnellste Putzhilfe der Welt, auch wenn sie sich diesen Morgen mit den Flecken auf dem Badezimmerboden befassen musste, die die Stelle markieren, wo Archie gestern eine kleine Kackwurst hinterlassen hatte, als wir ihm gerade den Rücken zuwandten. Als unser Jungvolk leicht beschwipst aus Chelmsford zurückkehrte, wurde hinter vorgehaltener Hand die Vermutung geäußert, die Hinterlassenschaft sei vielleicht gar nicht Archies gewesen, sondern es könnte sich um ein unfreiwilliges, wenn auch schmerzliches Anzeichen schleichend eintretender Senilität meinerseits handeln. Ich konterte mit der Frage, wie es den Herrschaften denn gelungen sei, sich mit Virgin Cola zu betrinken, woraufhin sich herausstellte, dass man für circa fünf Euro pro Stück winzige Flaschen Patagonia-Rotwein aus Argentinien hatte erstehen können. Selbst die raffgierigsten Veranstalter von einigen der unsäglichsten Festivals in den Sechzigern – ich denke dabei vor allem an jene, die in den Hügeln oberhalb von Buxton stattfanden – hätten angesichts dessen ihre zusammengewachsenen Augenbrauen in die Höhe gezogen.

1969, als das Festival zum zweiten Mal stattfand, war der Himmel rabenschwarz, und es regnete von Anfang bis Ende. Ich war als Ansager verpflichtet und sollte außerdem die richtig heißen Scheiben auflegen, doch als ich am Ort des Geschehens eintraf, musste ich feststellen, dass meine Arbeitsbedingungen insofern unzulänglich waren, als es weder ein Mikrofon gab noch irgendwelche Plattenspieler. Der Stage-Manager, der nicht das Geringste dabei fand, in seinem normalen Arbeitsanzug als Geschäftsführer eines (Nacht-)Clubs in Buxton auf dem Festivalgelände aufzukreuzen, fuhr mich zu seiner Wohnung, damit wir dort seine Stereoanlage einsammelten, in der Hoffnung, es ließe sich schon irgendwie bewerkstelligen, dieses Luxusprodukt mit rauchfarbener Plastikabdeckung und ähnlichem Firlefanz an die PA anzuschließen. Ich muss eine ziemlich jämmerliche Figur abgegeben haben, als ich auf der Bühne herumwuselte und die Roadies anbettelte, mir dabei behilflich zu sein. Ich kann mich nicht erinnern, ob es mir tatsächlich gelang, an jenem Tag auch nur eine einzige Platte zu spielen, doch es gelang mir zumindest, eine Reihe von Ansagen zu machen im Stile von »Will Snotter und Woot sollen vor die Bühne kommen und Dave treffen, denn Dave hat sein Insulin vergessen«. Ansagen dieses Kalibers gehörten damals zum Standardprogramm bei Festivals, und aus der Häufigkeit, mit der sie abgesondert wurden, lässt sich schließen, dass entweder der Anteil von Diabetikern unter Progrock-Fans unverhältnismäßig hoch war oder es sich bei dem Begriff »Insulin« um ein Codewort für illegale Stimmungsaufheller handelte.

Ich habe keine Ahnung, wer bei diesem Buxton Festival auftrat (meines Erachtens ist es gut möglich, dass überhaupt niemand auftrat), aber Chuck Berry war definitiv nicht dabei. Gerüchte, dass er nicht erscheinen würde, machten irgendwann die Runde, und eine recht ansehnliche Menge von Rockern, die mittlerweile auf dem Gelände eingetroffen war – etliche von ihnen, so wurde behauptet, ohne zu bezahlen –, geriet darüber ziemlich in Rage. Chuck Berry war der einzige Grund gewesen, weshalb sie überhaupt nach Buxton gekommen waren, und sie verliehen ihrem Unmut darüber Ausdruck, indem sie große Mengen Schlamm und Matsch, die eine glückliche Vorsehung ihnen bereitgestellt hatte, in Richtung Bühne schleuderten. Alles, was sich dort befand – Anlage, Stage-Manager, diverse Roadies und der Ansager – war bald darauf mit Matsch bedeckt, und die Aussichten, dass es dabei nicht bleiben würde, standen glänzend. In der Zwischenzeit lieferten sich die Rocker, viele von ihnen splitterfasernackt, eine auf befremdliche Art homoerotisch wirkende Schlammschlacht vor der Bühne, unmittelbar unterhalb von uns. Keine Band, die einigermaßen bei Verstand war, hätte es unter diesen Umständen gewagt, auf die Bühne zu gehen, und da es keinerlei Sicherheitspersonal gab, machte ich mich auf den Weg und trottete endlos weit über die Felder zu einer Gegend, wo es sicherer war, um mit der Polizei zu reden. Ich fand ein Revier, wo es warm und trocken war und die Herren genüsslich Tee schlürften. Als ich erklärte, dass ich die Befürchtung hatte, die Zustände auf dem Festivalgelände könnten außer Kontrolle geraten, drückten sie ihr Bedauern aus und erklärten, sie könnten, solange sich kein Verbrechen ereignet hätte, nichts für mich tun.

Natürlich wies ich sie darauf hin, dass die Vermeidung von Verbrechen doch auch zu ihren Aufgaben gehörte, doch es stellte sich heraus, dass dies, zumindest in diesem Teil von Derbyshire, nicht der Fall war. Also trottete ich wieder durch den Schlamm zurück und nahm erneut meinen Platz auf der Bühne ein.

Festivals in den späten Sechzigern und frühen Siebzigern

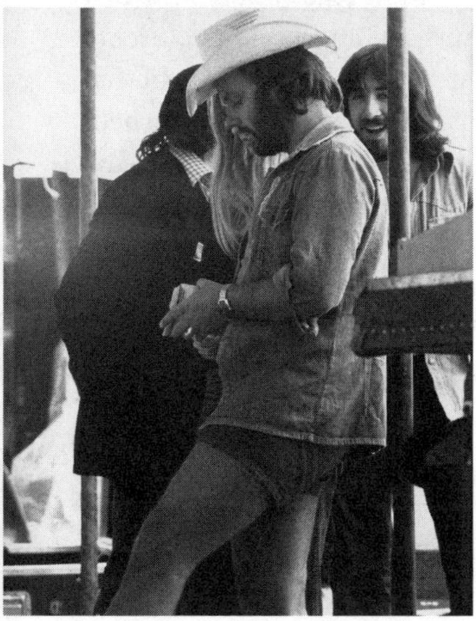

Ich hatte kaum damit begonnen, Pete und seine Kumpels aus Chapel-en-le-Frith lauthals anzubetteln, sich doch am linken Bühnenrand mit Boffo zu treffen, als ein riesiger Schlammteufel aus dem Sumpf gekrochen kam und mich auf eine recht ungehobelt wirkende Art fragte, ob er eine Ansage machen könnte. Dabei hielt er etwas in der Hand, was im trüben, gelblich grauen Licht aussah wie ein Messer, wobei es sich jedoch ebenso gut, wie ich zugeben muss, um irgendeinen anderen Gegenstand gehandelt haben konnte, der in der Lage war, ein stumpfes Glänzen abzusondern. Ich ließ meinen Blick über das Gelände schweifen samt der immer noch in ihre Schlammschlacht vertieften Rocker und der durchnässten und niedergeschlagenen Musikfans und überlegte, dass ich innerhalb von Minuten auf dem Weg nach Suffolk sein konnte und es mit einigem Glück vielleicht sogar schaffte, zum *Spiel des Tages* zu Hause zu sein, und so reichte ich ihm das Mikrofon und sagte: »Mein Freund, du kannst nicht nur *deine* Ansage machen, sondern von jetzt an bist du der offizielle Ansager. Viel Glück.«

Während ich mich vom Festival verdrückte, entwickelte ich meine provozierende Theorie, die seitdem von Soziologen auf der ganzen Welt aufgegriffen wurde, wonach Rockfestivals für die Nachkriegsgeneration einen Ersatz für den Militärdienst darstellen. Am Ausgang angekommen, drehte ich mich um und schaute noch einmal den Hügel hinauf. Ich sah drei Typen, die einander zugewandt bis zu den Knöcheln im Matsch standen und als einzigen Schutz und Trost eine Armeeplane über ihre Köpfe gezogen hatten. Ein Bild des Elends und des Jammers per se, das im bitteren Licht eines ganz und gar scheußlichen Nachmittags in einen monochromen Schimmer getaucht war, der es aussehen ließ wie eine Szene aus dem Ersten Weltkrieg.

Es mag zwar heutzutage schwer fassbar erscheinen, aber im Alter von dreizehn oder vierzehn war ich ein ziemlich hübscher Junge und als solcher ziemlich begehrt seitens einer Reihe von älteren Jungs. Diese waren, im Allgemeinen, weniger an Penetration interessiert, sondern eher, wie wir bereits beleuchtet haben, an einer Tätigkeit, die mittlerweile unter der Bezeichnung »Entspannungsmassage« geläufig ist, beziehungsweise es ging ihnen in Ermangelung subalterner Bediensteter oder von Jagdhunden, mit denen sie zu Hause möglicherweise schliefen, um Wärme. Da ich selbst zu Hause wenig physische Zeichen von Zuneigung erfahren hatte – etwas, das, wie ich mir vorstellen kann, auf nahezu jeden der Jungs im Haus zutraf –, war ich ziemlich geschmeichelt von dieser Form der Aufmerksamkeit und mir gleichzeitig darüber im Klaren, dass die einzigen Leute, an die ich mich um Hilfe wenden konnte, im Großen und Ganzen eben jene waren, die sich gar zu gerne an mich rangekuschelt hätten. In der Zwischenzeit blieben meine eigenen sexuellen Erfahrungen auf einsame Akte der Selbsthilfe beschränkt.

Obwohl das System der Privatinternate in dem Ruf steht, dass es dort von Pädophilen, wie wir sie heute nennen, nur so wimmelt, habe ich trotz meiner Stupsnase und meiner schlanken Fesseln niemals die Aufmerksamkeit irgendwelcher wollüstiger Lehrer erregt. Genaugenommen ist mir von keinem Fall in dieser Richtung etwas zu Ohren gekommen, und das einzige Beispiel »unangemessenen Verhaltens«, das mir bekannt ist, betraf einen brillanten jungen Lehrer, der ein wenig seltsam war und eines Tages im Stadtpark am Ufer des Severn erwischt wurde, als ein kleiner Junge auf seiner Brust kniete. Ich überstand sogar ein Zeltlager in Wales unbeschadet, wo ich mit einem Hausleiter ein Zelt teilte, der an einer anderen Privatschule aufgrund seiner nahezu manischen Vorliebe für eine Zeremonie namens HRHH-Schläge (HRHH = Hose Runter Hemd Hoch) eine zweifelhafte Berühmtheit erlangte. Genaugenommen war dieser Hausleiter der erste Erwachsene, der mich wenigstens ansatzweise wie jemand Gleichwertigen behandelte und der, indem er einen kleinen Teil seines beachtlichen Wissens mit mir teilte, mich zum ersten Mal erkennen ließ, welches Vergnügen es einem bereiten konnte, manche Sachen einfach nur zu wissen. Des Weiteren steuerte ich während dieser Woche in Wales zum ersten Mal ein Auto, und das, obwohl ich erst vierzehn Jahre alt war. Das Auto gehörte einem älteren Jungen, der mich später als »kokett« bezeichnete, sich aber damit zufriedengab, mich seinen Austin 7 meilenweit über die einspurigen Straßen der Gegend steuern zu lassen, in der wir zelteten und die ich später niemals wiederfinden sollte. Er wies mich in einem Begleitbrief zu einem fünfzehn Sekunden langen Film, den er auf einem Speicher gefunden hatte und der mich zeigte, wie ich ziemlich geziert die Böschung zum Schulgelände hinaufkletterte, außerdem darauf hin, dass er mich zu einem Konzert der Crew-Cuts im Liverpool Empire mitgenommen hatte, die durch Hits wie »Crazy Bout My Baby« und »Sh-Boom« berühmt geworden waren. Angeblich hatte ich mir auch noch Geld von ihm geliehen, das ich ihm nie zurückgegeben hatte. Was war ich bloß für eine Nutte!

Mein unfassbarer Liebreiz bewahrte mich allerdings nicht davor, in Konflikt zu geraten mit den Billionen – okay, ich übertreibe – Regeln und Vorschriften, in die unser Leben eingezwängt war. Die meisten davon bezogen sich auf Privilegien, die nur den älteren Schülern vorbehalten waren. So gab es Wege, die nur von den Vertrauensschülern benutzt werden durften, oder andere, wo man nicht reden, pfeifen, mit den Händen in den Taschen herumlaufen oder rennen durfte, wenn man nicht mindestens ein, zwei oder vier Jahre an der Schule gewesen war. Darüber hinaus musste man in der Lage sein, auf Anordnung eines Jungen, der in der

Hierarchie über einem stand, die Namen, Fächer und Klassenzimmer der Mitglieder des Kollegiums aufzusagen sowie die Namen ihrer Frauen, Kinder und Straßen, in denen sie wohnten, und womöglich sogar die ihrer Haustiere. Jeden Sonntagabend wurden solcherlei Kenntnisse und Geheimwissen seitens des Hausältesten von den verschüchtert herumkauernden Neulingen abgefragt. Diese Prüfungen nannte man Farben-Tests, und wenn man nicht bestand, setzte es Schläge.

Natürlich setzte es auch Schläge fürs Pfeifen, Reden, Herumlaufen mit den Händen in den Taschen oder Rennen, wo es einem nicht gestattet war, und Michael Palins Film *Tomkinson's Schooldays* über das Leben an einer Privatschule, in dem Übeltäter an der Schulmauer gekreuzigt wurden oder auf allen vieren über die Äcker um die Wette rennen mussten, machte auf mich stets eher den Eindruck eines Dokumentar- als eines Spielfilms. Michael kam ein Jahr nach Francis nach Riggs, gute drei Jahre nach meinem Eintreffen in Shrewsbury, doch weil er ein so schlauer Bursche war, kam er gleich in eine Klasse, die höher war als die, in der ich nach drei Jahren gelandet war.

Unnötig zu sagen, dass die beschriebenen Wettrennen nicht stattfanden und Kreuzigungen auch eher rar waren, aber es war vorgeschrieben, dass man an jedem Tag der Woche an irgendeiner sportlichen Aktivität teilnahm. Versäumnisse in dieser Richtung hatten Schläge zur Folge. Ein Fußballspiel galt als ein »Wechsel«, wie diese sportlichen Aktivitäten genannt wurden, ebenso wie eine Partie Cricket, eine Stunde auf dem Fluss, eine Runde Fives oder das, was als »Benjie« bezeichnet wurde. Dabei handelte es sich um einen Hindernislauf über eine bestimmte Strecke in der Umgebung der Schule. Ich weiß auch nicht, warum dies ein »Benjie« genannt wurde, möglicherweise zu Ehren eines Jungen, der dabei zu Tode gekommen war. Was ich jedoch weiß, ist, dass man pro Woche einen davon absolvieren musste. Der Parcours führte auf einem Fußweg über die Felder, danach über den Friedhof, auf dessen Herrentoilette ich defloriert worden bin, sodann entlang einer stark befahrenen Umgehungsstraße zurück zum Haus. Ich schätze mal, dass der Parcours etwa zweieinhalb Kilometer lang war, und bevor man sich auf den Weg machte, musste man einen älteren Mitschüler überreden, die Zeit zu stoppen. Wenn man es nicht in dreizehn Minuten schaffte, musste man es erneut versuchen. (Ich habe gerade diese Behauptung noch einmal überprüft und bin mir nicht sicher, ob ich richtig liege, aber zumindest habe ich es so in Erinnerung.) Man konnte sich die Sache dadurch leichter machen, dass man den Abschnitt über den Friedhof einfach ausließ, aber wenn man dabei erwischt wurde, setzte es zur Strafe Schläge. Außerdem musste man aufpassen, dass man keine zu gute Zeit hinlegte und man zu einem Wettrennen herausgefordert wurde, im Verlauf dessen die Schummelei aufflog.

Die Schläge, die man dafür bekam, dass man nicht genügend Wechsel angesammelt oder vergessen hatte, sie in das dafür vorgesehene Buch eintragen zu lassen, waren in hohem Maße ritualisiert. Das Opfer musste sich um zehn Uhr abends, gleich nach dem »Schroten«, auf dem Treppenabsatz einfinden, wo der lang gestreckte, niedrige Schrank stand, in dem die Kadettenuniformen aufbewahrt wurden. Der Betreffende musste sich sodann über den Schrank beugen, und der Hausleiter trat heran, um ihm mit einem gespaltenen Stock aus Bambusrohr, abhängig von der Schwere des Vergehens, vier bis sechs Hiebe auf den nur mit einer Schlafanzughose bekleideten Hintern zu verabreichen. Der gespaltene Rohrstock fand deswegen Verwendung, so wurde behauptet, weil er, wenn er im rechten Winkel auf den Hintern traf, der ihm zur Behandlung entgegengereckt wurde, einen doppelten Schmerz verursachte – sowohl beim Aufprall, wobei sich die Enden auseinanderbogen und die dazwischen liegende Haut einklemmten, als auch beim Zurückziehen. Es wurde von einem erwartet, dass man die Schläge ohne Geschrei über sich ergehen ließ, anschließend hatte man sich beim Hausleiter für seine Aufmerksamkeit zu bedanken und in den Schlafsaal zurückzukehren. Nun erst begann der Rest des Hauses wieder zu atmen, nachdem zuvor alle die Luft angehalten hatten, um auch nicht den leisesten Klagelaut zu verpassen, den man eventuell ausstieß. Leider hatte man keine Gelegenheit, das gerade Erlebte mit seinen Freunden zu besprechen, denn es war verboten zu reden, nachdem die Lichter gelöscht wurden. Die Strafe für Reden nach dem Verlöschen der Lichter war – Sie haben es vielleicht schon erraten – eine Tracht Prügel.

Im Verlauf des letzten Jahres habe ich mehrere Briefe erhalten, in denen ein ehemaliger Hausleiter mich bat, einen finanziellen Beitrag zu einem Stipendium zu leisten, das nach unserem ehemaligen Anstaltsleiter R. H. J. Brooke benannt werden sollte. In seinem ersten Brief erinnerte er mich noch einmal daran, dass er, falls es mir entfallen war, eventuell von Zeit zu Zeit gezwungen gewesen war, mir eine Tracht Prügel zu verabreichen. Er brachte, zumindest interpretierte ich es als solches, ein leichtes Bedauern darüber zum Ausdruck, dass dies der Fall gewesen war, worauf ich ihm in einem Antwortschreiben darlegte, dass meine finanziellen Reserven bei weitem nicht so umfangreich waren, wie er anzunehmen schien, und ihn darüber hinaus mit der Feststellung tröstete, dass ich keinerlei Groll hegte, da ich mir darüber im Klaren war, dass er schließlich nur Befehle befolgt hatte.

O nein. Nicht schon wieder »Herabwürdigung der eigenen Verdienste«. Diesmal in der Wochenendbeilage des *Independent on Sunday.* Manchmal wird selbstironisches Verhalten positiv gewertet: »John wandte sich um, und während er dies tat, fielen die abendlichen Sonnenstrahlen auf seine ebenmäßigen Gesichtszüge und tauchten seine feine Nase und sein energisches Kinn in ein warmes Licht. Er lächelte, wie um seine eigenen Verdienste herabzuwürdigen. ›Nein, das ist zwar nett, aber da gehen Sie doch etwas zu weit – meine Rolle bei der Wiederherstellung der Monarchie war gänzlich unbedeutend‹, protestierte er.« Bei anderen Gelegenheiten stößt Selbstironie auf weniger positive Resonanz, wenn es zum Beispiel heißt: »woraufhin er in der Herabwürdigung seiner eigenen Verdienste schwelgte« (*Independent on Sunday*, 29. August 2004). Bei diesem Anlass ging es um eine von mir häufig wiederholte Aussage, dass man meine »Karriere«, wenn wir es der Einfachheit halber mal so nennen wollen, als das Resultat selbstlosen Einsatzes für die gute Sache des öffentlichen Rundfunks oder das Ergebnis eines erschreckenden Mangels an Ehrgeiz betrachten kann. Ich gestehe, dass ich dies sowohl in der Öffentlichkeit als auch im privaten Kreis viel zu oft wiederholt habe, wobei ich des Öfteren mein Gesicht von den Strahlen des abendlichen Sonnenlichts umspielen ließ, doch der Grund, warum ich es so oft wiederholte, war einfach der, dass dies der Wahrheit entspricht. Ich bin in der Tat stolz darauf, so lange für die BBC gearbeitet zu haben, und ich bin dankbar, dass ich dafür zwar nicht die horrenden Summen, die sich manche Kritiker zusammenreimen, aber doch in ausreichendem Maße bezahlt worden bin, so dass wir uns den Unterhalt von vier Autos (bei zweien davon eher das Unterstellen, denn sie stehen in einem Schuppen im Garten und werden dort wohl auch bleiben) und eine Flasche Wein zu den Mahlzeiten leisten können. Ich bin darüber hinaus dankbar dafür, dass mir in den dreiunddreißig Jahren, in denen ich bei Radio 1 gearbeitet habe, niemals irgendjemand aus dem Management erzählt hat, ich sollte nicht das spielen, was ich spiele, oder Sachen spielen, die ich nicht spielen wollte. Ich bezweifle, dass dies im kommerziellen Radio passiert wäre. Ich muss allerdings zugeben, dass mir in den frühen Tagen des Hiphop, als dieses Genre noch, wie man so schön sagt, »frisch« und von Idealismus geprägt war, seitens eines Jungdeppen aus dem Management und eines DJ aus der aufstrebenden Showbusiness-Schiene der DJ-Abteilung erklärt wurde, ich sollte diese Musik nicht spielen, weil es sich dabei, ich zitiere, um »die Musik schwarzer Krimineller« handelte. Dies sagte mir mehr über die betreffenden Individuen als über Hiphop. Darüber hinaus – und nun, liebe Schüler, spitzt eure Ohren, denn hier kommt einer meiner fundamentalen Ratschläge zum Thema: »Wie komme ich mit dem Management blendend zurecht« – hat Johnny Beerling, ein von mir und John Walters häufig kritisierter Programmleiter bei Radio 1, der sich seitdem aber als ein ziemlich korrekter alter Knabe entpuppt hat, mich einmal im Gefolge einer der zahlreichen Umstellungen des Sendeplans, die mich vorzeitig haben altern lassen, gebeten, die erste halbe Stunde meiner Sendung doch etwas hörerfreundlicher zu gestalten, damit der Übergang von der vorangegangenen Sendung nicht so abrupt ausfiel. Während jemand wie Andy Kershaw, ein großartiger, aber kämpferischer Moderator, augenblicklich die Kriegstrommel gerührt, ein Ultimatum gestellt und Feuer in alle Richtungen gespuckt hätte, zauberte ich ein gewinnendes Lächeln auf meine Lippen, versprach, sofort die nötigen Schritte in die Wege zu leiten, und machte genauso weiter wie zuvor. Fünf oder sechs Wochen später hielt mich Johnny auf dem Flur im dritten Stock des Egton House an und dankte mir dafür, dass ich seiner Bitte so prompt nachgekommen war, wobei er anmerkte, dass die neue Linie ein voller Erfolg wäre. Dies ist das erste Mal, dass Johnny erfährt, dass es gar keine neue Linie gab. Das Einzige, was sich verändert hatte, war seine Wahrnehmung dessen, was aus dem Radio drang.

Johnny Beerling ist derjenige, dem ich meine drei schönsten Momente bei Radio 1 zu verdanken habe. Der tollste von diesen – und eines der großartigsten Ereignisse, dem ich je das Vergnügen hatte beizuwohnen – war der Auftritt der Bay City Rollers in Mallory Park. Diese Geschichte habe ich schon so oft erzählt, dass manche Leute meinen Bericht buchstäblich mitsingen können, doch jene, die die Geschichte noch nicht kennen, müssen noch ein wenig Geduld haben, in ein bis zwei Seiten ist es so weit. Johnny war in Zusammenarbeit mit dem BBC World Service dafür verantwortlich, dass Sheila und ich Russland bereisen konnten. Unser erster Besuch in Moskau fand während der Jelzin-Ära statt, und es war haargenau so, wie man es sich nur wünschen konnte – bitterkalt, voller Paranoia, schneebedeckt und feindselig. Wir wohnten in einem ebenso riesigen wie furchtbaren Hotel. »Sämtliche Zimmer sind verwanzt, also passt auf, was ihr sagt«, ermahnte uns Johnny.

Das Essen war zweifellos besser als das, was die Moskowiter selbst zu essen bekamen, aber widerlich. Die durften das Hotel allerdings nicht betreten, außer, wie wir schnell herausfanden, um Westlern einen zu blasen. Man riet uns strikt davon ab, mit der örtlichen Bevölkerung in irgendeinen Kontakt zu treten. »Das sind mit Sicherheit Geheimpolizisten«, wurde uns erklärt, ohne jedoch näher zu erläutern, welchen Nutzen sich die besagten Geheimpolizisten davon versprachen, den faden Unterhaltungen irgendwelcher hohlköpfiger Radio-DJs zuzuhören. Nachdem wir uns diese Ratschläge in unser kollektives Bewusstsein eingehämmert hatten, war es für Sheila und mich natürlich ein Nervenkitzel sondergleichen, als wir einen Anruf von einem Mann erhielten, der seinen Namen nicht nannte, aber betonte, es sei zwingend notwendig, dass wir uns mit ihm träfen. Mit rasendem Puls und Schweißperlen auf unser beider Stirn verabredeten wir uns für den nächsten Tag mit dem Anrufer an einer abgelegenen Metrostation. Dass dies eventuell kein besonders weiser Entschluss gewesen war, fiel uns in dem Augenblick auf, als wir die relative Sicherheit unseres Hotel verließen, unmittelbar im Anschluss an ein weiteres Frühstück der übleren Sorte, im Verlauf dessen ich in einem Anfall von übermäßiger Gereiztheit einen Teller zerbrochen hatte, nachdem man mir mitgeteilt hatte, dass Sheila den Frühstücksraum nicht im Mantel betreten durfte – oder nicht ohne Mantel. Ich habe vergessen, welches von beiden. Das Ganze drohte sich zu einem hässlichen Vorfall auszuweiten, als das überall präsente Sicherheitspersonal Haltung annahm und sich auf mich zubewegte, doch sie machten wieder kehrt, als sie feststellten, dass es sich nur um ein typisches Beispiel westlich dekadenten Verhaltens handelte. Vielleicht aber wurden sie ja auch von dem stählernen Glanz des Dolchs in die Flucht geschlagen, den ich in meinem Hosenbund stecken hatte. Wir werden es vermutlich nie erfahren.

Die Moskauer Metro ist, wie alle U-Bahn-Systeme außerhalb Londons, eine von gesundem Menschenverstand geprägte Angelegenheit, und wir hatten keinerlei Probleme, die Station zu finden, wo wir mit unserem geheimnisvollen Anrufer verabredet waren. Wir waren sogar ganz froh, aus der U-Bahn herauszukommen, da wir, obwohl wir dachten, nach zwei oder drei Tagen in Moskau würden wir ziemlich moskauerisch aussehen, eben dies nicht taten und unsere Mitpassagiere uns die ganze Fahrt über unentwegt mit einer Mischung aus Neugierde und Hass anstarrten.

Wir traten aus dem Zug auf einen schummrig beleuchteten Bahnsteig, auf dem sich weit und breit kein menschliches Wesen zu befinden schien, und an diesem Punkt begann unser Selbstvertrauen sich zu verflüchtigen. Mein Hirn bastelte schon an Zeitungsschlagzeilen vom Kaliber TOP-DJ IN MOSKAU VERSCHOLLEN, und ich tröstete mich mit dem Gedanken an die Enttäuschung des Großteils der britischen Leser, wenn sie dann feststellen mussten, dass es nicht Noel Edmonds war, den man vermisste, sondern irgendein Arsch, den sie kaum kannten.

Wir standen auf diesem schwächlich beleuchteten, kalten Bahnsteig herum, bis sich nach einer wahren Ewigkeit in der tiefen Dunkelheit am Ende der Plattform etwas zu bewegen schien. Langsam und Furcht einflößend schlurfte eine Gestalt auf uns zu. Als sie näher kam, erkannten wir, dass es sich um die Gestalt eines Mannes handelte, eines sehr großen Mannes, eines gebückten Mannes, eines Mannes, der, wie wir feststellten, als der Schein einer Zehn-Watt-Birne auf ihn fiel, so gut wie keine Zähne im Mund hatte. (Es ist gut möglich, dass es überhaupt keine Zehn-Watt-Birnen gibt, aber ich versuche, ein bisschen Atmosphäre aufzubauen, also nicht so streng sein und dranbleiben.)

Die Gestalt sprach.

»Hallo, ich bin Mischa«, sagte sie.

Und so war es.

Mischa, so stellte sich heraus, war einer jener raren Menschen, von denen man bei der ersten Begegnung das Gefühl hat, man würde sie ein Leben lang kennen. Er war in einer Militärsiedlung aufgewachsen, die von Sicherheitskräften so sehr abgeschirmt war, dass sie, so sagte er, auf keiner Karte verzeichnet war, und er war sich sicher, dass er, egal wie sehr sich die Lebensbedingungen für die ehemaligen Sowjetbürger auch verbessern mochten, niemals die Genehmigung erhalten würde, Mütterchen Russland zu verlassen, einzig und allein aufgrund der Tatsache, dass er in eben jener Stadt geboren war, deren Name ich selbst jetzt nicht zu nennen wage. Unser neuer Freund hatte nichts, das er als festen Job hätte bezeichnen können, sondern er vertraute, nun, da allenthalben neue Freiheiten aufkeimten, die von den Abgefeimteren unter den ehemaligen Kommunisten weidlich ausgenutzt wurden, wie so viele einzig und allein auf sein Köpfchen, um über die Runden zu kommen. Köpfchen hatte er allerdings, wie wir schnell feststellten, trotz seiner Behauptung, er habe Englisch nur deswegen gelernt, um besser zu verstehen, was ich über die Musik zu sagen hatte, die ich auf BBC World Service präsentierte. (Achtung! Herabwürdigung der eigenen Verdienste.) »Das muss eine ziemliche Enttäuschung gewesen sein, Mischa, als du gemerkt hast, dass ich nichts weiter sage als: ›Das war … und das ist …‹« Er lachte ein großes Lachen und führte uns von dem Bahnsteig, auf dem wir standen, zu einem weiteren und von dort aus zu einer Wohnung mit Blick über den Roten Platz. Na ja, nicht direkt, aber von dem schneebedeckten Dach des Häuserblocks, in dem die Wohnung lag, konnte man die Lichter des Roten Platzes sehen. Wir wissen dies, weil wir – Sheila und ich sowie Dave Tate vom World Service, Mischa und das junge Paar, das in der Wohnung lebte – später über einen Speicher voller Tauben auf das Dach kletterten, wo wir uns, halb um den Verstand gebracht von der grausamen Zuckerplörre, die sich »Champagner« schimpfte, und eingesaut mit Vogelscheiße, eine Schneeballschlacht lieferten. Es gibt wenig Momente in unserem Leben, die schöner gewesen wären als diese Rauferei und Sauferei auf den Dächern des alten Moskau.

Von da an war Mischa unser inoffizieller Fremdenführer in Moskau ebenso wie später in Leningrad/St. Petersburg. Er war dabei, als wir von finanziell verdächtig gut ausgestatteten lokalen Geschäftsleuten in ein Restaurant eingeladen wurden, das schon so lange existierte, dass Tschaikowsky, so wurde uns versichert, hier gespeist hatte. Angesichts der Herrentoilette konnte man den Eindruck gewinnen, dass die Geschäftsleitung, vermutlich in Würdigung des ruhelosen Genies, diese keiner Reinigung mehr unterzogen hatte, seit der große Komponist seinen Karl auf die Kacheln gerichtet hatte. Das Getränk, das sich Champagner schimpfte, floss in Strömen, eine Band spielte –, unter anderem »Rock Around The Clock« –, und diejenigen von uns, die inmitten dieser zerfallenden Pracht die BBC repräsentierten, redeten lauthals Quatsch daher. Irgendwann bekam ich mit, wie Sheila Dave, der uns regelmäßig auf Reisen begleitete, erklärte, warum ich niemals tanzte. Sie erläuterte kurz die Qualen, die ich während der Tanzstunden in Neston und Willaston zu erleiden hatte, Qualen, die mich seither nicht losließen, auch wenn Francis und ich für unsere Polka in Willaston einen Preis gewonnen hatten, und sie erklärte dem ungläubigen Dave, dass sie und ich, trotz meines unbestrittenen Status als King of Rhythm, niemals zusammen getanzt hatten. Als ich dies vernahm, erhob ich mich unsicher von meinem Stuhl, und mit den dahingemurmelten Worten, es gäbe wohl keinen besseren Ort, um dieses traurige Versäumnis endlich zu korrigieren, führte ich Sheila auf die Tanzfläche, wo ich ihr im Verlauf einiger der komplexeren Schrittfolgen des »Schottischen« ein paar heftige Tritte verpasste. Seitdem haben wir nicht wieder miteinander getanzt, vermutlich wegen der Poesie, die in der Tatsache liegt, nur ein einziges Mal miteinander getanzt zu haben, dieses eine Mal jedoch in dem Saal, in dem auch Tschaikowsky schon getanzt hat.

Kehren wir kurz und widerwillig zu den Stadthallen von Neston und Willaston zurück. Als Francis und ich zum ersten Mal zur Tanzstunde in Neston gebracht wurden, legten wir eine Klugheit an den Tag, die unserem Alter – wir waren etwa acht und zehn – ganz und gar nicht angemessen war, indem wir am Eingang noch einmal zum Abschied winkten, durch die Tür traten und schnurstracks durch den Tanzsaal hindurch zur Hintertür schritten, um uns in der Toilette einzuschließen. Mutter, so erfuhren wir später, hatte als junge Frau etwas Ähnliches getan, nachdem sie vom Chauffeur der Familie vor dem Ehrfurcht gebietenden Eingang des Hotel Adelphi in Liverpool abgesetzt worden war, damit sie, wie mein Großvater vermutlich hoffte, einen aufstrebenden jungen Mann mittels der Kunst des Tanzes umgarnte. Mutter, die jedoch ein wenig plump wirkte und der es an jeglicher Form von Selbstvertrauen mangelte, war damals ebenfalls in die Toilette geflüchtet und hatte sich dort eingeschlossen.

Man kam Francis und mir jedoch auf die Schliche, und wir wurden zum Tanzen vergattert, wobei wir als die schüchternsten Jungs des Kurses jene jungen Damen als Partnerinnen zugeteilt bekamen, die von unseren galanten Mittänzern als die am wenigsten ansehnlichen betrachtet wurden. Aus diesem Grunde tanzte ich regelmäßig mit einem strammen Mädel, deren Beine unabhängig von der Jahreszeit stets schlammverschmiert waren, während Francis seinen Walzern, Foxtrotts, Gavotten, Twostepps und was es sonst noch gab, mit einem unnatürlich dürren Mädchen, das einen guten Kopf größer war als er, den nötigen Feinschliff verlieh. Der einzige Tanz, den ich einigermaßen hinbekam, war der Walzer, und auch den konnte ich nur geradeaus. Eines Nachmittags, meine schlammverschmierte Partnerin und ich hatten gerade wie üblich eine Diagonale über die Tanzfläche absolviert (falls sie dies liest, es tut mir leid, dass ich so scheiße war) und die Ecke erreicht, wo wir uns voneinander lösen, herumdrehen und wieder zueinander finden sollten, als wir ein Getümmel in der gegenüberliegenden Ecke bemerkten. Wir machten uns auf den Weg, um nachzuschauen, was passiert war, und fanden Francis, der tränenüberströmt über seine Partnerin gebeugt dastand. Irgendwie hatte er es geschafft, dass sie während einer heißen Mazurka, oder was auch immer, ohnmächtig geworden war, und der Anblick des unglücklichen Mädchens, das auf den harten Bodenbrettern der Neston Village Hall lag, während ein dünnes Rinnsal von Blut aus ihrem Mundwinkel – nein, das habe ich mir jetzt nur ausgedacht – ist mir noch heute vor Augen und vielleicht sogar der Grund, warum ich nicht tanze. Safety first, oder?

Mischa stand auf dem Bahnsteig, als unsere Reisegruppe einige Tage später mit dem Mitternachtszug von Moskau nach Leningrad/St. Petersburg aufbrach. Die Temperaturen waren so niedrig, dass einem die Schuhsohlen am Boden festfroren, wenn man zu lange auf einer Stelle stand. Die Viererabteile im Schlafwagen des Nachtzuges waren sauber, aber eng, und die Fensterscheiben zugefroren, vermutlich um die Wölfe daran zu hindern, uns in Augenschein zu nehmen, während wir durch die endlosen Schneefelder des europäischen Teils von Russland rumpelten. Leider hinderten sie auch die Reisenden daran, die Landschaft in Augenschein zu nehmen, und obwohl es wahrscheinlich ohnehin nicht sonderlich viel zu sehen gab, hatten Sheila und ich das Gefühl, unsere poetischen Seelen, die wir nun mal haben, würden perfekt mit den Tausenden von Quadratkilometern voller Kiefern, Wölfe und Schnee harmonieren, die wir gerade durchquerten. Das Fenster hatte eine nicht zugefrorene Stelle, die in etwa so groß war wie die Hand eines Kindes, und wir wechselten uns die ganze Nacht lang ab und starrten hinaus. Ich glaube nicht, dass einer von uns auch nur irgendwas sehen konnte, aber darum ging es nicht.

Mischa schaffte es, ein paar Stunden nach unserer Ankunft ebenfalls in St. Petersburg aufzutauchen, und erklärte uns, dass wir, was immer wir vorhätten, auf keinen Fall versäumen durften, den Friedhof zu besuchen, auf dem Tschaikowsky – er schon wieder! – Rimski-Korsakow, Rachmaninow und der Rest der Bande beerdigt waren. Also taten wir dies und verpassten auf diese Weise die Gelegenheit, den Nachmittag zusammen mit dem Rest des BBC-Teams zu verbringen, der es vorzog, sich mit dem stellvertretenden Minister für Kultur und überseeische Handelsbeziehungen in der Großen Kongresshalle des Volkes zu verbrüdern. Oder so was Ähnliches.

Sheila und ich schienen nicht nur die einzigen Leute zu sein, die den Friedhof besuchten, sondern, als wir endlich den Eingang gefunden hatten, die einzigen Menschen auf der Welt. Hinter den Friedhofsmauern lag eine streng monochrome Welt, in der das tiefe Schwarz der Grabsteine und der gelegentlich vorkommenden eisfreien Stellen auf dem Fußweg vor dem Hintergrund der Schneelandschaft wie Schallplatten-Cover des Factory-Labels wirkten. Tschaikowsky und der Rest ruhten im hintersten Winkel des Friedhofs (falls sich daran in der Zwischenzeit etwas geändert haben sollte, ist es mir jedenfalls noch nicht zu Ohren gekommen), und wir standen in schweigendem Respekt vor ihren Gräbern und versuchten so auszusehen, als hätten wir ein ernsthaftes Interesse an der Architektur von Grabdenkmälern, während wir uns gleichzeitig bemühten, tiefsinnige Gedanken zum Thema Leben und Tod zu machen. Während wir so dastanden, spürte ich, wie mich jemand am Ärmel zupfte. Ich drehte mich wütend um, wobei ich dachte, dass ich absolut keine Lust hatte, mich ausrauben zu lassen, jedenfalls nicht hier und jetzt. Vor mir stand ein kleiner Mann, der, wie man vernünftigerweise annehmen konnte, nicht zur ausraubenden Klasse gehörte. Mit einem Seufzen, in das ich sämtlichen mir zu Gebote stehenden Lebensüberdruss legte, griff ich in meine Tasche, um ihm mit einem gönnerhaften Lächeln einen Rubel oder zwei in die Hand zu drücken. »Sie sind es wirklich, stimmt's?«, fragte er. »Ihre Sendung auf World Service finde ich spitze.« Und mit diesen Worten huschte er davon. »Wenigstens dachte er nicht, ich wäre Bob Harris«, sagte ich zu Sheila, und wir machten uns auf den Weg zum Ausgang.

Johnny Beerling war auch der Leiter einer Radio-1-Expedition nach Japan. Ich bin zwar kein begeisterter Flieger, aber eine Fernreise lasse ich mir ungern entgehen. Mitfühlende Zeitgenossen, die von meinem Unbehagen wissen, raten mir immer zu Alkoholmissbrauch als dem besten Mittel, um Angst zu bekämpfen, doch intensive Studien meinerseits haben zu dem Ergebnis geführt, dass, egal wie besoffen man auch sein mag, immer eine kleine Zone des Gehirns, die knapp hinter der Stirn liegen muss, davon nicht betroffen wird und aus ihr eine unwillkommene Stimme dringt, die vollkommen zutreffend verkündet: »Du bist vielleicht besoffen, aber du hast immer noch Schiss!« Ich habe herausgefunden, dass ein Cocktail aus exotischen Beruhigungsmitteln, bestehend aus Kräutern, die von kleinen, dunkelhäutigen Sklavenkindern geerntet werden in undurchdringlichen Wäldern von Gegenden, wo es noch undurchdringliche Wälder gibt, und unter Anleitung von Männern, die Flaschenkürbisse über ihren Penissen tragen, dass so ein Cocktail eine ganz hervorragende Wirkung zeitigt, vorausgesetzt, man nimmt ihn zusammen mit chemischen Beruhigungsmitteln ein, die man sich schamlos aus den Arzneischränkchen anderer Leute zusammengestellt hat. Ein Freund, dessen Namen zu enthüllen katastrophale Folgen haben würde, empfiehlt Tranquilizer für Pferde, doch so tief bin ich noch nicht gesunken.

Tokio war zumindest anfangs eine ziemliche Enttäuschung. Mit der nervtötenden Gewissheit eines Mannes, der nicht genau weiß, wovon er redet, hatte ich allen möglichen Leuten erzählt, dass ich mir Tokio als die einzige Stadt auf unserem Planeten vorstellte, auf der man das Gefühl haben konnte, sich auf einem anderen Planeten zu befinden. Aus dem Flughafenbus wirkte Tokio gar nicht so fremdartig, der einzige Silberstreif am Horizont war eine junge Dame, die eine gütige Vorsehung auserkoren hatte, sich um unsere kleine Gruppe zu kümmern. Sie erklärte uns, ihr Name wäre Florence – was zwar nicht den Tatsachen entsprach, aber leichter zu merken war, zumal sie ihn, was nicht weiter verwunderte, »Frolence« aussprach. Es bereitete uns manche Augenblicke unschuldigen Vergnügens zu versuchen, Florence dazu zu bringen, »Frolence« zu sagen. Und auch unsere Tochter Florence muss es immer wieder erdulden, dass ihr verehrter Vater sie von Zeit zu Zeit Frolence nennt. Ich bin sicher, dass sie diese Momente tief in ihrem Herzen wie einen Schatz hütet. Kein Scherz.

Rückblickend fällt es schwer zu sagen, warum wir überhaupt nach Japan gekommen waren. Johnny hatte in die Wege geleitet, dass wir aus dem Schaufenster einer Yamaha-Filiale in Shibuyu-Ku Live-Sendungen mit Janice Long als Moderatorin und mir als rasendem Reporter ausstrahlten. Er war wohl der Auffassung, so vermute ich zumindest, dass die Bewohner Tokios ob dieses Exotismus inmitten ihrer Heimat völlig aus dem Häuschen geraten würden, doch es stellte sich heraus, dass kaum jemand Radio 1 kannte, und obwohl alle, sobald man ihnen unsere Anwesenheit erklärte, höflich genug waren, große Begeisterung angesichts dieser Tatsache zu heucheln, kamen wir uns dennoch wie eine Bande von Schwindlern vor. Wie nicht anders zu erwarten, führten mich meine rasenden Reportagen in erster Linie in Plattengeschäfte, und in einem der größten Plattenläden Tokios stieß ich dann auch auf ein beeindruckendes Sortiment von Peel-Sessions, die auf dem Strange-Fruit-Label herausgekommen waren. Ich war gerade dabei, dies in Augenschein zu nehmen, als mich eine weibliche Angestellte fragte, ob ich mich für diese Platten interessierte, worauf ich antwortete, in gewisser Weise ja, andererseits aber auch wieder nein. Sie blickte mich verständlicherweise einigermaßen verwirrt an, was mich veranlasste, ihr zu erklären, dass ich jener Peel sei, dessen Name auf den Plattenhüllen zu lesen war.

»Sie sind John Peel?«, fragte sie atemlos. Ich schenkte ihr ein bescheidenes, von Grübchen umspieltes Lächeln und sagte, dies sei der Fall, woraufhin sie in Tränen ausbrach. Ob es sich dabei um Freudentränen oder Tränen der Enttäuschung handelte, wird mir ein ewiges Rätsel bleiben.

Einer der Anlässe unserer Reise nach Tokio war eine Reportage über den Yamaha Song Contest. Diese Sendung sollte von mir moderiert und von Mike Hawkes, meinem damaligen Aufnahmeleiter, zusammengestellt werden. Mike und ich kamen gut miteinander aus. Er war sehr enthusiastisch, was Musik anging, und hatte auch eine Menge Ahnung, aber ich hatte immer das Gefühl, dass es da eine Seite seiner Persönlichkeit gab, die ich nicht kannte. Manchmal tat er schrecklich geheimnisvoll und versuchte den Eindruck zu vermitteln, als sei er jemand, der auf sämtlichen Raves der Welt zu Hause war und dem die Damen scharenweise zu Füßen lagen. In Tokio erschien er gewöhnlich zum Frühstück, als käme er gerade aus einem exklusiven Nachtclub oder einem anderen Etablissement, wo er im Zentrum der allgemeinen Aufmerksamkeit gestanden hatte. Sodann erging er sich in unbestimmten Andeutungen, dass er umgarnt worden sei von etlichen gertenschlanken japanischen Models, gefolgt von noch unbestimmteren Andeutungen, dass er diesen in welcher Art und Weise auch immer gefällig gewesen war. In seinem Job war Mike allerdings ein Ass. Seine feingliedrigen, insektenhaften Finger huschten wieselflink über die Regler und Anzeigeinstrumente unserer Aufnahmegeräte. Der Yamaha Song Contest war allerdings eine reichlich lahme Angelegenheit – und das ist noch geschmeichelt. Oberflächlich betrachtet sollte er wohl so etwas Ähnliches darstellen wie der Eurovision Song Contest, nur dass hier, zumindest in der Theorie, Teilnehmer aus der ganzen Welt am Start waren und die Japaner in der effizienten Art, die ihnen nun mal eigen ist, nichts dem Zufall überlassen hatten. Sämtliche Teilnehmer, die wir interviewten, behaupteten schon im Voraus zu wissen, wer gewinnen würde, da lediglich der Teilnehmer aus den USA per Business-Class eingeflogen worden war. Es gewann schließlich der Teilnehmer aus den USA, und unsere Sendung, die während einer Nachtschicht in einem Tokioter Hotelzimmer mit einer ziemlich eindeutigen Erdbebenwarnung an der Wand zusammengeschnitten wurde, gewann anschließend einen Sony Award.

Ich fand es ziemlich amüsant, einen Sony Award für eine Reportage über den Yamaha Song Contest zu gewinnen, aber im Nachhinein betrachtet bin ich der Überzeugung, dass Mike und ich den Preis auch verdient hatten, schon allein aus dem Grund, weil wir sämtliche theoretisch möglichen Übergänge schon im Voraus aufgenommen hatten, da Mike wieder zurück in die Heimat fliegen musste, bevor der Wettbewerb überhaupt stattfand. So kam es, dass wir in der Nacht von Sheilas Geburtstag, anstatt eine rauschende Party zu feiern, zu dritt auf einem Hotelbett saßen und ich, während Tokios Glamour-Models in irgendwelchen eleganten Etablissements saßen und das Nichterscheinen des neuen James Bond diskutierten, die Worte intonierte: »Und auf dem vierten Platz der Teilnehmer aus Norwegen … und auf dem vierten Platz der Teilnehmer aus Malaysia … und auf dem vierten Platz der Teilnehmer aus Malta« und so weiter, bis wir nahezu den Verstand verloren.

In den Geschäften, die wir tagsüber besuchten und in denen Scharen von Japanern um uns herumwuselten, die mit ihren Einkäufen beschäftigt waren und sich allenfalls fragten, was diese käsigen Euros wohl hier machten, fiel uns auf, dass die meisten Abteilungsleiter weiblichen Geschlechts waren, während das Fußvolk größtenteils aus Männern bestand. Abends hingegen, wenn wir ausgeführt wurden, um das Nachtleben in Augenschein zu nehmen, war diese

Hierarchie umgekehrt, und die Damen aus dem mittleren Management hatten ihre Untergebenen zu bedienen. Sheila und Janice Long war es erst gestattet, sich in unserer Gesellschaft aufzuhalten, nachdem sie zu Männern ehrenhalber erklärt worden waren. Für gewöhnlich gingen wir irgendetwas essen, das vom Aussehen her nicht sonderlich ansprechend wirkte, und in den meisten Fällen fand ich daran eher Vergnügen als Sheila. Während unseres Aufenthalts in Russland hatte uns einmal ein junger russischer Schriftsteller zum Abendessen bei sich zu Hause eingeladen und uns, erfüllt von einigem Stolz, aber in Unkenntnis der Tatsache, dass wir Vegetarier waren, große Klumpen fettigen Fleisches aufgetischt. Sheila und ich waren uns darüber im Klaren, dass wir den Kram essen mussten, auch wenn wir nicht feststellen konnten, welchem Wesen – Ochse, Bär, Lagerhäftling – diese Klumpen wohl herausgetrennt worden waren. In Tokio fanden wir uns mit ähnlichen Problemen konfrontiert, besonders bei einer Gelegenheit, als wir in Gesellschaft eines leitenden Mitarbeiters von Yamaha waren, der sich während des gesamten Abends bemüßigt fühlte, mir seinen – von mir durchaus geteilten – Enthusiasmus für Countrymusik dadurch zu demonstrieren, dass er ohne Unterlass Lieder über Highways, Trucks und Kellnerinnen zum Besten gab, bis uns beinahe schwindlig wurde. Es wäre unhöflich gewesen, wenn wir ihn kollektiv angebrüllt hätten: »Alter, halt endlich dein Maul!« Und so mussten wir seinen Gesang über uns ergehen lassen und Begeisterung heucheln, bis er schließlich von selbst aufhörte. Die ganze Situation wurde nicht unbedingt dadurch besser, dass das, was die Damen aus dem mittleren Management uns auftischten, aus etwas zu stammen schien, was aussah wie ein überfülltes Aquarium, unter das jemand mal kurz einen Bunsenbrenner gehalten hatte. Fische, die nach einer kurzen Untersuchung durch einen Veterinär wieder ausgesetzt und ein erfülltes Leben in ihrer natürlichen Umgebung hätten führen können, fanden in großer Zahl den Weg auf unsere Teller, und zu einem bestimmten Zeitpunkt hätte ich schwören können, dass es sich bei dem, was ich gerade aß, um den Schließmuskel eines Afters handelte. Unter Verhörbedingungen würde ich vermutlich gestehen, dass ich noch nie einen analen Schließmuskel, der von seinem Besitzer getrennt ist, gesehen habe und hoffentlich auch nie zu Gesicht bekommen werde, doch wenn dieser gummiartige, gezackte Ring auf meinem Teller kein Schließmuskel gewesen ist, dann möchte ich wissen, was es sonst war. Sheila saß während des gesamten Essens mit aschfahlem Gesicht da und wahrte die Form, auch wenn sie sich wahrscheinlich inständig wünschte, sie wäre kein Mann ehrenhalber gewesen.

Nachdem wir dieses Festmahl genossen hatten oder auch nicht, wie im Fall meiner Frau, führte man uns zu einer Karaoke-Bar. Dies war, bevor sich Karaoke in seiner grausigen europäischen Ausprägung zum allgemeinen Zwangsritual entwickelt hatte, und wir waren alle sehr gespannt darauf, was uns erwarten würde. Wir landeten in einer kleinen, nahezu leeren Bar, die von einer koreanischen Frau geleitet wurde. Die Tatsache, dass sie Koreanerin war, ist insofern von Bedeutung, als sie nicht nur wesentlich größer war als die japanischen Jungs und Mädels, die mit uns zusammen unterwegs waren, sondern auch um einiges extrovertierter. Uns war bereits bei den Passanten, denen wir auf den Straßen begegneten, aufgefallen, dass zwischen den Japanern der verschiedenen Generationen deutliche Größenunterschiede herrschten. Die Großeltern waren geradezu winzig und hätten, ähnlich wie Noel Edmonds, dem ich diese Fähigkeit von Zeit zu Zeit boshafterweise andichte, mühelos mit einem aufgespannten Regenschirm in der Hand unter einem Couchtisch hindurchmarschieren können. Die Elterngeneration war in etwa so groß wie Sheila. Sie behauptet steif und fest, sie wäre eins fünfundfünfzig, obwohl dies von manchen Skeptikern, darunter meine Wenigkeit, in Zweifel gezogen wird. Die mit Hamburgern und Cola großgezogenen Kinder hingegen waren geradezu riesig.

Wir saßen an der Wand der Karaoke-Bar und hofften verzweifelt, dass das Schicksal uns nicht einen bösen Streich spielte und wir aufgefordert würden, die winzige Bühne zu entern, um unsere Sangeskünste zum Besten zu geben. Glücklicherweise fand sich die koreanische Dame bereit, den Großteil der Gesangseinlagen zu übernehmen, ungeachtet der Tatsche, dass die meisten der Lieder in Englisch waren, einer Sprache, die sie überhaupt nicht beherrschte. Ihre Glanznummer war der amerikanische Live-Aid-Song, der im Original von einer ganzen Reihe von Stars gesungen wird, darunter Bruce Springsteen und Bob Dylan. Die koreanische Dame übernahm sämtliche Gesangsparts, Männer- wie Frauenstimmen, und sie machte ihre Sache erstaunlich gut.

Ich würde diese Koreanerin hier gar zu gerne namentlich erwähnen, denn sie war, wie wir Fachleute sagen, »eine echte Rampensau«. Einige Jahre später saß ich zu Hause und machte die Post auf, und unter den Päckchen war auch eines von der Plattenfirma Public Baths aus Iowa City. Wenn ich mich recht erinnere, hat Public Baths seinen Betrieb kurze Zeit später eingestellt, aber damals gehörten sie zu meinen Lieblingslabels, weil sie eine ganze Reihe von japanischen Platten in den USA herausbrachten, die ansonsten in der westlichen Welt niemals erhältlich gewesen wären. Um den Singles, die sie veröffentlichten, eine Extraportion Japan-Flair zu verleihen, packten Public Baths jede Menge japanische Wegwerfprodukte in die Hüllen. Busfahrkarten, Handzettel, Postkarten, die samt und sonders wunderbar gestaltet waren, purzelten zusammen mit der Platte aus dem Cover, und an jenem Morgen befand sich unter den verschiedenen

Zugaben auch eine Karte für die Karaoke-Bar, in der wir gewesen waren, nebst einem Bild der koreanischen Dame, die wir so bewundert hatten. Wenn mir einfallen würde, welche Platte das war, könnte ich zum Regal gehen und sie rausfischen, um Ihnen ihren Namen zu verraten. Sie hatte absolute Starqualitäten – kein Scherz.

Und so wenden wir uns, zumindest vorläufig, ab von den Auslandsreisen und kehren zurück zur Autorennstrecke Mallory Park in Leicester.

Ich habe das Programm vor mir. »Radio1 Race Day« steht da. Sonntag, 30. Juli 1978. Wenn man es aufklappt, springt einen sogleich Johnnys Ankündigung an. »Auf unserer speziellen Radio-1-Bühne gibt es Live-Auftritte, unter anderem von der Nummer-1-Band Darts, darüber hinaus ist die Road Show fast den ganzen Tag über unermüdlich in Aktion, und

John mit DJ-Kollegen von Radio 1

Disco-DJ Froggy präsentiert sämtliche Radio-1-DJ-Stars. Um 15 Uhr gibt es eine Live-Sendung mit Paul Burnett unter tätiger Mithilfe der Goodies.« Da rast einem doch heute noch der Puls, oder?

Ich war nie sonderlich eng in die Road Show involviert. Um genau zu sein, habe ich mir nur einmal eine angeschaut, als mich der *Observer* nach Brighton schickte, damit ich eine Kritik darüber schrieb. Was mich damals erstaunte, war die schiere Anzahl von Menschen, die angereist waren, um Gary Davies dabei zuzuschauen, wie er, wenn wir mal ehrlich sind, so gut wie nichts tat, und ich war einigermaßen froh darüber, mir das Ganze mit einigem räumlichen Abstand zu Gemüte führen zu können. Gary war damals so etwas wie der Pin-up-Boy von Radio 1, und er brauchte sich nur dem Publikum zuzuwenden und sein gewinnendes Lächeln zu lächeln, um Schreie der Begeisterung hervorzurufen. Wann immer mir junge Damen vor dem Gebäude von Radio 1 den Weg verstellten, taten sie dies nicht etwa, um mit mir die Inhalte meiner mitreißenden Sendung vom Vorabend zu diskutieren, sondern um in Erfahrung zu bringen, ob sich Gary Davies im Inneren von Egton House aufhielt. Wenn er nicht bereits da war, wann würde er denn eintreffen? Und wenn er bereits im Haus war, wann würde er es wieder verlassen? Auf all diese Fragen wusste ich nur selten eine Antwort, und in den meisten Fällen, in denen ich dies den jungen Damen mitteilte, schenkten sie mir keinen Glauben. Sie waren anscheinend der Auffassung, dass wir alle in einer Art Albtraumkommune zusammenlebten und dass meine Behauptung, ich sei nicht in der Lage, über Details von Garys Tagesablauf genauere Auskünfte zu geben, eine glatte Lüge war. So seltsam diese Auffassung auch erscheinen mag, ist sie doch nichts im Vergleich zu derjenigen einer Frau, die überzeugt war, ich würde in einer Wohnung in der Baker Street leben – zusammen mit Stevie Wonder und Lou Reed.

Dieser Glaube hatte etwas derart Faszinierendes – und ich war, wie Sie sich vorstellen können, ziemlich scharf darauf zu erfahren, wo er seinen Ursprung hatte, so dass ich, wie ich leider zugeben muss, meiner Brieffreundin zusätzlich Munition geliefert habe, indem ich ihr Details aus dem Leben von Lou, Stevie und mir mitteilte. Wie wir die zwei Wochen hassten, wenn Stevie mit Kochen an der Reihe war. Das habe ich ihr mal geschrieben, daran erinnere ich mich noch. Ich hatte darüber hinaus auch einen Briefwechsel mit einer griechischen Frau, die der Auffassung war, ich sei ihr Liebhaber. Sie war von solcher Dankbarkeit erfüllt für meine gänzlich in ihrer Vorstellung existierenden Dienste, dass sie mir von Zeit zu Zeit kleinere Geldbeträge per Post zukommen ließ. Diese schickte ich ihr dann wieder zurück, wobei ich vorgab, ein BBC-Angestellter zu sein, der mit solchen Angelegenheiten befasst ist. »Ich bedaure sehr, dass es unseren Mitarbeitern untersagt ist, Bargeldgeschenke von Zuhörern anzunehmen, und sende Ihnen hiermit die fünf Pfund, die Sie per Brief an (Name des Mitarbeiters) schickten, zurück«, schrieb ich ihr. Es gab mindestens ein Ereignis, bei dem meine Wohltäterin, eine stramme Maid von gut fünfzig Lenzen, an der Rezeption im Sendegebäude genau neben mir stand und versuchte, meinen Aufenthaltsort in Erfahrung zu bringen, ohne mich zu erkennen. Ich kann nur vermuten, dass sie auch eine von denen war, die mich mit Bob Harris verwechselten.

Wesentlich ernsthafter aus dem Gleichgewicht geraten war die blonde Schönheit, die an der Rezeption des Rundfunkgebäudes erschien und, nachdem man ihr mitgeteilt hatte, dass ich unauffindbar sei, sämtliche Kleider ablegte. Da sie über einen Körperbau verfügte, wie er von denjenigen, die häufig die Seite 3 der *Sun* studieren – und von mir, so muss ich hinzufügen –, bewundert wird, stieß diese Taktik auf großes Wohlwollen seitens des Sicherheitspersonals, das in reicher Zahl herbeigeströmt kam, um zu entscheiden, was als Nächstes zu tun sei. Noch Jahre später wurde ich, wenn ich auf dem Weg ins Studio an der Rezeption vorbeikam, immer wieder mal gefragt, ob später noch irgendwelche von meinen »Freundinnen« erscheinen würden. Ich wusste ganz genau, was mit dieser Frage gemeint war. Sie tauchte noch ein einziges Mal bei der Arbeit auf. Diesmal lag sie vollständig angezogen vor dem Land Rover, den ich damals fuhr, und es besteht kein Zweifel, dass ich den ersten Gang eingelegt hätte, vom Bordstein weggeschwenkt wäre und die blonde Schönheit getötet hätte, wenn unsere kleine Freundin Madge, auch »das einfache Mädchen vom Land« genannt und Tochter des Künstlers Lawrence Self, nicht bei mir gewesen wäre und trotz der Dunkelheit – es war schon weit nach Mitter-

Autogrammstunde vor Radio 1, misstrauisch beäugt von Johns ehemaligem Kindermädchen Trader

nacht – einen Fuß gesehen hätte, der vorne unter dem Wagen hervorragte.

Dafür, dass sie wirklich eine exzellente Figur hatte, kann ich mich übrigens verbürgen, denn sie schickte mir jahrelang Nacktfotos von sich zusammen mit Briefen, in denen sie ellenlang ein höchst verqueres Gewirr aus religiösen, rassistischen und medizinischen Anspielungen und Andeutungen ausbreitete und von mir verlangte, etwas dagegen zu unternehmen, dass ihr die Anerkennung – auch in finanzieller Hinsicht – ihrer Autorenschaft von sämtlichen Songs versagt blieb, die bis dahin völlig zu Unrecht Paul McCartney und Paul Simon zugeschrieben wurden. Ich bin ziemlich sicher, dass ich diese Frau, die mir namentlich bekannt ist, noch einmal gesehen habe, als ich das letzte Mal in Birmingham war. Sie stand allein, in Fetzen gehüllt im Stadtzentrum, ein Ziel für Abscheu und Spott seitens der Vorübergehenden. Ich muss leider zugeben, dass auch ich, in Übereinstimmung mit dem biblischen Präzedenzfall, mein Antlitz abwendete, wenn auch nicht aus Mangel an Mitgefühl, sondern nur weil ich absolut keine Ahnung hatte, wie ich ihr hätte helfen können.

Aber zurück nach Mallory Park. Sheila und ich fuhren mit unserem Campingmobil zur Rennstrecke, und als wir näher kamen, wunderten wir uns über die große Zahl von Mädchen im Look der Bay City Rollers, die in die gleiche Richtung trotteten. Was sie wussten, wir aber nicht, war, dass die Rollers, zu diesem Zeitpunkt die Band mit dem höchsten Massenkreischfaktor im ganzen Land, irgendeinen Auftritt während des Rennens absolvieren sollten – es gab zusätzlich zu dem ganzen Radio-1-Spaß noch ein volles Rennprogramm mit dem »Dunlop Star of Tomorrow Formula Ford Championship Race« und dem »Allied Polymer Formula Ford 200 Race« (gerade Zahlen), eine Dragster-Vorführung mit Dave Lee und das Popstacle Race der BBC-Discjockeys.

Aus irgendeinem Grund war ich von der Teilnahme entbunden und kam folglich gut gelaunt und mit einem Camper voller hysterischer Rollers-Fans, die wir auf dem Weg aufgelesen hatten, an der Rennstrecke an. Diese waren, soweit ich es beurteilen konnte, in der Hauptsache stämmige Vierzehnjährige, deren Körperfülle in grausamer Weise betont wurde von den Schottenklamotten, die sie alle trugen. Nachdem wir uns verabschiedet hatten, machten Sheila und ich uns auf den Weg zum Eliten-Areal im Inneren der Rundstrecke.

Für diejenigen, die mit Mallory Park nicht vertraut sind: In der Mitte des westlichen Teils der Rennstrecke gibt es einen großen See, an dessen Nordseite eine Insel mit der Form eines Hundeknochens liegt, die durch einen schmalen Steg mit dem Land verbunden ist. Am östlichen Ende dieser Insel war an jenem unvergleichlichen Juli-Abend ein pseudomittelalterliches Zelt aufgebaut, von dem aus wir das Renngeschehen verfolgen konnten, ohne von jungen Menschen belästigt zu werden, die nur darauf aus waren, sich eine Möglichkeit zu sichern, einem Bay City Roller ihrer Wahl vorgestellt zu werden. Bevor ich mich in dieses Refugium zurückziehen durfte, leistete ich noch einen kleinen Beitrag zu diesem Fest von Seele und Geist, indem ich kleine Gruppen von Radio-1-Fans im Schneckentempo über die Rennstrecke kutschierte. Ich frage mich, wie viele meiner Passagiere, die mit etwas mehr Glück auch Paul Burnett oder Simon Bates als Fahrer hätten erwischen können, dieses Erlebnis als einen der Höhepunkte ihres Lebens in Erinnerung behalten haben.

Während ich also beschäftigt war, befand sich Sheila bereits in dem pseudomittelalterlichen Zelt, um es gewissermaßen für das Eintreffen ihres Herrn vorzubereiten. Ich stieß erst kurz nach zwei Uhr mittags zu ihr, als es uns eine kurze Verschnaufpause der Geschwindigkeitsorgie erlaubte, die Rennstrecke zu überqueren.

Ich kam gerade am Zelt an, als ein Helikopter eine Handvoll Bay City Rollers zum westlichen Ende der knochenförmigen Insel flog. Auf diesem befand sich – und befindet sich vermutlich noch immer – ein Aussichtspunkt, der in etwa die Form eines zweistöckigen Gewächshauses hatte und von dem aus die Bay City Rollers von allen Seiten zu sehen waren. Eine beachtliche Zahl von Fans war bereits über die Strecke geströmt und stand nun kreischend an dem schmalen Wasserstreifen, der die Insel vom Land trennte. Mit jeder Minute kamen mehr hinzu, eine Flut aus Schottenmustern, die wie eine geplatzte Wasserleitung nicht aufzuhalten zu sein schien. Ihr Ziel bestand naturgemäß darin, die Insel zu erreichen, um, wenn nicht noch mehr, dann zumindest die Säume der natürlich ebenfalls mit Schottenmustern versehenen Gewänder ihrer jungen Helden zu berühren. Der bereits erwähnte schmale Steg kam in diesem Zusammenhang allerdings nicht in Frage, da er selbstverständlich von einem stämmigen Horatius bewacht wurde. (Ich erinnere mich vage daran, dass ein König mit dem großartigen Namen Lars Porsenna aus Clusium in der Originalgeschichte mit Horatius auf der Brücke eine Rolle spielt, weiß aber nicht mehr genau, welche, so dass ich hier leider keinen Lars unterbringen kann, zu schade.)

Ich stand außerhalb des Zeltes, neben dem großartigen Johnnie Walker, und er und ich wurden Zeuge, wie sich hier in Mallory Park weitgehend unbemerkt infolge des allgemeinen Durcheinanders ein Schlüsselereignis der Pop-Geschichte abspielte. Die Band Slade hatte während der Siebziger eine ganze Reihe von Hits gehabt, darunter »Mama Weer All Crazee Now«, »Cum On Feel The Noize« und das wundervolle »Bangin' Man«, deren Songtitel mit ihrer absichtsvollen Falschschreibung das im Gangsta-Rap gern verwendete Stilmittel der phonetischen Schreibweise um beinahe drei Jahrzehnte vorwegnahm. Der Slade-Sänger Noddy

Holder war ebenfalls unter den Gästen auf der Insel in Mallory Park, und als er an Horatius vorbei durch die Menge der Rollers-Fans schritt, ohne dass auch nur einer von ihnen von ihm Notiz nahm, muss er wohl gedacht haben: »Das war's dann wohl.«

Johnnie und ich hatten jedoch wenig Zeit, uns mit der Flüchtigkeit des Ruhms im Pop-Geschäft zu befassen, denn mittlerweile hatten sich die hartnäckigeren unter den Fans, fast zur Raserei getrieben durch die Anwesenheit der Bay City Rollers, darangemacht, durch das Wasser – einschließlich Schilf, Schlamm und, wie ich vermute, Entenscheiße – zur Insel zu waten. Die einzige organisierte Macht, die sich diesem Ansturm entgegenstemmte, bestand, kaum zu glauben, aber wahr, aus den Mitgliedern des BBC-Tauch-Clubs, die mit Taucheranzügen und Flossen bekleidet waren. Johnnie und ich und die anderen Gäste beobachteten voller Erstaunen, wie diese froschähnlichen Gestalten hysterische weibliche Fans aus dem Schilf fischten und sie in Ermangelung einer Alternative wieder zurück zum anderen Ufer trugen, von wo aus die Mädchen selbstredend unverzüglich zu einem neuen Versuch aufbrachen. In der Zwischenzeit brachten weitere Hubschrauber noch mehr Bay City Rollers heran (vielleicht war es bei ihnen ja ähnlich wie bei den Mitgliedern der königlichen Familie, die auch nicht zusammen fliegen können), während gleichzeitig ein neues Rennen gestartet wurde (was ich mir möglicherweise aber nur einbilde). Das Ganze wirkte jedenfalls wie etwas, das Dante sich aus den Fingern gesogen haben könnte, um auf einer Party bei seinen Kumpels Eindruck zu schinden, und da dies alles mehr war, als ich verkraften konnte, wandte ich mich einen Augenblick ab, um zu sehen, was auf dem See selbst vor sich ging. Der Anblick, der sich mir da bot, ließ mich Johnnie Walker so fest am Arm packen, dass dieser zunächst dachte, jemand hätte ihn in den Polizeigriff genommen. Auf dem kristallklaren

Wasser des Sees rauschte ein Sportboot dahin, und in dem Sportboot saß Tony Blackburn und winkte der Menge zu. Gesteuert wurde das Boot von einem Womble (in Muppet-ähnliche Kostüme verpackte Retorten-Band aus den Siebzigern – Anm. d. Übersetzers). »Schau dir das an«, murmelte ich Johnnie Walker zu. »So was wie das hier kriegst du nie wieder zu Gesicht.«

Kapitel 6

Vor ein paar Wochen haben wir auf dem Feld gegenüber von unserem Haus eine Party zur Feier meines Pensionärsdaseins veranstaltet. Als Vorgeschmack darauf wird mir schon seit einigen Monaten im Chestnut Horse, meiner Stammkneipe, eine Rentnerermäßigung in Höhe von einem Pfund gewährt. Die Party war dank der Bemühungen von Sheila, ihrer Schwester Gabrielle und zahlreicher Freunde ein großer Erfolg. Von da, wo ich im Augenblick sitze, habe ich eine gute Aussicht auf die Unmengen von Käse, ganze Laibe von Cheddar und Stilton, die vom Buffet übrig geblieben sind, und es ist noch genügend Rotwein im Haus, um dem ganzen Dorf eine Alkoholvergiftung zu verpassen, wenn ich denn so selbstlos wäre, meinen Wein mit den Dorfbewohnern zu teilen. Das musikalische Programm an jenem Abend wurde bestritten von Camera Obscura aus Schottland und Slightly

Soiled, der Band um Peter Jordan, einem Farmer aus der Umgebung. Peter war noch bis vier Uhr am gleichen Nachmittag mit der Ernte beschäftigt gewesen, bis er schließlich doch aus Gründen, die sich meinem Verständnis entziehen – er hatte, wenn ich mich recht erinnere, etwas von spezieller Gravitation erzählt –, nicht umhinkam, die Felder zu verlassen und in den Glanz unserer Feier einzutauchen. Ich erzähle häufig, dass Slightly Soiled gleich nach The Fall meine Lieblingsband sind, und an jenem Abend waren sie einfach spitzenmäßig. Die Band beschränkt sich auf ein Repertoire aus bewährten Countrysongs – sie hatten extra »Lonesome Fugitive« eingeübt, damit ich mitgrunzen konnte – und einer Handvoll Rock'n' Roll-Klassiker, deren Texte Peter sich noch schnell draufgeschafft hatte. »Lonesome Fugitive« liegt mir sehr am Herzen, speziell in der Version von Roy Buchanan, denn dies ist das Lied, das ich meinen Kindern immer vorgesungen habe, wann immer sich eine der seltenen Gelegenheiten bot, dass ich ihnen etwas vorsingen musste. Zu meinem 45. Geburtstag – für einen DJ alter Schule ein ebenso wichtiges Datum wie die Geburtstage Nummer 33 ⅓ und 78 – hatte Sheila die Kinder zusammen mit Roy Buchanans Band in ein Studio geschickt und das Ergebnis in limitierter Auflage auf eine Single pressen lassen. Ebenfalls auf dieser Platte verewigt sind diverse Versionen von »Happy Birthday«, die von den Kindern und ihrer Mutter jeweils einzeln gesungen wurden, wobei William, damals acht, zu hören ist, wie er, wie so häufig, erklärt, »Das ist ungerecht«, während Alexandra (sechs) »Haltdieklappe« dazwischenruft und Thomas (vier) unermüdlich sein Mantra »Bin fertig – abputzen« abspult, indessen das Ganze untermalt wird vom Glucksen der zweijährigen Alexandra und dem Kichern des Rests der Familie. Diese Platte, so können Sie sich sicher vorstellen, kann ich mir nicht anhören, ohne dass mir wahre Ströme von Tränen die Wangen herunterkullern.

Das einzig Traurige an meinem fünfundsechzigsten Geburtstag war, dass, abgesehen von Mitgliedern meiner eigenen Familie, niemand dabei war, den ich gekannt hatte, bevor ich achtundzwanzig war. Der einzige Mensch aus meiner Zeit in Woodlands, mit dem ich noch in Verbindung stehe, Sparrow Harrison, musste sich, wie er mir erklärte, um die Sicherheitsbelange einer Blumenschau in Denbigh kümmern – bei den Blumenschauen in Nordwales geht's anscheinend ein bisschen rau zu. Ansonsten habe ich zu niemandem aus dieser Zeit noch Kontakt, weder zu irgendwelchen Mitschülern aus Shrewsbury noch zu jemand aus der Armee der Königin, wo ich zwei Jahre gedient habe, oder aus den sieben Jahren, die ich in den Vereinigten Staaten verbracht habe.

Ich denke in letzter Zeit eine Menge über diese Dinge nach, und ich vermute, dass ich jetzt, wo ich Pensionär bin, noch mehr Zeit damit verbringen werde, über solchen Dingen zu brüten. Die Wahrheit ist, glaube ich, dass ich in Shrewsbury kein besonders beliebter Schüler gewesen bin – ein ehemaliger Bekannter, dessen Meinung über mich von einem tüchtigen Fernsehreporter eingeholt wurde, machte die denkwürdige Aussage: »John war nicht unbedingt die Sorte Junge, die man am Wochenende zu sich nach Hause einlädt.« Ich bin nicht sicher, was dieser Satz genau impliziert, aber ich habe den Verdacht, es ist nichts Gutes.

Ein paar Freunde hatte ich durchaus. Namen wie Edwards, Saltmarsh und Stephens fallen mir ein, aber die meisten von ihnen waren viel schlauer als ich und nie in einer Klassenstufe mit mir zusammen, und vermutlich sind sie zur Universität gegangen und haben danach das Familienunternehmen übernommen, bevor sie dann Lordleutnant einer Grafschaft geworden sind. Was mich in erster Linie über die Jahre, die ich in Shrewsbury verbracht habe, hinwegtröstet, ist der immense Nutzen, den ich daraus zog, dass ich in einem Haus lebte (und ein Jahr lang eine Klassenstufe besuchte), das von R. H. J. Brooke geleitet wurde.

Um der Schule gegenüber Gerechtigkeit walten zu lassen, kann eine Aussage meiner Kinder herangezogen werden, wonach sie mich mit der Sorte Wissen ausstattete, das einen in die Lage versetzt, sich zwanzig Sekunden lang zu einem x-beliebigen Thema zu äußern, ohne dass man von irgendetwas richtig Ahnung hat. Ich erwähne in diesem Zusammenhang die Kinder, weil sie es sind, die nahezu täglich aus meiner Bildung Kapital schlagen, wenn es darum geht, das Kreuzworträtsel im *Guardian* zu lösen. Ganz besonders Florence hat davon profitiert, und ich glaube, es ist nicht übertrieben zu sagen, dass sie und ich nach einigen nicht ganz einfachen Jahren, in denen meine Rolle als ein leicht peinliches Elternteil unsere Beziehung etwas zu destabilisieren drohte, durch die Kombination aus Kreuzworträtsel und Mobiltelefon wieder zueinandergefunden haben. Ein wahres Juwel unter meinen Erinnerungen ist ein Anruf, den ich von ihr erhielt, als ich auf der Oxford Street einkaufen war. Der vollständige Dialog lautete so:

Flossie: »Schreibtisch mit sechs Buchstaben?«

Ich: »Bureau.«

Flossie: »Danke.«

Und erst gestern rief mich Thomas an und bat mich um Hilfe beim Kreuzworträtsel des *Observer*. »Folgenschweres Kleinholz in Flammen, drei Worte?«, fragte er. »Der brennende Dornbusch«, gab ich zur Antwort. Ich bin sicher, ohne meine Privatschulerziehung würde ich all dies nicht wissen.

Im Anschluss an meine Sendungen fuhr ich gewöhnlich mit dem Fahrrad zur Jameson Street. Früher hatte ich öfter bei John und Helen Walters in Croydon übernachtet, oder bei unseren Freunden, den Knappetts, später auch bei den

Proudfoots oder den Lycetts an der Grenze zwischen Kilburn und Hampstead, doch mit der Zeit wurde der Verkehr in London immer schlimmer, das Parken immer teurer und ich immer fetter, so dass es mir ratsamer erschien, die paar Meilen mit dem Rad nach Notting Hill zu fahren. Die Fahrt als solche war für gewöhnlich relativ unaufregend, ab und an gab es durchaus den einen oder anderen Moment, der dem mit allzu reichhaltiger Fantasie ausgestatteten Pedalritter ein diffuses Gefühl der Bedrohung vermittelte, während, wenn das Wetter warm war und mehr Menschen auf den Straßen waren, London einen beinahe romantischen Eindruck machen konnte.

Die Nacht, als ich angefahren wurde und der Lenker des Wagens Fahrerflucht beging, war eigentlich eher von der neutralen Sorte. Ich fuhr gerade über den Hyde Park Square in Richtung Bayswater Road, als ein Auto – Farbe, Hersteller, Anzahl der Insassen unbekannt – aus einer Seitenstraße kam, mein Hinterrad erwischte und in der Dunkelheit verschwand. Gut möglich, dass der Fahrer die Kollision gar nicht bemerkt hatte. Das Stück Straße, auf dem ich landete, war frisch geteert, und in dem verwirrten Zustand, in dem ich mich befand, kam mir der Straßenbelag ganz weich, ja sogar ein wenig warm vor, so dass ich dachte, es sei keine schlechte Idee, ein paar Minuten liegen zu bleiben, oder vielleicht sogar die ganze Nacht, und folglich unternahm ich keine Anstrengungen, wieder auf die Füße zu kommen. Obwohl die Bayswater Road ganz in der Nähe lag, waren weder Fußgänger unterwegs, noch herrschte irgendwelcher sonstiger Verkehr auf dem Platz, also war auch niemand da, der mir zur Hilfe geeilt kam, nachschaute, ob ich ein Lebenszeichen von mir gab, oder sich um meine Verletzungen gekümmert hätte. Halt mal, dachte ich, was ist das für eine Geschichte von wegen Verletzungen? Habe ich irgendwelche Verletzungen? Ich stützte mich auf einen Ellbogen, um

Näheres herauszufinden, und während ich das tat, stellte ich fest, dass mir eine warme, klebrige Flüssigkeit aus der Nase tropfte. Dies versetzte mir einen solchen Schreck, dass ich mir die Nase mit der Hand abwischte, mich aufrappelte und zur nächsten Straßenlaterne wankte, um nachzuschauen, ob es wirklich Blut war. Als ich feststellte, dass es keins war, hob ich mein Fahrrad auf, das ebenfalls relativ unbeschädigt geblieben war, und setzte meinen Weg nach Notting Hill fort.

Am folgenden Abend erzählte ich diese eigentlich eher unspektakuläre Geschichte während der Sendung meinem Radio-1-Kumpel Kid Jensen, worauf ein Arzt, der die Unterhaltung mitbekommen hatte, bei der BBC anrief und mitteilte, dass es sich bei der Substanz, die aus meiner Nase gesickert war, eventuell um Gehirn-Rückenmarksflüssigkeit gehandelt hatte, jene Flüssigkeit, in der das Gehirn herumschwimmt, und dass ein Austreten dieser Substanz im Allgemeinen auf eine Schädelfraktur hindeutet – kann aber auch sein, dass ich das nicht ganz richtig verstanden habe. Ich sollte, so erklärte der Arzt dem Mitarbeiter, der den Anruf entgegengenommen hatte, mich unverzüglich in ein Krankenhaus begeben und untersuchen lassen.

Ich verbrachte die Nacht unter Beobachtung im nahe gelegenen Middlesex Hospital und wurde bei Morgengrauen mit der guten Nachricht entlassen, dass ich keine Schädelfraktur erlitten hatte. Eine der Boulevardzeitungen hatte allerdings ebenfalls meine Unterhaltung mit Kid mitbekommen und daraufhin eine Geschichte gebracht, ich sei mit Blaulicht ins Krankenhaus eingeliefert worden, wo man mir einen Schädelbruch diagnostiziert und mich auf meinen eigenen Wunsch hin wieder entlassen hatte, damit ich *Top of the Pops* moderieren konnte. Ich zog diese Version der Geschichte der Wahrheit vor, weil darin ein verwegener Heldenmut für eine belanglose Sache mitschwang, und so rief ich

Sheila an, um die Sache mit ihr zu besprechen, doch war in der Zwischenzeit ein Konkurrenzblatt an sie herangetreten in der Hoffnung, von ihr eventuell ein zitierfähiges Zitat und weitere Äußerungen hinsichtlich meiner Tapferkeit und meiner Standhaftigkeit abzustauben. Da sie wusste, dass es sich bei der ursprünglichen Meldung nahezu gänzlich um das Produkt journalistischer Fantasie gehandelt hatte, stellte sie klar, dass Stellungnahmen ihrerseits, so denkwürdig sie auch hätten sein mögen, zu rein fiktiven Ereignissen nicht zu erwarten seien. Daraufhin kehrte zunächst Ruhe ein, bis sich das zweite Blatt nach einer Stunde erneut meldete und meiner Frau mitteilte, sie hätten gerade erfahren, ich sei ohnmächtig geworden und wieder ins Krankenhaus gebracht worden, und sie wollten fragen, ob sie jetzt etwas dazu zu sagen hätte. Glücklicherweise war Sheila so geistesgegenwärtig, sich sofort zusammenzureimen, dass sie als Erste davon erfahren hätte, wäre so etwas tatsächlich eingetreten, so dass sie weder in Panik ausbrach noch sich zu einem Kommentar hinreißen ließ.

Das Bemerkenswerteste an der Geschichte jedoch ist, dass beide Blätter den einzig wirklich interessanten Aspekt der Angelegenheit übersahen und sich eine potenzielle Schlagzeile durch die Lappen gehen ließen, die in etwa gelautet haben könnte: SCHWARZER LORD RETTET TOP-DJ. (Ich bitte die Großspurigkeit der Schlagzeile zu entschuldigen, aber wie bereits Anfänger im Journalistengewerbe wissen, ist jeder DJ, der in einer solchen Geschichte auftaucht, ein Top-DJ, ebenso wie jede Frau, von der jemals ein Foto gemacht wurde, immer ein Model ist, und wenn derjenige, der das Foto gemacht hat, in New York oder Paris wohnt, handelt es sich um ein Top-Model.)

Die Geschichte, die ihnen durch die Lappen gegangen war, beruhte auf der Tatsache, dass meine Mutter, genannt Hat, seit einigen Jahren die Hälfte ihres Lebens mit dem

Schauspieler Sebastian Shaw teilte. Sie hatten sich, soweit mir bekannt ist, kennen gelernt, als sie bei meiner Tante Ethleen in der Nähe von Ludlow zu Besuch gewesen war. Allerdings hatte es sich bei dem Ort ihrer Begegnung nicht um das Toilettenhäuschen gehandelt, das, wenn auch nur kurze Zeit, eine solch bedeutende Rolle in meinem Leben gespielt hatte, sondern das Ganze war in der höher gelegenen Umgebung von Ludlow Castle passiert, wo Sebastian sich zu Dreharbeiten aufhielt. Ich war nie sonderlich begeistert von ihrer Beziehung, aber ich hielt mich mit Bemerkungen zurück, denn schließlich ging es mich nichts an, doch es schien mir, dass Hat, die schon immer eine recht eigenwillige Persönlichkeit war, sich von den meisten ihrer Freunde abwandte und sich jegliche Möglichkeit auf eine stabilere Partnerschaft dadurch verbaute, dass sie sich ganz Sebastian widmete. Während der gesamten Dauer ihrer Beziehung unterhielt Sebastian eine zweite Beziehung zu einer anderen Frau, die das genaue Gegenteil von Hat war. Während meine Mutter nie gearbeitet hatte, übergewichtig war, exzessiv trank und, wie ein unvoreingenommener Betrachter vermutlich festgestellt hätte, in der Gosse lebte, konnte die andere Frau eine höchst respektable Karriere in der zwielichtigen Welt der Oper sowie eine schlanke Figur vorweisen, außerdem trank sie nur selten und lebte in Luxus und Eleganz. Nichtsdestotrotz lässt sich sagen, dass die Tage, die Mutter mit Sebastian verbrachte, sie lebten in einem strengen Vier-Tage-hier-vier-Tage-dort-Rhythmus, ihre glücklichen Tage waren. Wenn sie nicht nach Stratford-on-Avon fuhren (»Mein geliebtes Stratty«, wie Hat es liebevoll nannte), hielten sie sich in London auf, und meine nächtlichen Besuche in der Jameson Street wurden nicht immer mit der freudigen Begeisterung quittiert, die ich mir vielleicht erhoffte. Im umgekehrten Fall war Hat allerdings, wenn sie allein war, häufig griesgrämig und feindselig, und da ich die einzige Person war, die sie den ganzen Tag zu Gesicht bekam, ließ sie ihre Laune an mir aus. Dessen ungeachtet kamen wir aber dennoch miteinander aus. Ich versorgte sie mit US-Tournee-Jacken von irgendwelchen Bands, mit denen John Walters und ich seitens der Promo-Abteilungen der Plattenfirmen überhäuft wurden, und sie erzählte mir dann manchmal voller Stolz, dass sie in ihrer Bob-Seger- oder Boston-Jacke im Schnapsladen gewesen und von einem amerikanischen Touristen angesprochen worden war, der sich unbedingt mit ihr über die letzte Platte der Band unterhalten oder – noch besser – ihr die Jacke abkaufen wollte.

Die Nacht, in der sich der Unfall ereignete, war eine von Sebastians vier Nächten bei Hat gewesen, und das Ganze war außerdem noch passiert, als gerade der »Star Wars«-Film *Die Rückkehr der Jedi-Ritter* angelaufen war, in dem Sebastian die Rolle des Darth Vader spielte. In den vorangegangenen Filmen war der Schwarze Lord der Sith von dem Schauspieler David Prowse dargestellt worden, der in einer endlosen Sendereihe zum Thema Verkehrssicherheit den »Ampelmann« verkörpert hatte und nun im dritten Teil der »Star Wars«-Trilogie, in dem Darth Vader sich als Luke Skywalkers Vater zu erkennen geben und zu diesem Zweck seinen Helm ablegen sollte, den Produzenten zu jung erschien. Außerdem fanden sie vermutlich auch den starken West-Country-Akzent des Ampelmannes in diesem Zusammenhang unpassend, jedenfalls wurde er durch Sebastian ersetzt, was mich in die Situation brachte, damit angeben zu können, dass mir, nachdem ich von einem Unbekannten über den Haufen gefahren und verletzt worden war, Darth Vader den Kopf gewaschen hatte. Und das können, so vermute ich mal, nur wenige von sich behaupten.

Sebastian/Darth kam gelegentlich mit Hat zusammen zu Besuch, und wann immer das passierte, verbreitete sich die Nachricht, dass der Schwarze Lord in unserem Haus zu

Gast war, bei Williams Freunden wie ein Lauffeuer. Der normalerweise ruhige Feldweg, der an unserem Haus vorbeiführt und hinter dem Hügel einfach endet, war plötzlich bevölkert mit verwirrten Eltern, die überrumpelt waren von dem plötzlichen Wunsch ihrer normalerweise eher trägen Kinder, einen Spaziergang zu machen, der zufällig am Haus der Ravenscrofts vorbeiführte. Ich nehme an, diese Kinder, in erster Linie Jungs, hegten insgeheim die Hoffnung, dass Sebastian mit seinem Lichtschwert in der Hand aus der Tür rauschen und sie zum Zweikampf fordern würde, sobald sie an unserem Haus entlangschlenderten. Stattdessen tauchte nur ein liebenswürdiger älterer Herr auf, der sie ins Haus bat und, wenn er entsprechende Laune hatte, ihnen diverse Taschenspielertricks vorführte – darunter auch der, bei dem eine Münze durch die Tischplatte hindurchgeschlagen wird. Heutzutage würden solche nachbarschaftlichen Aktivitäten vermutlich als Versuch der Anbahnung von Kindesmissbrauch gedeutet, und vor unserem Haus würde es von finster grunzenden Vigilanten mit brennenden Kreuzen wimmeln. Was mich betrifft, so weiß ich noch immer nicht, wie Sebastian das mit der Münze und der Tischplatte angestellt hat.

An einem der seltenen Abende, an dem ich zusammen mit Sheila in der Jameson Street auftauchte, entschuldigte sich Hat und stieg schwer keuchend die Treppe hinauf, um kurz darauf mit einem braunen Umschlag und einem ramponierten Panda wieder zurückzukommen. Der Panda, den ich das letzte Mal dreißig oder vierzig Jahre zuvor gesehen hatte, war der stete Begleiter meiner Kindheit gewesen, und ich mir war gar nicht bewusst, dass er den Krieg überlebt hatte. Die meisten ehemaligen Besitzer von Pandabären fühlen sich unter Umständen wie diesen verpflichtet zu offenbaren, dass ihr Panda auf den Namen Herr Knuddel oder Boogie-Bär oder etwas ähnlich Grausames hörte, insofern erfüllt es mich mit einem gewissen Stolz, sagen zu können, dass mein Panda gar keinen Namen hatte. Außerdem war er eher weiblich als männlich, das aber auch nur, weil wir noch einen anderen Panda hatten (für die Erwachsenen nur ein Kuscheltier, aber für Francis und mich ein Freund aus Fleisch und Blut), und der sah eher aus wie ein Männchen. (Ich meine damit nicht, dass er einen Penis gehabt hätte, aber irgendwie waren seine Ohren größer, und er sah halt männlicher aus.). Nach all den Jahren der Trennung brach ich beim Anblick meiner Freundin aus den Tagen meiner Kindheit in Tränen aus. Sie sitzt seitdem wieder auf meiner Seite des Bettes, von wo aus sie ein wachsames Auge auf den jungen Herren hat.

In dem braunen Umschlag waren meine Schulzeugnisse.

Offen gestanden könnte ich das ganze Buch hier mit Einzelheiten aus den Zeugnissen füllen, angereichert mit wahren Orgien der Selbstrechtfertigung, doch damit würde ich nur jene Leser verprellen, die begierig sind auf Geschichten über Stars. Dennoch ist es vielleicht nicht unangebracht, damit Sie einen Eindruck gewinnen, was andere Leute von dem jungen John Ravenscroft hielten.

Das erste Zeugnis datiert aus dem Jahr 1945 und stammt von Miss Jones' Kindergarten in der Wood Lane in Neston, der, was mir bis zum heutigen Tag gar nicht recht klar war, eigentlich Westbourne School hieß. Wie bereits erwähnt, hatte Miss Jones nichts mit Action-Painting und ähnlichem reformpädagogischen Humbug am Hut. Wir lernten unter anderem Arithmetik, Geschichte, Erdkunde, Schönschrift, Französisch, Spracherwerb. In Spracherwerb war ich im ersten Jahrgang »ziemlich gut für die Altersstufe« und »sehr interessiert« am Schönschreiben. Mein Benehmen war – welch eine Enttäuschung – »gut«, und die Schulleiterin, E. Aubrey Jones, kam zu dem famosen Schluss: »Robin hat den Einstieg in die Schule sehr gut bewältigt.« Ich habe sämtlichen Leuten – Sie eingeschlossen – bisher immer erzählt, sie hätte behauptet: »Robin hat im Unterricht keinen bleibenden Eindruck hinterlassen.« Wirkt zwar besser, entspricht aber leider nicht der Wahrheit.

Im Halbjahr darauf hatte sich mein Betragen verschlechtert. »Gut, aber nicht immer folgsam« klingt schon ein bisschen mehr nach Rock'n' Roll, zumal man mir attestierte, ich sei schon »beinahe so weit, allein singen zu können«. Im Sommer 1946 war ich noch immer ungehorsam, und meine Disziplin war »befriedigend«. Im Frühling 1947 hatte ich der Schönschreibung »wirklich großes Interesse« entgegengebracht und war dann im weiteren Verlauf des Jahres nach Woodlands gewechselt, wo S. P. L. Lloyd mir »sehr gute Leistungen« in einem Fach namens »Wiederholung« bescheinigte. Meine Kritiker, einschließlich Mitglieder meiner eigenen Familie, werden darauf beharren, dass dies nach wie vor der Fall ist. Der Rektor fand, ich sei ein »ausgesprochen netter Junge«. Als die Herren Brooke und Sinker zu Beginn des Winterhalbjahres die Leitung von Woodlands übernahmen, kam bei dem ehemals so »ausgesprochen netten Jungen« Sand ins Getriebe. »Wir hoffen, dass er sich im nächsten Halbjahr mit mehr Eifer den schulischen Anforderungen widmet«, jammerte das Duo. Was Sport betrifft, so hatte ich »allenfalls dürftige Schwimmkenntnisse« und zeigte anscheinend kein großes Interesse an Fußball.

Beim Anbruch des neuen Jahrzehnts, dem Jahrzehnt, das mit Liverpools Niederlage im Pokalfinale gegen Arsenal begann und das uns im weiteren Verlauf Elvis bescheren sollte, war mein Ausdrucksvermögen in Englisch »gut«, und ich »entwickelte interessante Ideen.« Außerdem brillierte ich auf dem Sektor »Mustergestaltung«, wo mir Miss Baker »exzellente Leistungen« bescheinigte. Vielen Dank, Miss Baker. Ich war einen Meter fünfundvierzig groß und wog knapp über achtunddreißig Kilo.

Im folgenden Winter spielte ich regelmäßig auf der Position des Läufers in der zweiten Mannschaft der Jahrgangsstufe XI, wo ich mir »unschätzbare Verdienste um die Mannschaft« erwarb. Ich war immer mit vollem Einsatz bei der Sache und hartnäckig beim Kampf um den Ball. Ich frage mich, ob irgendjemand, der ebenfalls in der zweiten Mannschaft der Jahrgangsstufe XI war, dies liest und sich an den unangenehmen Geruch erinnern kann, der während der Fahrt zum Spiel nach Heronwater im Bus herrschte. Wir verbrachten die gesamte Fahrt mit dem Versuch herauszufinden, woher der elende Gestank kam, und ich kann nun zum ersten Mal enthüllen, dass ich dessen Quelle gewesen bin. Als der Bus Deganwy verließ, wollte ich in aller Diskretion einen fahren lassen, doch das Unternehmen ging schwer in die Hose. Ich werde die Fakten nicht weiter ausbreiten, sondern das Ganze damit abschließen, dass ich meine verschmutzten Unterhosen in der Umkleidekabine in Heronwater zurückließ, und mich bei dieser Gelegenheit gleich bei demjenigen entschuldigen, der sie dann gefunden hat.

Ein weiteres Winterhalbjahr (1952) und eine weitere neue Erkenntnis. Ich war, wenn man dem Rektoren-Duo glauben kann, zu einem »Vertrauensschüler für den Notfall« befördert worden und hatte meine Wahl in vollem Maße gerechtfertigt. Ich selbst kann mich daran überhaupt nicht erinnern und bin darüber zutiefst beschämt, denn ich würde es selbstredend vorziehen, dem Leser mitteilen zu können, dass ich meine Teenagerjahre erfüllt vom Geist der Rebellion, der Auflehnung und des Umsturzes begann, mir nichts heilig war und ich gegen alle Autoritäten aufbegehrte, was immer das sein mochte. Als ich nach Shrewsbury wechselte, war ich eins fünfzig groß und wog zweiundvierzig Kilo.

Der erste Bericht aus Shrewsbury ist niederschmetternd. Wir waren vierzehn Schüler in der Dritten und erhielten alle vierzehn Tage einen Zwischenbericht, dem zufolge ich mit einer Ausnahme in der dritten Periode, wo ich Dreizehnter war, immer auf Platz vierzehn landete. Es würde mich

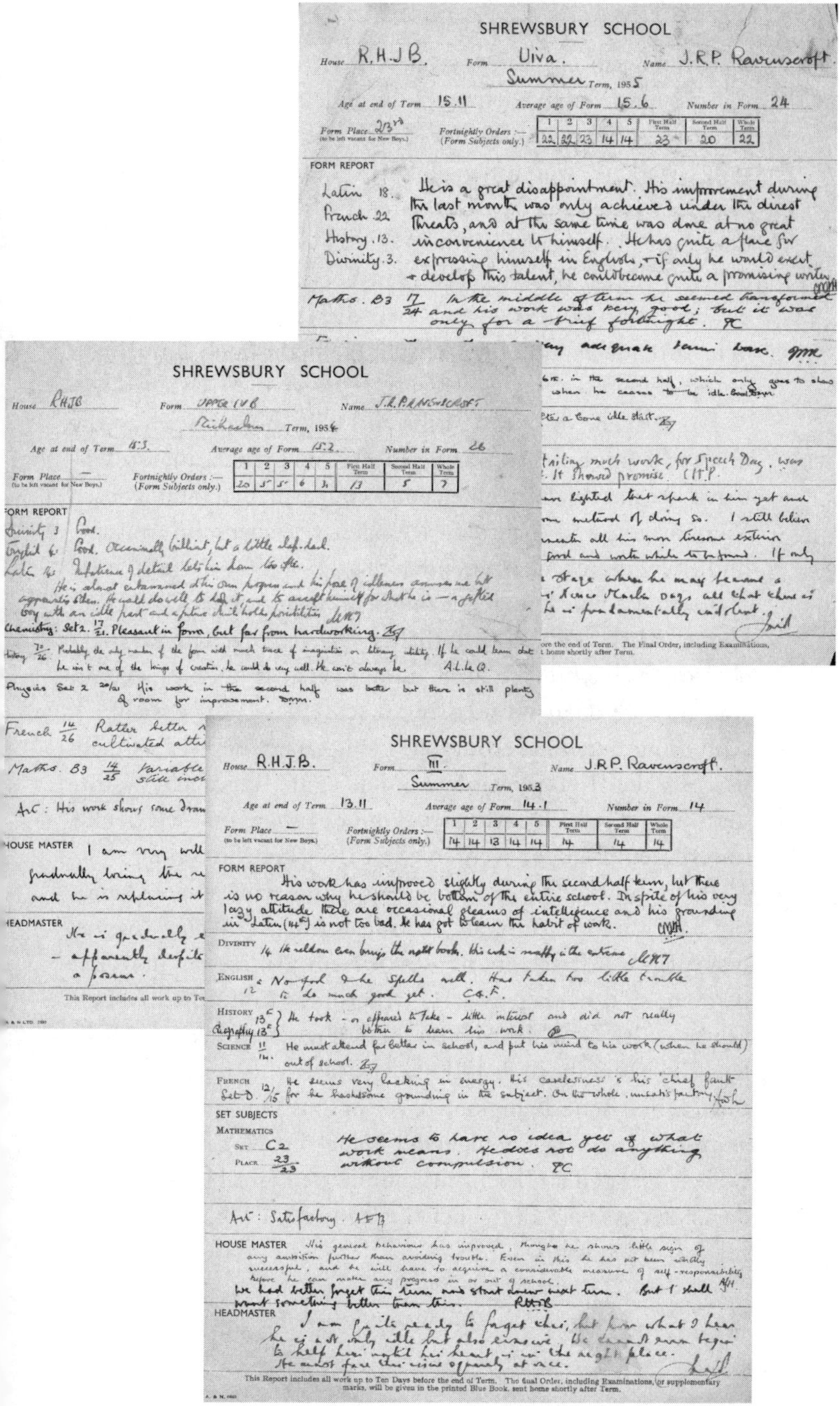

SHREWSBURY SCHOOL

House R.H.J.B. Form Uiva. Name J.R.P. Ravenscroft.

Summer Term, 1955

Age at end of Term 15.11 Average age of Form 15.6 Number in Form 24

Form Place 23rd (to be left vacant for New Boys.)

Fortnightly Orders :— (Form Subjects only.)

1	2	3	4	5	First Half Term	Second Half Term	Whole Term
22	22	23	14	14	23	20	22

FORM REPORT

Latin 18. French 22. History 13. Divinity 3. He is a great disappointment. His improvement during the last month was only achieved under the direst threats, and at the same time was done at no great inconvenience to himself. He has quite a flair for expressing himself in English, & if only he would exert & develop this talent, he could become quite a promising writer.

Maths. B3 17/24 In the middle of term he seemed transformed and his work was very good; but it was only for a brief fortnight.

... in the second half, which only goes to show ... when he ceases to be idle.

... after a bone idle start.

... tailing much work, for Speech Day, was ... It showed promise.

... lighted that spark in him yet and ... method of doing so. I still believe ... all his more tiresome exterior ... If only ... stage where he may become a ... he is fundamentally ...

... before the end of Term. The Final Order, including Examinations, ... home shortly after Term.

SHREWSBURY SCHOOL

House RHJB Form Upper IVB Name J.R.P. Ravenscroft

Term, 1954

Age at end of Term 15.3. Average age of Form 15.2. Number in Form 26

Form Place — (to be left vacant for New Boys.)

Fortnightly Orders :— (Form Subjects only.)

1	2	3	4	5	First Half Term	Second Half Term	Whole Term
20	5	5	6	3	13	5	7

FORM REPORT

Divinity 3 Good.

English 6 Good. Occasionally brilliant, but a little slap-dash.

Chemistry: Set 2. 17/21. Pleasant in form, but far from hardworking.

History 7/26. Probably the only member of the form with much trace of imagination or literary ability. If he could learn that he isn't one of the kings of creation, he could do very well. He can't always be. A.L.le Q.

Physics Set 2 20/21 His work in the second half was better but there is still plenty of room for improvement.

French 14/26 Rather better ... cultivated ...

Maths. B3 14/25 Variable ... still ...

Art: His work shows some ...

HOUSE MASTER I am very ... gradually losing the ... and he is replacing it ...

HEADMASTER He is gradually ... – apparently ...

This Report includes all work up to Te...

SHREWSBURY SCHOOL

House R.H.J.B. Form III. Name J.R.P. Ravenscroft.

Summer Term, 1953

Age at end of Term 13.11 Average age of Form 14.1 Number in Form 14

Form Place — (to be left vacant for New Boys.)

Fortnightly Orders :— (Form Subjects only.)

1	2	3	4	5	First Half Term	Second Half Term	Whole Term
14	14	13	14	14	14	14	14

FORM REPORT

His work has improved slightly during the second half term, but there is no reason why he should be bottom of the entire school. In spite of his very lazy attitude there are occasional gleams of intelligence and his grounding in Latin (14th) is not too bad. He has got to learn the habit of work.

DIVINITY 14 He seldom even brings the right books. His work is scrappy in the extreme.

ENGLISH 12 ... Spells well. Has taken too little trouble to do much good yet. C.A.F.

HISTORY 13 GEOGRAPHY 13 He took – or appeared to take – little interest and did not really bother to learn his work.

SCIENCE 11/14. He must attend far better in school, and put his mind to his work (when he should) out of school.

FRENCH Set D. 12/15 He seems very lacking in energy. His carelessness is his chief fault for he has some grounding in the subject. On the whole, unsatisfactory.

SET SUBJECTS

MATHEMATICS SET C2 PLACE 23/23 He seems to have no idea yet of what work means. He does not do anything without compulsion.

Art: Satisfactory.

HOUSE MASTER His general behaviour has improved, though he shows little sign of any ambition further than avoiding trouble. Even in this he has not been wholly successful, and he will have to acquire a considerable measure of self-responsibility before he can make any progress in or out of school.

We had better forget this term and start anew next term. But I shall want something better than this. RHJB

HEADMASTER I am quite ready to forget this, but from what I hear he is not only idle but also ... We cannot even begin to help him until his heart is in the right place. He must face this issue squarely at once.

This Report includes all work up to Ten Days before the end of Term. The final Order, including Examinations, or supplementary marks, will be given in the printed Blue Book, sent home shortly after Term.

manchmal schon interessieren, wer der arme Depp war, der mir das eine Mal den letzten Rang abgelaufen hatte. Ich hatte selten die richtigen Bücher dabei (Religion), mein »Leistungsstreben« war »mangelhaft« (Französisch), ich hatte »keine Vorstellung, was Arbeiten bedeutet« (Mathematik), und der Rektor attestierte, ich sei »faul« und »arbeitsscheu«. Selbst R. H. J. Brooke, der Hausvorstand, der mir wohlgesinnt war, vermerkte, dass »wir dieses Halbjahr besser zu den Akten legen und im nächsten Halbjahr noch einmal von vorn anfangen«.

Doch auch Mitte des nächsten Halbjahres, als ich in die untere IV aufgestiegen war, vermerkte mein Jahrgangsstufenleiter, »er hat das Benehmen eines einigermaßen intelligenten Vierjährigen und nicht eines Jungen von vierzehn Jahren«, und er ergänzte am Jahresende, ich sei »so garstig wie zuvor«. Heutzutage würde man vermutlich sagen, »er ist ein mieses kleines Ekelpaket«. Erstaunlicherweise landete ich auf Platz elf von siebzehn Schülern, und vielleicht war es ja das, was Brooke dazu veranlasste zu schreiben: »Offensichtlich schlummern in ihm verborgene Fähigkeiten, doch es wird ein langer, zäher Kampf werden, um diese ans Tageslicht zu fördern. Er ist jedoch ein sympathischer Junge, und ich denke, unsere Bemühungen werden von Erfolg gekrönt sein.«

Im Sommer 1954, als Elvis in Memphis seine ersten Demos für Sam Phillips aufnahm, wurde vermerkt, »seine (meine, nicht Elvis') Erscheinung sowie sein Auftreten und Benehmen sind beklagenswert«. Allerdings fühlte sich A. L. le Quesne, der Geschichtslehrer, bemüßigt anzumerken: »Vielleicht der Einzige in der Klasse, der über eine reiche Fantasie oder literarische Fähigkeiten verfügt. Wenn er in der Lage wäre zu lernen, dass er nicht der Nabel der Welt ist, könnte er es weit bringen.« Gleichzeitig jubilierte mein Hausvorstand darüber, dass ich »allmählich die Rolle des Problemkinds des Hauses ablegte«.

Im Herbstsemester 1955 war ich in der V C und hatte Brooke als Klassenlehrer, der nach wie vor das Haus leitete, in dem ich untergebracht war, und ich schaffte es sogar zum ersten Mal in meinem Leben, Klassenbester zu sein. Allerdings nur, bis ich mir das Handgelenk brach – übrigens das gleiche, das ich mir Jahre später bei einem elenden Spiel fünf gegen fünf in einer Sporthalle in Holborn brach, als ich mit John Birt zusammenrasselte. Dass es mit meinen schulischen Leistungen so steil bergauf ging, kann ich nur der Beharrlichkeit und dem Verständnis meines Hausleiters zurechnen, einem Mann, den ich – ähnlich wie nahezu jeder in unserem Haus und viele andere Jungs aus der Schule – absolut verehrte. Ich glaube fast, er war in gewisser Hinsicht der Auffassung, dass Erfolg unter Umständen auch ein Resultat scheinbaren Scheiterns sein konnte, insofern als es ebenso sehr eine Folge vermeintlicher »Fehlschläge« als auch vermeintlicher »Erfolge« ist, wenn man schließlich eine Tätigkeit findet, die einen mit Glück und Zufriedenheit erfüllt, wie das bei mir der Fall ist. Als Junge an einer Privatschule in den fünfziger Jahren hatte man so gut wie keinen Einfluss auf sein Leben. Alles erschien festgelegt und vorherbestimmt, und irgendwann, während ich mich durch die Schule in Richtung Armee schleppte, ging mir auf, dass die einzige Möglichkeit der Einflussnahme darin bestand zu scheitern – bei den Aufnahmeprüfungen für die Universität genauso wie bei den Prüfungen zur Offiziersausbildung.

Im folgenden Semester, als die O-Levels schon am Horizont dräuten, fiel ich in Brookes Klasse auf den dritten Platz zurück. Wenn man meinen Zeugnissen glauben kann, verpasste ich allerdings einen Großteil des Unterrichts wegen Krankheit. Das muss damals gewesen sein, als ich mit einem schweren Fall von Masern im Schulsanatorium lag. Es hatte mich so schlimm erwischt, dass ich zwei Wochen in völliger Dunkelheit zubringen musste und mir dadurch jeglicher

Kontakt zu meinen Leidensgenossen versagt blieb. Unter diesen waren – wenn auch nicht alle zur gleichen Zeit – Richard Ingrams, Christopher Booker, Paul Foot, Willie Rushton und Michael Palin. Die vier Erstgenannten waren um einiges älter als ich und hätten aller Wahrscheinlichkeit nach ohnehin nicht mit mir geredet, aber es wäre interessant gewesen, sie beobachten und ihnen zuhören zu können. Zum damaligen Zeitpunkt arbeiteten sie an einer Parodie der Schulzeitung, dem *Salopian*, die sie unter dem Namen *Wallopian* herausbrachten. Dabei handelte es sich, wie man nunmehr behaupten kann, de facto um die erste Ausgabe des *Private Eye,* und ich wünschte, ich hätte noch eine Ausgabe davon. Ich habe damals sogar einen Beitrag eingereicht, den

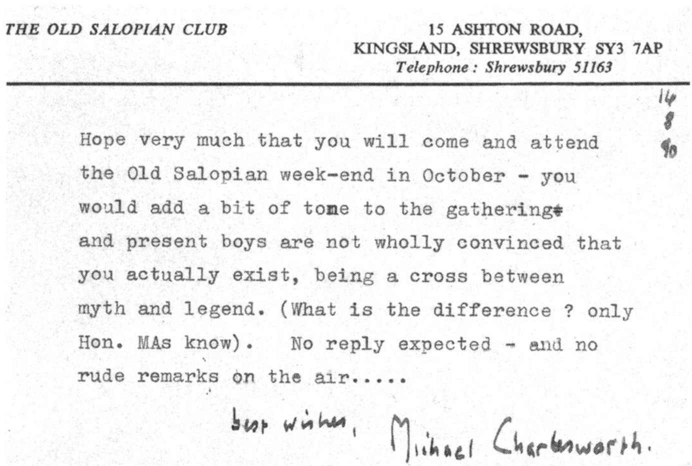

THE OLD SALOPIAN CLUB

15 ASHTON ROAD,
KINGSLAND, SHREWSBURY SY3 7AP
Telephone : Shrewsbury 51163

14
8
90

Hope very much that you will come and attend the Old Salopian week-end in October - you would add a bit of tone to the gathering and present boys are not wholly convinced that you actually exist, being a cross between myth and legend. (What is the difference ? only Hon. MAs know). No reply expected - and no rude remarks on the air.....

best wishes, Michael Charlesworth.

Eine Einladung an den ehemaligen Schüler von Shrewsbury zu einem Wochenende des Old Salopian Club:

»Wir hoffen sehr auf dein Erscheinen beim Wochenende des Old Salopian im Oktober – du würdest etwas Farbe in die Veranstaltung bringen, zumal bei einigen unter den derzeitigen Mitgliedern Zweifel an deiner Existenz herrschen, doch das bringt das Dasein als Mischung aus Mythos und Legende wohl mit sich. (Worin der Unterschied besteht, wissen auch nur Ehrendoktoren.) Mit einer Antwort wird nicht gerechnet – aber bitte auch keine abfälligen Bemerkungen über den Äther ...«

ich für unglaublich komisch hielt, der aber leider nicht viel mehr war als eine plumpe Nachahmung von J. B. Mortons »Beachcomber«-Kolumne für den *Express.*

Die Arbeit des »Beachcomber« wird heutzutage selten diskutiert, doch damals – und auch heute noch – erschien es mir von zentraler Bedeutung für das, was man als »surreale« Komik in Schriftstellerei und darstellender Kunst bezeichnet und von dem wir Briten glauben, dass es sich um etwas typisch Britisches handelt, obwohl es in der ganzen Welt existiert. Ingrams' Anthologie der besten »Beachcomber«-Kolumnen liegt zu Füßen meines Pandas neben unserem Bett. Ich kann nur von Glück sagen, dass mein Versuch einer »Beachcomber«-Imitation von den Herausgebern des *Wallopian* abgelehnt wurde.

Trotz dieses Dämpfers lese ich *Private Eye* seit meiner Rückkehr aus Kalifornien 1967 regelmäßig, und obwohl sie manchmal in der Beurteilung von Tatsachen nicht ganz richtig liegen, bin ich der Auffassung, dass es dennoch die Zeitung mit den höchsten Ansprüchen ist, die es in England gibt. Man hat das Gefühl, dass die Schurken, die hier dem öffentlichen Hohn und Spott preisgegeben werden, es auch redlich verdient haben, und in der Tat kann *Private Eye* auf eine lange Liste von Skandalen und Ereignissen zurückblicken, bei denen sich ihre Einschätzungen als richtig erwiesen haben, selbst wenn manche Details nicht immer stimmten. Ich war einmal zu einem der berühmten *Private Eye*-Lunches eingeladen, die landauf, landab einen Ruf haben wie Donnerhall, und saß bei dieser Gelegenheit neben Michael Foot. Er war wundervoll, klug, witzig und freundlich, und ich wünschte mir, ich hätte während meiner Jahre in Shrewsbury mehr von seinem Einfluss mitbekommen. Ingrams hingegen machte auf mich einen kalten, ja beinahe feindseligen Eindruck, und als ich ihm einmal begegnete, als er im Keller des Sendegebäudes nach einem Studio suchte und ich ihm den Weg dorthin zeigte, hatte ich nach wie vor den Eindruck, dass er mir, obwohl ich mittlerweile schon über fünfzig war, noch immer mit der feudalen Herablassung begegnete, die er vermutlich auch im Schulsanatorium an den Tag gelegt hätte, wäre ich in der Lage gewesen, das Wort an ihn zu richten.

Brooke, der anscheinend verzweifelt bemüht war, in jenem Semester etwas Positives über mich zu Papier zu bringen, machte im Zeugnis den Vorschlag: »Möglicherweise bietet der Journalismus eine gute Gelegenheit für ihn, Karriere zu machen, denn er hat ein hervorragendes Ausdrucksvermögen, das ihm bestimmt zugute kommen wird.« Damals glaubte ich, dass noch nie jemand etwas Netteres über mich gesagt hatte – ein Verdacht, von dem Brooke wohl gewusst hatte, als er seine Beurteilung schrieb. Ein Halbjahr später schrieb er, was allerdings nett gemeint war, da bin ich mir sicher: »Was ihm fehlt, ist etwas weniger Lonnie Donegan und etwas mehr konstruktiver Elan und Beharrlichkeit.«

Was mich noch mehr ermutigte, war mein Abschlussbericht aus Shrewsbury, der geschrieben wurde, als ich ein Halbjahr wiederholte und um mindestens ein Jahr älter war als der Durchschnitt meiner Klassenstufe. Von meinen Klassenkameraden erinnere ich mich nur an Hall und Balfour, die beide in etwa so alt waren wie ich und ebenfalls ihre letzten Monate in Shrewsbury genossen. Wer auch immer es gewesen sein mag, der uns in Latein unterrichtete (die Unterschrift ist unleserlich), fasste meine Gesamtleistung treffend zusammen: »Auf liebenswürdige Art inkompetent.«

Doch draußen lauerten schon die Albtraumwelten von Arbeit und Wehrdienst.

Kapitel 7

Das Familienleben hatte sich während der vier Jahre, die ich in Shrewsbury zubrachte, ziemlich drastisch verändert. Francis musste noch zwei Jahre abreißen, nachdem ich die Schule verlassen hatte, und der zehnjährige Alan ging in der Nähe von Holyhead auf das Internat Tre-Arddur. Vater hatte sich mit seiner zweiten Frau in Heswall niedergelassen, und Mutter lebte eher schlecht als recht in London in Rosary Gardens, wo sie ein Apartment neben dem Büro der sowjetischen Nachrichtenagentur TASS bewohnte. (Sie erzählte immer wieder, dass sie nachts von den Schreien der Revanchisten und Abweichler aufgeschreckt wurde, die nebenan gefoltert wurden.)

Ich vermute, wir hätten mitbekommen, dass eine Scheidung sich immer deutlicher am Horizont abzeichnete, wenn Francis und ich nicht sechsunddreißig Wochen im Jahr im

Internat gewesen wären. Sicher, wir hörten unsere Eltern streiten, normalerweise über Geld und die mangelnde Bereitschaft meiner Mutter, das Tempo, mit dem sie es ausgab, zurückzuschrauben. Sie stellte ziemlich klar, dass es von ihrer Seite keine Kompromisse geben konnte, und machte fröhlich weiter damit. Der Großteil des Geldes ging für Kleider drauf, die sie entweder bei Browns and Chester oder in der Boutique ihrer Freundin Rene Williams in Parkgate kaufte, und mehr als einmal waren Francis und ich von der Aufmachung unserer Mutter bei ihren Besuchen in Shrewsbury peinlich berührt. Es gab Mitschüler, die sich bereits im Vorfeld von Großereignissen wie dem Speech Day erkundigten, ob unsere Mutter auch erscheinen würde, weil sie es kaum erwarten konnten zu sehen, was sie diesmal tragen

Harriet Ravenscroft feiert stilvoll ihren 50. Geburtstag

John mit seiner Mutter, herausgeputzt für einen Abend in Glyndebourne

würde. Extrovertiertere Charaktere als Francis und ich hätten dieses Interesse vermutlich begrüßt – wir jedenfalls nicht. Mutters besondere Vorliebe galt Hüten, von denen mein Vater mit einigem Recht behauptete, man müsste sie nur umdrehen und einen Griff anbringen und schon hätte man einen Nachttopf.

Nicht, dass Vater eine modische Geschmacksinstanz gewesen wäre, sein Kleidungsstil beschränkte sich auf Anzüge im klassischen Schnitt, die gemacht waren, um Jahrzehnte, wenn nicht sogar Generationen zu überdauern. Glücklicherweise war meine Mutter bereit, mich bei meinen konspirativen Anzugkäufen zu unterstützen, durch die ich die Vorschriften der Kleiderordnung von Shrewsbury bis an die Grenzen ausreizte. Ich hatte beispielsweise einen zweireihigen dunkelblauen Anzug, den ich während meines letzten Jahres in Riggs Hall trug und der mir das Gefühl vermittelte, ich sei gerade der Kostümkammer eines ganz besonders zwielichtigen Theaterausstatters entsprungen. Für das ungeübte Auge mochte er aussehen wie die Anzüge, die all die anderen Jungs an den Sonntagen trugen, doch ich wusste – und war deshalb jedes Mal, wenn ich ihn trug, in Feierlaune –, dass mein Anzug eine Idee dunkler war als die Anzüge der anderen. Man muss sich dabei in Erinnerung rufen, dass dieses Abweichlertum zu einer Zeit stattfand, als buchstäblich jeder von der königlichen Familie bis zum Straßenbauarbeiter in Anzug, Hemd und Krawatte zur Arbeit erschien, und wenn man so etwas wie ein rotes Hemd haben wollte, musste man nach Ravenna oder Nizza oder sonst wohin am Mittelmeer fahren, um eines zu bekommen.

Meine Eltern ahnten nicht, dass ich auf dem Boden eines Kleiderschranks in Haddon Corner ein Paar schlecht ver-

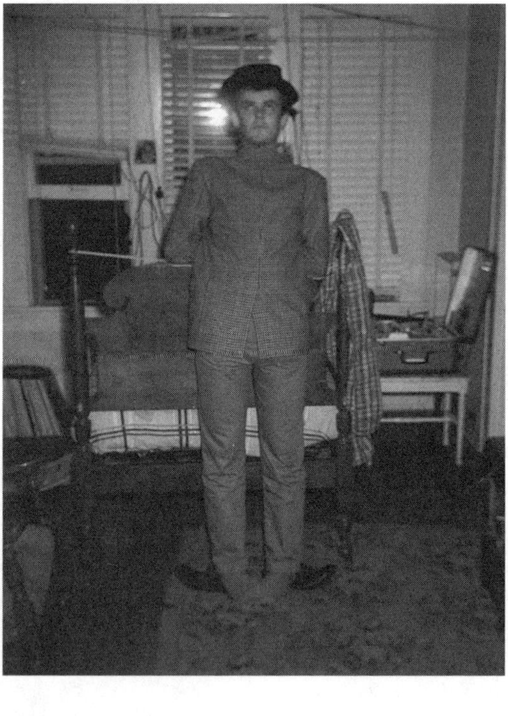

Mode-Experimente

nähte und überaus unbequeme Röhrenhosen gebunkert hatte, wie sie die Teddy Boys in Liverpool oder Birkenhead trugen. Diese und das Paar limettengrüne Socken, die ich zusammen mit der Hose in der Scotland Road erstanden hatte, waren die Symbole zornigen Rebellentums, die ich vor dem Rest der Familie tunlichst verborgen halten wollte. Mich überhaupt in die Scotland Road vorzuwagen hatte schon einigen Mut gekostet, handelte es sich bei dieser Straße doch um eine der übelst beleumundeten Gegenden des gesamten Empire. Halten Sie sich vor Augen, dass ich dort in Twillhosen, Sportjackett, Wollkrawatte und Wildlederschuhen herumgelaufen bin, und es überkommt selbst Sie wahrscheinlich das Gefühl, dass Sie mir auch gerne eine ordentliche Abreibung verpasst hätten. Aber egal, jedenfalls besuchte ich in dieser Aufmachung regelmäßig den Shrewsbury House Club in Everton, um fünf gegen fünf Fußball zu spielen, und obwohl die Anwohner mich meistens mit Spott bedachten, wurden sie nie tätlich. Vater brachte für diese Besuche kein Verständnis auf und vermutete, dass diese auf ein ungesundes Interesse meinerseits an Jungs zurückzuführen seien. Vergeblich setzte ich ihm auseinander, dass ich einfach nur gerne Fußball spielte und die Jungs in Everton mich, ohne zu meckern, mitmachen ließen, während die in Shrewsbury sich immer anstellten. Aber um Vater gegenüber fair zu sein, kann ich hinzufügen, dass die Eltern einiger Jungs, mit denen ich mich angefreundet hatte, ähnlich ratlos waren und ihm zumindest einmal einen Brief schrieben, in dem sie sich erkundigten, was zum Teufel da los war. Als er diesen Brief erhielt, erklärte mir mein Vater, was ich selbst damals ziemlich wunderbar fand, dass er mir eine Fünf-Pfund-Note schenken würde, wenn ich heimkäme und ihm erzählte, ich hätte die Kellnerin einer Bar geschwängert. So erstrebenswert mir das auch erscheinen mochte, traute ich mich dennoch nicht, ihm zu beichten, dass ich mir sehr im

Unklaren über das genaue Prozedere bei der Herbeiführung eines solchen Ergebnisses war.

Ich glaube nicht, dass Francis oder ich uns irgendeine Vorstellung machten, was geschehen würde, als wir von Vater einen Brief erhielten, in dem er uns ankündigte, dass er ein paar Tage später nach Shrewsbury kommen würde und uns im Empfangsbereich des Raven Hotel treffen wollte, um uns etwas ziemlich Wichtiges zu sagen. Was wir allerdings genau wussten, war, dass das Wichtige, das er uns zu sagen gedachte, mit aller Wahrscheinlichkeit nichts Gutes war.

Als wir in dem Hotel ankamen, war Vater schon da, und ich habe mich seitdem häufig gefragt, welche Gedanken ihm wohl durch den Kopf gepurzelt sein mögen, während er auf uns wartete. Er sagte, wir sollten uns auf eines der Sofas setzen, und nahm selbst in einem Sessel uns gegenüber Platz. Dann erklärte er uns, dass er und Mutter schon seit einiger Zeit – genau genommen seit seiner Rückkehr aus Nordafrika am Ende des Krieges – nicht mehr miteinander zurechtkamen und dass sie sich scheiden lassen würden. Sobald die Scheidung rechtskräftig war, würde er erneut heiraten – und dies, erklärte er mit dem Gestus eines Mannes, der ein Kaninchen aus dem Hut zaubert, sei die Frau, die er heiraten würde. In jenem Augenblick erhob sich eine relativ unscheinbar aussehende Frau, die die ganze Zeit über in der Nähe gesessen hatte, von ihrem Sessel, kam herüber und setzte sich zu uns. Inzwischen saß Francis nur noch in seiner Ecke des Sofas und schluchzte still vor sich hin, während ich in meiner Doppelrolle als »Der Junge, der niemals weinte« und älterer Bruder – oder besser: »Der ältere Bruder« – kreidebleich wurde, so vermute ich zumindest, um in typischer Fünfziger-Jahre-Schickimicki-Internatsmanier zum Ausdruck zu bringen: »Verdammte Scheiße, was zum Henker mache ich denn jetzt?«

Ansonsten kann ich mich gerade mal an den Rückweg

über die Kingsland Bridge zusammen mit Frank erinnern. Was uns mehr als alles andere Sorgen bereitete, war, inwiefern sich die drohende Scheidung auf das Verhalten der anderen Jungs uns gegenüber auswirken würde. Heute kann man es sich kaum noch vorstellen, aber damals war es eine Schande, wenn man Eltern hatte, die geschieden waren, und unter den ganzen 630 Schülern in Shrewsbury war uns nur einer bekannt, der mit einem ähnlichen Fluch beladen war.

Nach diesem Schlag ins Kontor – auch wenn es sich abgedroschen anhören mag, für Francis und mich war es haargenau das, und ich kann mir vorstellen, dass es für Alan, der allein in Tre-Arddur war, noch niederschmetternder gewesen sein muss – für die Ferien nach Hause zu kommen war überaus seltsam. Aus Gründen, die ich nie verstanden habe, wurde ich bei meiner Großmutter in Heswall einquartiert, während Francis und Alan in Haddon Corner blieben.

Oma, eine resolute Dame, die in Glasgow geboren wurde, lebte im Lower Village von Heswall in einem prunkvollen Haus, auf das allem Anschein nach einige Jahre später Ringo Starr ein Auge geworfen hat. Sie war alleinstehend, doch lebten im Haus noch zwei Dienstmädchen, von denen eine, sie hieß Bessie und hatte ein Herz aus Gold, den gleichen Nachnamen trug wie wir. Uns hat das immer verwirrt, doch ein Brief, den ich vor Kurzem von einem Hörer erhalten habe, für den Bessie seine Tante Bessie war, klärte uns darüber auf, dass die Namensgleichheit rein zufällig war. Oma hatte Glasgow im Jahre 1908 verlassen, um Großvater zu heiraten. In der Familie halten sich hartnäckige Gerüchte, dass sie mit einer reichen Aussteuer bedacht die Reise gen Süden antrat – es ist die Rede von etlichen Millionen nach heutigen Maßstäben, doch diese haben sich leider Gottes in Luft aufgelöst. Nichts hebt die Stimmung so sehr wie eine unverdiente große Erbschaft, sage ich immer. Francis, der Archivar der Familie, hat kürzlich ein Foto von Oma ausgegraben, das etwa zu dieser Zeit gemacht worden sein muss und auf dem sie irre attraktiv aussieht. Ich weiß nicht, was das Alte Testament dazu sagt, wenn man seine Großmutter begehrenswert findet, doch ich kann mir nicht vorstellen, dort auf große Begeisterung zu stoßen. Für uns war sie damals allerdings unglaublich alt, hatte unglaublich viele Falten und eine herrschaftliche, stille Ausstrahlung, die ebenso rätselhaft wie zauberhaft wirkte. Bei ihr zum Tee eingeladen zu sein war sensationell, sie tischte jedes Mal Kuchen und Marmelade in solchen Mengen auf, dass wir ein Vielfaches unseres Körpergewichts hätten verputzen können. Obwohl sie gerne trank, hauptsächlich trockenen Sherry, und damit auch früh am Tag anfing, rührte sie dennoch keinen Schluck mehr an, sobald die Standuhr im Flur zwölf Uhr Mittag geschlagen hatte. Dann setzte sie sich vor den Fernseher und schaute Pferderennen, wobei sie bei Mister Pyke, dem Fleischer in Neston, Geld wettete. Diese Transaktionen waren damals alles andere als legal, aber Oma genoss dies so sehr, dass sie, selbst nachdem Wettbüros offiziell zugelassen worden waren, ihre Wetten nach wie vor bei Mister Pyke setzte.

Ich war nicht allzu glücklich darüber, bei Oma einquartiert zu werden, auch wenn sie und Bessie von scheinbar grenzenloser Freundlichkeit und Geduld waren. Das Haus war riesig, dunkel und ein wenig gruselig – und außerdem noch voll mit dem, was ich für extrem wertvolle Kunstgegenstände hielt. Andererseits war Oma wirklich großartig, sie interessierte sich sogar für die Schallplatten, die ich aus Liverpool anschleppte. Ich weiß noch, dass ich ihr »Ma, He's Making Eyes At Me« von der Johnny Otis Show featuring Marie Adams and the Three Tons of Joy vorspielte – der Song schaffte es im November 1957 auf Platz 2 der Charts und ist einer der rauesten Songs, die je aufgenommen wurden – und Oma den Eindruck machte, als würde er ihr wirklich gefallen. Ganz zu schweigen davon, dass auch »Shout« von den Isley Brothers – noch so eine wunderbar heftige Nummer – bei ihr auf helle Begeisterung stieß, weshalb man also durchaus behaupten konnte, dass sie Ahnung hatte. Wie bei vielen Familienmitgliedern wünschte ich auch in Bezug auf sie, ich hätte sie besser gekannt.

Schon damals hatte ich den festen Entschluss gefasst, dass ich, egal, was auch passieren würde und vorausgesetzt, ich würde es jemals schaffen, Sex in einer anderen Form als im Handbetrieb zu erleben, keines meiner Kinder jemals auf ein Internat schicken würde.

Es wurde in der Familie gemunkelt, dass Vater einen Nervenzusammenbruch erlitten hätte, doch dies war vielleicht nur ein Vertuschungsmanöver, um die bizarren Rituale vor uns zu verheimlichen, die in jenen Tagen beachtet werden mussten, wenn man sich scheiden lassen wollte. Um rechtskräftig geschieden zu werden, war es notwendig, dass ein Partner – nahezu zwangsläufig der Mann, da es im anderen Falle katastrophale Folgen für den Ruf der Frau nach sich gezogen hätte – einen Ehebruch entweder vortäuschte oder sich dabei erwischen ließ. Ich bezweifle nicht, dass es etliche Männer oder Frauen gab, die nur gar zu gerne die Gelegenheit zum Ehebruch nutzten, um den heißen Atem eines Unbekannten an ihrem Hals zu spüren, das Kribbeln, wenn eine fremde Hand sich langsam tastend … na gut, Sie wissen, was ich meine. Weniger libidinöse Scheidungskandidaten wählten den Weg des vorgetäuschten Ehebruchs, indem sie sich deutlich vernehmbar zusammen mit einer Frau (beziehungsweise einem Mann), die (oder der) für diese Aufgabe angeheuert war, in einem schummrigen Hotel oder einem Pub ein Zimmer nahmen, dabei die Anmeldung mit ihren richtigen Namen ausfüllten und bei jedermann in der Umgebung den Eindruck entstehen ließen, dass sie, bei Gott, nichts Gutes im Schilde führten. Da man Vater nicht nachsagen konnte, dass er versessen auf Sex gewesen wäre (er bezeichnete den Akt der Fortpflanzung stets als »diese Zuchtveranstaltung«), nehme ich an, dass er die zweite Methode wählte.

In der Zwischenzeit hatte er in weiser Voraussicht und aus Sorge darüber, dass ich vielleicht niemals Arbeit finden würde, einen seiner Konkurrenten aus der Baumwollbranche in Liverpool gebeten, mir einen Job als Bürogehilfe ohne Geschäftsbereich zu geben, wobei er möglicherweise darauf spekulierte, dass meine Inkompetenz seinen Rivalen geschäftlich in die Knie zwingen würde. Dieser Rivale war ein überaus liebenswerter Mann namens Tony Hinde, in Wirklichkeit einer der besten Freunde meines Vaters und eine Gestalt wie aus einer Geschichte von P. G. Woodhouse. Die Firma, die er leitete, hieß Baumann-Hinde & Co. und hatte ihre Geschäftsräume im rückwärtigen Teil der Liverpool Cotton Exchange (mittlerweile abgerissen), von wo aus man einen Blick auf das Liverpool Stadium hatte, das damals berühmt war wegen der Ringkämpfe, die dort stattfanden, und außerdem der Ort, an dem ich im Jahre 1954 den Obernkirchen-Kinderchor sah.

Den Obernkirchen-Kinderchor fand ich – ich war damals vierzehn Jahre alt und mit einer unglaublichen Naivität geschlagen – aus einer Reihe von Gründen, von denen die meisten, wenn auch nicht alle, nicht ganz astrein waren, schrecklich aufregend. Als sie ihren weltweiten Hit »The Happy Wanderer« hatten, waren die Charts erst seit zwei Jahren von Notenverkäufen auf Schallplatten umgestellt worden. Bis zu dem Wechsel 1952, der Al Martinos »Here In My Heart« ewigen Quizshow-Ruhm als die erste Nummer-1-*Schallplatte* in der Geschichte der Charts eintragen sollte, basierten diese auf den Verkaufszahlen von Noten. Es war für den Pop-Sammler kein Problem, von einem Hit wie »Love Is A Many-Splendoured Thing« oder »Three Coins

In The Fountain« fünfundzwanzig oder gar dreißig Versionen auf Platte aufzutreiben. Was ich allerdings so aufregend fand, war, dass es so aussah, als würde der Obernkirchen-Kinderchor es erstmals in der Geschichte schaffen, mit seiner Platte ein ganzes Jahr lang in der Top Twenty zu bleiben. Zu meiner bitteren Enttäuschung stürzte sie in der zweiundfünfzigsten Woche aus den Charts ab, nur um eine Woche später wieder dort aufzutauchen, was meinen Schmerz, den ich noch bis zum heutigen Tage spüre, irgendwie noch schlimmer machte.

Als der Chor – wenn ich noch einmal das Wort Obernkirchen tippen muss, drehe ich durch – seine erste und vermutlich auch einzige Tournee durch Großbritannien machte, nahm Mutter mich mit zu dem Konzert im Liverpool Stadium. Abgesehen davon, dass es ein musikalischer Leckerbissen war, hatte das Ereignis auch noch Bedeutung in kultureller und, was mich betrifft, in sexueller Hinsicht. Widmen wir uns zunächst der Kultur.

Es waren, wie dem aufmerksamen Leser kaum entgangen sein mag, gerade mal sieben Jahre vergangen seit dem Ende des Zweiten Weltkrieges, in dessen Verlauf die Gegend um Liverpool von der deutschen Luftwaffe so schwer unter Beschuss genommen worden war, dass sie sich nie mehr richtig davon erholt hatte. In Liverpool und Birkenhead klafften breite Schneisen voller Schutt und Krater, auf denen meine Freunde in Everton Fußball spielten, wenn Shrewsbury House geschlossen war, und die Idee, siebzig oder achtzig deutsche Schulkinder samt Aufsichtspersonal nach Liverpool zu bringen und sie dort deutsche Lieder auf Deutsch singen zu lassen, hatte etwas reichlich Gewagtes an sich. Wobei es zu beachten gilt, dass beinahe zur gleichen Zeit Scharen von Besuchern, darunter auch ich, zu einem Ausstellungsraum in Birkenhead strömten, um dort den schwer gepanzerten Mercedes von Hermann Göring in Augenschein zu nehmen.

Und jetzt zum Sex. Von der ersten Nummer an, die der Chor vortrug, konnte ich meine Augen nicht von einem Chormitglied in der drittletzten Reihe abwenden. Mein Vater hätte es sehr zu schätzen gewusst, dass es sich bei dem Chormitglied um ein Mädchen handelte. Von unserem Platz in der Mitte des Liverpool Stadium war es nicht möglich, ihr Gesicht allzu deutlich zu erkennen, aber ich war hingerissen von der Art, wie sie sich bewegte, und ich verknallte mich in sie, so wie man sich verknallt, wenn man vierzehn ist und ziemlich dämlich. Nach dem Konzert unternahm ich einige Anstrengungen herauszufinden, um wen es sich bei dem Objekt meiner Begierde überhaupt gehandelt hatte, doch diese Mühen waren zum Scheitern verurteilt. Ich glaube nicht, dass ich auch nur von einem Mitglied des Obernkirchen-Kinderchors den Namen herausgefunden habe, doch ich habe »meine« Chorsängerin noch immer vor Augen, und ich möchte, dass sie erfährt, wie sehr sie geliebt wurde. Ich will nicht so weit gehen zu behaupten, dass ich bei dem Gedanken an sie noch immer eine Erektion bekomme, dafür sorgt schon die Diabetes, aber ein paar Jahre lang war das durchaus der Fall.

Bei den anderen Konzerten, die ich mir zusammen mit Hat angeschaut habe, kam es nicht zu solchen Anwandlungen meinerseits. Was allerdings auch in Ordnung ist, schließlich spielten da unter anderem The Four Aces, Duane Eddy, Bobby Darin, Clyde McPhatter, Billy Fury aus Liverpool, Johnny and The Hurricanes, Eddie Cochran und Gene Vincent.

Kapitel 8

Während meiner letzten Semester in Shrewsbury hatte es einige lockere Unterhaltungen über mein künftiges Berufsleben gegeben. Der allgemein herrschende Konsens war, dass es absolut nichts gab, für das man mir guten Gewissens eine Begabung attestieren konnte, darüber hinaus lag der Familienbetrieb in den letzten Zügen, abgesehen davon, dass er ohnehin todlangweilig war, und für Aspiranten auf den Titel eines Lordleutnants existierten in unserem Teil des Landes nur herzlich wenige Stellen. Noch weniger Stellen gab es für Aspiranten auf den Titel eines Markgrafen. Ich habe mich belehren lassen, dass Markgrafen in diesem Land überhaupt nicht existieren und ihr Vorkommen auf Kontinentaleuropa beschränkt ist, doch da ich nach wie vor das drängende Bedürfnis habe, ein solcher zu werden, setze ich große Hoffnungen auf ein erweitertes Europa, in dem es mir vergönnt sein wird, ein Markgraf der Marschen zu werden, denn dies ist der Titel, nach dem es mich verzehrt.

Brooke hatte angedeutet, dass es vielleicht möglich wäre, aus meiner Vorliebe für lärmige Schallplatten und meinem Hang zu überlangen, humorigen Aufsätzen eine Art Albtraumkarriere zu basteln. Und in der Tat war mir der einzige Preis, den ich in Shrewsbury gewonnen hatte, für einen solchen Aufsatz verliehen worden. In diesem wurde lang und breit eine Antwort gesucht auf die Frage: »Welchen Beitrag kann der Einzelne zur Völkerverständigung leisten?« Soweit mir bekannt ist, gab es bei diesem Wettbewerb nur einen weiteren Teilnehmer, und dessen Beitrag muss wirklich erbärmlich gewesen sein. Ich wünschte, ich könnte sagen, welche Vorschläge ich bezüglich der Möglichkeiten des Einzelnen zur Beförderung der Völkerverständigung unterbreitet habe, doch ich kann mich an nichts erinnern. Der Preis, den ich gewann, war ein Gutschein einer Buchhandlung über fünf Pfund. Man muss sich vor Augen halten, dass man damals, Mitte der Fünfziger, für etwas mehr als fünf Pfund schon eine Steinmetzhütte in Snowdonia erwerben konnte, doch da ich keine Verwendung für die Hütte eines Steinmetzen hatte, kaufte ich mir von meinem Gewinn ein Buch mit Cartoons aus der ganzen Welt und gab das Wechselgeld für einen Pint Bier aus. Ich hatte bis dahin herzlich wenig Erfahrung, was das Trinken anging, und obwohl ich gerne über eine Sauforgie als Teenager samt Kotzerei im Hotel Prince Rupert, unbeholfenem Herumgefummel an der Kleidung einer Kellnerin und daraus resultierender vorzeitiger Ejakulation und so weiter berichten würde, bin ich dazu nicht in der Lage. Jedenfalls noch nicht. Von Zeit zu Zeit schlich ich mich zusammen mit einem Jungen namens Roditi in die Stadt, um Shrewsbury Town spielen zu sehen, und Roditi, der ein Jahr älter war als ich und ziemlich dunkelhäutig, hatte keine Probleme, in einem der Pubs unweit des

Fußballstadions unten am Flussufer ein Bier zu bekommen. Ich allerdings auch nicht – und dabei sah ich aus wie ein zwölfjähriges Mädchen.

Wann immer unser Sohn William, der mit vollem Namen William Robert (nach meinem Vater) Anfield Ravenscroft heißt, sich über das Anfield in seinem ganz hervorragenden Namen beschwerte, brachte ich ihn dadurch zum Schweigen, dass er, wäre ich nicht Anhänger von Liverpool, sondern von Shrewsbury, William Robert Gay Meadow Ravenscroft heißen würde. Das setzte seinem Jammern für gewöhnlich ein Ende und wirkte in gleicher Weise auch bei seiner Schwester Alexandra Mary Anfield Ravenscroft.

Vor jenen Bieren in Shrewsbury war der einzige Alkohol, der bis dato den Weg über meine Lippen gefunden hatte, der Zider gewesen, der uns in ähnlichem Maße eingeflößt wurde wie heutigen Jugendlichen Cola-Getränke, und ich war bis zu dem Zeitpunkt, als ich Soldat der Königin wurde, noch kein einziges Mal betrunken gewesen. Da erst stellte ich angesichts des steten Kampfes, den wir ausfochten, um unser Land vor den roten Horden zu schützen, die sich sozusagen vor unserer Haustür zusammenrotteten, fest, dass ein Mann etwas Stärkeres brauchte als Zider. Es war im Verlauf einer der zahlreichen Diskussionen mit Vater, die wie immer von ihm angezettelt worden war und in der es wie üblich um mein berufliches Fortkommen ging, dass ich mich auf etwas besann, das ich irgendwo gelesen hatte, wonach es in der viktorianischen Epoche Sitte war, dass der älteste Sohn das Familienunternehmen weiterführte, der mittlere zur Armee ging und in Übersee einige Gliedmaßen und/oder Augen einbüßte, bevor er nach Hause zurückkehrte und die rehäugige Tochter eines Regionaladligen heiratete, während der jüngste Spross der Familie – für gewöhnlich, so schien es, geistig minderbemittelt – sich der Kirche zuwandte. Ich war willens, meine Rechte als Erstgeborener abzutreten und mich stattdessen in die Rolle des Blödmannes zu fügen. Da Vater ohnehin dazu neigte, mich anderen Leuten gegenüber als der »Idiot der Familie« vorzustellen, konnte er gegen diese Argumentation wenig ins Feld führen.

Ich muss zugeben, dass ich nicht wirklich an Gott glaubte, doch erschien mir dies nicht als Hindernis für eine Karriere in der Kirche von England. Ich glaubte insgeheim, und das tue ich auch heute noch, dass es niemand gibt, der wirklich fester an Gott glaubt als an die Zahnfee oder Inspektor Morse, doch war ich nie sonderlich erfolgreich, wenn es darum ging, diese Auffassung in einer Debatte zu verteidigen. Aber jetzt mal wirklich …!

Mein Unvermögen, an irgendetwas anderes als an die herausragende Stellung des FC Liverpool zu glauben (und auch dieser Glaube wurde in den letzten Jahren auf manch harte Probe gestellt), erfuhr durch die in meinem zweiten Jahr in Shrewsbury stattfindende Konfirmation keine Wendung zum Positiven. Ich hatte, wie ich leider zugeben muss, die Heilige Schrift dahin gehend fehlinterpretiert, dass ich zu dem Glauben gelangt war, der einfache Akt des Handauflegens würde einen auf mysteriöse Weise dazu befähigen, durch die Kleidung von Mädchen hindurchzusehen. Rückblickend kann ich nicht sagen, woher dieser Glaube rührte, aber irgendwie war es wohl so. Und so kam es, dass ich, während ich feierlich durch den Mittelgang der Schulkapelle schritt, nachdem der Bischof von Lichfield mir seinen Segen erteilt hatte, einen Blick auf die hinteren Bänke der Gemeinde warf, wo die Töchter des Schulpersonals am Gottesdienst teilnahmen. Halten Sie sich vor Augen, welch eine bittere Enttäuschung, ich korrigiere: Desillusionierung es für mich darstellte, als ich bemerkte, dass ich nicht einmal durch die äußeren Lagen der Kleidung hindurchschauen konnte, die sie trugen, um sich nicht zu Tode zu frieren. Ich hatte in einem nicht für Kinder meines Alters bestimmten Buch gelesen, dass die Töchter der arbeitenden Bevölkerung verpflichtet waren, so genannte »Brustmieder« zu tragen, doch trotz meines neu erworbenen Status als vollwertiges Mitglied der Kirche erblickte ich kein einziges Brustmieder. Ich kann Ihnen sagen, mein Freund, ich war sehr verbittert.

Doch trotz dieser Enttäuschung und ungeachtet der Verwirrung angesichts der Tatsache, dass man für wiederholtes verspätetes Erscheinen in der Kapelle mit Schlägen bestraft wurde, was mir in schreiendem Gegensatz zu dem christlichen Geist der Vergebung zu stehen schien, der uns ständig gepredigt wurde, war ich noch immer bereit, fürderhin als Diener des Herrn durchs Leben zu gehen. Das hatte mehr damit zu tun, dass mir die Sprache ebenso großes Vergnügen bereitete wie das Singen von Psalmen (es gab ein »Te Deum« von Stanford, wenn ich mich recht entsinne, das als Kanon gesungen wurde und das ich einfach wundervoll fand), sowie, wieder einmal, mit dem Einfluss von Brooke. Mein Hausvorsteher predigte nur selten, vielleicht einmal pro Jahr, doch wenn er es tat, dann konnte man nicht umhin, alles zu glauben, was er einen zu glauben einlud. Seine Predigten bezogen sich selten auf Bibelstellen, aber was immer er sagte, und die amüsante Art, wie er es sagte – er war ein wahrhaft amüsanter Mann –, gaben mir das beunruhigende, wenn auch nicht unangenehme Gefühl, dass er wie durch ein Fenster in die Schwärze meiner Seele blicken konnte.

Mein Vater hatte stets eine starke Vorliebe für das Alte Testament – in der King-James-Fassung wohlgemerkt. Ich kann mir nicht vorstellen, dass er für die lächerlichen modernen Bibeln, die aus den USA zu uns herübergeschwappt kommen und die in dem einzigen Bestreben verfasst zu sein scheinen, die Außenpolitik Washingtons zu rechtfertigen, auch nur ein Quäntchen mehr übrig gehabt hätte als ich.

Glücklicherweise verschafft mir die BBC-Sendung *Home Truths* nahezu allwöchentlich die Gelegenheit, meine Kenntnisse auf dem Gebiet des Alten Testaments zu erneuern. Gerade diese Woche erhielt ich ein Schreiben von einem Hörer namens Chris Robbins, der sich mit den Initialen seines Vaters befasste. Als er noch zur Schule ging, hatte Chris davon keinerlei Ahnung gehabt, was nicht weiter verwunderlich ist, denn welcher Schuljunge kennt schon die Initialen seines Vaters oder, wo wir gerade dabei sind, weiß, womit dieser seine Brötchen verdient? Allerdings hatte mein Briefschreiber auf Nachfragen hin in Erfahrung gebracht, dass die Initialen seines Vaters E. H. lauteten, wobei das H. für Hesekiel stand und das E. für Er.

Nun muss ich zugeben, dass ich bis zu dieser Woche noch nie etwas von einem Er gehört hatte, doch wie sich herausstellte, steht er im Mittelpunkt einer düsteren, aber nicht uninteressanten Geschichte. Nicht uninteressant insofern, als durch sie eine weitere, häufig mit negativen Konnotationen bedachte Gestalt des Alten Testaments in einem völlig anderen Licht erscheint, nämlich Onan. Lassen Sie mich vorausschicken, dass sich die Ereignisse in diesem Zusammenhang zu einer Zeit abspielten, als Totschlagen, Kinderzeugen und jede Menge Ärger wegen Alraunen an der Tagesordnung waren. Allem Anschein nach wohnte Juda Shuah bei, und sie gebar ihm einen Sohn und nannte ihn Er. Dann wohnte Juda Shuah noch einmal bei, und sie gebar ihm einen weiteren Sohn, und diesen nannte sie Onan.

Um die Geschichte abzukürzen, überspringen wir ein paar Jahre. Er, mittlerweile verheiratet, zog sich das Missfallen des Herrn zu, und dieser tötete ihn. Und nicht genug damit, der Herr befahl Onan auch noch, zu Ers Frau zu gehen und ihr beizuwohnen. Onan, der anscheinend ganz in Ordnung war, fand, dass der Witwe damit ein bisschen viel zugemutet würde, und, ohne allzu sehr ins Detail zu gehen, er ließ seinen Samen auf die Erde fallen anstatt in seines Bruders Weib. Für diesen Akt der Rücksichtnahme wurde auch er getötet. Also war Onan, ungeachtet dessen, was Sie bisher von ihm gehalten haben mögen, in Wirklichkeit ein Mann mit moralischen Grundsätzen und nicht der Wichser, für den ihn jeder hält.

Vielleicht gelangen Sie aufgrund meiner sensiblen Behandlung dieser freilich recht grausamen Angelegenheit zu der Auffassung, dass ich durchaus mit einiger Überzeugungskraft eine bescheidene Rolle in der Kirche von England hätte spielen können, doch dies war mir nicht vergönnt. Stattdessen beantragte ich, nachdem ich einige Monate als Telefonist/Bürogehilfe an der Liverpooler Baumwollbörse verbracht hatte, meine vorzeitige Einberufung zur Armee und wurde Soldat.

Wie ich bereits bemerkt habe, wurde ich wenige Tage vor Ausbruch des Zweiten Weltkrieges am 30. August 1939 geboren. Als die Regierung 1960 beschloss, die Wehrpflicht abzuschaffen, verfügte sie, dass niemand, der während des Krieges beziehungsweise danach geboren war, zu den Streitkräften eingezogen wurde. Hätte ich den Dingen ihren offiziellen Lauf gelassen, so wäre ich im Alter von neunzehneinhalb oder so zur Armee, der Marine oder der Luftwaffe eingezogen worden, doch angesichts der Tatsache, dass mir der Dienst für Königin und Vaterland ohnehin nicht erspart bleiben würde, beantragte ich eine vorzeitige Einberufung und erhielt kurze Zeit darauf einen Bescheid, dass ich mich zur Musterung und zu den Intelligenztests einfinden sollte.

Die anderen Jungs aus Liverpool, die ebenfalls die Tests absolvierten, waren um einiges weltgewandter und gewitzter als ich, und als ich hinterher damit prahlte, wie gut ich beim Intelligenztest abgeschnitten hatte, wiesen sie mich darauf hin, dass angesichts der Tatsache, dass an der medizinischen Untersuchung nichts zu drehen war und die Streitkräfte einen sowieso nahmen, solange der Körper noch Wärme abstrahlte oder die Ärzte auch nur einen schwachen Puls feststellen konnten, die einzige Möglichkeit, der Truppe zu entgehen, darin bestand, den Intelligenztest zu vermasseln. Ich vermute, man hätte argumentieren können, dass ich, indem ich den Intelligenztest mit solch blendenden Resultaten absolvierte, eigentlich unter Beweis gestellt hatte, wie sehr es mir in Wirklichkeit an Intelligenz mangelte.

Einige Monate darauf, ich hatte mich in Aufrechterhaltung einer beinahe zwanzig Jahre zurückreichenden Familientradition zur königlichen Artillerie gemeldet, bekam ich meinen Marschbefehl und wurde nach Oswestry zur Grundausbildung beordert. An diese Grundausbildung erinnere ich mich mit gemischten Gefühlen. Ich hatte als Mitglied der Kadetteneinheit an der Schule schon einige Erfahrung mit militärischem Drill gesammelt, deswegen war dies für mich nichts Neues und machte mir, wenn ich ehrlich bin, sogar Spaß. Auch was die Disziplin betraf, hatte ich keine großen Probleme. Sicher, es ging streng zu, aber auch nicht strenger, als ich das aus Shrewsbury gewöhnt war. Ein dicker Minuspunkt hingegen war die Tatsache, dass meine frisch erworbene Stiefschwester liiert war mit dem Unterleutnant, der unsere Ausbildung leitete. Carol, ein sympathisches Mädchen und die jugendliche Frische in Person, war die ältere Tochter meiner Stiefmutter Alta.

Vater war mit Alta verlobt gewesen, bevor er während eines Skiurlaubs im österreichischen Wengen meiner Mutter begegnet war und sich in sie verliebt hatte.

Mein Großvater hatte die Beziehung zwischen Vater und Alta ohnehin immer abgelehnt, denn er fand es schockierend, dass sie fest entschlossen war, in Edinburgh Medizin zu studieren und Ärztin zu werden. Sie schaffte es nie zu verbergen, dass sie mich und Francis kein bisschen mochte. Wen sie überhaupt nicht ausstehen konnte, war Alan, Vaters Liebling, was vielleicht daran lag, dass er in etwa genauso alt war wie ihre jüngere Tochter Sue und erste Anzeichen eines jungenhaften Interesses an deren – wie er sich ausdrückte – Sub-Nabel-Regionen erkennen ließ.

Carol hingegen, die in Oswestry eine Ausbildung zur orthopädischen Krankenschwester machte, war während der gesamten ansonsten unangenehmen drei Monate immer nur hilfsbereit und nett mir gegenüber. Der Arsch von Freund, dessen Name wie üblich in den Nebeln der Vergangenheit verschwunden ist, war ein ganz anderes Kaliber. Er machte sich nie die Mühe, sich die Namen der anderen Rekruten aus unserer Truppe zu merken, und wann immer irgendwelche höherrangigen Offiziere auftauchten, denen er zu demonstrieren versuchte, dass er seine Truppe fest im Griff hatte und er, wenn nötig, ein harter Hund sein konnte, brüllte er regelmäßig meinen Namen und verpasste mir einen Anschiss. Bei den dankenswerterweise seltenen Gelegenheiten, bei denen ich ihm entweder zu Hause oder bei Carol begegnete, bestand er darauf, dass ich ihn mit »Sir« ansprach. Um so was zu bringen, muss man schon ein besonderer Knalldepp sein.

Nach dem Ende unserer Grundausbildung war klar, dass ich, obwohl ich den Drill mit Ausnahme des Schrittwechsels beim Marschieren hervorragend beherrschte, aller Wahrscheinlichkeit nach zu einer seltenen Gattung gehören würde, nämlich jener der ehemaligen Privatschüler, die es nicht in die Offiziersausbildung schafften. Wieder einmal hatte ich die einzige sich mir bietende Wahlmöglichkeit genutzt. Hätte ich es in die Offiziersausbildung geschafft, so hätte dies bedeutet, den Großteil meiner Zeit mit Typen wie Carols Ex-Freund zu verbringen, und das war definitiv nicht das, was ich mir vom Dasein in der Armee versprochen hatte.

Nach der Grundausbildung wurde 23558538 Schütze Ravenscroft J. in die Garnison Larkhill auf dem Plateau von Salisbury versetzt. Ihm war es egal.

Larkhill war um Längen härter als alles, was ich bis dahin erlebt hatte. Ich war zum Beispiel noch niemals Männern begegnet, die bereit waren, sich wegen absoluter Nichtigkeiten zu prügeln. Zugegeben, ich hatte in Woodlands einem Jungen, Bardsley, einen Schlag auf die Nase gegeben, weil er Francis schikaniert hatte, und in Shrewsbury einem eigentlich recht sensiblen Jungen namens Smith, der eine Brille trug und von meinen Freunden angestiftet worden war, mir eine Flasche Tinte über den Kopf zu kippen. Smith war von meinem Schlag zu Boden gegangen und hatte nur dagesessen und war in Tränen ausgebrochen. Manch einer mag dies vielleicht als zufrieden stellendes Ergebnis empfinden, ich jedoch fühlte mich ganz elend, und für den Fall, dass Smith, von dem ich gehört habe, dass er seit dem Abschluss der Universität auf einer entlegenen Insel wohnt und schöne Gedanken denkt, dies lesen sollte: Es tut mir leid.

In Larkhill hingegen schien es so, dass einige – ganz schön viele – Kerle eine richtige Psychose hatten, und das Leben konnte für einen jungen Mann mit blassem Teint und einem vornehmen Akzent reichlich unangenehm sein. Durch taktische Manöver, die im Kern nichts weiter waren als schiere Feigheit, vermied ich es, zusammengeschlagen zu werden, aber es war oftmals eine knappe Angelegenheit. Das einzige Vergnügen, das mir in Larkhill beschieden war, und ein gnädiges Schicksal hat so gut wie sämtliche sonstigen Erinnerungen an diese Monate verblassen lassen, bestand darin, nachts in den Fahrzeugschuppen Wache zu schieben. Wenn man genügend Mut aufbrachte, konnte man in die Kabine eines Matadors klettern und dort einen besseren Schlaf finden, als es zusammen mit den vor Testosteron berstenden Kollegen in dem Bärenzwinger von Schlafsaal möglich gewesen wäre. Noch besser war die Tatsache, dass es sich bei dem nichtmilitärischen Bauwerk, das dem Fahrzeugschuppen am nächsten lag, um Stonehenge handelte, und der

Anblick von Stonehenge, wie es sich aus der Dunkelheit und dem Nebel erhob und gelegentlich sogar ins Licht der aufgehenden Sonne getaucht war, hatte etwas wahrhaft Bewegendes und gab mir, selbst unter den unerfreulichen Umständen, unter denen ich damals mein Dasein fristete, etwas, das von Psychoanalytikern eventuell als Hoffnung bezeichnet worden wäre. Ein weiterer Quell der Hoffnung war das Ehepaar, das die Kantine der Heilsarmee auf dem Garnisonsgelände leitete. Ich glaube nicht, dass ich jemals ihre Namen kannte, doch ich verdanke ihnen eine Menge. Die Freundlichkeit und Geduld, die sie jenen Soldaten entgegenbrachten – denn es muss auch noch andere gegeben haben –, die die Machokultur von Larkhill nicht ertrugen, war einfach außergewöhnlich, und ihre Großherzigkeit hat in mir eine lebenslange Sympathie für die Heilsarmee geweckt. Ich weiß, dass es unter Leuten, die ähnliche Jobs haben wie ich, Sitte ist, durchschimmern zu lassen, dass man enorme Summen für wohltätige Zwecke spendet und sich Nacht für Nacht mit dem Gedanken an benachteiligte kleine Kinder in den Schlaf weint. Ich bin nicht heuchlerisch genug, zu versuchen, einen solchen Eindruck zu erwecken, doch der größte Teil der bescheidenen Summen, die ich spende, geht an die Heilsarmee.

Vielleicht hatten sie mitbekommen, dass ich auf eine ernsthafte Krise zusteuerte, jedenfalls war das Ehepaar mir dabei behilflich, einen Antrag auf Versetzung aus Larkhill zu stellen. Mir war es offen gestanden egal, wo ich landen würde, doch auf ihren Vorschlag hin begründete ich meinen Antrag damit, dass meine Eltern erst vor Kurzem geschieden worden waren und mein zehnjähriger Bruder Alan, der in Tre-Arddur Bay, Anglesey, ein Internat besuchte und für den ich damals wirklich eine wichtige Bezugsperson darstellte, mich zumindest in seiner Nähe brauchte. Ich rechnete damit, vom Kriegsministerium oder wer auch immer es war, dem ich diesen Antrag schickte, ein knappes »gequirlte Scheiße«

als Antwort zu erhalten, und war daher in höchstem Maße erstaunt und erfreut, als ich aus dem Hauptquartier die Nachricht bekam, dass ich an die Versuchseinrichtung der königlichen Artillerie in der Garnison Ty Croes in Anglesey versetzt worden war. Die Garnison, die kurz darauf in Versuchseinrichtung (Lenkwaffen) umbenannt wurde, lag nur ein paar hundert Meter von Cable Bay entfernt, wo wir, als ich noch ein Kind war, etliche Tage zwischen Felsen und Sand herumgetollt waren, und etwa acht Kilometer von Rhosneigr, wo Großpapa Ravenscroft gewohnt hatte und wir fast jeden Sommer verbracht hatten. Und auch Alans Schule lag nur knapp fünfundzwanzig Kilometer weit weg. Hinzu kam, dass Ty Croes sich insofern von anderen Militäreinrichtungen unterschied, als hier ein Offizier auf drei Mann kam und infolgedessen die Atmosphäre relativ entspannt war. Jedoch nur relativ.

Ty Croes Camp, Anglesey, wo John stationiert war

Die nächsten achtzehn Monate war ich in einem Quartier untergebracht, das am Rande des Paradeplatzes lag und einen unverstellten Blick über die Graslandschaft und die Felsen aufs Meer bot. Ich hatte schon Ferienunterkünfte, die schlechter waren als das.

Gleich an meinem ersten Abend in Ty Croes begegnete ich dem ersten Geordie in meinem Leben. Sein vollständiger Name lautete Geordie Coleman, und er sah aus wie ein Fußballer. Vielleicht war er auch einer. Das erste Mal, als er mit mir redete, dachte ich, er sei vielleicht einer der Flüchtlinge aus Ungarn, die damals in großer Zahl in unser Land kamen, und es dauerte Wochen, bis ich auch nur ein einziges Wort verstand, das er sagte. Allerdings war Geordie Coleman keineswegs die einzige Überraschung, die ich in der Garnison erleben sollte.

Mein erster Job in Ty Croes war bei einer Feuerleitstelle, was sich zwar ziemlich imposant anhört, doch in der Hauptsache bestand meine Aufgabe darin, Radargeräte und die Generatoren, die zu deren Stromversorgung dienten, anzustreichen. Diese erhielten, wie alles in der Umgebung, einen Anstrich in Olivgrün, und ein Gutteil der Tage wurde mit Fahrten zu den entsprechenden Läden verschwendet, um neue Farbe herbeizuschaffen, und zu den Treibstofflagern, wo der Diesel für die Generatoren besorgt wurde. Ich eignete mir ziemlich schnell die notwendigen Kenntnisse auf dem Gebiet des Kleindiebstahls an sowie einen zähneknirschenden Respekt für die Bombardiere und die Sergeants, die sämtliche Aspekte unseres eintönigen Lebens bestimmten. Parallel dazu wuchs in mir die Verachtung für die Offiziere, die glaubten, sie müssten jeden Aspekt unseres Lebens kontrollieren. Bei Weitem die schlimmsten von diesen waren die Unteroffiziere, Unterleutnants und Leutnants, die größtenteils gerade mal so alt waren wie ich und kein bisschen schlauer. Sie waren das Resultat der Aktivitäten der Auswahlkommission des Kriegsministeriums, und wenn ich nicht aufpasste, konnte es mir passieren, dass auch ich in deren Maschinerie geriet. Ich hänge bis zum heutigen Tag dem Gedanken an, dass ich sämtliche Aussichten darauf zunichte machte, als ich versehentlich eine Marschkolonne durch eines der liebevoll gepflegten Blumenbeete vor der Wache paradieren ließ.

Als ein Beispiel dafür, wie dämlich diese jungen Unteroffiziere sein konnten, sind mir bis heute die Erlebnisse unserer Truppe F in Erinnerung, die unter dem Kommando eines arroganten kleinen Scheißers stand, dessen Vater Offizier war und dessen Name ebenfalls nur deswegen ungenannt bleibt, weil ich mich nicht an ihn erinnern kann. In einer bitterkalten Nacht tauchte dieser Pisser in unserer Baracke auf mit dem Befehl, einen Generator bereitzustellen und diesen zu starten, noch bevor er zum endgültigen Standort geschleppt wurde anstatt, was tausendmal vernünftiger gewesen wäre, erst hinterher. Diese Generatoren in Gang zu setzen war ohnehin keine einfache Angelegenheit, und je kälter es war, desto schwieriger wurde es. Ich habe stets vermieden zu lernen, wie es genau funktionierte, doch soweit ich mich entsinne, gab es drei Möglichkeiten. Die erste war natürlich der eingebaute Anlasser, dann gab es die Kurbel und schließlich eine dritte Methode, bei der eine Patrone in den Anlasser eingeführt und gezündet wurde, in der Hoffnung, dass der Generator endlich ansprang. Die Generatoren selbst waren auf Geschützlafetten montiert, um den Transport zu erleichtern. Es erübrigt sich zu sagen, dass zwischen dem Generator und den Rädern der Lafette keinerlei mechanische Verbindung existierte. Dies jedoch hinderte unseren Unterleutnant, nachdem sämtliche Methoden zum Starten des Generators versagt hatten, nicht daran, einen Lastwagen anzufordern, der die Lafette mit dem Generator über den Paradeplatz ziehen sollte, in der Hoffnung, den

Generator wie ein Auto anzuschleppen. Da klar war, dass jeder, der dieses Unterfangen als offensichtliche Verschwendung von Zeit und Material zu kritisieren wagte, wegen Insubordination drankäme, wurde der Laster geholt und eine halbe Stunde oder so damit zugebracht, den Generator durch die Gegend zu ziehen, ohne dass sich auch nur der geringste Erfolg einstellte. Mann, haben wir gelacht.

Wir verbrachten unsere Tage damit, zum Wohle und Schutz der freien Welt Radargeräte anzustreichen, in der Baracke mit Stoffresten oder anderen Gegenständen, die sich treten ließen, Fußball zu spielen und uns so langsam wie möglich von einem Ort zum anderen zu bewegen. Nach ein paar Monaten wurde ich abkommandiert zu einem der theoretisch geheimen Projekte, an denen die Versuchseinrichtung (Lenkwaffen) der königlichen Artillerie beteiligt war. Dieses trug den Codenamen »Yellow Fever« und nahm mich das gesamte nächste Jahr in Anspruch.

Das Beste an Yellow Fever war, aus militärischem Blickwinkel betrachtet, dass es den Besatzungen der Flugabwehrgeschütze den Vorgang der Zielerfassung und der Bestimmung des Ortes erleichtern sollte, an dem Geschoss und Ziel, nach Möglichkeit, aufeinandertrafen. Wie es aussah, war dazu in der Zeit vor Yellow Fever ein Radargerät mit großer Reichweite vonnöten, das in etwa die Größe eines Sattelschleppers hatte und das Ziel erfasste, wenn es noch weit entfernt war, um sodann diese Information an eine kleinere Radareinheit weiterzugeben und von dort aus zu den Geschützen. Diese wurden dann manuell von den damit betrauten Schützen auf das Ziel ausgerichtet und auf den Befehl »Feuer!« abgefeuert. Der Leser mag vielleicht versucht sein, meine mangelhaften Auslassungen zu diesem Thema als Rücksichtnahme auf die Verteidigungsbereitschaft des Landes zu interpretieren, oder auf die Einsicht zurückführen, dass man selbst heute besser nicht vergisst, dass

Wände Ohren haben, doch hat das Ganze weniger mit Diskretion meinerseits zu tun, sondern damit, dass ich nie mit diesen schweren Waffen zu tun hatte und folglich kaum Ahnung davon habe, wie sie funktionierten. Yellow Fever war in etwa so groß wie die Kabine eines großen Lastwagens und insofern etwas Neues, als im Gegensatz zu den herkömmlichen Geräten, die eine rotierende Antenne auf dem Dach hatten, hier das gesamte Gerät rotierte. Wenn etwas schiefging, also beispielsweise eine Sicherung durchbrannte (so stellte man es mir gegenüber jedenfalls dar), wirbelte das ganze Gerät unkontrolliert um die eigene Achse und die beiden Männer im Inneren mussten sich an den extra für diesen Fall angebrachten Griffen festklammern, um zu vermeiden, dass sie hinausgeschleudert wurden. Wenn es korrekt funktioniert hätte, so hätte diese Erfindung, schätze ich mal, das Ende der Kriegsführung, wie wir sie kannten, bedeutet und unser aller Leben sicherer und besser gemacht, wie es von sämtlichen Neuerungen auf diesem Gebiet immer wieder behauptet wird. Und dies bringt mich zu …

Das Beste, aus einem nichtmilitärischen Blickwinkel betrachtet, an Yellow Fever war, dass es selten funktionierte. Die Gerätschaftenstanden in einiger Entfernung vom Hauptlager außerhalb des Sicherheitsbereichs, und wir hatten das große Glück, den gesamten Sommer 1959 daran arbeiten zu können. Es war einer dieser Sommer, von denen heute immer behauptet wird, dass es sie nicht mehr gibt. Die Sonne schien, es wehte eine warme Brise, und die Möwen, vielleicht auch Kormorane, glitten durch die schwüle Luft, während wir alles oliv anstrichen, was sich oliv anstreichen ließ, Fußball spielten oder die Zeit damit verbrachten, was allerdings nur mich betraf, auf die Felsen zu klettern, von denen man Großpapas Haus sehen konnte, in dem er leider nicht mehr wohnte, und aufs Meer hinauszuschauen, zuzusehen, wie die Wellen sich brachen, und über das Leben im Allgemeinen und Besonderen zu sinnieren. Derweil schraubten irgendwelche »Experten« am Innenleben von Yellow Fever herum und versuchten herauszufinden, was gerade wieder schiefgelaufen war. Als potenzielles Kanonenfutter, ein bescheidener Schütze mit besten Aussichten, Schütze zu bleiben, hatte ich mit den technischen Aspekten von Yellow Fever nichts zu tun, obwohl ich in der Zwischenzeit die Prüfungen zum BII-Radartechniker abgelegt hatte. Dies war mir, der noch nie zuvor eine Prüfung abgelegt hatte, dadurch gelungen, dass ich das gesamte Handbuch stupide auswendig gelernt hatte. Die Prüfer waren damit völlig zufrieden, vermutlich weil bei ihnen die Auffassung herrschte, dass ein Verständnis des Handbuchinhalts überflüssiger Luxus war.

Ich möchte allerdings nicht, dass bei den Lesern der Eindruck entsteht, ihre Steuergelder wären von uns komplett verjuxt worden. Von Zeit zu Zeit funktionierte Yellow Fever tatsächlich, und wenn dies der Fall war, dann wurden die Flugzeuge der RAF herbeizitiert, die mit großer Geschwindigkeit in geringer Höhe vor dem Hintergrund der sonnengesprenkelten Hügel von Snowdonia über uns hinwegzischten, was sie sowohl unseren Blicken als auch, bedauerlicherweise, der Ortung durch Yellow Fever entzog. Dies war jedes Mal ungeheuer aufregend, und wenn wir dann die Arbeit beendeten, um unseren zwanzigminütigen Fußmarsch zum Essenfassen anzutreten, diskutierten wir voller Stolz unseren Beitrag zur Verteidigung der freien Welt. Das Letzte ist völlig gelogen, aber es leitet nahtlos über zu dem Bericht über eine Demonstration des Potenzials von Yellow Fever vor einer Reihe hochrangiger Offizieller der NATO, die uns nach Manorbier in Südwales führte.

Die meisten der Typen, mit denen ich damals das Quartier teilte, kamen aus Clydebank. Selbstverständlich hörten sie samt und sonders auf den Vornamen Jock, und wenn es eines gibt, das ich bedauere, dann ist es, dass ich nach meiner

Entlassung aus der Armee den Kontakt zu ihnen verloren habe. Ich kann mich an einen Jock Hamilton erinnern und einen Jock Steel, und ich vermute, dass diese beiden auch zu dem Trupp gehörten, der die langwierige Zugfahrt nach Manorbier antrat. Einen Abschnitt der Fahrt, die uns durch eine dicht bewaldete Gegend führte, absolvierten wir in Viehwaggons, in denen allerdings glücklicherweise seit geraumer Zeit kein Vieh mehr transportiert worden war. Und so rumpelten wir im milden Sonnenschein dahin, während Stunde um Stunde verstrich. In Manorbier angekommen, hatten wir zwei Tage Zeit für Vorbereitungen und Probeläufe, während derer der Yellow Fever sich tadellos benahm, bis der Tag kam, an dem es galt, die NATO-Häuptlinge zu beeindrucken.

Schon bei Tagesanbruch war es feucht und stürmisch, und die Vorführung lief nicht gut. Überhaupt nicht gut. Mein Beitrag bestand darin, an einer bestimmten Stelle während der einführenden Bemerkungen einen energischen Schritt nach vorne zu machen, strammzustehen, mich vorzubeugen und irgendetwas einzuschalten. Dies vollbrachte ich ohne Fehl und Tadel, allerdings stolperte ich beim Wegtreten über ein Kabel und legte mich voll auf die Schnauze. Die NATO-Häuptlinge lachten nicht, allerdings tun sie das wohl ohnehin nur selten. Von da an ging es rapide bergab, und am Ende des Tages hatten wir Tausende von Geschossen auf eine Reihe von Windsäcken abgefeuert, die am Himmel über uns vorbeigeschleppt wurden, ohne dass wir auch nur einen einzigen Treffer erzielt hätten. Dies, da bin ich sicher, bedeutete das sichere Aus für Yellow Fever. Jedenfalls bedeutete es das Ende meiner Mitarbeit daran, denn ich hatte mich freiwillig für den kürzlich frei gewordenen Posten eines Meldegängers beworben.

Meine Eignung für diesen Job, so erklärte ich Capt. Jones, dem einzigen Offizier in unserer Batterie, vor dem man

Respekt haben konnte, bestand aus einer glücklichen Kombination von vier O-Levels meinerseits (Englisch, Geschichte, Geografie und Mathematik) und einem James-150-Motorrad, das ich bereit war, Ihrer Majestät zur Verfügung zu stellen, um die Kommunikation zwischen Offizieren und der Truppe zu beschleunigen. Eine kaum zu schlagende Kombination, wie Sie sicherlich zugeben werden. Capt. Jones jedenfalls tat es.

Kapitel 9

Die erste Regel für den neuen Rekruten, der mit dem Militär noch nicht vertraut ist, lautet: Gib nie zu, dass du irgendwelche speziellen Fähigkeiten hast, und melde dich nie freiwillig zu irgendwas. Na gut, genau betrachtet sind das zwei Regeln. Aber im Großen und Ganzen gilt dies als ein ehernes Prinzip – oder eherne Prinzipien. Es reicht schon, einem Vorgesetzten gegenüber zuzugeben, dass man Fahrrad fahren kann, und schon ist man der Gelackmeierte:

»Kann irgendeiner von euch Tröten Fahrrad fahren?«

»Aber klar, Bombardier. Ich kann Rad fahren.«

»Na prima, dann schnappen Sie sich mal dieses ungewöhnlich schwere Paket, rennen rüber zur Unteroffiziersmesse, schleichen sich zur Kombüse und melden sich zum Kartoffelschälen.«

So in etwa.

Mein eigener »Radfahrer-Moment« kam während des Vortrags eines Waffenexperten über das leichte Maschinengewehr Bren, abgekürzt Bren Gun. Ich hatte während des Kadettentrainings an der Schule schon zahllose Male eine Bren Gun zerlegt und wieder zusammengesetzt, allerdings nie eine abgefeuert. Offensichtlich war das Unterrichten von gelangweilten Rekruten in der Benutzung und Handhabung von Schusswaffen, ja sogar automatischen Waffen, kein großes Vergnügen, und so hatte unser Experte, ein Sergeant, sich den einzig halbwegs amüsanten Aspekt des Gewehres als Pointe für den Schluss aufgehoben. Unglücklicherweise war ich ein kleiner Klugscheißer, der sich einfach nicht zurückhalten konnte, und als er aufschaute, auf das Gewehr deutete und fragte, ob einer von uns wusste, wie ein bestimmtes Teil der Waffe genannt wurde, vermasselte ich ihm seine Nummer, indem ich erklärte, es handele sich um den Laufverschlussbolzensicherungskolben. Der Ausbilder war verständlicherweise stinksauer. »Na wunderbar«, knurrte er, »wenn Sie so verdammt schlau sind, dann setzen Sie die beiden Brens hier mal zusammen und schleichen mit ihnen über den Übungsplatz, bis ich Ihnen sage, dass Sie aufhören können.«

Was ich dann auch tat.

Von da an hielt ich meine Klappe. Jedenfalls bis die versammelten Jocks im Quartier mich einluden, bei ihrer Weihnachtsarschfeier mitzumachen. Dies ist, so muss ich hinzufügen, bei Weitem keine so lustige Angelegenheit, wie es dem einen oder anderen eventuell erscheinen mag. Die Weihnachtsarschfeier bedeutete einfach, dass man während der Feiertage in der Garnison blieb, wo nur noch eine Rumpfbesatzung Dienst tat. Zu den Pflichten, die es dabei zu erledigen galt, gehörte auch das Aufräumen der Unteroffiziersmesse im Anschluss an deren Weihnachtsfeier, und genau dies war der Grund, warum die Jungs aus Clydebank und ich uns freiwillig gemeldet hatten.

Wir hatten bereits früher herausgefunden, dass es einige Vorteile mit sich bringen konnte, den Familien der Offiziere beim Umzug zu helfen, wenn die Männer aus Rhosneigr oder Aberffraw an einen anderen Standort versetzt wurden. Zum einen hatten die Frauen der Offiziere uns gegenüber ein schlechtes Gewissen und drängten uns Kuchen und Tee förmlich auf. Es wäre schön, wenn ich davon berichten könnte, dass sie uns auch sexuelle Gefälligkeiten anboten, doch wäre dies absolut unwahr. Es herrschte allgemein die Ansicht, dass sie einem irgendwas in den Tee taten, das jegliches sexuelles Verlangen abtötete, und dies muss 1) wahr gewesen sein und 2) funktioniert haben, denn während meiner gesamten achtzehn Monate habe ich in unserem Quartier von keinem Einzigen gehört, der behauptet hätte, irgendwelche sexuellen Erfahrungen gemacht zu haben, nicht einmal mit den Frauen der Offiziere.

Nach Tee und Biskuits packten wir die Haushaltsgegenstände in Teekisten, wobei wir darauf achteten, dass die Sachen, die uns gefielen, möglichst weit oben landeten. Dann trugen wir die Kisten zum Lastwagen, und wenn der Lastwagen voll war, fuhren wir los zum neuen Wohnort der Familie. Wann immer wir in einer Kurve oder vor einer holprigen Brücke langsamer machen mussten, warfen wir die zuvor ausgesuchten Gegenstände in den Straßengraben. Wir nahmen nie irgendetwas Wertvolles oder Dinge, die später vermisst worden wären, sondern konzentrierten uns auf Sachen, die uns das Leben im Quartier angenehmer machten. Nachdem die Arbeit getan war, fuhr ich mit der James die Strecke ab und sammelte alles ein, was wir vom Laster geworfen hatten.

Ähnliche Prinzipien – beziehungsweise der Mangel derselben – galten auch bei der Weihnachtsfeier der Sergeants. Alles, was wir zu tun hatten, war, am Morgen nach der Veranstaltung aufzukreuzen und die beträchtliche Unordnung wieder aufzuräumen. Als wir in dem schmucklosen Gebäude ankamen, waren meine Kollegen und ich nicht im Mindesten überrascht, dass noch immer einige der Sergeants anwesend waren. Zum Glück für uns waren sie nicht bei Bewusstsein und hinderten uns, wenn man von einem gelegentlichen Grunzen absieht, durch das wir aufgeschreckt wurden, nicht an der Erfüllung unserer Pflichten. Von denjenigen, die sich im Jahr zuvor freiwillig zur Arschparty gemeldet hatten, war uns erzählt worden, dass zwar zu Beginn der Feierlichkeiten minutiös Buch geführt wurde über sämtliche Getränke- und Zigarettenverkäufe, die Genauigkeit der Buchführung im weiteren Verlauf des Abends aber immer mehr litt und in den frühen Morgenstunden gänzlich aufgegeben wurde. Daher hatte niemand auch nur einen blassen Schimmer, wie viel von den Beständen verkauft und wie viel übrig geblieben war, und es war unsere Aufgabe, so viel wie nur irgend möglich davon in Sicherheit zu bringen, bevor irgendwer das Bewusstsein wiedererlangte. Dies ließ sich einigermaßen unauffällig bewerkstelligen, wenn man wie wir weite Zwillichhosen trug, deren Beine fest in die Gamaschen gestopft waren. Meine schottischen Kumpels müssen zu Hause gefeiert worden sein wie die Helden, wenn sie, unter der Last von Scotch und Zigaretten aus Armeebeständen ächzend, ein paar Tage später nach Hogmanay zurückkehrten. Ein noch besserer Fischzug war allerdings das große Feuer.

Der Alarm schrillte gegen zwei Uhr morgens los, beinahe im gleichen Augenblick, als ein Trupp Unteroffiziere in der Baracke auftauchte, um uns aus den Betten zu scheuchen. »Das ist doch nur eine beschissene Übung«, grummelten wir, während wir uns anzogen. Nun besagten die Vorschriften der Königin damals, dass Truppenangehörige bei einer Feuerlöschübung Helme und Stiefel zu tragen hatten. Über die Kleidung dazwischen gab es keine Angaben, also trotteten wir in Helmen, Stiefeln und Schlafanzügen hinaus in die

Kälte. Dann nahmen wir Aufstellung und marschierten in einer Zweierreihe zum Exerzierplatz vor dem Garnisonskino. Während wir rannten, sahen wir, dass das Versorgungslager in Flammen stand.

Es war – und ist vielleicht noch immer – Tradition bei den Streitkräften, dass der Quartiermeister den Laden in Brand setzte, sobald die Diebstähle aus den Lagern solche Dimensionen erreicht hatten, dass selbst der fähigste Buchhalter die Verluste nicht mehr kaschieren konnte. Zynisch wie wir leider waren, nahmen wir an, dass haargenau das passiert war. Als wir ein paar hundert Meter von dem Brand entfernt vor dem Kino wieder Aufstellung nahmen, achtete ich darauf, in der hinteren Reihe zu stehen, weil ich davon ausging, dass es diejenigen treffen würde, die vorn standen, falls jemand herangezogen würde, um sein Leben für ein paar alte Uniformmäntel und ähnlichen Kram zu riskieren. Zu meinem Entsetzen ließ der Kommandeur kehrtmachen, so dass ich mich nun in der vordersten Reihe befand, während wir auf das Feuer zumarschierten.

Kaum am Versorgungslager angekommen, drückte mir auch schon jemand eine Axt in die Hand und schubste mich in das lichterloh brennende Gebäude mit der Anweisung, alles zum Fenster hinauszuwerfen, was ich in die Finger bekam. Damals hielt ich das Ganze für so was wie einen Witz, doch wenn das Gebäude, das schließlich völlig zerstört wurde, über mir zusammengebrochen wäre, wäre mir das Lachen schnell vergangen. Es dauerte nicht lange, bis die Gesichter der Clydebank-Bande, die das wirtschaftliche Potenzial des Brandes schnell erkannt hatten und zu dem in Flammen stehenden Gebäude beordert worden waren mit dem Befehl, alles zu retten, was ich und meine Kollegen von der unfreiwilligen Feuerwehr nach draußen warfen, vor den Fenstern auftauchten und spezifische Wünsche äußerten. Ich erinnere mich, dass jemand mir während der Verrichtung meiner heldenhaften Aufgabe zurief: »John, siehst du irgendwo ein paar Toaster?« Währenddessen knackten die Deckenbalken über mir, und überall explodierten die Wandabdeckungen aus Asbest. Dies war zweifellos die gefährlichste Situation meiner gesamten Dienstzeit bei den Streitkräften – ausgenommen vielleicht die paar Monate, als ich Torhüter der Hockeymannschaft der Garnison war. Und auch dies, so muss ich leider zugeben, war etwas, für das ich mich freiwillig gemeldet hatte.

Ich habe bereits erwähnt, dass wir, abgesehen von Capt. Jones, keine allzu hohe Meinung von unseren Offizieren hatten, doch das Leben in der Armee bot uns absolut keine Möglichkeit, sie physisch zu attackieren, ohne dass man dafür unweigerlich im Militärgefängnis Shepton Mallet landete. Als wir eines Tages von Yellow Fever zurück zur Garnison schlenderten, kamen wir am Sportplatz vorbei, wo gerade die Abwehr der Hockeymannschaft gegen den Angriff spielte. Wir schauten ein wenig zu und sahen, wie Capt. Hogg von dem verirrten Schläger eines Gegenspielers schwer getroffen wurde und leise stöhnend zu Boden ging. »Hat ja was, dieses Hockey«, murmelte jemand, woraufhin ich, mehr aus Draufgängertum, anbot, mich der Mannschaft als Torhüter zur Verfügung zu stellen, und versprach, mein Äußerstes zu geben, um jeden Offizier zu verletzen, der in meine Nähe kam.

Unglücklicherweise erwies sich auch dieses als völliger Schlag ins Wasser. Torhüter in einem Hockeyteam der Armee zu sein, so fand ich bald heraus, war das Letzte. Das Hinterletzte. Die Wahrscheinlichkeit, selbst verletzt zu werden, war bedeutend größer als die Möglichkeiten, die mir zur Verfügung standen, anderen Verletzungen zuzufügen. Und was noch schlimmer war: Da ich als Einziger in der Mannschaft ein gewöhnlicher Rekrut war, musste ich zu den Auswärtsspielen alleine hinten im Lastwagen mitfahren.

Während die Offiziere mit quietschenden Reifen in ihren MGs und Triumphs von Ty Croes losfuhren, kletterte ich über die Heckklappe des Lasters, da die Vorschriften der Königin es untersagten, dass ich beim Fahrer in der Kabine saß. Einmal fuhr ich auf diese Weise sogar den ganzen Weg von Ty Croes nach Aldershot. Vor und nach den Spielen redeten meine Mannschaftskameraden kein Wort mit mir, und auch während der Spiele taten sie es nur, um mich anzubrüllen, weil ich wieder einmal einen Schuss des Gegners durchgelassen hatte. Ich war vielleicht als Torhüter Scheiße, aber sie waren es in menschlicher Hinsicht.

Dreesen hat unsere Adresse von Georg von a-Musik in Köln, und er hofft, dass mir seine Platte gefällt. Becky aus Darlington möchte sich bei mir bedanken, weil ich ein Stück von ihrer Band We Start Fires gespielt habe, und fragt an, ob ich eventuell die Tourdaten der Band durchsagen könnte. Data Error Records in Mahlow haben mir eine Anpressung der LP von Hakan Lidbo, derzeit unser Lieblingsschwede, geschickt, und Jeff aus Orrell Park in Liverpool, der früher bei der wegweisenden Gore-Metal-Band Carcass gespielt hat, möchte eine Platte mit Country & Western-Coverversionen machen und hat ein Demo seiner Aufnahme von »Sunday Morning Coming Down« beigelegt. Hindzy D aus East London schickt, ohne Begleitbrief, seine EP »Baked Beatz«, die auf dem Label Sting erschienen ist, das nichts zu tun hat mit dem ermüdenden Schnulzensänger gleichen Namens. Hindzys Platte könnte man eventuell als Grime oder Eski oder Sub-Lo oder 2.2 oder 4.4 oder Underground Garage bezeichnen, doch es wäre nicht ratsam, solche Bezeichnungen im Radio zu verwenden, denn kaum dass man es tut, schicken einem die Hörer schon E-Mails oder Faxe, um einem mitzuteilen, dass niemand, aber auch absolut niemand diesen Begriff mehr benutzt. Die Spendenaufrufe des heutigen Tages kommen von der Heilsarmee und dem Children's Food Fund.

Normalerweise freue ich mich darauf, all die Platten, die mit der morgendlichen Post ins Haus kommen, anzuhören, und manchmal muss ich sie einfach in die Sendungen der laufenden Woche einarbeiten, auch wenn das bedeutet, dass ich die Abfolgen durcheinanderbringe, an denen ich ein ganzes Wochenende unter Verwendung von Unmengen Tipp-Ex gearbeitet habe. Songtitel, Künstler, Dauer, Komponist(en), Verlag, Label, Katalognummer, LP- oder EP-Titel (je nachdem) sowie Track oder Seite und Bandnummer müssen aufgelistet werden. Es gibt Leute, die es befremdlich finden, dass ich meine Playlists selbst tippe (auf einer Schreibmaschine, die ich vor ein paar Monaten in Barcelona gekauft habe und die weder ein »+« noch ein »&« hat, dafür aber ein paar ganz amüsante spanische Buchstaben), aber ich kontere derlei Spitzfindigkeiten damit, dass ich nur so wirklich sicher sein kann, dass die Informationen, die ich vor mir habe, während ich im Studio vor mich hin grummele, auch wirklich zutreffend sind. Es kommt vor, dass ich im Eifer des Gefechts mal den falschen Track spiele, oder den richtigen Track mit der falschen Geschwindigkeit, aber zumindest sind die Informationen fehlerfrei. (Jemand hat letztes Jahr einen Anstecker herstellen lassen. Darauf war ein Bild von mir, und darunter stand: »Right Time, Right Place, Wrong Speed.« Das hat mir gefallen. Da hatte jemand den Geist der Sendung erfasst, zumindest so, wie ich ihn sehe. Manchmal unterstellen mir Kritiker, dass ich Platten mit der falschen Geschwindigkeit abspiele, damit die Leute denken, ich wäre süß. Dem halte ich entgegen, dass erhebliche Zweifel an seiner geistigen Gesundheit angebracht sind, wenn jemand meines Alters versucht, süß zu wirken.)

Gestern Abend kam Liverpool gegen Manchester United im Fernsehen. Sie werden mich nicht dabei ertappen, dass ich über United herziehe, wo ich doch weiß, dass es unter den Lesern dieses Buches auch ManU-Fans gibt. Für all diese: Falls Sie sich je gefragt haben, wo Manchester liegt – es liegt ungefähr in der Mitte von England auf der linken Seite. Liverpool hat verloren. Ich habe es mir nicht angeschaut. Ich habe versucht, ein paar von den Kisten mit Demo-CDs auszusortieren, die in sämtlichen Räumen im Haus verteilt sind, um mich anderweitig zu beschäftigen, weil ich genau wusste, dass ich mich mehr aufregen würde, als mir guttut, wenn ich mir das Spiel anschaue.

Demos wegwerfen ist der deprimierendste Aspekt meiner »Arbeit«, wenn wir es mal spaßeshalber so nennen wollen. Sie kommen aus der ganzen Welt und werden zumeist an die Adresse der BBC geschickt. Gestern kam eine aus Peru allerdings hier zu Hause an. Vor ein paar Wochen habe ich, getrieben von Forschergeist, einmal gezählt, wie viele Demos an einem bestimmten Tag eingetroffen waren. Es waren 158. Wenn wir eine Fünftagewoche zugrunde legen, ergibt dies 790 pro Woche, obwohl ich, wenn ich ehrlich bin, bezweifle, dass es so viele sind. Sagen wir mal, es wären 400. Wenn wir annehmen, jede davon sei fünfzehn Minuten lang, so bedeutet dies, dass von 168 Stunden, die eine Woche hat, 100 Stunden fürs Abhören von Demos draufgehen. Davon ziehen wir noch mal die Anzahl der Stunden ab, die aufs Schlafen oder den Versuch zu schlafen verwendet werden (56), dann bleiben noch 12 Stunden pro Woche für Essen, Trinken, aufs Klo gehen, Fernsehen, Schallplatten hören, Sendefolgen tippen, voller Staunen Archie, unseren Enkel, betrachten und nackt im Gebüsch neben unserem Haus herumtanzen. Daraus kann man den Schluss ziehen, dass nicht jedes Demo angehört wird. Gestern Abend schleppte ich, während Liverpool in Old Trafford auf seine Niederlage zusteuerte, missmutig die Kisten mit CDs – die meisten abgehört, einige ungehört, alle mindestens ein Jahr alt – zu dem Müllcontainer in der Einfahrt. Dazwischen waren auch Briefe und Fotos von den Bands, und in dem Augenblick, wo man sich diese anschaut, begreift man erst, was man da anrichtet. Beim Anblick dieser Briefe – meistens freundlich, manchmal ein wenig frech, womöglich geschrieben in dem Bestreben zu demonstrieren, dass es sich bei ihren Verfassern um unabhängige, sorglose, manchmal über die Stränge schlagende junge Menschen handelt – und der Fotos mit nachdenklichen jungen Gesichtern, die vielleicht nicht aussehen wie die eigenen Kinder, aber zumindest wie einige ihrer Freunde, möchte man am liebsten alles noch mal durchhören in der verzweifelten Hoffnung, dass einem beim ersten Mal vielleicht etwas entgangen ist und man dann gleich zum Telefon greift, um zu fragen, ob die Band noch zusammen ist und ob sie etwas dagegen hätten, wenn man ein Stück von ihnen im Radio spielt. Manchmal sind mir solche Momente vergönnt, aber es kommt nicht oft vor. Also entschuldigt bitte, Mip, Autolump, Amber Views, What's That?, 84 Days, Bitten By A Monkey, Wake-Up Call, Pocket Gods und all ihr Tausende von Bands. Ich hoffe – und ich meine es ehrlich –, dass ihr eines Tages in die Situation kommt, mich in der Klapsmühle zu besuchen und mir zuzurufen: »Hör mal zu, du alter Knalldepp. Was uns angeht, hast du falschgelegen!«

Darüber hinaus sind meine derzeitige Produzentin bei Radio 1, Louise Kattenhorn, und ich gerade dabei, als Service für aufstrebende Musiker eine Liste mit Formulierungen zusammenzustellen, die in Bandinfos besser unterbleiben. Die vollständige Liste gibt es später, im Augenblick erst mal nur so viel: nicht das Wort »Jazz« verwenden, bitte die Behauptung unterlassen, dass ihr zeit eures Lebens Fans von den New York Dolls, den MC5 oder den Stooges seid (dies bedeutet, dass es sich bei euch mit großer Wahrscheinlichkeit um Deutsche oder Schweden handelt, die in Lederklamotten herumlaufen und Ende dreißig sind), und verzichtet, wenn möglich, auf Saxophonisten. Das sollte fürs Erste genug Stoff zum Nachdenken sein.

In unserem Kabuff in Ty Croes hatten wir für Musik kaum Zeit. Wenn wir uns doch manchmal um den Ofen versammelten, um uns irgendetwas anzuhören, dann war es erstaunlicherweise *The Goon Show.* Obwohl wir damals die Goons so ungeduldig erwarteten wie ein Thronfolger die Abdankung des Monarchen, muss ich heute leider sagen, dass sie die Zeit nicht überdauert haben. Aus der Perspektive des einundzwanzigsten Jahrhunderts klingen Sellers, Secomb und Milligan, wie soll ich sagen, kindisch. Ich bin weder Peter Sellers noch Harry Secomb persönlich begegnet, obwohl ich in den späten Sechzigern mit einer Jugoslawin schlief, die behauptete, dass sie außerdem regelmäßig mit Peter Sellers schlief. Sie tanzte fast jede Nacht in einem Schuppen in einer Seitenstraße der Bond Street, der Revolution hieß, und machte sich, wann immer sie dort auftrat, in dem Apartment in Park Square Mews zurecht, das ich damals mit dem Fotografen Peter Saunders teilte – all meinen Kumpels bekannt als »Beautiful Peter«, weil er nun mal so umwerfend gut aussah. Meine jugoslawische Freundin legte bei diesen Gelegenheiten ein Kleidungsstück an, das sich allenfalls als Gold-Effekt-Kettenbrief-Bikini bezeichnen lässt, bevor sie sich auf die Suche machte nach dem populären, aber augenscheinlich unglücklichen Goon. Wenn ihre Suche erfolglos blieb, kehrte sie nach Park Square Mews zurück und schlief mit mir.

Spike Milligan allerdings bin ich einmal persönlich begegnet, und zwar bei einer Sendung für den BFBS, als ich für einen anderen Gast einsprang, der aus irgendwelchen Gründen nicht kommen konnte. Ich mochte ihn überhaupt nicht.

Zum einen, weil Milligan für niemand anderen außer sich selbst auch nur das geringste Interesse an den Tag legte, und zum anderen, weil er mich außerdem auch noch als eine Art Konkurrenz zu betrachten schien, was absolut nicht zutraf. Im Gegenteil, ich hatte mich ziemlich über die unerwartete Gelegenheit gefreut, ihm zu begegnen, und war reichlich verstört, als er sich darauf verlegte, die belanglosen Antworten, die ich auf die belanglosen Fragen gab, die mir als Aushilfsgast gestellt wurden, so lange durch irgendwelche komischen goonmäßigen Geräusche zu übertönen, bis der Moderator sich wieder ihm zuwandte.

Ich bin sicher, dass meine Schützenkollegen, die sich immer vor dem Radio versammelt hatten, um die *Goon Show* zu hören – die diversen Jocks, Peter Edgson, Stan Williamson, Neil Bell, der Ex-Bergarbeiter aus den Midlands und Bill Stott aus Bolton (die Besetzung wechselte, ich erinnere mich nicht an alle Namen) –, genauso betrübt gewesen wären wie ich, Spike Milligan in der Laune anzutreffen, die er an den Tag legte, als er in jener Mittagssendung des BFBS auftrat.

In musikalischer Hinsicht war mein einziger Verbündeter ein Mann, mit dem ich versuchte, eine Skiffle-Gruppe zu gründen. Er spielte Gitarre, und ich sang. Dazu muss bemerkt werden, dass meine Stimme allenfalls in einer Irrenanstalt als wohlklingend empfunden worden wäre, aber das hielt uns nicht davon ab, zu versuchen, bei einer der seltenen Tanzveranstaltungen, die im Kino der Garnison stattfanden, die Bühne zu entern. Glücklicherweise wurden wir, kaum dass wir aus der Kulisse getreten waren, unter Aufbietung von Gewalt abgedrängt. Alkohol, so muss ich leider anmerken, war in diesem Zusammenhang auch im Spiel. Ich erinnere mich nicht, welchen Song wir zum Besten geben wollten, obwohl mein Gefühl mir sagt, es könnte »John Henry« gewesen sein. Der hatte, wie Sie ja wissen, immerhin auch mit Stahl zu tun. Anders als sonst kann ich mich an den Namen meines Gitarristen sogar erinnern, doch ich entsinne mich auch daran, dass ich vor Jahren, nachdem ich ihn im Radio in Verbindung mit besagtem Skiffle-Vorfall erwähnte, einen Brief von ihm erhielt, in dem er mir drohte, rechtliche Schritte einzuleiten, sollte ich ihn jemals wieder in der Öffentlichkeit erwähnen. Also lasse ich es.

Etwa um diese Zeit begann ich, inspiriert von Lonnie Donegan, wie sollte es auch anders sein, mich für den Blues zu interessieren. Ich fing, wie so viele, mit Sonny Terry und Brownie McGhee an. Sonny und Brownie tourten häufig durch Europa. Angeblich konnten sie sich gegenseitig nicht ausstehen, und ihre Musik klingt, außer wenn Sonny zu einem seiner zutiefst ländlichen Mundharmonika-Soli ansetzt, heutzutage ziemlich kraftlos. Von da ging ich weiter zu Sam Lightnin' Hopkins aus Houston, Texas, was in erster Linie einer LP zu verdanken war, die Doug Dobells Plattenladen in 77 Charing Cross Road herausgebracht hatte. Unter anderem dieser LP mit dem Titel *A Rooster Crowed In England* verdankte ich später meinen ersten Job beim Radio, WRR in Dallas, und ich erinnere mich daran, dass ich sie meiner Mutter vorspielte. Deren Interesse, sich etwas anzuhören, das ich ihr als den Aufschrei einer unterdrückten Kreatur präsentierte, war jedoch leider nur marginal, und ich weiß noch, dass ich recht enttäuscht war über ihre mangelnde Bereitschaft, sich davon anrühren zu lassen. Ich hingegen fand Lightnin' großartig – bis heute –, und ich habe mehr Platten von ihm als von irgendjemand anderem, außer The Fall. (Dies ist nur eine Vermutung. Man kann mit Fug und Recht die geistige Gesundheit von jedem in Frage stellen, dem so etwas auf Anhieb einfällt.) Was Mutter wesentlich mehr beeindruckte, war, als ich einige Monate später und nur ein paar Wochen bevor ich in Richtung USA in See stach, eine LP von Muddy Waters mit nach Hause brachte. Es ist heutzutage schwer vorstellbar, aber in den späten Fünfzigern bereitete uns, die wir unsere Musik ernst nahmen, der Gedanke an elektrische Gitarren große Bauchschmerzen. »Da Blooz«, wie wir ihn verstanden, wurde auf der akustischen Gitarre gespielt, da gab es kein Wenn und Aber. Wir verschwendeten keinen Gedanken daran, welchen Spaß Robert Johnson oder Son House an elektrischen Gitarren gehabt hätten und was für eine umwerfende Musik dabei herausgekommen wäre, wenn sie so ein Instrument je in die Finger bekommen hätten. (Studenten, lest mein Papier zum Thema Caravaggio und die Revolution aus der Farbsprühdose!) Aber Muddys Gitarrenspiel auf dieser LP war eine Offenbarung.

Die Anfänge einer Plattensammlung

(Ich habe gerade meine Karteikarten durchgeschaut und mit Bestürzung festgestellt, dass ich die LP, die ich meiner Mutter damals vorgespielt habe, gar nicht mehr besitze, obwohl ich sämtliche Songs noch auf neueren Veröffentlichungen habe. Bei dieser Gelegenheit: Unter welchem Buchstaben sortiert man Muddy Waters ein, M oder W? Sein Name lautete selbstverständlich nicht Muddy Waters, sondern McKinley Morganfield, so dass sein Künstlername ein ähnliches Konstrukt darstellt wie beispielsweise Howlin' Wolf. Nichtsdestotrotz ist Muddy unter W, Howlin' Wolf hingegen unter H einsortiert. Ich kann mir nicht vorstellen, dass irgendjemand, der seine fünf Sinne beieinanderhat, Howlin' Wolf unter W einsortieren würde. Falls Sie es dennoch tun, melden Sie sich bitte nicht. Und dann gibt es ja noch Bo Diddley. Dazu aber ein andermal, oder?)

Ich habe zuvor schon Peter Edgson erwähnt. Edgy war der einzige Mann in unserem Quartier, der schon einmal Kampfhandlungen erlebt hatte, und zwar auf Zypern. Obwohl wir niemals mit ihm darüber sprachen, hatte man uns halboffiziell darüber informiert, dass er der einzige Überlebende eines Bombenanschlags der EOKA auf einen Lastwagen voller Soldaten war. Er stammte zwar aus dem Süden, was ihn zu einer ziemlichen Ausnahmeerscheinung in unserem Kabuff machte, doch er hatte eine Freundin, die außerhalb von Liverpool, in Kirkby, wohnte, und da ich fast jedes Wochenende mit der James zum Fußball nach Liverpool fuhr, nahm ich ihn häufig auf dem Sozius mit. Die James war kein besonders starkes Motorrad, und die Fahrt über die Küstenstraße durch Bangor, Conwy und Queensferry war auch nicht ohne, aber gewöhnlich schaffte ich es, rechtzeitig zum Anstoß in der Anfield Road zu sein. Sonntagabends tuckerte ich dann nach Kirkby, um Peter einzusammeln, und wir fuhren durch die Nacht zurück zur Garnison. Im Winter war das eine reichlich beschissene Angelegenheit, und an den meisten

Wochenenden mussten wir in Penmaenawr oder Llanfairfechan anhalten, um herumzurennen und festzustellen, ob wir uns noch der mannigfaltigen Segnungen einer Blutzirkulation erfreuten.

Einige Wochen vor meiner Entlassung aus der Armee, etwa zu der Zeit, als mir der Ehrentitel »Scouser« verliehen worden war, und kurz nach der Entlassung von Alan, unserem Bombardier und ehemaligen Golden Gloves Box Champion, machten sich sechs oder sieben von uns auf den Weg zum Empire Theatre in Liverpool, um Gene Vincent, Eddie Cochran und Billy Fury anzuschauen.

Bis ich am Ende dieses Buches angelangt bin, werde ich bestimmt eine Liste der »zehn besten Konzerte aller Zeiten« zusammengestellt haben, und es gibt schon jetzt nicht den geringsten Zweifel daran, dass Eddie Cochran und Gene Vincent im Liverpool Empire in dieser Liste vertreten sind. Das Konzert bestätigte mich in meiner lebenslangen Liebe für Gene Vincent, auch wenn Eddie Cochran fast genauso gut war. Aber Gene sah so aus, wie ich nicht nur in meinen Träumen gerne ausgesehen hätte – völlig außer Rand und Band. Er nahm das Publikum fast gar nicht wahr, sondern starrte nur mit seinem wilden Blick in die Kulissen, als ob Dämonen zwischen den Samtvorhängen des Empire herumschleichen würden. Von Zeit zu Zeit schleuderte er sein kaputtes Bein – das, wie uns berichtet wurde, in Missachtung sämtlicher medizinischer Regeln mit Sicherheitsnadeln zusammengehalten wurde – über das Mikrofon, und diese überirdisch hohe, beinahe feminine Stimme, zu der ich in meinem Schlafzimmer mitsang, hallte voll Verlassenheit und Verzweiflung durch die Liverpooler Nacht. Gene war so perfekt, wie ich gehofft hatte. Und ich brauche nur »Race With The Devil« oder »Who Slapped John« oder irgendeinen anderen seiner Dutzenden von Klassikern aufzulegen, um mich in jene Nacht zurückversetzt zu fühlen. Vielleicht war es die Tatsache, dass Gene nie den kommerziellen Durchbruch geschafft hat, den er so sehr verdient gehabt hätte, der ihn mir so ans Herz wachsen ließ. Jahre später hat er ein Album für Dandelion Records aufgenommen, das Label, das von Clive und Shurley Selwood mit mir als künstlerischem Leiter betrieben wurde, und obwohl es keine großartige Platte war, war es doch eine Gene-Vincent-Platte. Wie Gene selbst sang: »B-I bickey bi, bo bo boo.« Und wer wollte so flegelhaft sein, ihm da nicht zuzustimmen.

Für die Fahrt zu dem Konzert hatten wir die James und ein altes, klappriges Auto, das einem Berufssoldaten namens Ginger Ford gehörte. Ginger war einer von den wenigen Berufssoldaten, die sich mit Wehrpflichtigen abgaben, und außerdem ein Mann, der, um Lonnie Donegan zu paraphrasieren, jede Menge erstklassige Geschichten auf Lager hatte. Ich kann noch heute die Augen schließen und Ginger am

Zwei frühe Fotos von »Gene« Ravenscroft

Steuer seines Wagens sehen, wie wir Seite an Seite ein gerades Stück Strecke in der Nähe von Hawarden entlangrauschen.

Im Abschlussbericht meiner Entlassungsurkunde – jeder Soldat bekam so eine ausgehändigt, und etliche der Kollegen benutzten sie als Referenzschreiben, um im Zivilleben einen Job zu finden – stand zu lesen: »Dieser Mann hat jegliche Anstrengung, sich an das militärische Leben anzupassen, vermissen lassen.« Ich war darüber ziemlich stolz, war es mir doch gelungen, eine solche Beurteilung zu erhalten, ohne jemals in ernsthafte Schwierigkeiten zu kommen. Meine Vergehen bestanden, so vermute ich, mehr in Unterlassungstaten als in tatsächlichen Vergehen, und obwohl Vater meine – wie ich fand – Glanztat mit einem düsteren Stirnrunzeln zur Kenntnis nahm, glaubte ich doch, dass Brooke, hätte er den Bericht je zu lesen bekommen, ein verschmitztes Lächeln gelächelt hätte. Ich war dankbar, endlich aus der Armee entlassen worden zu sein, auch wenn ich das Jahr in der Nähe von Ty Croes sehr genossen hatte. Die Garnison blieb auch nach der Abschaffung der Wehrpflicht noch weitgehend erhalten, und Jahre später, als eine Fernsehproduktion einen Film über ehemalige Wehrpflichtige machte, die später in den Medien tätig wurden, kehrte ich zur Versuchseinrichtung (Lenkwaffen) der königlichen Artillerie zurück, die damals allerdings schon stillgelegt und eingemottet war. Eine Redakteurin, die mit der Recherche betraut war, hatte mir erklärt, dass all die Garnisonen, in denen die betreffenden Medienleute gedient hatten, mittlerweile abgerissen und die Grundstücke in zivile Nutzung überführt worden waren. »Um genau zu sein«, sagte sie, »gibt es im ganzen Land nur noch eine von diesen Garnisonen.« »Ach ja«, hatte ich geantwortet, und mein Interesse war nur marginal gewesen. »Und wo ist die?« »Ty Croes heißt das Nest. Das ist irgendwo in Anglesey«, gab sie zur Antwort.

Und so kam es, dass ich infolge der Umstände zum Star der Sendung wurde und man mich im Maelog Lake Hotel einquartierte, wo mein Vater immer einen trinken ging, wenn wir in Rhosneigr Urlaub machten, als wir noch Kinder waren. Ich saß auf der kleinen Fußgängerbrücke über den Fluss, der vom See zum Meer strömte – ein Fluss, den von Wasserpflanzen frei zu halten mein Großvater sich zur Lebensaufgabe seiner letzten Jahre gemacht hatte, indem er regelmäßig an seinen Ufern spazieren ging und mit seinem Gehstock zornig ins Wasser schlug, und wartete auf Sheila, die aus Suffolk mit dem Auto kommen und William, Alexandra und Thomas, die damals sieben, fünf und drei Jahre alt waren, mitbringen würde. Und als ich so auf der Brücke saß, die Füße über dem Wasser baumeln ließ und darüber nachdachte, dass ich hier schon als Kind und als Soldat und nun als Ehemann gewesen war und dieser Ort verknüpft war mit Erinnerungen sowohl an meinen Vater als auch an meinen Großvater, die beide tot waren, wurde ich einfach überwältigt, und ich saß im strahlenden Sonnenschein und heulte Rotz und Wasser.

Leider wurde das Material, das an jenem Wochenende aufgenommen wurde, nie verwendet. Niemand kam je in den Genuss, mich zu sehen, wie ich vor dem Kino stand und Geschichten über das große Feuer zum Besten gab oder mich mit den Bewohnern des Ortes unterhielt, die sich um die Erhaltung der Garnison kümmerten und alle so taten, als würden sie mich kennen, was jedoch unmöglich sein konnte. Die Leute vom Filmteam erklärten mir, dass das gesamte Material überbelichtet war, doch ich wusste es besser. Als ich nach dem Erhalt dieser schlechten Nachrichten den Hörer auflegte, sagte ich zu Sheila, dass ich anscheinend als Ex-Soldat genauso beschissen war wie als Soldat, und wir lachten.

In den Wochen bevor ich aufhörte, 23558538 Schütze Ravenscroft J. zu sein, und wieder John Ravenscroft, Gentle-

John vor seiner Abreise
in die USA

man wurde, hatte ich mehrere Unterhaltungen mit Vater über meine zukünftige Rolle in der Gesellschaft.

»Was willst du mit deinem Leben anstellen?«, hatte Vater wissen wollen, und ich hatte geantwortet: »Nun ja, weißt du, rumhängen und zusehen, wie die Welt sich so entwickelt.« Oder etwas Ähnliches. Daraufhin zog Vater sein Ass aus dem Ärmel. »Wenn du willst, schicke ich dich in die USA und besorge dir dort eine Arbeit.« Ich war so verblüfft, dass ich nichts weiter tun konnte, als zu murmeln: »Wenn du meinst, mach nur.«

Er bluffte, da war ich mir sicher, und mit meiner bemühten Gleichgültigkeit hatte ich seinen Bluff pariert, dachte ich mir. Als ich jedoch sechs oder sieben Monate später in Liverpool an Bord der *SS Eugene Lykes* mit Zielhafen Houston ging, wurde mir klar, dass er mich ausgetrickst hatte und es zu spät war zu jammern: »Komm schon, Papa, ich hab doch nur Spaß gemacht.«

Mein Vater hatte gründlich vorgearbeitet, das musste man ihm lassen. Mit seinem Freund Arnold Ogden hatte er eine Vereinbarung getroffen, dass ich bis zu meiner Abreise nach Texas bei ihm in der Townhead Mill in Rochdale arbeiten sollte. Ich kann mir gut vorstellen, dass dies auf das Betreiben meiner Stiefmutter Alta geschah, die etwas dagegen hatte, dass die Ravenscroft-Jungs in ihrem Haus am Farr Hall Drive in Heswall herumhingen, das sie in der Zwischenzeit bezogen hatten. Zu meiner eigenen Überraschung war die Zeit in der Baumwollfabrik gar nicht so übel. Unter der Woche wohnte ich in einer Pension und führte ein Einzelgängerdasein. An den Wochenenden fuhr ich mit der alten Lambretta meiner Stiefschwester Carol nach Heswall. Die Arbeit selbst war hart, schmutzig und laut. Meine Aufgabe bestand darin, zusammen mit zwei anderen Männern die Baumwollballen, die mit einer Winde an der Seite des Gebäudes hinaufgehievt wurden, aufzubrechen, bevor sie in die Rupfmaschinen gestopft wurden, durch die die Baumwolle wieder nach unten in die eigentliche Produktionshalle zur Weiterverarbeitung wanderte. Ursprünglich war geplant gewesen, dass ich jede Woche in einer anderen Abteilung der Fabrik arbeiten sollte, um eine Ahnung von allem zu bekommen, doch die grobschlächtigen Fabrikarbeiterinnen – der Großteil des Personals waren Frauen – waren mehr, als ich verkraften konnte. Sie hielten mich, vermutlich aus gutem Grund, für eine ziemlich lächerliche Figur, und so dauerte es, sobald ich in eine neue Abteilung versetzt worden war, immer nur ein paar Stunden, bis ich wieder an meinem Ausgangspunkt landete und Baumwollballen aufbrach. Irgendwann merkten sie dann, dass es wenig Sinn machte zu versuchen, mich in die Geheimnisse der Baumwollfabrikation einzuweisen, und sie ließen mich, wo ich war.

In körperlicher Hinsicht bekam mir die Arbeit ausgezeichnet. Ich war nie in meinem Leben so fit wie am Ende der sechs Monate in Rochdale. Ich genoss den abendlichen Heimweg von der Fabrik durch einen kleinen Park und auf der anderen Seite des Tales den Berg hinauf zu meiner Unterkunft. Mein soziales Leben war nicht existent, und ich verbrachte die Abende in meinem Zimmer mit der Lektüre des »Beachcomber« sowie der Werke von Nathaniel Gubbins, Robert Benchley, James Thurber und P.G.Woodhouse. »Sideways through Borneo« des »Beachcomber« konnte ich buchstäblich auswendig. Hätte mich jemand gefragt, wie ich mich und meine Situation in Rochdale fand, so hätte ich mich als rundum glücklich bezeichnet. Ja, ich wäre vielleicht so weit gegangen, zu behaupten, dass ich völlig zufrieden gewesen wäre, für den Rest meines Lebens in der Townhead-Baumwollfabrik zu arbeiten.

Unglücklicherweise machte Vater sich noch immer Sorgen über meine Unfähigkeit, mich im gesellschaftlichen Leben von Heswall zu profilieren, während Carol im krassen Gegensatz zu mir in nahezu jedem Golf-, Tennis- oder Segelclub der Umgebung Mitglied war – jedenfalls kam mir das so vor. Ich beneidete sie sehr um ihre offene Art im Umgang mit anderen Menschen und dachte immer, sie sei älter als ich, obwohl sie das energisch abstreitet. Andererseits fand ich den Großteil ihrer Freunde zum Kotzen, wie sie vor Selbstbewusstsein strotzend im Wohnzimmer herumstanden und mit Carols Mutter und meinem Vater tranken – und ihn »Bob« nannten, was ich als völlig taktlos empfand –, während ich im Hinterzimmer saß und Lonnie Donegan hörte.

Mein einziges Zugeständnis an Vater bestand darin, dass ich dem Fußballverein der Liverpool Ramblers beitrat. Die Ramblers waren fast ausschließlich Internatstypen, die beschissen spielten und sich immer in einer Bar namens »The Crooked Billet« trafen. Wenn man das Crooked Billet betrat, fand man sich am oberen Ende einer Treppe wieder, die hinabführte zur eigentlichen Bar, und es kam mir immer wieder so vor, als ob sämtliche Köpfe wie in einem Cartoon von H.M.Bateman herumschwenkten, um den Neuankömmling auf der Treppe in Augenschein zu nehmen, sobald jemand durch die Tür schritt. Als ich mich zum dritten Mal dieser Prozedur unterzog, hatte ich das Gefühl, dass mein Eintreten seitens meiner Mannschaftskollegen mit einem gewissen Gekicher quittiert wurde, und so blieb ich regungslos im Eingang stehen. Schließlich bequemte sich einer der Lackaffen dazu, seinen Platz an der Bar zu verlassen, und kam zu mir herübergeschlendert. »Entschuldige, alter Junge«, sagte er. »Spielst du heute Nachmittag bei den Ramblers?« Als ich leicht nervös bejahte, hob er die Stimme ein wenig und sagte: »Nun denn, in dem Fall sei ein braver Junge und mach deinen Hosenstall zu.« Woraufhin die versammelte Mannschaft, wie mir schien, in schallendes Gelächter ausbrach. Ich bin nie wieder hingegangen.

Kapitel 10

Im Frühjahr 1960 reiste ich nach Houston, Texas. Vater begleitete mich, um sich von mir zu verabschieden. Er war, so wurde mir Jahre später erzählt, entsetzlich traurig darüber, mich gehen zu lassen, doch ich habe davon nie etwas mitbekommen, weil ich zu sehr mit meinen eigenen Gefühlen beschäftigt war, die man unter dem Begriff »nacktes Entsetzen« zusammenfassen konnte. Abgesehen von meinem Onkel Michael, dem Halbbruder meiner Mutter, kannte ich keinen einzigen Menschen, der je in den USA gewesen war, und ich hatte nicht die geringste Ahnung, was mich dort erwartete. Heutzutage, wo die Leute Ferienhäuser in Florida haben oder kurz mal zum Einkaufen nach New York fliegen, kommt einem das sehr irreal vor, doch meine Vorstellung des Lebens in Amerika war ein wirres Gemisch, basierend auf der Lektüre von *National Geographic*, billigen Abenteuerheften, dem *Jazz Journal* und *Jazz Monthly* und Lonnie Donegans Coverversionen von Leadbelly- und Woody-Guthrie-Songs. Folglich erwartete ich, jede Menge stämmige Männer zu treffen, die in karierten Hemden unter Mammutbäumen standen – wahrscheinlich haargenau jene Männer, über die ich in so tiefschürfenden Publikationen wie *Der wagemutige Yankee, der das Tal der angeketteten Blondinen entdeckte* gelesen hatte. Pioniere mit sonnengeröteten Gesichtern und schreckensbleiche Schwarze, die nahezu permanent damit beschäftigt waren, wie die Truthähne durch Maisfelder zu hetzen, den Zug nach Süden zu erwischen und an Beerdigungen auf dem Lande teilzunehmen. Die Realität war völlig – und in mancher Hinsicht enttäuschend – anders.

Die Überfahrt auf der *Eugene Lykes* verlief ereignislos, und gemeinsam mit den fünf anderen Passagieren war ich die meiste Zeit tödlich gelangweilt. Etwa in der Mitte des Atlantiks wurden uns allerdings die faszinierendsten Sonnenuntergänge beschert, die ich je gesehen habe – ich war so hingerissen davon, dass ich mich auf das einzige Deck legte, das wir betreten durften, und so lange zum Himmel hinaufstarrte, bis es dunkel wurde; und als wir erst den Golf von Mexiko erreichten mit seinen Delfinen und Fliegenden Fischen und Temperaturen, die zwanzig Grad wärmer waren als das Wärmste, was ich bis dato kannte, hatte ich beinahe das Gefühl, auf dem Weg zu einem anderen Planeten zu sein und nicht zu einem anderen Kontinent.

Während wir uns bei Galveston der Mündung des Kanals nach Houston näherten, der einzigen Wasserstraße, so erklärte mir der Kapitän, die je in Flammen stand, konnte man das Öl schon riechen, lange bevor die Aberhunderte von Bohrtürmen und Pumpen an der Küste überhaupt zu sehen waren. Die Hitze und der Gestank nach Öl raubten einem fast die Sinne, und es fiel nicht schwer, sich Ol' Riley, Lost John, Betty und Dupree, Frankie und Johnny oder Tom

Dooley unter den Gestalten vorzustellen, die man schemenhaft am Ufer ausmachen konnte. Und war der Zug dort vielleicht der Old 97 oder der Wabash Cannonball, und fuhr die Lokomotive da drüben nicht auf den Gleisen der Rock Island Line? War die Frau mit dem seltsamen Bündel auf dem Rücken, die sich von einer Ansammlung von Holzhütten, die gerade mal ein bisschen größer waren als der Schuppen in unserem Garten, zu einer anderen bewegte, möglicherweise Sylvie, die einen Schluck Wasser vorbeibrachte? Von jetzt an war ich in Lonnieland.

Meine erste Nacht verbrachte ich in einem Hotel in Downtown Houston. Es hatte niemand am Kai gestanden, als wir anlegten, und mich mit den Worten »Hallo, du musst John sein« in Empfang genommen, doch das störte mich nicht weiter. Sobald ich mein Zimmer bezogen hatte, machte ich einen Spaziergang. Selbst nachts war die Hitze noch überwältigend, und ich war sehr erstaunt über die Vielzahl von Leuten, die selbst am späten Abend noch in der Stadt unterwegs waren. Die meisten von ihnen waren schwarz, und obwohl ich in Liverpool schon schwarze Männer und Frauen – hauptsächlich Somalis, wie Vater mir erklärt hatte – gesehen hatte, hätte ich mir nie vorstellen können, in einer Stadt zu sein, wo die Hälfte der Bevölkerung schwarz war. Dort stand ein Mann, der eine hitzige Diskussion mit einem Zeitungsverkäufer führte, und da drüben lehnte sich ein Mädchen – garantiert ein *high yeller gal* – in einen Wagen und redete mit den beiden männlichen Insassen. Ab und zu schwang, während ich die Straße entlangschlenderte, eine Tür auf, und heraus drangen eine Wolke von Bierdunst, das Gewirr von Stimmen und der Geruch von Schweiß, oder ich hörte eine Schallplatte, von der ich ziemlich sicher war, dass ich sie kannte. Es wäre vielleicht peinlich, einfach so hineinzugehen, aber bestimmt nicht so peinlich wie im Crooked Billet. Vielleicht würde ich es ja bei der nächsten Bar mal probieren.

Schließlich landete ich doch wieder in meinem Hotelzimmer, wo ich vor Hitze und Aufregung kein Auge zumachen konnte. Am Morgen nahm ich den Zug nach Dallas.

Mein Vater hatte arrangiert, dass ich meine Kenntnisse über die Baumwollbranche bei einer Firma vertiefen sollte, mit der er geschäftlich zu tun hatte und die ihren Sitz in der Baumwollbörse von Dallas hatte. Am Bahnhof wurde ich abgeholt von einem Mann, der, wie ich innerhalb von Sekunden herausfand, Gene Vincent nicht nur kannte, sondern auch schon, das behauptete er jedenfalls, in seiner Band gespielt hatte. Ich war von der Hitze, dem Staub und den ersten vierundzwanzig Stunden meines amerikanischen Abenteuers noch so geplättet, dass ich ihm jedes Wort glaubte.

Man brachte mich zunächst zum YMCA, wo ich die ersten beiden Monate wohnen sollte, und dann zum Büro und dem Musterzimmer, wo ich arbeiten sollte. Hier traf ich Joe Black und John Steele, die beiden ersten Männer schwarzer Hautfarbe, mit denen ich je gesprochen habe. John war clever, stolz und misstrauisch, doch ich schloss ihn in dem Augenblick ins Herz, als er mich, nachdem wir uns vorgestellt worden waren, fragte: »John, how you is?« (John, wie gehst du?) Diese Frage wiederholte er an jedem Morgen, an dem ich neben ihm in der Baumwollbörse arbeitete. Damals dachte ich, und denke es noch immer, dass John ein Mordskerl war. Ich frage mich oft, was aus ihm geworden ist.

Der Chef des Unternehmens – ich kann mich beim besten Willen weder an seinen Namen noch an den der Firma erinnern – legte mir gegenüber weniger Interesse an den Tag, als ich erhofft oder erwartet hatte. Er schien kaum etwas über meinen Vater zu wissen oder über Strauss & Co, das Familienunternehmen. Und das war noch nicht einmal das volle Ausmaß seiner Ignoranz.

»Hey, John, wo kommen Sie her?«, fragte er, als ich in sein Büro geführt wurde.

»England«, antwortete ich zurückhaltend, aber wahrheitsgemäß.

»England?«, wiederholte er. »Ist das in Frankreich?«

So etwas ist mir in Texas häufiger begegnet. Selbst Leute, die auf den ersten Blick einen gebildeten, ja sogar intellektuellen Eindruck machten, hatten kaum eine Ahnung, was außerhalb von Texas vor sich ging, selbst wenn es gerade mal jenseits der Grenze in Louisiana war. (Ein Anwalt mit einer Kanzlei in Dallas erzählte mir ein paar Jahre später, dass das Examen einer Universität in Texas – und dabei erwähnte er speziell die Texas Tech in Lubbock – in etwa vergleichbar sei mit einem unserer O-Levels an den höheren Schulen in England.) Von Zeit zu Zeit begegnete ich Männern, die in Europa ihren Militärdienst in der US-Army absolviert hatten, und es schien, als hätten sie in der ganzen Zeit, die sie quasi in unserer Mitte zugebracht hatten, nichts von uns mitbekommen. Viele von ihnen waren offenbar der Auffassung, dass unser Land nur von ein paar hundert Menschen bevölkert wurde, die entweder miteinander verwandt waren oder sich doch zumindest gegenseitig alle kennen mussten. »Ich hab im Krieg diesen Kerl, Bill, in Leicestershire (er sprach es Lei-sester-schir aus) getroffen«, war eine typische Sentenz, »kennen Sie Bill in Lei-sester-schir?« Wenn ich vorsichtig verneinte, wirkten sie sogleich beleidigt, manche sogar sauer, als würde ich mich über sie lustig machen. In späteren Jahren, als die Beatles in die USA kamen, machte ich mir diese Naivität allerdings gelegentlich zu Nutze, wobei ich, um mich nicht in einem allzu schlechten Licht erscheinen zu lassen, nie behauptete, ich würde sie persönlich kennen. Andererseits habe ich auch niemals gegenüber irgendwem, mit dem ich mich über die liebenswerten Pilzköpfe unterhielt, in Abrede gestellt, dass ich sie kannte. Insofern war das eher eine Unterlassungssünde als ein tatsächlich begangenes Vergehen.

Ich brauchte nicht lange, bis mir klar wurde, dass niemand in der Baumwollbörse mir auch nur irgendwas über den Baumwollhandel beibringen würde, sondern man mich als billige ausländische Arbeitskraft betrachtete. Das störte mich nicht weiter. Es bedeutete, dass ich den größten Teil des Tages mit John und Joe zusammen war und wir manchmal im Musterraum noch arbeiteten, wenn die weißen Arbeiter schon nach Hause gegangen waren. Dann tauchten wie von Zauberhand Dosen mit Country Club Malt Liquor auf, und ich ging hinunter zu dem Imbiss auf dem leeren Grundstück neben der Baumwollbörse und holte unser Abendessen. Da Joe und John »Niggras« waren, wie meine weißen Kollegen sich beinahe liebevoll ausdrückten, hatten sie keinen Zutritt zu dem Grill und hätten ihren Heimweg hungrig antreten müssen, wenn ich mir nicht meinen zartrosa Teint zu Nutze gemacht hätte.

John Steele, ein Kollege und Freund in der Baumwollbörse

Ein paarmal nahmen John und Joe mich mit, wenn sie nach der Arbeit noch in einen Club gingen. Es blieb mir bei diesen Gelegenheiten nicht verborgen, dass ich der einzige Weiße im ganzen Laden war, doch hatte ich nie das Gefühl, dass mir irgendeine Gefahr drohte – jedenfalls so lange, bis andere (weiße) Leute auf die Berichte über meine Freizeitaktivitäten ungläubig reagierten. Was mich betrübte, war die Tatsache, dass auch in den besagten Clubs die Hautfarbe insofern eine Rolle spielte, als beispielsweise Joe, der wesentlich dunkelhäutiger war als John, uns normalerweise allein ließ und sich zu Männern und Frauen von ähnlicher Tönung in einer anderen Ecke des Clubs setzte.

Mein Aufenthalt im YMCA, das gerade mal zwei Blocks vom Büro entfernt lag und unglaublich billig war, endete abrupt, als ein anderer Bewohner des Hotels, wenn auch eher halbherzig, versuchte, mich zu vergewaltigen. Ich stand gerade in einer Duschkabine des Gemeinschaftswaschraums, als ein Fremder, der eine, offen gestanden, beneidenswerte Erektion vor sich her trug, zur Tür hereingestürmt kam. Als er mir klarmachte, wo er diese unterzubringen hoffte, schlug ich ihn mit der Faust ins Gesicht. Er knallte mit dem Hintern auf den Boden und fing an zu heulen, wobei er sagte: »Das wäre überhaupt nicht nötig gewesen.« Womit er Recht hatte. Noch so eine Sache, wegen der ich mich bis zum heutigen Tag mies fühle.

Nichtsdestotrotz begann ich mich nach einer anderen Unterkunft umzuschauen und fand relativ schnell eine preiswerte Pension auf der Gaston Avenue. Die wurde geleitet von einem prächtigen alten Mädel namens Miss (ausgesprochen mit ganz weichem »s« am Ende) Smith, die ein wahres Prachtexemplar ihrer Gattung war. Die meisten der sieben oder acht anderen Gäste gehörten zu einem Trupp Landvermesser, darunter ein wahrer Teufelskerl an der Gitarre namens Edgar Wortham, der aus Waco, Texas, stammte und ungefähr so alt war wie ich. Er nahm mich unter seine Fittiche mit dem Vorsatz, diesem zurückhaltenden, leicht neurotischen jungen Einzelgänger, der aus einer Ecke der Welt kam, von der er nie gehört hatte, zu zeigen, was man in Dallas alles anstellen konnte und sollte. Der verstorbene Viv Stanshall, zu Lebzeiten einer der unterhaltsamsten Menschen, die mir je begegnet sind, erklärte einmal, dass die Briten Einladungen in der Gewissheit aussprechen, dass man nicht die schlechten Manieren besitzt, sie anzunehmen. Daran ist mehr als nur ein Körnchen Wahrheit. Wenn jemand hingegen in Texas sagte: »Hey, John, du musst dringend mal vorbeikommen und uns besuchen, hörst du?«, dann meinte er: »Hey, John, du musst dringend mal vorbeikommen und uns besuchen.« Ich brauchte eine Weile, um mich an diese Offenheit und Großherzigkeit zu gewöhnen, und die ersten Male, als Edgar und sein Kollege und bester Kumpel Vallee (benannt nach Rudy Vallee) mich in die Bar neben dem Drugstore einluden, die einen Block von unserer gemeinsamen Pension entfernt in Richtung Stadtzentrum lag, bedankte ich mich, lehnte aber unter Vorwänden ab. Nachdem ich schließlich eine weitere einsame Nacht damit zugebracht hatte, mir die R'n' B-Platten anzuhören, für die ich viel zu viel von meinem kümmerlichen Lohn ausgab, den sie mir bei der Baumwollbörse zahlten, schloss ich mich doch Edgar und Vallee und den anderen rastlosen Gesellen an, die zeitweise unter dem gleichen Dach wie wir lebten. Einer von diesen war ein Kanadier namens Tom Chouinard, und in der Zwischenzeit habe ich gelesen, dass es auch einen Autor dieses Namens gibt. Derselbe Mann? Keine Ahnung.

Kaum dass wir in der Bar waren, kam auch schon eine außergewöhnliche junge Dame an unseren Tisch, die sich als Myrna vorstellte und behauptete, mit der Schauspielerin Myrna Loy verwandt zu sein. Sie muss etwa fünfundzwanzig Jahre alt gewesen sein und versprach alles, hielt jedoch, soweit uns bekannt war, nichts. Sie gehörte zu der Sorte Frauen, die darauf warteten, dass ein Fremder Geld in den Jukebox-Katalog an seinem Tisch steckte, worauf sie sich erhob, zu ihm herüberging und sich auf seinen Schoß setzte, um sich dann die Songs auszusuchen, für die er bezahlt hatte. Edgar und ich verzehrten uns nach Myrna, wie nahezu jeder im Laden, doch keiner von uns hätte je gewagt, sie auch nur anzufassen. Soweit wir das beurteilen konnten, waren die einzigen Männer, für die Myrna sich interessierte, gefährliche Männer – entweder groß, laut und lädiert oder dünn, drahtig und mit ausdruckslosen, blassen Augen, die lokale Spezialität, wie es schien. Männer, von denen man den Eindruck hatte, dass sie einen kurzerhand umbringen würden, sobald sie einen nur anschauten. Wann immer einer von diesen das Lokal betrat, erschien es mir klüger, aufzustehen und zu gehen, egal ob ich mein Bier ausgetrunken hatte oder nicht.

Dennoch konnte ich, wenn auch nur sehr kurzfristig, einen Erfolg verbuchen, zwar nicht bei Myrna, aber bei einer ihrer Freundinnen. Ich war bereits seit sechs Monaten in Texas und hatte damit die Dauer meiner Aufenthaltserlaubnis ausgeschöpft, als mir auffiel, dass mein einundzwanzigster Geburtstag in genau diese Zeit fallen würde, wenn ich eine Verlängerung um weitere sechs Monate beantragte. Ein verlockender Gedanke, denn mir war klar, dass mein Geburtstag, sollte ich nach Hause zurückkehren, zu einer überzogenen Festivität ausarten würde, an der Leute – möglicherweise auch einige von den Liverpool Ramblers – teilnehmen würden, die ich weder kannte noch mochte, und bei der ich, ob ich wollte oder nicht, im Zentrum der allgemeinen Aufmerksamkeit stehen würde. Also beantragte ich eine Verlängerung meines Visums und verbrachte meinen einundzwanzigsten Geburtstag in dem Kino neben der Southern Methodist University (SMU), wo ich mir *Two-Way Stretch*

(Die grüne Minna) mit Peter Sellers anschaute. Volltreffer, dachte ich.

Kurze Zeit danach war ich wie üblich mit Edgar, Vallee und den anderen in der Bar zusammen und schaute Myrna zu, wie sie die Tische abgraste, als sich eine zierliche Dame undefinierbaren Alters mit leicht zerzausten Haaren zu uns gesellte und sich als Myrnas Freundin aus dem – reichlich ramponierten – Apartmentblock auf der anderen Straßenseite vorstellte. Ein paar Stunden später fand ich mich in exakt jenem Apartmenthaus wieder und versuchte Myrnas Freundin zu erklären, dass ich über keinerlei brauchbare geografische Kenntnisse jener Region verfügte, die ich kaum abwarten konnte zu erkunden, und ob sie mir diesbezüglich quasi eine Einführung geben könnte. Sie seufzte und kam meinem Ansinnen nach, und ihr Seufzer war kaum verklungen, als ich mich schon auf den Rücken drehte und sagte: »Das war ja unglaublich.« Dann fragte ich sie, ob ich sie wiedersehen könnte. Sie antwortete: »Nie im Leben.« Ich dachte, sie macht Witze, aber dem war nicht so. Nichtsdestotrotz, dank ihr war ich nun ein MANN.

Ein paar Wochen später war ich in einer anderen Wohnung mit einer anderen Frau, doch hatte ich mir vorgenommen, das alberne Herumgestochere dieses Mal etwas länger auszudehnen – vielleicht sogar bis zu, sagen wir mal, einer Minute. Die Glückliche lag auf dem Sofa, während ich mich an ihr abrackerte, und nach dreißig Sekunden machte ich die Augen auf, in der Erwartung, nun den Anblick ihres von sexueller Ekstase gezeichneten Gesichts bewundern zu können. Sie hatte den Kopf seitwärts geneigt und blätterte mit der linken Hand in einer Zeitschrift, die auf dem Couchtisch lag. Auch sie wollte mich nicht wiedersehen.

1961 war Präsidentschaftswahl in den USA, und ich arbeitete noch immer bei der Baumwollbörse, als an zwei aufeinander folgenden Tagen die Kandidaten eine Wahlkampfparade in der Innenstadt von Dallas abhielten. Die Nixon/Lodge-Parade kam als erste durch die Stadt – offene Limousinen, lächelnde Lokalpolitiker der Republikaner, das Kadettenkorps der A&M University in College Station marschierte vorbei und natürlich die Majoretten von der SMU mit ihren erfreulich kurzen Röcken. Ich schlich mich von der Arbeit davon, um mir das Ganze aus der Nähe zu betrachten, und als die Parade vorbeizog, sah ich, wie Zuschauer von den Gehsteigen zu den Autos rannten, um den Kandidaten die Hände zu schütteln. Also rannte auch ich los, als die Wagen vorbeigerollt kamen, und schüttelte die Hand von Richard Nixon. Heutzutage fällt es einem schwer, sich so etwas vorzustellen. Später habe ich immer erzählt, dass Nixons Hand kalt und klamm war, aber ich weiß gar nicht genau, ob es wirklich stimmte. Allerdings wurde es auch nie von irgendjemand angezweifelt.

Am folgenden Tag kam die Kennedy/Johnson-Parade die selbe Route entlang – mit den selben Kadetten und den selben Majoretten. Es schien, als stünden mehr Leute auf den Gehsteigen, und es hatte den Eindruck, als wären sie alle nicht besonders guter Stimmung. Lyndon Johnson mochte einer der ihren sein, Kennedy war es jedenfalls definitiv nicht. Er war ein Yankee, katholisch und, so die allgemeine Ansicht, ein gelackter Klugscheißer, den die Leute hier nicht ausstehen konnten. Irgendwann kam die Kolonne am Fuß des Hügels, der sich seitlich der Main Street in der Nähe der Gegend erhob, wo Kennedy zwei Jahre später den Tod finden sollte, genau vor meiner Nase zum Stehen. Ich packte die Gelegenheit beim Schopf, stürmte vor und schüttelte die Hand von JFK. »Viel Glück, Mr Kennedy«, sagte ich. »Hey, Sie sind aus England«, gab er zur Antwort. Als ich bejahte, fragte er, von wo genau, warum ich in Texas wäre, ob es mir hier gefiel und ob ich vorhatte zu bleiben. Während wir uns unterhielten, war ich sehr erstaunt darüber, dass ein Mann,

Die liebevoll gehüteten Fotos von John F. Kennedy in Dallas

der für das Amt des Präsidenten kandidierte, sich dafür interessierte, was ich ihm zu erzählen hatte. Zum Teufel, ich konnte ihm ja nicht mal meine Stimme geben. Dann bemerkte er die Kamera in meiner Hand. »Wollen Sie ein Foto machen?«, fragte der zukünftige Präsident, und als ich antwortete, dass ich das gern tun würde, schlug er vor, dass ich ein paar Schritte zurückging und ihm zurufen sollte, wenn ich so weit war, damit er lächeln konnte. Also machte ich drei Schritte zurück, hob die Kamera in die Höhe und rief: »Hey, Mr Kennedy!« Er lächelte, und ich drückte auf den Auslöser. Dann ging ich wieder zu seinem Wagen, um mich bei ihm zu bedanken. »Was machen Sie, wenn das Foto nichts geworden ist?«, fragte er. »Warum machen Sie nicht noch eins von vorne über die Windschutzscheibe des Autos? Dann bekommen Sie auch Mr Johnson mit aufs Bild.« Also ging ich vor dem Wagen in Positur und machte noch ein Foto. Als ich wieder zurücklief, um noch ein paar Worte mit John F. Kennedy zu wechseln, unterhielt er sich bereits mit jemand anderem, doch er fand trotzdem die Zeit, mir zuzunicken und vorzuschlagen, dass ich um den Wagen herumging, um auch die Bekanntschaft von LBJ zu machen. Das tat ich denn auch, bevor ich mich wieder auf den Rückweg zur Arbeit machte.

Diese Geschichte habe ich, wie ich zugeben muss, schon Hunderte von Malen erzählt, und jedes Mal musste ich miterleben, wie die Mienen meiner Zuhörer immer ungläubiger wurden. Bei nicht wenigen Gelegenheiten dieser Art rechnete ich schon damit, dass ich gleich gefragt würde, ob bei dieser Begegnung nicht zufällig auch ein paar Marsmännchen anwesend waren oder ich einen himmlischen Chor vernommen hätte, der ein »Hosianna« anstimmte, und ich habe mir immer gewünscht, ich könnte meine Erzählung damit krönen, dass ich beiläufig meine Hand in die Gesäßtasche gleiten lasse und sage: »Ach ja, und hier sind die Fotos.« Doch leider war mir dies nicht vergönnt, und so konnte ich immer nur mit den Worten schließen: »Unglücklicherweise hat meine erste Frau all meine Tagebücher und Fotos eines Abends in einem Wutanfall verbrannt, so dass ich leider keinen Beweis dafür habe, dass es sich tatsächlich so abgespielt hat.« Daraufhin ging ein großes Stirnrunzeln durch die Zuhörerschaft, jemand bemerkte, dass ich mit der nächsten

Runde dran war, und es gab immer ein paar Leute, die der Überzeugung waren, dass ich nur Quatsch gelabert hätte.

Als ich am selben Abend in der Bar davon erzählte, glaubte mir allerdings auch niemand.

Allmählich wollten auch meine Arbeitgeber an der Baumwollbörse mich wieder loswerden, denn mittlerweile stand mir ein reguläres Gehalt zu, und Vater, der es satt hatte, mir regelmäßig dicke Schecks zu schicken, nahm Kontakt zu einem seiner Freunde auf. Dieser, ein Mann namens Lex Cairns, war in der Versicherungsbranche tätig und wohnte recht luxuriös in der vornehmen Gegend um den Highland Park in Dallas. Lex tätigte ein paar Anrufe und verschaffte mir eine Stelle als Bürogehilfe bei der K.T. Martin Versicherungsgesellschaft. K.T. Martin handelte ausschließlich mit Versicherungen gegen Ernteausfall und Hagel, und ich vermute, mein Wohltäter hatte ihn davon überzeugt, dass meine profunden Kenntnisse des Baumwollgeschäfts für ihn von unschätzbarem Wert sein würden. Man gab mir einen Studebaker Hawk als Dienstwagen, und ich begann ein neues Leben, das darin bestand, jeden Tag ein paarmal zum Hauptpostamt in die Innenstadt zu fahren. Das bot mir die gleichen Möglichkeiten, mich vor der Arbeit zu drücken, wie jene, die ich auch schon als Kurier bei der Artillerie der königlichen Armee weidlich ausgenutzt hatte.

Bevor ich der Baumwollbörse den Rücken kehrte, die ihren Sitz in der Innenstadt von »Big D.« hatte, war ich bei meinen Exkursionen auf der »schwarzen« Seite des Central Expressway auf einen Secondhand-Plattenladen in der Elm Street gestoßen (die hier unter der Bezeichnung Deep Elm lief und »Ellum« ausgesprochen wurde, wie man es von mehr als einer Platte kennt). Die Schallplatten, nahezu ausschließlich 7inch-Singles, waren auf Besenstielen übereinandergestapelt, die an einem schmalen, an der Wand entlanglaufenden Tisch angebracht waren. Wenn ich jetzt daran denke, wünschte ich, ich wäre damals einfach mit einem Lastwagen rückwärts vor die Tür gefahren und hätte alles eingeladen. So habe ich über einen Zeitraum von einem Jahr nur ein paar hundert Stück gekauft – zum Preis von zwanzig Cent pro Platte –, und die einzige, die ich davon noch besitze, ist Larry Brights *Mojo Workout* auf Tide Records. Der Rest ist verloren gegangen, zusammen mit mehreren Tausend obskuren, heutzutage unter Sammlern heiß begehrten Singles, die meist aus den »Aussortiert«-Kartons diverser Radiostationen stammten, als ich die USA Jahre später wieder in Richtung Vereinigtes Königreich verließ.

Nach und nach trudelten auch die Schallplatten ein, die ich mir von zu Hause hatte schicken lassen, darunter Sam Lightnin' Hopkins' *The Rooster Crowed In England*, die nur in England auf 77 Records erschienen war und auf der es ein Stück mit dem Titel »Blues For Queen Elisabeth« gab, das unser Souverän garantiert bis heute nicht gehört hat, da würde ich drauf wetten. (Es gab noch einen Song mit der Frage: »Have You Ever Seen A One-Eyed Woman Cry?« Und wissen Sie was? Hab ich nicht.) Diese Platte und einen Stapel französischer 10inch-LPs von Künstlern wie Big Maceo, Washboard Sam und Jazz Gillum nahm ich mit, als ich dem Hauptquartier der Radiostation WRR auf dem Texas State Fairground einen Besuch abstattete.

Tagsüber war WRR selbst für damalige Maßstäbe ein seltsam altmodischer Sender, der den Mainstream vom musikalischen Mainstream brachte. Weiter ins Detail gehen kann ich leider nicht, obwohl der Name Les Brown and His Band of Renown mir aus irgendeinem Grund in den Sinn kommt, da ich WRR nur in der Zeit zwischen zehn Uhr abends und Mitternacht gehört habe und sonst nie. Doch in diesen zwei Stunden lief *Kat's Karavan,* eine wahrlich magische Sendung, die moderiert wurde von Jim Lowe oder Bill »Hoss« Carroll. Tagsüber hörte ich, wie anscheinend jeder in der Gegend von

Dallas und Fort Worth, die Pop-Sender KLIF und KBOX. Dort liefen zwar gelegentlich auch irgendwelche Grauen erregenden Novelty-Hits (erinnert sich noch jemand an Paul Evans and the Curls mit ihrem Smash-Hit aus dem Jahr 1959, »Seven Little Girls Sitting In The Back Seat«?), aber ansonsten spielten KLIF und KBOX großartige Musik, wobei KBOX etwas jugendlicher war und sich mehr am Massengeschmack orientierte. Als Beispiel dafür, wie klasse KLIF war, kann die Tatsache gelten, dass Lightnin' Hopkins mit »Mojo Hand« Nummer eins der KLIF-Charts war. Falls Ihnen das nichts sagt, ist es Zeit, dass Sie Ihr Leben grundsätzlich überdenken.

Kat's Karavan hingegen war eine ganz andere Liga. Die DJs hatten einen schrägen Humor und darüber hinaus wirklich Ahnung, obwohl auch wieder nicht so viel Ahnung, dass man sie nicht hin und wieder dabei erwischen konnte, wie sie bei kleinen Details – sagen wir mal: aus dem Leben von John Lee Hooker – danebenlagen. Und wenn die Songs von Hopkins, Hooker, Howlin' Wolf und Bo Diddley gemischt mit Comedy-Tracks von Jonathan Winters, Shelly Berman, Bob Newhart oder dem lokalen Helden Brother Dave Gardner aus dem Autoradio dröhnten, während man mit seinen Freunden nach Garland, Mesquite oder Richardson rauschte, um sein Glück bei den Mädels am Drive-in zu versuchen, dann war das einfach phänomenal. Der große Star bei *Kat's Karavan* jedoch war Jimmy Reed, und wenn ich eins bedauere, dann ist es, dass ich ihn nie live gesehen habe. Es kann sein, dass ich in der Vergangenheit schon mal behauptet habe, ich hätte ihn ein einziges Mal gesehen, doch falls das passiert ist, war es eine Lüge. Es ist allerdings nicht so, dass er nie in Dallas gespielt hätte, im Gegenteil, er trat sogar recht häufig auf, ebenso wie die meisten großen Männer des elektrischen Blues – ich vermute, dass Muddy Waters und Elmore James damals auch dort auftauchten, aber ich muss wohl die Plakate übersehen haben. Aber wie dem auch sei, sie spielten wahrscheinlich in irgendeinem Club oder Ballsaal im schwarzen Teil der Stadt, und mittlerweile hatte ich zu viel Schiss, um mich dort hinzuwagen. Nichtsdestotrotz habe ich Lightnin' Hopkins im Lu-Ann's gesehen und Dutzende von Künstlern, die in den Charts waren, beispielsweise The Coasters, The Drifters, Etta James und Jimmy McCracklin, die bei großen Shows im Sportatorium auftraten. Sogar die Shangri-Las (damals Teen-Göttinen, mittlerweile wohl eher Post-Teen-Göttinnen) habe ich gesehen – in einer Bowlinghalle in Oakcliff auf der anderen Seite des Flusses. Dies war eine der Shows, bei der Dutzende von Künstlern aus den gerade aktuellen Charts mit dem Bus von dem Ort, wo sie am Abend zuvor gespielt hatten, herangekarrt wurden, auf die Bühne kamen und ihren Hit zum Besten gaben, um anschließend wieder in den Bus verfrachtet und zum nächsten Auftrittsort gefahren zu werden. Der einzige andere Künstler, an den ich mich erinnern kann, der an dem Abend mit den Shangri-Las auftrat, war Troy Shondell (»This Time«). Es fällt schwer, sich einen perfekteren Namen für ein Teen-Idol vorzustellen als Troy Shondell. Was mich so frustriert, ist die Tatsache, dass es noch Dutzende von weiteren One-Hit-Wonders gegeben haben muss, die ich in jener Nacht der tausend Stars gesehen habe und mit denen ich angeben könnte, wenn ich mich nur daran erinnern könnte, wer dabei gewesen ist.

Als ich schon eine Weile für K.T. Martin gearbeitet hatte, ging ich dazu über, zusammen mit zwei anderen englischen Jungs, die ich in der Zwischenzeit getroffen hatte, gelegentlich Fahrten nach New Orleans zu unternehmen – ich besitze als Ergebnis dieser Fahrten eine Dia-Kollektion von Louisiana-Moos, die auf der ganzen Welt ihresgleichen sucht. Unser Hauptinteresse, das muss ich leider zugeben, galt jedoch weniger der Musik von New Orleans, der Architektur des French Quarter oder den Meeresfrüchten, sondern einer jungen Dame, die unter dem Namen Chris Colt, the Girl with the 45s, auftrat. Das alles war noch lange vor der Zeit der Brustimplantate, und an Chris Colt war alles 100 Prozent echt – so echt und so beeindruckend, dass meine Freunde und ich ihr von einem schmierigen Striplokal zum nächsten folgten und jedes Mal wieder total überhöhte Eintrittspreise hinlegten, in denen jeweils ein Freidrink enthalten war, der aus verdammt wenig Bourbon und elend viel Wasser bestand. Nicht, dass es uns etwas ausgemacht hätte. Während ich jetzt, allerdings völlig gesundheitsbewusst, über Chris Colt, ihre 45er und ihre Karriere sinniere, stellt sich mir unweigerlich die Frage, was sie heute wohl macht. Damals, 1961/62, als sie im Vieux Carre leicht gelangweilt mit ihrer Schwanzfeder zu einer zerkratzten Platte der Bill Black Combo herumwackelte, war sie eine wahre Göttin.

Gerade schießt mir der Gedanke durch den Kopf, dass es möglicherweise mehr als nur eine Chris Colt, mehr als nur ein Girl with the 45s gegeben hat. Es ist ein Name, der sich für eine pneumatische Stripperin ja geradezu anbietet, zumal ich mich erinnern kann, dass der Booker vom Lou-Ann's mir irgendwann erzählte, er würde mindestens sechs Sonny Boy Williamsons kennen, die alle zur gleichen Zeit die Südstaaten abgrasten, und nicht weniger als zwölf Memphis Slims. Ich machte den Vorschlag, er sollte sämtliche Memphis Slims für den gleichen Abend buchen, und schon wäre im Club mordsmäßig was los. Ich jedenfalls würde garantiert zur Memphis-Slim-Massengala gehen, redete ich mich weiter in Rage, doch er hörte schon nicht mehr zu.

An einem dieser Wochenenden in New Orleans fassten meine Reisebegleiter kurzfristig den Entschluss, dort zu übernachten, so dass ich die Rückfahrt nach Dallas allein antreten musste. Dafür bin ich ihnen ewig dankbar, auch wenn ich damals wenig erfreut war, doch auf der Fahrt zurück erlebte ich einen der großartigsten musikalischen Augenblicke meines Lebens. Ich war bereits eine Weile gefahren, und es muss wohl so zwischen zwei und drei Uhr morgens gewesen sein, als ich in die dicht bewaldete Region von Westtexas kam, die unter dem Namen Piney Woods bekannt ist. Es herrschte kaum Verkehr, und die Straße wand sich in leichtem Auf und Ab zwischen den Bäumen hindurch und an winzigen Dörfern vorbei, die meistens aus kaum mehr als ein paar schmuddeligen Hütten bestanden, während der Mond genau vor mir am Himmel stand und den Asphalt in einen silbernen Glanz tauchte. Ich hörte, so vermute ich zumindest, Wolfman Jack auf XERB, der von jenseits der mexikanischen Grenze sendete, und als ich gerade über einen Hügel kam und vor mir ein weiteres von diesen kleinen Dörfern liegen sah, spielte er Elmore James' »Stranger Blues«. »I'm a stranger here, just drove in your town«, sang Elmore, und ich wusste, dass ich niemals vergessen würde, wie perfekt Ort, Stimmung und Musik in diesem Augenblick zueinanderpassten. Was auch nicht geschehen ist.

Die Arbeit bei K.T. Martin war ziemlich eintönig, doch es gab im Büro zumindest einige Kollegen, die Farbe in den grauen Alttag brachten. Zum Beispiel eine Frau namens Bobbie Umholtz und ihre Freundin Georgia, die den Fremdling in ihren Reihen des Öfteren am Wochenende zu sich nach Hause in eine der gesichtslosen Vorstädte von Dallas einluden, wo man relativ billig Häuser erwerben konnte, oder zu einem alkoholgeschwängerten Grillabend am See. Bobbie und Georgia waren beide verheiratet, obwohl ich mich, was ihre Ehemänner betrifft, nur daran erinnern kann, dass der von Georgia mit Vornamen Forrest hieß. Bobbie war darüber hinaus die erste Frau, die ich jemals »Fuck« sagen hörte. Was mich davon abgesehen am meisten beeindruckte, war die großzügige Art meiner neuen Freunde, die umso bemerkenswerter war, als beide Ehepaare nicht gerade im Geld schwammen. Sie und ihre Freunde waren es, die mir die wundersame Welt der Dragster-Rennen eröffneten, indem sie mich zum Caddo Mills Raceway in Fort Worth mitnahmen. Auch dort schwammen die Leute nicht gerade im Geld, und sämtliche Teilnehmer waren rennsportbegeisterte Enthusiasten, die zu Hause in ihren Garagen an ihren Wagen mit Chevrolet-, Ford-, Dodge-Plymouth- oder Pontiac-Motoren herumwerkelten. Bobbie und Georgia standen mir auch immer mit Rat und Tat zur Seite, wenn ich Probleme mit meinen Freundinnen hatte – was ziemlich häufig der Fall war.

Ich war aus der Pension von Miss Smith umgezogen in ein moderneres – und kostspieligeres – Apartment auf der anderen Straßenseite, das ich mir mit Obie teilte, einem hinterwäldlerischen Verwandten von Miss Smith. Obie war, so vermute ich zumindest, schwul. Dies jedoch zu einer Zeit, als die schiere Existenz des Phänomens Homosexualität von einem Großteil der texanischen Bevölkerung in Abrede gestellt worden wäre. Jedenfalls war er eine außergewöhnlich feminine Erscheinung und pflegte einen Kleidungsstil, der nichts ahnende Passanten ein oder zwei Jahrzehnte später zu der Annahme verleitet hätte, er wäre ein Mitglied von Duran Duran. Darüber hinaus fand er meine Begeisterung fürs Bumsen reichlich geschmacklos, obwohl ich dazu bemerken muss, dass ich vielleicht auch deswegen eine exzessive Begeisterung dafür entwickelt hatte, nachdem ich erst spät im Leben zum Sex gekommen war. Aus diesem Grund wurde das Apartment, dass ich mit Obie teilte, nacheinander von einer ganzen Reihe ziemlich abgerissener jüngerer Mädchen mit einer sehr lockeren Einstellung zu den Themen Körperpflege und Moral bevölkert, die bereit waren, mit mir das Bett zu teilen. Ich kann mich bei keiner von ihnen an den Namen erinnern und sie sich vermutlich auch nicht an meinen, doch ich bin derjenigen, die mir die Single »Angel

Baby« von Rosie and the Originals geschenkt hat, ewig dankbar. Zumal sie die B-Seite mit dem Titel »Give Me Love« ausdrücklich empfohlen hat. Was für ein Mädchen.

Irgendwann wurden die durch die Frauenfrage bedingten Differenzen zwischen Obie und mir unüberbrückbar, und ich zog um in einen Apartmentkomplex am schickeren Ende der Gaston Avenue in Richtung White Rock Lake, wo in erster Linie Stewardessen und Leute mit guten Jobs wohnten. Dort teilte ich mir eine Wohnung mit Miles und Charlie und einem Mexikaner namens Manuel Avila. Angesichts des mehr oder weniger latenten Rassismus von nahezu jedem Weißen, dem ich in Dallas begegnet bin, kann ich mir vorstellen, dass Manuel nur deshalb von Miles und Charlie in der Wohnung geduldet wurde, weil er nicht mexikanisch aussah und behauptete, er sei eigentlich Spanier und stamme aus einer wohlhabenden Familie. Gott allein weiß, warum sie mich in ihre hasserfüllte kleine Gemeinschaft aufnahmen. Miles, das muss man der Fairness halber sagen, war ganz in Ordnung, ziemlich aufgeweckt und mit genügend Anglophilie ausgestattet, dass er einen Jaguar XK 120 fuhr, während Charlie Mann einer der unangenehmsten Menschen war, die mir je begegnet sind. Bei der Gelegenheit fällt mir wieder ein, dass es in der Manson Family auch einen Charles Mann gab und ich mich schon oft gefragt habe, ob es sich dabei um den gleichen Haufen Scheiße gehandelt haben könnte. Großartig wundern würde es mich nicht. Er hatte einen dunklen Teint, und besonders groß war er auch nicht, aber er sah auf eine schweinische und gefährliche Art gut aus, und diese Merkmale stießen bei einer beträchtlichen Zahl von Stewardessen auf einigen Zuspruch. Er ließ nie einen Zweifel daran aufkommen, dass er mich nicht ausstehen konnte, weil ich erstens arm und zweitens kein Amerikaner war, und er setzte mich ähnlichen Schikanen aus wie diejenigen, die ich schon aus meiner Schulzeit kannte. Allerdings waren seine Schikanen nie physischer Natur, obwohl er Gewalt nicht abgeneigt war und eine gewalttätige Aura den Raum erfüllte, sobald Charlie anwesend war. Ich kann mir vorstellen, dass auch Miles vor Charlie Angst hatte. Die beiden verbrachten ihre Abende in dem Club eine Etage unter dem Apartment – ein Club, den ich mir nicht leisten konnte und in den ich während der gesamten achtzehn Monate, die ich direkt oberhalb davon wohnte, niemals auch nur einen Fuß setzte – und kehrten spät in der Nacht mit einer oder zwei Stewardessen im Schlepptau zurück, die sie unten aufgelesen hatten. Das passte mir wunderbar in den Kram, denn mittlerweile hatte ich eine feste Freundin, ein siebzehnjähriges Mädchen namens Georgia, das aus Garland stammte und Rhythm & Blues genauso mochte wie ich. Georgia war nicht gerade zart besaitet, hatte die High School abgebrochen und war ohnehin auf der falschen Seite des Schienenstrangs aufgewachsen, was im Falle von Garland nicht viel bedeutete, da es dort nichts weiter gab als Gebrauchtwagenhändler und billige Bungalows. Doch Charlie wirkte auf sie ebenso Furcht einflößend wie auf mich. Sie meinte, so wie er aussah, würde es sie nicht wundern, wenn er ihr gegenüber tätlich würde. Vermutlich hatte sie Recht.

Eine der falschesten Entscheidungen, die ich je traf, war die, mit Georgia Schluss zu machen und mich stattdessen auf eine Rothaarige namens Judy einzulassen. Das klingt wie aus *Oklahoma!* oder *Carousel*, aber leider war es bei Weitem nicht so spaßig. Judy war ironischerweise Stewardess, und zwar bei Braniff Airlines. Trotz der seriösen Fassade, die ihr dieser Beruf verlieh, war sie ein echter Satansbraten. Sie gab keine Ruhe, wenn ich sie nicht einmal pro Woche in den Hi-Ho Ballroom ausführte. Diejenigen unter Ihnen, die den Film *Blues Brothers* gesehen haben, würden den Hi-Ho Ballroom sofort wiedererkennen. Das Ausmaß der Gewalt, die dort herrschte und manchmal den Gebrauch von Schusswaffen mit einschloss, war unglaublich. Man riskierte schon Kopf und Kragen, wenn man bloß aufs Klo ging, und ich spielte oft mit dem Gedanken, mir einfach in die Hosen zu machen, statt den gefährlichen Weg zum Herrenklo anzutreten, doch ich kann stolz berichten, dass ich mir dies dann doch verkniffen habe. Wenn ich von diesen Ausflügen zurückkehrte, kam es nicht selten vor, dass Judy ein Bein lasziv über die Lehne ihres Stuhls baumeln ließ und sich mit irgendeinem mordlustigen Bauerndeppen unterhielt, der völlig unverfroren irgendwas dahinlaberte von wegen: »Hey, Kumpel, du has' doch nix dageg'n, wenn ich mal 'ne Runde mit der jungen Dame hier tanze, oder doch?« Natürlich hatte ich etwas dagegen, aber ich hatte auch gesehen, was eine Kugel aus einem Mann machen kann. Keine Lust, darüber zu reden, verstehen Sie. Folglich kam es mehr als einmal vor, dass ich einsam und allein über den blutgetränkten Parkplatz schritt und die Heimfahrt antrat, während ich Judy in den vernarbten Armen eines primitiven Landbewohners zurückließ.

Ich weiß bis heute nicht, warum ich mir all dies gefallen ließ. Judy wollte weder Sex mit mir, noch kam sie mit ins Autokino oder zum Dragster-Rennen, und sie hatte auch nie Lust, zum Dairy Queen nach Mesquite zu fahren, um sich ein ganz hervorragendes Produkt namens Dr Pepper Icy schmecken zu lassen. Auch geküsst hat sie mich nur selten, doch am Ende unserer Beziehung (»Das nennen Sie eine Beziehung?« E.V. Railton, Whitchurch) war ich in einem solchen Gefühlstaumel, dass ich sie regelmäßig mit meinem 63er Chevrolet Impala den ganzen Weg nach Kansas City – immerhin knapp tausend Kilometer weit entfernt – chauffierte, damit sie dort das Wochenende mit einem anderen verbringen konnte, während ich allein vor mich hin weinend wieder zurückfuhr. »Was für ein Trottel!«, mögen Sie denken, und Sie hätten völlig Recht. Ich ging sogar so weit, Judy einen Antrag zu machen und ihr einen Ring zu schenken, von dem ich behauptete, er hätte meiner geliebten weißhaarigen alten Großmutter gehört, den ich in Wirklichkeit jedoch am gleichen Nachmittag in einem Laden in der Innenstadt gekauft hatte. Sie lehnte beides ab, und ich bekam allmählich genug von ihr und machte mich auf die Suche nach einer Neuen, die bodenständiger war und nicht abgeneigt, meinen heißen Atem in ihrem Nacken zu spüren, während meine Hände ihre sanft glänzenden … okay, Sie wissen schon, was ich meine. Ich hatte noch nicht einmal herausgefunden, ob Judy überhaupt Brüste hatte.

Der oben erwähnte 63er Impala hatte meinen ersten Wagen überhaupt abgelöst, einen gebrauchten 58er Chevrolet Biscayne – ein absolutes Billigmodell mit einer zweifarbigen Lackierung, die man heute mit den Vereinsfarben von Norwich City in Verbindung bringt. Ich hatte ihn in einer Mittagspause bei Friendly Chevrolet in Dallas erstanden und es so eilig gehabt, wieder zurück zu K.T. Martin zu kommen, um meine Freunde zu beeindrucken, dass ich die Auffahrt zum Freeway hinunterrauschte und direktemang einem Lastwagen in die Seite krachte. Die netten Leute von Friendly Chevrolet waren in Null Komma nix da, haben ihn aufgeladen und wieder repariert, und ich bin damit zwei Jahre gefahren, bevor ich ihn dann für den nächsten in Zahlung gab. Ich wünschte, ich hätte ihn noch, auch wenn Sheila wahrscheinlich darauf bestehen würde, ihn blau-weiß, wie Ipswich, zu lackieren.

»Was ich mir erhoffe, wenn ich mal nicht mehr da bin, ist, dass das eine oder andere meiner Kinder behauptet, sie hätten schwören können, in einer kalten, stillen, dunklen Nacht draußen auf der Straße das Rasseln meines Stocks gehört zu haben«, erklärte ich Alan. Er lächelte. Selbstverständlich liegt es eigentlich nicht in der Natur von Stöcken, dass sie rasseln, doch dieser diente zuvor als Stiel für einen Mopp und ist deshalb noch immer mit den Metallplatten versehen, mit denen der Mopp befestigt wurde. »Er braucht überhaupt keinen Stock«, hörte ich Sheila zu Alans Frau Rosemary sagen, »er trägt nur gerne einen mit sich herum.« Im Grunde ist der Moppstiel nicht einmal mein Lieblingsstock. Diese Ehre ist einem Besenstiel vorbehalten, der kurz nach einem gescheiterten Versuch meinerseits, damit einen verstopften Abfluss zu reparieren, verschwunden ist. Außerdem gibt es noch einen dritten Stock mit silbernem Knauf, den ich zum fünfundsechzigsten Geburtstag von den Damen von *Home Truths* geschenkt bekam – die Kühe von *Home Truths*, wie sie sich selbst schimpfen. Doch der ist nur für zeremonielle Anlässe und wäre nicht angemessen gewesen für einen Verdauungsspaziergang zu viert zur Spitze des Hügels.

Diesen Aufstieg zum Hügel unternehme ich normalerweise jeden Abend, wenn ich »eine Runde mit den Hunden« drehe, bevor sie sich – und wir uns – zur Nachtruhe begeben. Wie Hundebesitzer wissen, geht es bei dieser Übung nicht in erster Linie darum, ein paar Runden zu drehen, und es handelt sich auch nicht um eine Übung im sportlichen Sinne. Man führt die Hunde halt zum Scheißen raus und kann nicht erwarten, dass die Leute beeindruckt sind, wenn man das so sagt. Ich bin immer bemüht, die Angaben über die genaue Natur des Hügels möglichst vage zu halten, in der Hoffnung, dass jeder, der mir zuhört, mit Suffolk nicht vertraut ist und es mindestens für eine Gebirgs-, wenn nicht gar für eine Hochgebirgslandschaft hält. Die Wahrheit ist, dass der Hügel in den meisten Landesteilen kaum als Hügel bezeichnet würde, da es sich dabei mehr um eine leichte Anhöhe handelt, die von dem grünen Eimer in der Hecke am unteren Ende bis zum Ende des Zauns ganz oben genau 128 Schritte »hoch« ist. Ich überprüfe dies jeden Abend und habe beschlossen, dass Unheil über das Haus Ravenscroft hereinbrechen wird, sollte ich dafür 130 Schritte oder mehr benötigen. In Nächten, wenn der Mond hoch am Himmel steht, versuche ich meinen Rekord für die Anzahl der Schritte, derzeit 85, zu verbessern. Ein Beobachter – und beten wir, dass es niemals einen solchen Menschen geben wird – würde Zeuge einer merkwürdigen Zirkusnummer seitens eines beleibten Gentlemans, der, angetan im radikal-legeren Stil, häufig in Schlafanzughosen, seine fetten kleinen Beine so weit spreizt, wie er kann, während er sich ruckartig hinter den Hunden Nellie und Bernhard den Hügel hinaufbewegt.

Meine Schritte zähle ich ständig, sogar wenn ich im West End von London unterwegs bin. Wenn ich, um die einundzwanzig Stufen hochzukommen, die vom Parkplatz der BBC herunterführen, mehr als vierhundert Schritte brauche, werde ich auf dem Heimweg in einen Unfall verwickelt. Für mich hört sich das völlig vernünftig an, Fremder.

Ich hatte vorgehabt, Alan eine Rohfassung der Anfangskapitel dieses Buches zu zeigen, um ihm die Gelegenheit zu geben, sie auf Ungenauigkeiten hin zu überprüfen, aber ich bin nicht dazu gekommen. Irgendwann werde ich Francis darum bitten, und ich weiß schon jetzt, wie er beim Lesen vor Missbilligung schnauben und heulen wird: »Das ist nie passiert.« Ich wollte Alan außerdem noch fragen, ob meine Versetzung aus familiären Gründen irgendeine messbare positive Auswirkung auf ihn gehabt haben könnte, aber auch das habe ich vergessen. Ich glaube nicht, dass es großartige Auswirkungen hatte, denn alles, was ich tat, war, ab und zu etwas von den fünfundzwanzig Shilling zurückzulegen, die ich pro Woche für das Beschützen unserer Inselnation vor ihren Feinden bezahlt bekam, und ihn und seinem Freund Anthony Holden, mittlerweile Kritiker klassischer Schallplatten im *Observer*, zum Tee ins Bay Hotel einzuladen. Aus den beiden Jungs sind mittlerweile recht beleibte Männer geworden, doch damals waren sie spindeldürr, und bei einer

Gelegenheit futterten sie sich sogar zwei Mal durch das Tee-Menü im Bay Hotel. Hinterher sind wir auf den Felsen herumgeklettert, und ich fühlte mich erwachsen und verantwortlich, eine ganz ungewohnte Gefühlskombination, bis ich sie dann wieder zurück zur Schule brachte.

Den Impala fuhr ich immer noch, als Nancy meine feste Freundin wurde. Nancy Bowling war sechzehn – sieben Jahre jünger als ich – und ging auf die Bryan Adams High School in Dallas. Unter heutigen Maßstäben könnte man unsere Beziehung als »unangemessen« bezeichnen, da in der Tat eine Menge Sex damit einherging, ein Gutteil davon sogar im Freien, aber einem männlichen Erwachsenen ohne College-Abschluss, der nicht viel Geld hatte, boten sich außer High-School-Mädels keine weiteren Möglichkeiten. College-Mädels gingen nur mit College-Jungs, und in einer Kultur, in der es nicht ungewöhnlich war, mit fünfzehn oder sechzehn zu heiraten, gab es nur wenige ledige Frauen über zwanzig – abgesehen von Stewardessen.

Nancy war zierlich und hübsch, mit einer blondierten Haarpracht wie Zuckerwatte, so wie es damals an den High Schools Mode war. Jeder, der in dem Bestreben, seine Handlungen dem romantischen Klischee anzupassen, verwegen genug gewesen wäre, zu versuchen, seine Finger durch ihr Haar gleiten zu lassen, wäre augenblicklich mit großen Problemen konfrontiert gewesen und hätte unter Umständen von einem Rettungsteam befreit werden müssen. Als ich Nancy zum ersten Mal traf, war sie mit meinem Freund Johnny auf eine eher unverbindliche Art zusammen, aber wir blieben beide mit ihm befreundet, auch nachdem sich ihre Sympathie auf mich verlagert hatte. Nancy und ich gingen fast jede Nacht aus. Wir verbrachten den Abend damit, herumzufahren und im Radio die Sendungen von Russ Night, the Weird Beard, auf KLIF zu hören. Oder wir fuhren ins Autokino. Wofür wir uns auch entschieden, in jedem Fall schliefen wir miteinander, bevor ich sie nach Hause brachte. In den Autokinos war das einfach, man brauchte nur den Lautsprecher am Seitenfenster anzuklemmen, sich einen Vorrat an Burgern und Dr Pepper zu holen, auf den Rücksitz zu klettern, die Kleidung zu lockern und zur Sache zu gehen – in dem sicheren Bewusstsein, dass in fast jedem anderen Wagen auf dem Gelände des Freiluftkinos etwas Ähnliches im Gange war. Wir haben nie Kondome benutzt und hätten höchst ungläubig darauf reagiert, wenn jemand uns nahegelegt hätte, wir sollten dies tun. Das allmonatliche Warten auf Nancys Periode war eher aufregend als von Sorgen geplagt, und ich denke, wir beide hätten fröhlich und leichten Herzens geheiratet, wenn sie schwanger geworden wäre. Keiner von uns hatte eine Ahnung von sexuellen Techniken, doch es machte Spaß, unsere eigenen zu entwickeln, maßgeschneidert für den Rücksitz des Impala.

Wenn wir nicht zum Autokino fuhren, gingen wir in das Kino gleich neben der Southern Methodist University, um die neuesten britischen Schwarz-Weiß-Komödien zu sehen, meistens mit Peter Sellers oder Ian Carmichael in der Hauptrolle. *Two-Way Stretch* war einer unserer Lieblingsfilme, und wir haben ihn bestimmt ein Dutzend Mal gesehen – das war allerdings vor dem Video-Zeitalter. Als Gegenleistung dafür, dass ich ihr die wunderbare Welt des britischen Films eröffnet hatte, machte mich Nancy mit Bob Dylan bekannt. Nancy war der erste Dylan-Fan, dem ich je begegnet bin, und sie konnte Dinge in Dylans Texten hören, auf die ich nie kommen würde. Dennoch halte ich Nancy nach wie vor zugute, dass sie 1965, nachdem wir schon nicht mehr zusammen waren, es begrüßt hatte, dass Dylan zur elektrischen Gitarre wechselte.

Nachdem wir *Two-Way Stretch* – oder was auch immer – angeschaut hatten, begaben wir uns für gewöhnlich zu den

Ufern des White Rock Lake und kletterten auf den Rücksitz. Ich weiß nicht, ob Nancy und ich je in einem Bett miteinander geschlafen haben. Wir hatten eine autofixierte Romanze in einer autofixierten Gesellschaft. Sex am White Rock Lake hatte seine eigenen Gefahren und seine besonderen Reize. Es gab eine Streife der Park Patrol, die die windige, enge Straße um den See nur mit einem einzigen Ziel abfuhr, nämlich sicherzugehen, dass niemand auf ihrem Terrain den Geschlechtsakt vollzog. Die Regel war, dass zwei Köpfe oberhalb der Türkante zu sehen sein mussten, wenn mit einer Stablampe in den Wagen geleuchtet wurde. Das machte Oralsex problematisch, aber nicht unmöglich, wenn man die großzügig dimensionierten Interieurs amerikanischer Autos der Sechziger mit gewissen athletischen Fähigkeiten kombinierte. (Illustrationen nur für eingeschriebene Kunststudenten erhältlich.) An den Wochenenden fuhren Nancy und ich hinaus auf die Dörfer, die manchmal kaum mehr waren als eine Ansammlung windschiefer Schuppen mit komischen Namen. Bug Tussle (Kampf der Käfer) war einer unserer Lieblingsnamen, und ich habe schon mehrfach erklärt, dass ich ihn für einen wunderbaren Bandnamen halte, doch soweit ich weiß, ist bisher noch keine Band mit dem Namen Bug Tussle aufgetaucht. Jot 'Em Down (Schreib sie auf) war ein weiteres Ziel, das wir immer wieder gerne ansteuerten.

In vielerlei Hinsicht war Nancy eine Traumfreundin. Sie war aufgeweckt, lustig, liberal – der Großteil der Texaner ihres Alters hatte große Probleme mit den von ihnen so genannten »Niggras« –, und sie mochte die gleiche Musik wie ich. Ich habe nie wirklich verstanden, warum wir uns voneinander entfernt haben, aber es ist passiert, langsam und schmerzlos. Wenn ich heute zurückschaue, war sie, nach Sheila, das Mädchen, das ich am meisten geliebt habe. Ich frage mich oft, was aus Nancy geworden ist, und hoffe, sie hatte ein glückliches Leben und genießt es noch immer.

Ein weiterer Vorzug an Nancy Bowlings war – wo ich gerade darüber nachdenke – die Tatsache, dass sie nicht religiös war. Im Gegensatz zu heute, wo der Großteil der Amerikaner die Botschaft »Gesegnet sind die, die haben, denn ihnen wird gegeben« einschließlich einer damit einhergehenden hochaggressiven Religiosität geschluckt hat, trug der religiöse Eifer, den man zum Zeitpunkt meiner Ankunft in Texas pflegte, wesentlich primitivere und versöhnlichere Züge, was nicht ganz unangenehm war. Zum ersten Mal wurde mir das bewusst, als ich im Verlauf einer Diskussion im Büro zu meinen Kollegen etwas sagte wie: »Ach, kommt schon, als Nächstes erzählt ihr mir, dass ihr an Adam und Eva glaubt.« Aus den Blicken, die ich dafür erntete, sprach ein solches Maß von nicht einmal unfreundlicher Verständnislosigkeit, dass ich mir vornahm, das Thema Religion neben Politik und Rassenfragen auf meine Liste von Themen zu setzen, bei denen ich mich besser nicht einmal auf lockere Diskussionen einlasse.

Mittlerweile waren bei K.T. Martin & Co aufregende Entwicklungen im Gange. Die Firma war zwar nicht sehr groß, aber dennoch Marktführer auf dem Gebiet der Versicherungen gegen Ernteausfälle durch Hagelschäden. Mit Hagel ist in diesem Zusammenhang nicht die Weichei-Variante gemeint, die wir in Europa kennen, sondern fieser, alles vernichtender Hagel, dessen einzelne »Körner« angeblich nicht selten so groß sind wie Tennisbälle und die an Autos oder Vieh ebenso großen Schaden anrichten wie an Getreidefeldern. Meine Arbeit bestand darin sicherzustellen, dass wir in bestimmten Regionen keine übergroßen Risiken eingingen, speziell in jenen Staaten, die der »Tornado-Alley« zugerechnet wurden.

Die Geschäfte mit Hagel-Versicherungen waren in den letzten Jahren gut gegangen, doch der Chef persönlich, K.T. Martin, war besessen von dem Traum, den Farmern eine Versicherung gegen Ernteausfälle wegen zu viel oder zu wenig Regen anzubieten. Nach jahrelanger Forschungsarbeit war K.T. 1964 zu der Überzeugung gelangt, dass er endlich die entscheidende Formel gefunden hatte. Die Grundannahme war, dass man in dem Fall, dass ein Farmer glaubte, einen Schadensersatzanspruch zu haben, die Messungen der drei am nächsten gelegenen Wetterstationen einholte, eine Durchschnittsmenge errechnete und die Ansprüche gegen diese Messdaten aufrechnete. Meiner Ansicht nach steckte ein doppelter Fehler in dieser Überlegung: Es konnte sein, dass die Ernte eines Farmers zerstört wurde, während kaum oder gar kein Regen an den drei betreffenden Wetterstationen registriert worden war, oder große Mengen von Regen waren über den Wetterstationen niedergegangen, aber nicht über den versicherten Feldern. Dies bedeutete, dass manche Farmer berechtigte Ansprüche geltend machen konnten, obwohl ihre Ernte unversehrt war, während andere ihre Ernte verloren und ihre Ansprüche abgelehnt wurden. Es gab also nur doppelte Gewinner oder doppelte Verlierer.

Ungeachtet meiner Vorbehalte und bewaffnet mit Broschüren, Faltblättern, Informationspaketen und was es sonst noch gab, wurde ich mit unserem Mann für die Region West-Texas, Harry Fuqua, losgeschickt, um das Konzept der Regenversicherung den Versicherungsagenten in den Kleinstädten auf dem Land schmackhaft zu machen, wobei ich mich fühlte wie ein Vertreter für Perpetuum mobiles im Land der Gutgläubigen.

Wie Texaner mir gegenüber immer wieder gern betont haben, ist ihr Staat dreimal so groß wie das Vereinigte Königreich, und jeder, der von Ort zu Ort fährt, bringt eine Menge Meilen hinter sich. Und haargenau das war es, was Harry und ich taten. Ich erinnere mich noch an einen Streckenabschnitt, irgendwo zwischen Midland und Nuevo Laredo, wo man über zweihundert Meilen immer nur stur geradeaus fährt und es noch nicht einmal bergauf oder bergab geht. Nichts, was dort wächst, ist höher als ein Salbeistrauch, und nichts ist von Menschenhand gemacht außer den Schildern: NICHT AUS DEM AUTO STEIGEN – SCHLANGENGEBIET. Dennoch genossen Harry und ich unsere Zeit als Rufer in der Wüste, auch wenn es kaum jemand gab, der sich unsere Wundertinktur andrehen ließ, obwohl die Vertreter, mit denen wir sprachen, meinen Akzent häufig so himmelschreiend fanden, dass sie ihre Kumpels herbeiriefen und mich baten, den ganzen Sermon noch einmal herunterzubeten. Die Abende verbrachten wir dann in den Bars, Barbecue-Restaurants und Bowling-Hallen des Wilden Westens – zumindest machte die Gegend auf mich noch immer diesen Eindruck –, und Harry und ich hatten eine Menge Spaß. In einer der Bowling-Hallen entdeckte ich eine Methode, wie man endlos viele Freispiele an einem Flipperautomaten gewinnen konnte, und es war wie im Film: Ich gewann und gewann, und immer mehr jeansbehoste Teenager scharten sich voller Aufregung um mich herum, bis ich schließlich aufhörte und den jungen Menschen erklärte, sie könnten den Rest des Abends umsonst spielen. Mir gefällt der Gedanke, dass selbst heute noch die Alten aus dem Dorf darüber reden, wie damals dieser englische Kerl eines Abends aufgetaucht ist und ihnen mal ordentlich gezeigt hat, wie man's so 'ner Flippermaschine ordentlich besorgt. Yessir.

Als wir nach Nuevo Laredo kamen, überquerten wir die Grenze nach Mexiko, und Harry führte mich durch die staubigen Straßen zu seinem Lieblingsbordell.

ZWEITER TEIL

Kurz nach seiner Rückkehr nach England 1967 begann John die Sendung The Perfumed Garden *für Radio London zu moderieren. Der damals siebzehn Jahre alte Tom Robinson schickte John einen Hörerbrief, aus dem sich eine regelmäßige Korrespondenz entwickelte. Der folgende Brief stammt aus dem Jahr 1968:*

Lieber Tom – eine Stimme aus vergangenen Tagen.

Schön, von dir zu hören – ich habe mich oft gefragt, wo du wohl steckst und wie es dir geht. Meine Adresse lautet: 2, PARK SQUARE MEWS, UPPER HARLEY ST, N1. Falls du je nach London kommst, ruf mich an unter WEL 5847 und komm vorbei. Ich bin sehr glücklich. Ich habe eine Lady namens Pig getroffen, in die ich mich schwer verliebt habe. Und nach dreißig Jahren ist das mal was Nettes. Du musst vorbeikommen und sie kennen lernen. Meine Plattenfirma macht hübsche Platten, die sich aber nicht allzu gut verkaufen. So wie du es beschreibst, hört sich Vegetation ganz gut an. Die Geschichte über »Ego Iuvenis Sum« klingt auch ganz unterhaltsam – würde ich auf jeden Fall gern hören. Mittlerweile habe ich fünf Hamster (4 Chinesen, einer davon geistert in der Wohnung herum, seit er vor zwei Wochen aus seinem Käfig abgehauen ist), den unglaublichen Biscuit und eine leicht exzentrische Wüstenrennmaus namens Uproar, und sie alle plus Pig senden dir und allen, die du liebst, alles Liebe

John.

Die Umstände, unter denen ich John zum ersten Mal begegnet bin, als »Glück verheißend« oder »ansatzweise viel versprechend« zu bezeichnen wäre mehr als nur leicht untertrieben.

Es war im November 1968, und ich studierte Chemie fürs Lehramt am College in Süd-London. Eine meiner Freundinnen bekam ab und zu von ihrem Dozenten Tickets für die Aufzeichnungen von Fernsehshows. Ich war noch nie bei so etwas dabei gewesen und hatte außerdem gerade mit meinem Freund Schluss gemacht, so dass ich an jenem Freitagabend

Sheila in Shipley, Yorkshire

nichts vorhatte, und so trottete ich mit ihr zu den Riverside Studios in Hammersmith, um bei der Aufzeichnung der Show *How It Is* dabei zu sein.

Der Vorteil bei der Angelegenheit war der, dass man auch noch dafür bezahlt wurde. Es gab keine Riesensummen – und schon gar kein Extrahonorar, wenn die Sendung wiederholt wurde –, sondern nur den mageren Betrag von zehn Shilling, den man erst ausgehändigt bekam, wenn man einen Vertrag unterschrieb, in dem man sich verpflichtete, bis zum Ende der Aufzeichnung dazubleiben, aber zumindest reichte es für ein paar Biere nach der Show. Der Nachteil dabei war, dass man nicht wegkam, egal wie grottenschlecht die Sendung auch wurde. Zu den Gästen an jenem Abend zählte neben der Liverpooler Band The Spinners bizarrerweise auch die romantische Schriftstellerin Barbara Cartland, so dass die zehn Shilling fürs Ausharren auf meinem Platz wirklich sauer verdientes Geld waren.

Um das Vergnügen abzurunden und der Show noch einen weiteren Höhepunkt zu verleihen, gab es einen Abschnitt der Sendung, in dem John, Ronald Fletcher und Richard Neville von der Zeitschrift *Oz* auf Barhockern saßen, über aktuelle Ereignisse diskutierten und, wie es in Presseerklärungen immer so schön heißt, ein »satirisches Resümee« der vergangenen Woche zogen.

Johns Radiosendung *Top Gear* kannte ich gut, denn ich hörte sie jeden Samstag, obwohl ich kein eingeschworener Hippie war wie er anscheinend – ich mochte einfach nur die Musik. John hatte, das darf man nicht vergessen, es damals bereits zu unsterblichem Ruhm in der Rubrik »Pseuds' Corner« der Zeitschrift *Private Eye* gebracht, weil er geschrieben hatte, die Musik von Pink Floyd gemahne an den Klang sterbender Galaxien. (Er behauptete immer, darauf sei er ziemlich stolz, obwohl er nicht ganz sicher war, ob er die Zeile nicht von irgendwem geklaut hatte.) Er hatte für Samt nicht viel übrig, obwohl er einen Kaftan besaß, den er für eine horrende Summe in einem Laden in der Nähe der Carnaby Street gekauft hatte. Er hatte allerdings den Verdacht, dass es sich dabei in einem früheren Leben um eine Bettdecke gehandelt hatte, weshalb er dieses Kleidungsstück auch nie mit der notwendigen Überzeugung zu tragen vermochte. Folglich blieb es nicht allzu lange Bestandteil seiner Garderobe, eine Tatsache, für die ihm Swinging London ewig dankbar sein sollte.

Doch wo immer der Geruch von Räucherstäbchen in der Luft lag oder sich langhaarige Gestalten in bequemen, weiten Samthosen zusammenfanden (und das waren bloß die Mädels), war John nicht weit. Er war beispielsweise beim 24 Hour Technicolour Dream im Alexandra Palace in London im Sommer 1967 und verkündete leicht beeinflussbaren jungen Damen, dass er der abgefahrene DJ sei, der die Sendung *Perfumed Garden* auf Radio London mache, und sie ihn, wenn sie ihre Trümpfe richtig ausspielten, zum nächsten Exploding-Peppermint-Slipper-»Happening« begleiten könnten. Die betreffenden Damen erwiesen sich allerdings als weniger beeinflussbar, als es vielleicht den Anschein hatte, und so war seine Erfolgsquote eine satte Null.

Die Tatsache, dass John sich auf *How It Is* vorbereitete, indem er zusammen mit Richard Neville die Schlange am Einlass abschritt und nach gut aussehenden jungen Menschen weiblichen Geschlechts Ausschau hielt, die seinen Verlockungen eventuell zugänglicher waren als die Skeptikerinnen am Alexandra Palace, ließ vermuten, dass er seine Aufreißtechnik in dem Jahr, das seit dem 24 Hour Technicolour Dream vergangen war, nicht weiter ausgefeilt hatte.

John hatte unmittelbar im Anschluss an *How It Is* einen Auftritt, so dass er noch während der Aufzeichnung den Saal verließ, was mir aber, wenn ich mich recht erinnere, gar nicht auffiel. Als ich jedoch mit meinen Freunden aufbrechen

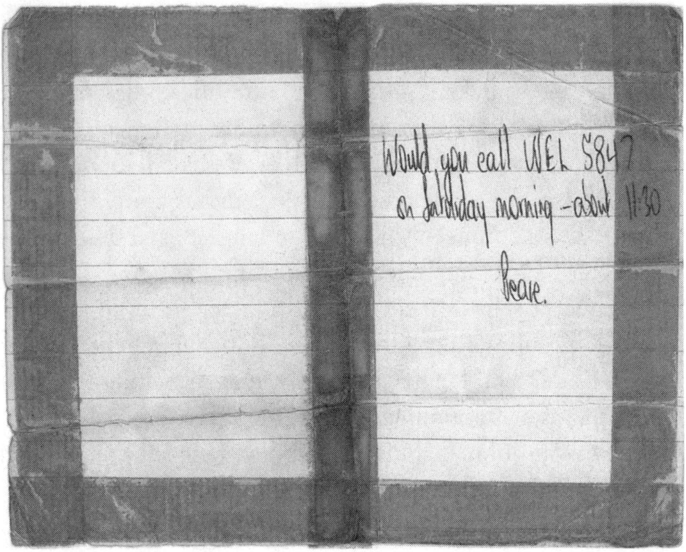

Der Zettel, den John Sheila überbringen ließ, als er sie zum ersten Mal sah

wollte, um unser Geld abzuholen, kam Ronald Fletcher zu mir, sprach mich ausgesucht höflich an und reichte mir einen Zettel, auf dem stand: »Würdest du bitte Samstagmorgen gegen 11:30 anrufen – WEL 5847«. Darunter stand nur ein Wort: »Peace«. Kein Name – nichts. Zuerst kam mir die ganze Sache sehr mysteriös vor, bis dann schließlich der Groschen fiel und ich dachte: Was mache ich denn jetzt?

Ich fuhr zurück in meine Bude in Putney und besprach die Angelegenheit mit meinem Wohnungsgenossen Terry, der mir zuredete, ich sollte anrufen. Zu diesem Zeitpunkt hatte ich nicht die geringste Lust dazu, obwohl ich doch ein wenig aufgeregt gewesen sein muss, denn noch am gleichen Abend telefonierte ich mit zu Hause und redete mit meinen Schwestern, deren weiser und wohl überlegter Rat lautete: »Mach es! Mach es!« Also ließ ich Verstand, Vernunft und mein grundsätzliches Misstrauen gegenüber Hippies in den Wind schießen und rief John am folgenden Morgen an. Er fragte mich, ob ich Lust hätte, abends mit ihm ins Kino zu gehen und den Film *2001: Odyssee im Weltraum* anzuschauen, der gerade angelaufen war.

Damit war der konventionelle Teil einer Verabredung auch schon erschöpft. Zunächst erklärte er mir, dass er mich gegen fünf Uhr abholen würde, nachdem er die Fußballergebnisse gehört hatte. Das mit den Spielergebnissen hätte ich ja noch verstanden, ich war selbst Fußballfan, was mir komisch vorkam, war die Uhrzeit. Wer geht um fünf Uhr nachmittags aus?

Es war alles andere als Rock'n' Roll, aber John steckte nun mal voller Überraschungen. Er war zwar ein Hippie, doch er machte sich nicht das Geringste aus Dope. Er hatte während seiner Love-and-Peace-Zeit gelegentlich Gras geraucht, wie er später den Kindern gerne erzählte, wann immer das Thema Drogen auf den Tisch kam, obwohl er in seinen Sechzigern an Marihuana wieder etwas mehr Geschmack fand als in den sechziger Jahren und gelegentlich bei speziellen Anlässen wie Festivals auch an dem einen oder anderen Riesenjoint mitzog.

Gras geraucht hatte er hauptsächlich zu der Zeit, als er noch in Kalifornien lebte. Zwei seiner Freunde unternahmen regelmäßige Schmuggelfahrten nach Mexiko und bunkerten ihre Ware in dem Holzschuppen, den John sein Heim nannte. Aus diesen Vorräten nahm John diverse Proben, doch, wie er später erklärte, trat weder ein, was die Fürsprecher der Droge in Aussicht stellten – »Du siehst Gott« –, noch bewahrheitete sich die Prognose der Gegner – »Du wirst glauben, du kannst fliegen, dann springst du von einem Hochhaus und bist tot«. Was ihm die Droge nach seiner Rückkehr nach England verleidet hat, war die dortige Angewohnheit, Joints mit Tabak zu drehen. John konnte den Geschmack nicht ausstehen, und wenn es auch einigen Mut gekostet haben muss, in einer Wohnung voller Hippies, die gerade auf *Sunshine*

Superman abgroovten, »nein« zu sagen, so nahm er das Risiko doch in Kauf, wenn er dadurch vermeiden konnte, auf seinen teuren neuen Kaftan zu kotzen.

LSD hatte John zwei Mal genommen, und nachdem die Sechziger abgeebbt waren, fand er den Konsum großer Mengen Drogen relativ uninteressant, wenn man von einer vegetarischen Currypaste absieht, die John unter Rauschgift einsortierte. Sein erster LSD-Trip war freiwillig und geplant gewesen, und er fand ihn ganz angenehm – er beschrieb ihn wie einen Besuch in Stratford-upon-Avon, man kann mal hinfahren und es sich anschauen, aber das reicht dann auch.

Bei der zweiten Gelegenheit, 1969, hatte John einen Auftritt im Roundhouse in Nord-London, und jemand gab ihm ein Eis, das mit Acid versetzt war. Damals lebten wir schon zusammen, und ich war zu Hause geblieben, um zu lernen. Als er später in der Nacht nach Hause kam, veranstaltete er einen Höllenlärm. Er rannte gegen die Möbel, knallte die Türen und polterte die Treppe hinauf und erzählte mir, dass er den Wagen zu Schrott gefahren hätte. Ich rannte hinaus, um nachzuschauen, aber das Auto hatte keinen Kratzer. Als ich wieder hereinkam, war John immer noch da, aber sein Blick war völlig abwesend, als wäre er in einer anderen Welt. Allmählich ging ihm auf, was passiert war, und er kämpfte dagegen an, was gemeinhin als das Falscheste bezeichnet wird, das man in einer solchen Situation tun kann. Wer immer ihm das Acid ins Eis getan haben mochte, musste weder an der Menge noch an der Qualität gespart haben, denn er war drei oder vier Tage lang nicht in der Lage, seinen eigenen Namen zu schreiben.

Dieses Erlebnis war es denn auch, das in sämtlichen Ansprachen an die Kinder vorkommen sollte, als bei jedem einzelnen von ihnen der Zeitpunkt für das große Gespräch über Drogen gekommen war. Dass ein Vortrag ihres Vaters anstand, merkten die Kinder jedes Mal daran, dass sie mit zwei getrennten Autos vom Schulbus abgeholt wurden. Alexandra und Thomas erinnern sich daran, dass bei jener Gelegenheit Flossie mit mir im Auto nach Hause fuhr, während John mit ihnen zu einem Parkplatz fuhr und ihnen die Geschichte von dem Eis mit Acid erzählte, wobei er sie ermahnte, bei aller Experimentierfreude stets zu bedenken, dass Rauschdrogen keiner Qualitätsprüfung unterliegen und eine Ecstasy-Pille keinen Gütestempel trägt, außer man hat einen außergewöhnlich gewissenhaften Dealer.

Da John seinen Körper als einen Tempel betrachtete, kam auch Bier an unserem ersten Abend nicht in Frage. Er kam wie versprochen um fünf Uhr mit seinem verbeulten Bedford-Campingbus vorgefahren, und los ging's. Kaum dass wir unterwegs waren, erklärte er mir, dass er mir etwas sagen müsste. »Ich fühle mich seit ein paar Tagen nicht besonders«, murmelte er, »und ich hoffe, es macht dir nichts aus, wenn wir erst noch bei meinem Arzt vorbeifahren, bevor wir ausgehen.« Das Ganze entwickelte sich zu einem Traum von einem Rendezvous – erst wird man um fünf abgeholt, keine Aussicht auf Alkohol und dann auch noch ein Zwischenstopp beim Arzt. Fehlte nur noch, dass der bei John Lepra feststellte.

Wir fuhren zu einer Praxis in Fulham, und ich saß im Wartezimmer, bis John wieder rauskam und reichlich niedergeschlagen sagte: »Ich soll mich sofort ins Bett legen. Ich habe Gelbsucht.« Es ist komisch, aber wenn ich zurückblicke, war mir schon aufgefallen, dass er irgendwie seltsam aussah, nämlich gelb, aber ich hatte mir absolut nichts dabei gedacht.

Ich sagte zu ihm: »Nun ja, dann bringst du mich am besten wieder nach Hause.« Aber er bat mich inständig, mit zu seiner Wohnung zu kommen. »Bitte geh nicht weg«, sagte er, »ich fühle mich wirklich hundeelend, komm doch bitte mit.« Also tat ich es. Er wohnte in Park Square Mews in der

Nähe von Regent's Park, und seine Wohnung war unglaublich. Sie war einfach »groovy«, es lässt sich nicht anders formulieren, auch wenn ich selbst dieses Wort ganz grausig finde. Überall brannten Räucherstäbchen, und um das Bild abzurunden, war Johns Mitbewohner ein androgyner Fotograf namens Beautiful Peter, der eine umwerfende Blondine als Freundin hatte, die ebenfalls ständig in der Wohnung herumhuschte.

Es war fast wie ein Kulturschock, dies war eine ganz andere Welt, als die, die ich gewohnt war. Meine Freunde Gerry und Terry waren im Grunde genommen so wie ich – einer stammte aus Halifax, der andere aus Barnsley, während ich aus Shipley in der Nähe von Bradford kam. Nicht, dass John dachte, Hippies wären bessere Menschen, er vertrat immer die Auffassung, dass Aussteigertum mehr oder weniger eine Angelegenheit der Mittelklasse darstellte, während sich Leute aus der Arbeiterklasse oder solche mit nur wenig Geld diesen Luxus nicht leisten könnten. Und aufgrund der persönlichen Erfahrungen, die ich in den Sechzigern im Umgang mit Hippies machte, stimme ich ihm zu. Auf mich wirkten sie immer elitär, und ich hatte nie das Gefühl, wirklich auf einer Ebene mit ihnen zu sein. Ich fand sie faszinierend, aber richtig wohlgefühlt habe ich mich in ihrer Gegenwart nie.

Ich hatte an jenem Abend meine Bude verlassen in der Erwartung eines wenn schon nicht feuchten, dann wenigstens fröhlichen oder romantischen Abends, und kaum eine Stunde später fand ich mich in einem von Räucherstäbchendunst erfüllten Refugium wieder und pflegte einen DJ, der mit Gelbsucht daniederlag. Es war zwar nicht die konventionelle Art, eine Romanze anzufangen, aber es war dennoch ein netter Abend. Wir redeten viel und hörten Schallplatten. Er war unglaublich aufmerksam und freundlich, und er sah sehr gut aus. Ich fühlte mich von Anfang an zu ihm hin-

John erholt sich von seiner Gelbsucht

gezogen. Vielleicht sind wir uns auch deswegen gleich am ersten Abend so nahe gekommen, denn dadurch, dass ich die Krankenschwester für ihn spielte, entwickelte sich eine gewisse Zärtlichkeit von selbst. Nicht, dass die Gelbsucht seine Triebe außer Kraft gesetzt hätte. Was immer die Symptome sein mochten, eine Verminderung der Libido zählte in Johns Fall nicht dazu.

Ich konnte es kaum fassen, dass John am nächsten Morgen, umstrahlt von einer gelben Aureole – die allerdings von der Gelbsucht herrührte und nicht von seiner angeborenen Göttlichkeit, die aus seinen Poren drang –, aus dem Bett aufstand und sich auf den Weg zu Radio 1 machte, um wie jeden Sonntagnachmittag seine Sendung *Top Gear* zu moderieren. Ich war deswegen erschrocken, weil er die ausdrückliche Anweisung hatte, im Bett zu bleiben, doch im Lauf der sechsunddreißig Jahre, die wir seitdem zusammen verbracht haben, gewöhnte ich mich an diese seine Einstellung. John hatte ein militärisches Durchhaltevermögen und ließ sich durch nichts davon abhalten, seine Pflicht zu tun, weder durch ärztlichen Rat noch durch Vernunft oder Erdbeben.

Daran änderte sich auch nie etwas. Als er Nierensteine hatte und seine Schmerzen so stark waren, dass er nicht mehr Auto fahren konnte, fuhr ich ihn von Suffolk nach London, wo er seine Sendung moderierte und sich anschließend von mir wieder nach Hause bringen ließ. Die BBC hätte garantiert jemanden auftreiben können, der ihn vertreten hätte, aber John wollte nicht. Er musste die Sendung machen. Ähnlich war es auch in den Jahren, als er seine Sendung abends von seinem Studio in unserem Haus ausstrahlte und ich sah, dass er einfach nur Schlaf brauchte. Ich machte ihm etwas zu essen, schimpfte mit ihm, und er ging einfach wieder in sein Studio und machte seine Sendung – und zwar besser als je zuvor, weil es ihn so viel Anstrengung kostete. Es gab Situationen, da musste selbst er eingestehen, dass die Show nicht weiterlaufen konnte und er einfach nicht in der Lage war, seine Arbeit zu machen, wie beispielsweise 2001, als er ins Krankenhaus eingeliefert wurde und die Ärzte feststellten, dass er Diabetes hatte. Aber selbst da musste man bewaffnete Wachen vor seinem Zimmer aufstellen und das Fenster von Scharfschützen ins Visier nehmen lassen, für den Fall, dass er versuchen sollte, auf den Zug nach London aufzuspringen, um seine Sendung zu moderieren (allerdings hatten die Scharfschützen die strikte Anweisung, nur unterhalb seiner Knie zu zielen).

An jenem Sonntagnachmittag 1968 fuhr ich mit John zur BBC und schaute ihm zu, wie er seine Sendung machte, die damals um drei Uhr losging und zwei Stunden dauerte. Ich kannte ihn zwar noch keine vierundzwanzig Stunden, aber als ich da saß und die Toningenieure beobachtete und zuhörte, wie Jimmy Saville die Ansage machte, wurde mir auf einmal angst und bange um John. Nicht weil Jimmy Saville so furchterregend gewesen wäre (jedenfalls nicht über das für ihn übliche Maß hinaus), sondern weil da ein Mann war, in den ich immer mehr verliebt war und der jetzt auf Sendung gehen sollte, während das ganze Land zuhörte. Ich war mit den Nerven am Ende, während John wie die Gelassenheit in Person wirkte, auch wenn er gesundheitlich schwer angeschlagen war und der gelbliche Schimmer, den er ausstrahlte, etwas irritierend wirkte.

Wenn ich jetzt in seinen Tagebüchern blättere, stelle ich fest, dass auch John in den Stunden vor seiner ersten Sendung bei Radio 1 angst und bange war. Radio 1 existierte damals erst einen Tag und teilte sich die Sendezeit mit Radio 2. John war auf Betreiben des Produzenten Bernie Andrews, der sehr angetan war von Johns Moderationsstil und seiner Musikauswahl bei der Show *The Perfumed Garden* auf Radio London, als einer der Co-Moderatoren ausgesucht worden, die Pete Drummond auf der Kommandobrücke von *Top Gear* unterstützen sollten. Neben John standen noch Mike Ahern, Tommy Vance und Rick Dane auf der Liste, doch Bernie wollte schon damals John auf Dauer als Moderator etablieren, auch wenn es seitens seiner Chefs bei Radio 1 dagegen Bedenken gab.

Robin Scott, der damals Controller bei Radio 1 war, hat einmal erklärt, dass »man damals im Sender ein ungutes

Gefühl hatte, John von der Leine zu lassen, denn er war schon eine ziemlich eigensinnige Persönlichkeit«. Doch am Morgen des 1. Oktober 1967 war John alles andere als eine wilde Bestie, die unter Strom stand. »Ziemlich aufgeregt gewesen, als ich aufgewacht bin«, notiert er, bevor er anmerkt, dass Bernie »guter Dinge« war. Er fährt fort:

> Hatten einen amüsanten Probedurchlauf, obwohl Peter und ich große Mühe hatten, unsere Nervosität, Nervosität, Nervosität zu verbergen. Um 1:15 zusammen zum Lunch gegangen. Ich habe nur Kaffee getrunken und war extrem nervös. Ab 2:00 auf Sendung, gleich im Anschluss an Ed Stewart, der sich völlig schrill und panikerfüllt angehört hat. Während der ersten halben Stunde waren Peter und ich zwar kompetent, aber ein bisschen steif. Nach dem kurzen Nachrichtenblock lief es dann routinierter. Es war kein Vergleich mit *Perfumed Garden* – ich hoffe, die Leute verstehen, dass das erst später so weit sein wird. Hatte ein paar gute Zeilen, glaube ich. Keine großen Fehler. Aber es hat schwer an den Nerven gezehrt. … Gegen 4:30 war ein bisschen die Luft raus, aber wir haben uns bis 5 über die Runden gerettet … Robin Scott war auch da … Plötzlich bekam ich einen Panikanfall und habe mir meine Sachen geschnappt und bin gegangen. Als ich die Regent Street entlanglief, rief plötzlich ein Busfahrer: »Klasse Sendung, sehr gut.« Das war nett.

Als John an diesem Abend zurückkehrte, fand er Trost bei Shirley, seiner ersten Frau, während Bernie ihn anrief, um ihm mitzuteilen, dass die ersten Reaktionen durchweg positiv waren. Der Eintrag in seinem Tagebuch spiegelt allerdings eine ungute Gefühlslage wider, um es vorsichtig auszudrücken, und endet mit einem traurigen Hinweis auf das sich anbahnende Auseinanderbrechen seiner Ehe mit Shirley. »Shirley sehr unglücklich – armes kleines Wesen«, schreibt er und fügt hinzu: »Sie wird es bald verstehen.« Am nächsten Morgen erzählte ihm jemand, Johnny Vance hätte behauptet,

»die Show war lahmarschig«, doch es tröstete ihn, dass »in der *Daily Mail* etwas Positives stand« und »Peel allgemein gute Kritiken« geerntet hatte. Es mag befremdlich erscheinen, dass John über sich selbst in der dritten Person schreibt, doch lässt sich das durch den folgenden Satz erklären, in dem er auf die positiven Kritiken eingeht und gesteht: »Ich hatte gar nicht das Gefühl, dass ich es bin.«

Bernie hatte großes Vertrauen in John, und obwohl fast ein ganzer Monat verstrich, bis er zum zweiten Mal *Top Gear* co-moderieren sollte, war er ab dem 29. Oktober bereits ein fester Bestandteil. Ab dem 12. November moderierte er zusammen mit Tommy, bis er am 4. Februar 1968 die Sendung als alleiniger Moderator übernahm.

Ich habe John bei etlichen Gelegenheiten ängstlich und unsicher erlebt, aber am Mikrofon war er stets in seinem

Bei der Moderation von *Top Gear*

Element. Selbst an jenem Sonntagnachmittag, als ich Nägel kauend danebensaß und zuschaute, wie er mühsam die zweistündige Sendung über die Runden brachte. Als es zu Ende war, brachte er mich nach Hause und ging, soweit ich weiß, anschließend wieder ins Bett und träumte einen sehnsüchtigen Wachtraum, der mich betraf. Vielleicht hat er aber auch nur *Piper At The Gates Of Dawn* aufgelegt und noch ein Räucherstäbchen angezündet.

Es dauerte eine ganze Weile bis mir klar wurde, dass John und ich zusammen waren. Zunächst hatte unsere Beziehung einen eher lockeren Charakter. Ich wusste, dass er sich mit anderen Leuten traf, und so dachte ich: Prima, dann kann ich das ja auch. Deswegen erstaunt es mich so, in dem Brief, den er 1968 an Tom Robinson geschrieben hat, zu lesen, dass er sich in mich verliebt hätte. Wir hatten Spaß zusammen, und ich genoss es, in seiner Nähe zu sein, aber er machte keineswegs den Eindruck, er sei in mich verliebt.

Dennoch nahm ich ihn im Januar 1969 mit zu meinen Eltern. Das war ein großer Schritt. John hatte einen Auftritt zusammen mit einer Band namens A For Andromeda, die in der großen Aula der Universität von Bradford spielte – derselben Aula übrigens, in der John dreiunddreißig Jahre später einen Ehrendoktor verliehen bekam. Wir reisten mit der Band zusammen an; das Wetter war grauenhaft, und der Bus quälte sich mühsam durch den dichten Schnee. John und ich wohnten bei meinen Eltern in Shipley. Es war ein ziemliches Aufeinanderprallen zweier Welten. Mit jemandem wie John hatten sie absolut nicht gerechnet. Sie waren noch nie jemandem aus der Medienbranche begegnet, und einem Menschen wie John schon gar nicht. Ich denke, man kann durchaus behaupten, dass er damals schon berühmt war. Sogar die Lokalzeitung brachte einen Bericht über seinen Besuch in Bradford, aber vielleicht war ja auch in jener Woche nichts los – keine Katzen, die von irgendwelchen Bäumen gerettet werden mussten, oder Sonderangebote im Co-op.

Meine Eltern machten einen etwas besorgten Eindruck, aber John war unglaublich nett. Er war außerdem extrem schüchtern, eine Eigenschaft, die er sein ganzes Leben lang nicht ablegte. Vielleicht war es ein wenig fies von mir, ihn aufzuziehen, als er meine Eltern fragte, ob er ein Bad nehmen könne. Ich sagte zu meiner Mutter, sie solle die Blechwanne vor den Kamin stellen, während ich schon mal heißes Wasser holen würde, und aus Johns Gesicht sprach mit einem Mal das reine Entsetzen. Er war bereits auf der Toilette gewesen, doch das Bad befand sich in einem separaten Raum im Erdgeschoss, so dass er nicht ahnen konnte, dass ich nur einen Witz machte. Wenn Mutter nicht gesagt hätte, ich sollte aufhören, mich so scheußlich zu benehmen, wer weiß, vielleicht hätte ich den Scherz sogar bis zu seinem erniedrigenden Ende getrieben.

Den größten Teil des Abends saß John im Schneidersitz in einer Ecke des Wohnzimmers meiner Eltern. Stühle und Sessel mochte er einfach nicht – ich glaube, es war so eine Hippie-Attitüde. Er hatte stets einen tragbaren Plattenspieler dabei, so ein winziges Ding, auf dem er Singles hören konnte, und er saß nur da und hörte Schallplatten und las die Zeitung. Es war keine Unhöflichkeit; er konnte gegen seine Schüchternheit einfach nicht an, und daran sollte sich auch in der Folgezeit kaum etwas ändern.

Wenn wir in späteren Jahren zu einer Party gingen, suchte sich John gleich nach unserer Ankunft irgendeine Beschäftigung, die es ihm ermöglichte, den üblichen Partyformalitäten und Gesprächen aus dem Weg zu gehen, die ihn mit Unbehagen erfüllten. Er brauchte etwas, womit er sich befassen konnte, und sobald er etwas gefunden hatte, blieb er dabei, solange es ging. Es war nicht unüblich, dass John drei Stunden damit zubrachte, das Geschirr zu spülen oder

Kaffee zu kochen, während im anderen Zimmer die Party tobte. Es gab immer wieder Leute, die bei ihm vorbeischauten, kurz mit ihm plauderten und dann wieder weiterzogen. Andernfalls hätte man ihn überhaupt nicht bemerkt. Während der Partys bei uns zu Hause war er nicht ganz so schlimm, ich glaube, er war eher ein Typ für Heimspiele, und Auswärtsspiele lagen ihm einfach nicht so sehr.

Wenn er allerdings erst einmal in eine Umgebung eingetaucht war, blühte er richtiggehend auf. So beklagte er sich beispielsweise häufig über die Tatsache, dass der ganze Betrieb bei Radio 1 seit den Neunzigern so aufgesplittert war, dass kaum noch Kontakt zwischen den einzelnen Mitarbeitern bestand und die DJs im Gegensatz zu den Siebzigern so gut wie nichts mehr miteinander zu tun hatten, weshalb sich teilweise nur bei der jährlichen Weihnachtsfeier die Gelegenheit bot, den einen oder anderen Kollegen zu treffen. Über Chris Moyles lästerte John jedes Mal ab, wenn er ihn im Radio hörte. Wobei »lästern« seine anfängliche Haltung nur ungenügend umschreibt. Wörtlich sagte er: »Als Chris Moyles bei Radio 1 anfing, habe ich wirklich mit dem Gedanken gespielt, mir einen Sprengstoffgürtel umzubinden und uns beide zu erledigen. Ich bin ja schon alt, da kommt's nicht mehr so drauf an.« Als sie sich jedoch bei einer der immer seltener vorkommenden internen Veranstaltungen von Radio 1 persönlich begegneten, musste John feststellen, dass er ihn gar nicht so unsympathisch fand – im Gegenteil.

John ging immer gern ins Büro, das war sein Revier, da gehörte er hin. Er hatte seine eigene Ecke, in der er saß und sich fühlte wie ein Vater, der über seine Kinderschar wacht, was ihm immensen Spaß bereitete, besonders dann, wenn die Produzenten anderer Sendungen bei ihm hereingeschneit kamen und ihn fragten, ob er ihnen sagen könne, von wem ein bestimmter Mix oder ein Sample stammte. Es war ein einziges Großraumbüro, das aussah wie ein großes Call-

Center, mit dem Unterschied, dass an jedem Arbeitsplatz eine Stereoanlage stand. Hier saßen alle auf einem Haufen, die mit irgendwelchen »Spartenprogrammen« befasst waren, wie diese Sendungen euphemistisch betitelt wurden – Zane Lowe, Annie Nightingale, Steve Lamaq –, und John fühlte sich pudelwohl. Wenn er müde war, legte er sich unter seinen Schreibtisch und schlief. Die Musik und die Unterhaltungen der anderen liefen derweil ungebremst weiter, doch das konnte ihn nicht aus seinem Schönheitsschlaf wecken.

Das Gleiche passierte bei Radio 4, wo John die Sendung *Home Truths* bestritt. Als der Chefproduzent der Sendung, Chris Berthoud, John zum ersten Mal unter seinem Schreibtisch in dem winzigen Büro liegen sah, dachte er, es wäre ein Unfall passiert. In seinen Anfangstagen beim Radio kuschelte John sich gewöhnlich unter seinem Schreibtisch zusammen, später ging er dazu über, sich zum Schlafen auf einen Stuhl zu setzen. Chris gewöhnte sich allmählich daran, und wenn er manchmal Besucher durch das Gebäude führte und sie in Johns Büro kamen, sagte er schon mal: »Hier wird *Home Truths* gemacht, und der Mann, der da schläft, ist John Peel.« John behauptete, seine Fähigkeit, überall einschlafen zu können, sei ein Resultat seiner Tage bei der Armee, wo er mehr als einmal auf der Ladefläche von Lastern übernachtet hatte.

Bei Radio 1 und Radio 4 war er ganz in seinem Element. Doch wenn man ihn in eine neue Umgebung verfrachtete, zog er sich wie ein Einsiedlerkrebs in sein Haus zurück. Andererseits war er nicht in der Lage, mit der Schüchternheit anderer Leute umzugehen oder sie überhaupt als solche zu erkennen. So ärgerte es ihn maßlos, dass er es nicht schaffte, Neil Young mehr als ein paar Floskeln zu entlocken, als der in Begleitung von Mike Willis, der für Youngs Plattenfirma arbeitete, bei John zu Hause in Regent's Park vorbeikam. Ein paar Jahre zuvor war John bei einem Konzert in der Orange

Hall von San Bernardino Ansager gewesen, wo die Byrds Headliner waren, während Buffalo Springfield ganz unten auf dem Plakat standen. Die Byrds ignorierten John völlig, als er sich ihnen vorstellte, und verscherzten sich damit seine Sympathien an jenem Abend so nachhaltig, dass es ihm von da an schwerfiel, ihre Musik zu mögen. Neil Young hingegen war sehr gesprächig und erklärte John in der Garderobe, dass dies das erste richtige Konzert der Band war, weshalb sein Schweigen in späteren Jahren John ziemlich verunsicherte. Allerdings blieb Johns Wertschätzung für Youngs Musik davon unberührt; wir waren 1976 bei einem großartigen Auftritt von Neil Young and Crazy Horse im Hammersmith Odeon, und eine ganze Weile konnten wir keinen Meter mit dem Auto fahren, ohne dass eine abgenudelte Kassettenkopie von *Everybody Knows This Is Nowhere* lief,

John mit den Byrds, die sich weigerten, mit ihm zu reden

das John für eins der zehn besten Alben aller Zeiten hielt (wobei seine Top Ten etwa zweihundert Alben umfasste).

Ich war stets der Auffassung, dass Neil Young von einer ähnlich großen Schüchternheit geplagt war wie John und dass John dies während des Besuchs bei ihm zu Hause einfach gar nicht mitbekommen hatte. Wohingegen ich Johns Einschätzung von Nico schon eher nachvollziehen kann. »Unglaublich schlechte Manieren«, hatte er ihr 1977 in seinem Tagebuch attestiert. »Andy Warhol supercoole Rattenscheiße«, hatte er getobt, als sie ihn am 4. Februar jenes Jahres mitten im Gespräch einfach hatte stehen lassen.

An seinem ersten Abend im Haus meiner Eltern wuselte meine Mutter wie verrückt um John herum. Andauernd brachte sie ihm Kuchen oder eine weitere Tasse Tee. Sie fanden ihn vielleicht ein wenig eigenartig, aber sie mochten ihn. Das sollte sich in der Woche darauf grundlegend ändern. John und ich waren zurückgekehrt nach London, und unser Leben verlief in den üblichen Bahnen – John machte Auftritte, ich ging zum College und begleitete ihn zu seinen Shows, wann immer mein Studium es mir erlaubte. In der Zwischenzeit hatten meine Eltern die neueste Ausgabe der Lokalzeitung, *Telegraph & Argus*, in die Hand bekommen und waren natürlich auf den Artikel über John gestoßen, in dem etliche Details über seine Person zu lesen waren, die sie nach unserem Dafürhalten nicht unbedingt hätten wissen müssen.

Daraufhin schrieb mir mein Vater einen Brief, der mich aus allen Wolken fallen ließ. Ich hatte eigentlich gedacht, die Begegnung mit meinen Eltern wäre einigermaßen glatt verlaufen, auch wenn sie bei seinem Anblick nicht gleich in Jubelgeschrei ausgebrochen waren. Er sah ja auch nicht unbedingt aus wie das Traumbild, das sich Eltern üblicherweise von dem möglichen Lebensgefährten ihres Kindes machen. Vermutlich hatten sie gewisse Zweifel, dass ich auf Dauer glücklich werden könnte mit einem Mann, der in einem Mantel aus Kunstpelz, Basketballschuhen und Cordhosen herumlief. An einer der Gürtelschlaufen jener Cordhosen baumelte eine kleine Maus aus Plastik, und wenn man den Reißverschluss dieser Maus öffnete, kam ein winziger kastanienbrauner Schlafanzug zum Vorschein, den Sandy Denny von Fairport Convention genäht hatte. Er liegt in diesem Augenblick vor mir auf dem Küchentisch. Er ist wunderbar bestickt, und jede Maus mit ein bisschen Modebewusstsein könnte sich damit in der Welt der Nager zum Noël Coward aufschwingen. Doch so exzentrisch John auch sein mochte, am Ende des Abends hatten er und meine Eltern einen Draht zueinander gefunden, und ich weiß noch, wie glücklich und zufrieden wir am nächsten Morgen waren, als John und ich einen Spaziergang im Park machten. Der Schnee unter unseren Füßen war festgestampft und dämpfte jeden unserer Schritte, und es schien, als seien wir völlig abgeschnitten vom Rest der Welt.

Doch nun hielt ich einen Brief von meinem Vater in Händen, in dem er verlangte, meine Beziehung zu John zu beenden und nie mehr etwas mit ihm zu tun zu haben. Aus irgendeinem unerfindlichen Grund hatte John in dem Interview mit der Zeitung erwähnt, dass er verheiratet war, seine Frau und er sich aber auseinandergelebt hatten. Für den *Telegraph & Argus* war das möglicherweise die Enthüllung des Jahres, doch John hatte nie ein Geheimnis aus seiner ersten Ehe gemacht und sich stets sehr offen darüber geäußert – was für alles andere genauso galt, wenn ich es recht bedenke. In verschiedenen Kolumnen, die er verfasste, rekapitulierte er seine negativen Erfahrungen, die er in einer unglücklichen Ehe gemacht hatte, um seine junge Leserschaft dahin gehend zu beeinflussen, dass sie sich Entscheidungen von solcher Tragweite doch besser gründlich überlegte. »Meine Frau und ich waren beide sehr jung, als wir heirateten«, schrieb er einmal, »und außerdem, so glaube ich heute, hatten wir die falschen Gründe dafür. Es war, nur damit keine Missverständnisse aufkommen, keine Hochzeit, bei der mein Schwiegervater mit geladener Flinte hinter mir gestanden hätte – aber wir hatten unterschiedliche Vorstellungen, und das passte vermutlich nicht zusammen. Die Ehe ist eine sehr ernsthafte Angelegenheit, und man sollte sich darüber im Klaren sein, bevor man diesen Schritt macht. Man muss darauf achten, den Partner nicht für selbstverständlich zu erachten – darin liegt eine große Gefahr.«

Ich kann dem nur hinzufügen, dass er sich in unserer Ehe an seine Worte gehalten hat. Wann immer er fort war, wollte er schnellstens wieder zurück zu den Kindern und mir. Manchmal kostete es einige Mühe, sich seinem Bedürfnis nach Nähe zu entziehen. Er war alles andere als glücklich darüber, als ich einen Spanischkurs im Dorf belegte, denn er hätte mich lieber zu Hause in seiner Nähe gehabt. Ich erklärte ihm, er solle doch mitkommen, doch dazu hatte er keine Lust, weil er eine seltsame Aversion dagegen hegte, wenn ihm etwas beigebracht werden sollte. Nicht, dass er Wissen als solches abgelehnt hätte, im Gegenteil, er hortete Informationen mit der gleichen obsessiven Sammelleidenschaft, mit der er auch Notizzettel und Andenken aufbewahrte (irgendwo im Haus steht eine Kiste mit meinen gesammelten Einkaufszetteln aus über dreißig Jahren). Doch Unterrichtssituationen gingen ihm einfach grundsätzlich gegen den Strich.

Seine Konsequenz und Beharrlichkeit waren zwar bewundernswert, gelegentlich hatten sie aber auch ihre Nachteile. Einmal konnten wir zwei Wochen lang nicht fernsehen, weil er darauf bestand, die Bedienungsanleitung für die Fernbedienung ohne fremde Hilfe zu dechiffrieren. Dann gab es da noch den Laptop, den Freunde und Familienmitglieder ihm gekauft hatten, damit er dieses Buch darauf schrieb, und der über ein Jahr lang nur in seinem Zimmer herumstand. Thomas hatte ihm mehrfach angeboten, ihm zu erklären, wie er funktioniert, doch John hatte immer wieder abgelehnt; er wollte selbst dahinterkommen, auch wenn es länger dauerte, um hinterher sagen zu können, dass *er* es geschafft hatte. Das ist auch der Grund, warum er so lange gebraucht hat, um dieses Buch zu schreiben, und warum wir nun in diesem Schlamassel sitzen.

In Johns Jugend gab es niemanden, mit Ausnahme von R. H. J. Brooke, der ihm das Gefühl vermittelte, wichtig oder bedeutend zu sein, insofern kann man seine Sturheit als einen Versuch deuten, zu beweisen, dass er eben doch nicht so übel war. Wann immer er in seinen späteren Jahren ein technisches Problem meisterte, war es seine Art zu sagen: Ich kann das, ich kann auf meinen eigenen Füßen stehen. Einmal brachte er einen ganzen Abend damit zu herauszufinden, wie das Senden einer SMS funktioniert, damit er Flossie Nachrichten schicken konnte, wenn sie an der Universität war. Er war ein wahrer Könner, wenn es darum ging, den Bach, der in der Nähe unseres Hauses verläuft, bei starkem Regen von Treibgut frei zu räumen, damit er sich nicht staut. Wann immer die Straße überflutet wurde, stapfte er in seinen Gummistiefeln hinaus, schnappte sich eine Hacke oder einen Rechen oder was er sonst in die Finger bekam, und machte sich ans Werk. Nach getaner Arbeit trottete er die Auffahrt hinauf, sichtbar von Stolz erfüllt, und wartete darauf, dass man ihm anerkennend auf die Schulter klopfte. Er hatte immer das Gefühl, in handwerklichen Dingen zu versagen, denn er war kein Heimwerker – was unser Haus und den Garten anging, so war ich diejenige, die fürs Anstreichen und Einrichten verantwortlich war oder alles Mögliche reparierte und beispielsweise die Heizung entlüftete.

Tief in seinem Inneren wusste er jedoch, dass seine Arbeit ihren eigenen Wert hatte. In einer seiner Kolumnen für die

Zeitschrift *Disc and Music Echo* fasste er 1971 knapp zusammen, warum er überhaupt Radiosendungen machte, nachdem er einen Brief von einem Hörer erhalten hatte, der ihm für seine Sendungen dankte: »Haargenau das ist offen gestanden der Grund für alles, was ich tue. Die Sendungen, an denen ich beteiligt bin, haben nur das eine Ziel, nämlich euch alle da draußen auf irgendwelche Musik zu stoßen, mit der ihr euch andernfalls vielleicht nicht auseinandersetzen würdet.« Es hört sich simpel an, aber dies ist die Essenz dessen, was John machte.

Die Beziehung zwischen John und seinen Hörern, von *The Perfumed Garden* bis *Home Truths*, war geprägt von Offenheit. Für John gab es kein Tabu, und seine bewusste Ablehnung von Schamgrenzen irritierte manche Leute. Man hat mich oft gefragt, ob ich nicht etwas dagegen hatte, dass John in *Home Truths* so viele Details aus unserem Familienleben preisgab. Meine Antwort war immer, dass es mich nicht groß kümmerte, was sollte so schockierend daran sein, dass es bei uns manchmal chaotisch zuging und seltsame oder manchmal auch peinliche Dinge passierten? Ging es nicht jedem so? Die Kinder waren davon auf Dauer allerdings weniger begeistert, besonders wenn sie von den Eltern ihrer Freunde zu hören bekamen: »Oh, wir haben am Wochenende in *Home Truths* schon alles über deine Klassenarbeit/Stimmungsschwankungen/deinen entstellenden Hautausschlag gehört.« Doch sobald die Kinder John klargemacht hatten, was sie davon hielten, versprach er, in seinen Sendungen mehr Diskretion walten zu lassen.

Johns Offenheit nahm manchmal erschreckende Ausmaße an. 1969 hatte die BBC eine Fernsehsendung in Auftrag gegeben, die sich mit der epidemischen Ausbreitung von Geschlechtskrankheiten befasste, die damals im Land grassierten. Um Zuschauer auf das Programm aufmerksam zu machen, hatte man den Produzenten und Moderator Tony van der Berg als Gast zu *Night Ride* eingeladen, einer von Johns Sendungen für Radio 1. Man war, auch wenn es nicht ausgesprochen wurde, in der Chefetage offensichtlich der Auffassung, dass es unter Johns Hörern vermutlich einen größeren Anteil von Leuten gab, die an Geschlechtskrankheiten litten, als beim Rest der Bevölkerung. Im Verlauf der Unterhaltung, die live übertragen wurde, sagte Tony, eines der Hauptprobleme, mit denen die Gesundheitsbehörden in ihrem Bestreben konfrontiert seien, die Aufklärung auf diesem Gebiet voranzutreiben und die allgemeine Ahnungslosigkeit zu bekämpfen, bestünde darin, dass niemand, der an einer solchen Krankheit litt, dieses öffentlich zugab. »Ich glaube, da kann ich dir helfen«, zwitscherte John. »Ich habe eine, und zwar gerade jetzt.« Was in der Tat zutraf: Die Symptome sind in all ihrer grauenvollen Pracht in seinem Tagebuch festgehalten, wo er sich darüber auslässt, sich »den guten alten Tripper eingefangen« zu haben, und darüber klagt, dass sich »unangenehme Empfindungen im Peel'schen Penis regen«.

Im Anschluss an Johns Geständnis in *Night Ride* liefen die Telefone bei der BBC heiß. Es wurden Kampagnen gestartet, um ein Sendeverbot für John zu erwirken, anscheinend war man der Auffassung, dass Harnwegsentzündungen sich per Radiowellen verbreiten könnten. Als gegen die Zeitschrift *OZ* 1971 ein Prozess wegen Verbreitung obszöner Darstellungen stattfand, bei dem John als Zeuge der Verteidigung vorgeladen war, ordnete der Vorsitzende Richter, offensichtlich in dem Glauben, dass Geschlechtskrankheiten über Geschirr übertragen werden können, an, dass ein Glas, aus dem John einen Schluck Wasser getrunken hatte, entsorgt wurde.

Noch Jahre später war sich John sicher, dass sein Name in den Akten der Behörden unter der Bezeichnung »VD DJ« geführt wurde (VD = Verneral Disease = Geschlechtskrankheit – Anm. d. Übersetzers). Es verging kaum eine Woche, in der nicht jemand anrief, der unbedingt über das Thema Tripper diskutieren wollte, doch John hatte sein Herz sozusagen verschlossen und sich abgewendet.

Glücklicherweise ereignete sich all dies erst, nachdem John meine Eltern getroffen hatte. Aber selbst das wäre noch eine Kleinigkeit gewesen verglichen mit dem Hauptgrund für ihre Ablehnung. Meine Eltern waren strenggläubige Katholiken, und als solche konnten sie es nicht billigen, dass ich mich mit einem verheirateten Mann einließ, auch wenn der einzige Kontakt zwischen ihm und seiner Frau darin bestand, dass sie ihn anrief, wenn sie Geld brauchte.

Meinen Eltern war es gleichgültig, wie der Kontakt zwischen John und seiner Frau aussah. Sie wollten nur, dass es zwischen uns zu Ende war. Mir einen Brief zu schreiben, in dem er mich bat, die Beziehung mit John zu beenden, muss meinem Vater unermesslich schwergefallen sein. Er war ein sehr sanfter Mann, und aus jeder Zeile seines Briefes, so ernst er auch gehalten war, sprach tiefe Zuneigung. Ich erinnere mich noch daran, dass er mit den Worten »Nun denn, mein Liebes« begann und in aller Aufrichtigkeit mit dem Wort »Puh« endete. Ich habe den Brief nicht mehr, denn ich konnte ihn einfach nicht aufheben.

Was es noch schwieriger machte, den Brief zu lesen, war die Tatsache, dass sich die Dinge zwischen mir und John entgegen der Hoffnungen meiner Eltern zunehmend ernster entwickelten. Nicht, dass ich keine Konkurrenz gehabt hätte, doch er sagte später, dass er die Auswahl auf zwei Kandidatinnen eingegrenzt und ich schließlich das Rennen gemacht hatte. Von Zeit zu Zeit lief John dieser anderen Frau über den Weg, und er bemerkte jedes Mal, wie toll sie sich von dieser für sie unzweifelhaft schlimmen Enttäuschung wieder erholt hatte.

Im Frühjahr 1969 zog ich zu ihm in das Haus in Park

Square Mews. Beautiful Peter schien nichts dagegen zu haben, dass John das gemeinsame Heim als »Peel Acres« bezeichnete, ebenso wenig wie ich etwas dagegen einzuwenden hatte, dass er mich gleich zu Beginn unserer Beziehung mit dem Namen »The Pig« bedacht hatte, weil ich so ein schnorchelndes Lachen habe. Seit unseren Anfangstagen hat John mich immer Pig genannt, so dass auch seine Hörer und Leser mich unter diesem Namen kannten. Einer seiner Bekannten machte einmal einen Goldschmiedekurs und fertigte für mich einen silbernen Ring in der Form eines Schweins an. Als John und ich 1974 heirateten, ließ er sich einen identischen Ring machen. Es ist ein merkwürdiges Gefühl, wenn ich bedenke, dass es jetzt kaum noch jemanden gibt, genauer gesagt niemanden, der mich Pig nennt.

Eine Zeichnung, die John von sich und Sheila gemacht hat.

Der Gedanke, der hinter Peel Acres steckte, war wohl eher eine Art Verschrobenheit im Sinne von P. G. Woodehouse als eine Manifestation des Egos, wie es Michael Jacksons Ranch Neverland darstellt. Jedenfalls wären wir garantiert nie auf die Idee gekommen, unseren Garten mit exotischen Kreaturen wie Straußen und Schimpansen zu bevölkern, obwohl wir zugegebenermaßen einem Reh mit dem Namen Rose (weil Rosenblätter das Erste waren, das es zu essen versuchte) Unterschlupf gewährten, wobei wir dieses zerbrechliche Wesen allerdings, wie ich zu unserer Entlastung hinzufügen muss, gerettet und nicht gekauft hatten, damit John in der Liga der Exzentriker ein paar Plätze nach oben rutschte.

Mit der Bezeichnung Peel Acres bedachte John jeden Ort, an dem er lebte. Die Kinder haben gelegentlich ihr Unbehagen über die allgemein verbreitete und von John ein halbes Leben lang sorgsam genährte Annahme zum Ausdruck gebracht, dass wir tatsächlich ein großartiges Anwesen mit dem Namen Peel Acres bewohnen, wohingegen unser Landhaus zwar sehr wohl einen Namen trägt, dieser aber mit John in keinem Zusammenhang steht.

Diese sentimentale Bindung an eine Vorstellung von einem Zuhause ist vermutlich das Resultat der Ungewissheit und Ängste, die John während der familiären Krisen seiner Jugend durchlitt. Einmal schrieb er:

> Als meine Eltern sich scheiden ließen, war ich ungefähr 16, und ich glaube, ich bedauerte den Verlust unseres Hauses in Cheshire mehr als die Scheidung meiner Eltern. Die Leute kamen und gingen, aber das Haus war eine feste Größe, und man lernte, darauf zu spielen wie auf einem Instrument. Was wir daran schätzten, waren nicht nur die Weitläufigkeit und die Kühle, sondern auch die dunklen Ecken, die Fußleisten, die Feuchtigkeit, die aus manchen Ecken zu dringen schien. Die gesamte Küche kam uns unendlich geheimnisvoll vor.

In meiner Anfangszeit bei John und Beautiful Peter in der damaligen Version von Peel Acres schienen wir unglaublich beschäftigt, aber trotzdem sehr glücklich. Es herrschte ein reges Kommen und Gehen, das war schon immer so, auch als ich John zum ersten Mal begegnete. Er kurierte immer noch seine Gelbsucht aus, als die Sängerin Melanie irgendwann vor der Tür auftauchte und John ein paar ihrer Songs vorspielen wollte. John hatte ganz vergessen, dass sie verabredet waren, und bat Bridget St John, die an diesem Nachmittag ebenfalls im Haus war, sich an seiner Stelle die Songs anzuhören und mit Melanie zu unterhalten. Die Gitarre in der Hand, kam Melanie in sein Zimmer und setzte sich auf die Bettkante – wobei Bettkante übertrieben ist, da es sich nur um eine Matratze handelte, die in der Mitte des Raums auf dem Boden lag. Sie klimperte auf ihrer Gitarre und sang sich das Herz aus dem Leib, wobei sie uns die ganze Zeit so intensiv anstarrte, dass wir bald nicht mehr wussten, wo wir hinschauen sollten.

Wenn mal keine Musiker im Haus waren, die einfach nur vorbeischauten, dann waren Musiker im Haus, die hier übernachteten. Man konnte sicher sein, dass immer irgendeine Band zu Besuch war. Wenn man mitten in der Nacht ins Bad musste und auf dem Weg dorthin über ein unbekanntes Objekt stolperte, dann war es garantiert ein Bassist oder Rhythmusgitarrist, der seinen Rausch dort ausschlief, wo er Stunden zuvor zusammengebrochen war.

Ich weiß nicht, ob John jemals irgendeine Band weggeschickt hat. Woran ich mich definitiv nicht erinnern kann, ist, dass er sich geweigert hätte, irgendeiner jener verwirrten Seelen Geld zu leihen, die vor den Toren von Peel Acres auftauchten, ihm die Hände entgegenreckten und erklärten, sie hätten Lennon geschrieben und ihn um fünfzigtausend Pfund gebeten oder an Donovan und von ihm eine Insel vor der schottischen Küste verlangt, doch in der Zwischenzeit bräuchten sie ein paar Kröten, um über die Nacht zu kommen, und ob er ihnen fünfundzwanzig Pfund leihen könnte? Wobei »leihen« im archaischen Sinne von »etwas geben ohne die Hoffnung, es jemals zurückzubekommen« gemeint war. Mit schöner Regelmäßigkeit gab er ihnen alles, was er hatte.

Das Ganze nahm solche Formen an, dass Shurley Selwood, seine Agentin, und ich gezwungen waren, John den Zugriff auf sein eigenes Bankkonto zu kappen, um zu verhindern, dass er irgendwann ohne einen roten Heller dastand. Nicht, dass er für seinen selbst gewählten Lebensstil viel Geld brauchte. Die Miete in Park Square Mews war kaum der Rede wert, zumal der Vermieter meistens vergaß, sie zu kassieren. Auch zur Aufrechterhaltung seiner gesellschaftlichen Kontakte brauchte John kaum Geld, denn sein öffentliches Leben spielte sich meistens bei Konzerten ab, bei denen er Ansager war oder auf der Gästeliste stand. Für Schallplatten musste er auch kaum etwas ausgeben, weil die Plattenfirmen ihm Unmengen davon gratis zuschickten, und was Essen anging, so ernährte er sich in erster Linie von Reis und Tahin-Paste.

Eine der Bands, die viel Zeit in Johns Haus verbrachten, war Forest – oder wie John in seinem Tagebuch schreibt, »die glücklosen Forest, die eine tolle zweite LP gemacht haben, von der sie allerdings mit einiger Sicherheit kaum welche verkaufen werden«. Sie waren eine liebenswerte Bande von Jungs, die man gut und gerne mit zu seinen Eltern hätte nehmen können, vorausgesetzt, ihnen war ihr Geruchssinn abhanden gekommen. Das Netteste, was man über sie sagen könnte, ist, dass sie auf musikalischem Gebiet um Längen mehr zu bieten hatten als auf dem der Körperpflege, und manchmal spitzte sich die Situation derart zu, dass John sie regelrecht zwang, ein Bad zu nehmen.

Forest waren auch an dem Tag bei uns zu Gast, als die Polizei eine Razzia im Haus durchführte. Zwei Jahre zuvor,

1967, hatte John miterlebt, wie einige seiner Freunde wegen Drogen in Schwierigkeiten geraten waren. »Jeff hat mir erzählt, dass er und John, Cheryl, Zelma und Pete mit Pot hochgenommen wurden«, notierte er am 19. September des selben Jahres in seinem Tagebuch. »Was für ein Schlamassel. Keine Ahnung, wie ich ihnen helfen kann. Fühle mich ziemlich niedergeschlagen. Marc (Bolan) versucht, mich aufzuheitern …« Bis 1969 war John selbst jedoch nie ins Visier der Polizei geraten. Das Rauschgiftdezernat hatte in den Wochen zuvor einige Erfolge verbuchen können und reihenweise verdächtig aussehende Zellophanpäckchen in Häusern von Mitgliedern berühmter Bands aufgestöbert, wobei etliche Leute behaupteten, dass die Polizei ihre Beweismittel selbst mitbrachte, um sie dann heimlich in irgendwelchen Ecken und Winkeln zu platzieren. John hatte jedoch schon seit geraumer Zeit mit einer Razzia gerechnet und entsprechende Vorbereitungen getroffen für den Moment, da es an der Tür klopfte – beziehungsweise nicht klopfte, weil ein ganzer Trupp einfach durch die Tür hereingestürmt kam.

Es ist erstaunlich, wie ruhig und gelassen er war, vor allem wenn man bedenkt, dass die Polizei ihre Razzia mit Bedacht so gelegt hatte, dass er ein oder zwei Stunden später eigentlich hätte auf Sendung sein sollen. John wies jedem Beamten einen von uns als Begleitung zu, um die Möglichkeit auszuschließen, dass die Polizei uns etwas unterjubelte, und so kam es, dass sämtliche Mitglieder des Drogendezernats einen von uns im Schlepptau hatten, der ihnen über die Schulter sah. Wir wussten von Anfang an, dass sie nichts finden würden, weil keiner von uns etwas mit Drogen am Hut hatte, aber das hinderte sie nicht daran, sich mit großer Gründlichkeit durch das ganze Haus zu wühlen. Hamsterkäfige wurden auseinandergenommen, sogar ein Apfelkuchen, den ich gerade gebacken hatte und der zum Abkühlen in der Küche stand, wurde seziert. Sie führten John zu seinem Campingbus, damit sie auch diesen durchwühlen konnten. Und für den Fall, dass ihnen von irgendwelcher Seite mangelnde Gründlichkeit vorgeworfen wurde, hatten sie auch gleich die Presse mitgebracht, und so kam es, dass noch am gleichen Abend ein Foto von John im *Evening Standard* erschien, auf dem er aussah wie ein übellauniger Gnom.

Was die Polizei vermutlich am meisten erstaunte, war die Tatsache, wie sauber und aufgeräumt das ganze Haus war – das und die Stapel von Chemiebüchern, die sich auf dem langen Holztisch in der Küche türmten, wo ich für meine Prüfungen lernte. Dies waren Qualitäten, die sie bei John nie erwartet hätten, man konnte ihre Enttäuschung darüber förmlich spüren, dass sie ihn nicht in flagranti dabei erwischt hatten, wie er pulverisierte Halluzinogene von der Innenseite des Schenkels eines internationalen Topmodels schnupfte. Als sie alles auseinandergenommen hatten, defilierten die Polizisten einer nach dem anderen an John vorbei zur Tür hinaus, schüttelten ihm die Hand und verabschiedeten sich mit den Worten: »Vielen Dank, Sir.«

Doch damit war es noch lange nicht vorbei. Eine ganze Weile danach war jeder Gang zum Supermarkt begleitet von klammen Gefühlen. Wir schlenderten die Straße entlang, beladen mit Tüten voller Lebensmittel, und regelmäßig hielt neben uns plötzlich ein Polizeiwagen mit quietschenden Reifen, zwei Beamte sprangen heraus, durchsuchten uns und unsere Einkäufe und rauschten anschließend wieder davon. Es passierte zwar andauernd, aber man gewöhnte sich doch nie an die Erniedrigung, die darin lag.

Etwa um diese Zeit bereitete ich mich auf meine Abschlussprüfung vor, und mein akademischer Tagesablauf korrespondierte nicht immer mit den privaten und beruflichen Verpflichtungen von John. Ich erinnere mich an eine Nacht, als ich nicht schlafen konnte, weil John eine Etage tiefer mit Marc Bolan eine Vorabkopie der LP *Tommy* von

The Who auf voller Lautstärke anhörte, und dies nicht nur einmal, sondern x-mal hintereinander, bis sie irgendwann den Spaß daran verloren, weil ich ständig runterkam und sie bat, die Musik leiser zu machen.

Normalerweise jedoch waren ihre nächtlichen Zusammenkünfte bestimmt von ihrer Leidenschaft für elektrische Autorennbahnen. John und Marc hatten eine Scalectrix-Rennbahn aufgebaut, die sich geradezu wuchernd im ganzen Haus ausbreitete, bis nahezu jedes Zimmer und jeder Quadratzentimeter Teppich davon bedeckt war. Bis dato war das Haus lediglich von ständiger Musik erfüllt gewesen, doch nun mischte sich ein neues Geräusch in die Schallkulisse, und wann immer es eine Pause zwischen zwei Stücken gab, konnte man das leise Knistern und Quietschen der Modellautos hören, die um die Kurven fegten. Jeder von

Im Regent's Park

uns – John, Marc, Marcs Freundin June und ich – hatte seinen eigenen Wagen. In der Zwischenzeit wucherte die Bahn immer weiter, und je größer sie wurde, desto mehr Strom verbrauchte sie, und es kam immer wieder vor, dass John und Marc losrannten, um weitere Trafos zu besorgen. Die beiden müssen einen reichlich bizarren Anblick geboten haben, wenn sie in ihren Hippie-Klamotten zum nächsten Spielzeugladen zischten, um sich wie Junkies ein paar Päckchen Scalectrix-Zubehör zu besorgen.

John und ich sahen uns so häufig wie möglich, ohne dass wir uns gegenseitig auf die Nerven gingen. Im Sommer 1969 unternahmen wir zusammen mit Johns Bruder Alan eine Reise in Johns Campingmobil. Es gab eine hervorragende Stereoanlage mit einem Acht-Spur-Kassettensystem, auf dem wir The Who, Leonard Cohen und Captain Beefheart in voller Lautstärke laufen ließen, während wir durch die Landschaft gondelten. Bei dieser Gelegenheit waren wir auch zum ersten Mal in Venedig, wobei die Alpen für das Campingmobil mit seinem schwachen Motor eine mächtige Hürde darstellten, so dass wir – und es – völlig erschöpft und schmutzig in der Perle der Adria ankamen. Zu dritt klapperten wir reihenweise malerisch zerbröselnde Renaissancepaläste ab, huschten rattengleich an den Meisterwerken von Tizian und Tintoretto vorbei, wobei wir alle nur eins im Sinn hatten – eine Toilette, auf der man sich hinsetzen konnte. Schließlich fanden wir eine, versteckt hinter den hölzernen Wandpaneelen des Palazzo di Monteverdi della Santa Fiona, wie John das Gebäude taufte, und obwohl sie eigentlich nur fürs Personal gedacht war, nahmen wir nacheinander den – unerlaubten – Luxus in Anspruch, sie ihrer höheren Bestimmung zuzuführen. Ach, wundervolles Venedig: Zahlreich sind deine Schönheiten und Geheimnisse, doch deine Toiletten sind nicht von dieser Welt.

Wann immer es mir möglich war, begleitete ich John zu seinen Auftritten oder Aufnahmesessions. Wenn ich in seinen Tagebüchern blättere, werden immer wieder glückliche Erinnerungen an Dinge wach, die wir gemeinsam unternommen haben. Am 1. April 1971 waren wir im Paris Cinema in der Regent Street und haben uns Led Zeppelin angeschaut. Wie üblich war Chris »Wyper« Lycett, der Tonmann, auch da; er wurde im Lauf der Jahre zu einem guten Freund der Familie und stand John immer mit Rat und Tat zur Seite. Über diesen Abend schreibt John in seinem Tagebuch:

> Redete mit den Musikern von Led Zeppelin. Haben über Wyper Lycett rumgemeckert – völlig zu Unrecht, denn das Equipment von der BBC ist einfach unter aller Sau … Publikum reserviert und kalt. Band gut. Pig war die Einzige im Publikum, die getanzt hat. Zeppelin spielten 100 Minuten – nette Kerle. Robert Plant und Jimmy Page versprachen wie üblich, sie würden sich mal melden, danach mit dem Auto nach Hause. Noch eine schöne heiße Schokolade getrunken und dann gleich ins Bett.

Heiße Schokolade als Krönung eines Rock'n'Roll-Abends – besser kann's doch gar nicht kommen.

John war gewöhnlich die ganze Woche unterwegs und absolvierte Auftritte überall im Land. Dennoch fand er die Zeit, sich um die Plattenfirma Dandelion zu kümmern, die er zusammen mit Clive Selwood von Elektra Records gegründet hatte. In einer Anzeige schrieb er:

> Die schwachsinnige idealistische Idee hinter Dandelion und unserem anderen rabiat-kapitalistischen Unternehmen, Biscuit Music, ist, dass sämtliche Profite, so es welche geben sollte, an die Künstler gehen sollten und nicht an Clive oder mich. Wir wollen Leute aufnehmen, deren Songs und Texte wir mögen und die uns auch menschlich sympathisch sind. Derzeit gehören dazu Bridget St John, Beau Principal Edward's Magic Theatre und The Occasional

Word Ensemble. Wenn deren Platten bei den Leuten auf Gegenliebe stoßen, und ich kann mir keinen Grund vorstellen, warum das nicht der Fall sein sollte, dann werden wir in der Lage sein, eine ganze Reihe von Leuten herauszubringen, von denen ihr wahrscheinlich auch noch nichts gehört habt.

Soweit ich konnte, teilte ich mir meine Zeit so ein, dass ich bei den Aufnahmesessions für Dandelion dabei sein konnte, denn die machten einen Heidenspaß. Manchmal bekam ich allein für meine Anwesenheit im Studio einen Credit – auf den Platten stand dann »Produced by Pig«. Die ersten Ver-

John, Pete Drummond und Clive Selwood in Park Square Mews

öffentlichungen waren Bridgets Single »To B Without A Hitch« und ihr Album *Ask Me No Questions*, die von John produziert wurden. Einmal war ich bei einer dieser nächtlichen Mammutsessions dabei, als er plötzlich die Idee hatte, für den Titelsong ganze Schichten von Vogelgesang und Kirchenglocken übereinanderzulegen, und so besorgte er sich die Geräusche aus dem Tonarchiv der BBC und verwob sie so lange, bis es passte. Als das Album dann im August 1969 auf den Markt kam, gingen bei John immer wieder Anfragen ein wegen der Vögel: Die Leute wollten wissen, wo er sie aufgenommen hatte, denn einige der Vogelarten, die auf der Platte zusammen sangen, bewohnten normalerweise ganz unterschiedliche Winkel der Erde.

Leider ist es John nie gelungen, genügend Geld für eine Aufnahme der 101 Sharons zusammenzubringen. Das war sein persönliches Lieblingsprojekt für Dandelion, und seine Planung sah vor, 101 Frauen namens Sharon an einem Ort zu versammeln, sie in ein Studio einzusperren und nicht eher wieder herauszulassen, bis sie ein Album aufgenommen hatten.

Die Qualität der Künstler, die Dandelion herausbrachte, schwankte stark. Einer von Johns Lieblingskünstlern war der Singer-Songwriter Kevin Coyne. Dann gab es noch Principal Edward's Magic Theatre, das sowohl Johns Produzent John Walters als auch ich zum Kotzen fanden. Ihre putzig-mickrigen Kompositionen wären allein schon ein Grund gewesen, sie nicht zu mögen, meine Aversion gegen die Band beruhte jedoch nicht nur auf musikalischen Kriterien. Sie hatten es sich zur Gewohnheit gemacht, sich Johns Wohnmobil auszuleihen, weigerten sich aber, mich zum Waschsalon mitzunehmen, als ich mich gerade mit ihren dreckigen Laken abschleppte. Sie waren eben schillernde Rockstars und als solche über profane Niederungen wie Schmutzwäsche erhaben.

Eine andere Band aus dem Dandelion-Stall waren Stackwaddy, eine Bande von Typen aus Manchester, die John als »Punk, bevor Punk überhaupt erfunden war« bezeichnete. Die Burschen waren alles andere als zurückhaltend, und glücklicherweise war John nie Zielscheibe der eher raubeinigen Fröhlichkeit seiner Schützlinge, sondern ihr Wohltäter, der ihnen Zeit und Geld opferte, um ihren alkoholisierten Zustand, an den sie mittlerweile gewöhnt waren, aufrechtzuerhalten. Doch es gibt viele, die heute noch bei der bloßen Erwähnung des Namens Stackwaddy mit zitternder Hand nach ihrer Medizin greifen müssen. Wie beispielsweise jener Unglückliche, dem sie anboten, ihn mit dem Wohnmobil von Manchester nach London mitzunehmen, um dann auf halber Strecke die Tür aufzureißen und ihn mitten auf dem M6 aus dem Wagen zu werfen. Oder Jac Holzman, der Präsident von Elektra, dem Partner von Dandelion in den USA, den John und Clive zu einem Präsentationskonzert nach London eingeladen hatten, um ihn zu beeindrucken, und der dann mit ansehen durfte, wie der Sänger von Stockwaddy während der Eröffnungsnummer ins Publikum urinierte. Vielleicht war das ja seine persönliche Vorstellung davon, dem Publikum alles zu geben.

Es hörte allmählich auf, lustig zu sein, als sie schließlich dazu übergingen, ganz früh am Morgen bei uns aufzukreuzen, um sich zu erkundigen, welche Geschenke sie mir kaufen sollten und ob ich nicht vielleicht eine Nähmaschine haben wollte. Ich möchte nicht undankbar erscheinen, aber ihre Großzügigkeit wurde mehr als aufgewogen durch die Tatsache, dass es drei Uhr morgens war. Schließlich und endlich wird der Geist von Stackwaddy wunderbar auf den Punkt gebracht mit dem Titel ihres Albums: *Bugger Off*. Jawohl, nur ihre Mütter werden sie gemocht haben. Ihre Mütter und John.

* * *

Abgesehen von den im Lauf der Jahre wechselnden Tagen, an denen er in London sein musste, um seine Sendung bei Radio 1 zu moderieren, war John an den meisten anderen Abenden kreuz und quer im Land unterwegs zwischen Universitäten und Fachhochschulen, um dort zunächst unter seinem eigenen Namen und ab Mitte der Siebziger unter der leicht großspurigen Bezeichnung »John Peel Roadshow« Auftritte zu absolvieren. Wie lässt sich in einer einzigen Formulierung die Essenz jenes phantasmagorischen Unterhaltungs-Highlights herausdestillieren? John hat es so ausgedrückt: »John Peel mit zwei Kisten Schallplatten.«

> Solange ich nicht im Lotto gewinne, wird die John Peel Roadshow immer nur aus mir und diesen zwei Kisten bestehen, und bei der einen ist auch noch der Griff kaputt. Ich wünsche mir oft, es wäre anders. Ich bin noch nie eine Roadshow gewesen. Bisher sind wir DJs unter unserem Namen unterwegs gewesen, und das war's. Dann kam irgendein schlauer Alec daher und nannte seine Ausrüstung und Doreen und Maureen – die zwei Go-go-Girls, die er vor dem Rundfunkgebäude getroffen hatte – eine Roadshow. Und jetzt sind wir alle Roadshows, ob's einem passt oder nicht. Natürlich würde ich auch gern einen Zirkus mitbringen, und das zum gleichen Preis wie immer, aber ich kenne keine Zirkusse. Wenn ich könnte, würde ich irgendwelche Go-go-Leute mitbringen. Rosko und Johnny Walker können dicht gedrängte Reihen von Go-go-Tänzerinnen antanzen lassen, da braucht es nur ein Fingerschnipsen oder das Ploppen beim Öffnen einer Flasche Birnensekt. Ich weiß nicht, wie sie's machen. Außerdem haben sie tonnenweise Equipment dabei – »1200 Watt«, hat mir Johnny mal erklärt, als ich ihn gefragt habe. In dem Augenblick, wenn ihr Auftritt naht, kommen die Stars in ihren scharfen italienischen Sportwagen angerauscht. Freundlich und bescheiden lächelnd eilen sie zwischen den Autogrammjägern hindurch zur Bühne, während die Frauen ringsherum scharenweise ohnmächtig zu Boden sacken.

Ich hatte letzte Woche einen Auftritt im Middlesex Hospital und musste mir von acht bis zehn angehenden Ärzten helfen lassen, meinen Wagen, der vor dem Hospital seinen Geist aufgegeben hatte, rückwärts eine Rampe hinaufzuschieben, damit ich mein Equipment, ich meine natürlich meine Roadshow, ausladen konnte. Besonders beeindruckt schienen sie nicht zu sein. Eine Stunde später, als ich alles auf der Bühne hatte, war ich von einer Schweißschicht bedeckt, die sich, gemischt mit Staub, auf eine höchst sonderbare Art zu verfestigen begann. Ich saß am Bühnenrand und sinnierte über die Unwägbarkeiten des Lebens nach, als ein junger Mensch zu mir herübergeschlendert kam. »Ähm«, begann er viel versprechend. »Wann kommt John Peel denn hier an?« Mein Problem ist, ich bin keine besonders beeindruckende Figur. Sicher, im Allgemeinen ziehe ich schon den Bauch ein – aber manchmal, im Überschwang der Gefühle, vergesse ich es eben.

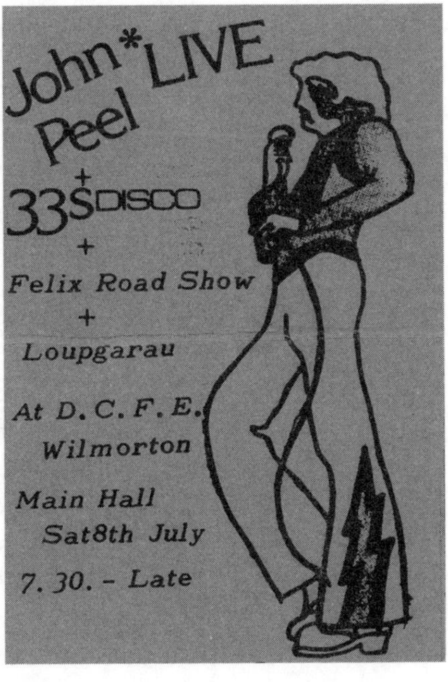

Diese Auftritte wurden schnell zu einem festen Bestandteil des Lebens an den Unis und Colleges im ganzen Land, und sie boten darüber hinaus auch noch aufstrebenden Musikern eine hervorragende Möglichkeit, sicherzugehen, dass ihre Demo-Bänder wirklich bei dem einzigen Mann im gesamten Musikgeschäft landeten, von dem man zu Recht annehmen konnte, dass er sie aller Wahrscheinlichkeit nach nicht in den Müll werfen würde – jedenfalls nicht, bevor er sie auch angehört hatte. Der Kofferraum von Johns Wagen war randvoll mit Kassetten, die ihm landauf, landab von hoffnungsfrohen Jungs und Mädels mit glänzenden Augen auf den öden Parkplätzen höherer Bildungsanstalten überreicht wurden. Wenn ich ihn begleitete, nahm ich immer eine Reisetasche mit, die mit schöner Regelmäßigkeit am Ende der Nacht prall gefüllt mit Bändern war. Eines Abends wurde Johns Wagen aufgebrochen, und wie zum Hohn machte sich die Polizei auch noch die Mühe, die ganzen Demo-Bänder zurückzubringen, die die Diebe irrtümlicherweise für reiche Beute gehalten hatten.

Einer von Johns regelmäßigen Terminen war im Nag's Head in Wollaston, Northamptonshire, wo er im Frühjahr 1970 zum ersten Mal aufgetreten war; die übliche Vereinbarung war die, dass John seinen Auftritt absolvierte, in einem Zimmer im Pub übernachtete und sich am nächsten Morgen auf den Weg nach London machte, um *Top Gear* zu moderieren, das damals jeden Samstagnachmittag ausgestrahlt wurde. Der lokale DJ »Big Bob« Knight hatte zunächst im ersten Stock des Pubs einen Motown Club aufgezogen und 1968 das ganze Gebäude übernommen, um es zu einem Treffpunkt langhaariger Progrock-Typen zu machen, weshalb es attraktiv war für Bands wie Wishbone Ash und Uriah Heep oder auch Medicine Head, die bei John unter Vertrag standen. Aber es spielten hier auch extremere, mehr zum Hardrock tendierende Gruppen wie Elkie Brooks. John wurde der Freitags-DJ, zu dessen Pflichten es gelegentlich auch gehörte, den Gästen am Eingang einen Stempel zu verpassen, der aber andererseits auch Bands, die er persönlich kannte, dazu brachte, das Nag's Head auf ihren Tourplan zu setzen.

Bald darauf absolvierte er auch feste Auftritte in einem weiteren von Big Bobs Läden, dem Blisworth Hotel, das nicht weit entfernt lag. Das war der Laden, in dem Ginger Baker's Airforce auftreten sollten, wobei dem Schlagzeug eine Hi-Hat fehlte, der Schlagzeuger selbst allerdings in so schlechter Verfassung war, dass er von John und Rob auf die Bühne getragen werden musste, die ihn hinter sein Drumkit setzten und ihn später wieder von der Bühne heruntertrugen. Etwas Ähnliches passierte bei einem Auftritt von The Who in Birmingham, wo Keith Moon hinter seinem Schlagzeug kollabierte. John half mit, ihn von der Bühne zu schaffen, um ihn abseits vom Geschehen mit einem Eimer Wasser ins Gesicht zu reanimieren und ihn anschließend wieder hinter sein Schlagzeug zu verfrachten.

Johns Tagebücher aus den späten Sechzigern und frühen Siebzigern erzählen traurige Geschichten endloser Fahrten kreuz und quer durch das Land auf der Jagd nach Bargeld, wobei auf manchen Seiten die Beträge der angebotenen Gagen durchgestrichen und durch immer geringere Summen ersetzt worden sind, was den Schluss nahelegt, dass Johns Marktwert als DJ damals von Woche zu Woche sank. Es gab einen Rider, was sich ziemlich großartig anhört, doch weit entfernt von dem ist, was man in der Led-Zeppelin-Saga *Hammer of the Gods* findet. Auf Johns Rider stand nichts weiter als ein vegetarisches Essen und ein paar Biere. Selbst das gab es selten, aber zumindest hatte man nach außen hin die Konventionen aufrechterhalten.

Wie auch immer diese Abende gewesen sein mögen, eines waren sie auf jeden Fall: abwechslungsreich. John beschreibt einen Auftritt in East London, in dessen Verlauf ihn der Roadie der Band Spontaneous Combustion warnte, der Sänger würde seine Platten mit einem Tritt von der Bühne befördern, wenn sie noch immer da stünden, sobald die Band loslegte, und er erklärt, er habe sich gefühlt wie in einer Zeitlupenversion eines Fellini-Films. Andere Abende erinnerten eher an *Die Saat der Gewalt*. Im Oktober 1970 fühlte sich Clive Selwood, der Ehemann von Johns Agentin Shurley und außerdem sein Partner bei Dandelion, bemüßigt, einen Brief an einen Geschäftspartner zu schicken, der John für einen Auftritt angeheuert hatte:

> Danke für Ihren Scheck als Honorar für John Peels Auftritt bei Ihnen vor einigen Monaten. Ich bedaure, dass Sie der Ansicht sind, John habe sein Honorar nicht verdient. Man möchte jedoch annehmen, dass er sich sein Honorar auf überaus harte und beschwerliche Art verdient hat, nachdem er von Ihrem so genannten »Sicherheitspersonal« mit Gewalt von der Bühne geworfen worden war, wie die *Daily Mail* berichtete, und von dem gleichen Sicherheitspersonal daran gehindert wurde, die Bühne erneut zu betreten, indem man ihm drohte, ihm und seiner weiblichen Begleitung das Gesicht zu verstümmeln.

Die Auftritte waren allerdings insofern wertvoll, als sie John die Möglichkeit boten, mit jenen Künstlern in persönlichen Kontakt zu treten, die er bewunderte und die er in seinen Sendungen immer wieder spielte. Er absolvierte beispielsweise eine Reihe von Auftritten mit der Jimi Hendrix Experience und behauptete immer wieder, Jimi Hendrix sei live unübertroffen. Wenn man wirklich Glück hatte, erzählte John einem auch noch, dass er mit einer der neunzehn nackten Damen auf dem Cover von Hendrix' Album *Electric Ladyland* Bekanntschaft im biblischen Sinne geschlossen hatte, obwohl er sich nie dazu durchringen konnte zu offenbaren, um welche es sich dabei handelte. Während es aus sei-

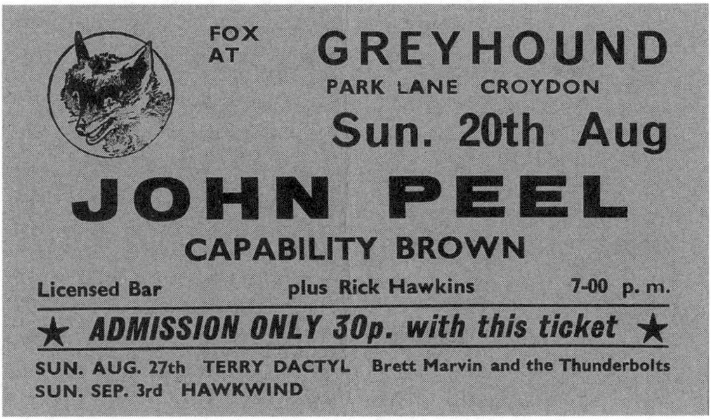

ner Sicht unfair erschien, die Identität derjenigen zu lüften, die das Pech hatte, in den zweifelhaften Genuss der John Peel Experience zu kommen, wären die anderen achtzehn bestimmt dankbar gewesen, wenn er klargestellt hätte, dass sie es nicht waren. Nein, Sir, nicht mal im Traum. Es war ein tiefes und anhaltendes Dilemma, aus dem er nie herausfand.

John erzählte auch stets gern, dass sein Name auf den Plakaten in größeren Buchstaben gedruckt war als die Bandnamen, und in der Tat steht auf dem Poster der Southampton University klar und deutlich »The John Peel Roadshow with The Jimi Hendrix Experience«. Auf der Tagebuchseite vom 6. Oktober 1967 befinden sich Autogramme der Band; Hendrix schrieb: »Für John und Shirley, alles Glück dieser Welt.« Am 8. Oktober präsentierte er die Bands Eire Department (ganz erbärmlich), The Herd (sehr gewöhnlich), The Crazy World of Arthur Brown (ein atemraubender Auftritt – Flammenhelm, kommt durch den Bühnenboden nach oben gefahren, außergewöhnliche Kostüme in Tausenden von Farben) und Hendrix, über den er schrieb: »Die gesamte zweite Hälfte war ein einziges Feuerwerk mit einer ziemlichen Portion Wut … Er war fantastisch, obwohl er irgendwie beunruhigt wirkte. Ziemlich gequälter Humor.

Wenn Hendrix beunruhigt war, dann traf das auf John noch mehr zu. Während er vor Beginn der Show vor dem Saal herumschlenderte, wurde er von ein paar Autogrammjägern angesprochen, die er zuvor hatte flüstern hören: »Da drüben geht John Peel.« »Seltsam, mir vorzustellen, dass mich jemand in London nach meiner Unterschrift fragt«, schrieb er leicht verunsichert. »In Amerika kam es mir ganz normal vor, aber in London erscheint es mir ganz merkwürdig.«

Während Johns letzter Jahre in den USA war er zum fünften Beatle geworden. Nein, das war ja Pete Best. Dann war John eben der sechste oder so. Oder der Lehrling. Jedenfalls waren die Frauen, die in Scharen herbeiströmten, um den Saum von John Lennons Gewand zu berühren, oder ersatzweise den Saum von irgendjemand, der den Saum von Lennons Gewand berührt hatte, offenbar der Ansicht, in Johns Gegenwart den Geist von Liverpool atmen zu können, da er mit den Beatles so eng verbandelt war, dass sie sich praktisch die Haarbürsten teilten. Ich bin sicher, dass er in manchen Augenblicken durchaus daran dachte, diese hingebungsvollen Teenager ihrer Illusionen zu berauben, doch vielleicht brachte er es einfach nicht über sich, ihre Träume zerplatzen zu lassen. Entweder das, oder er hatte sich zu sehr an die automatische Verehrung gewöhnt, die sich ebenso einstellte wie ein breit gefächertes Sortiment sexueller Gefälligkeiten, wenn er im Umgang mit der Wahrheit sparsam verfuhr.

Der John Peel der frühen Sechziger – oder John Ravenscroft, wie er damals noch hieß – unterschied sich anscheinend nicht großartig von dem Mann, dem ich 1968 zum ersten Mal begegnete, wenn man von seinem Hippie-Look und den langen, lockigen Haaren absieht. Dabei hatte John schon seit dem zarten Alter von vierzehn Jahren mit Haarausfall zu kämpfen, doch war er damals gar nicht so unglücklich über diese Tatsache gewesen, korrespondierte sie doch mit seinem Ehrgeiz, wie ein osteuropäischer Dissident auszusehen. Ein Ehrgeiz, der einen vermutlich finalen Dämpfer bekam, als er auch noch anfing, Gewicht zuzulegen. In späteren Jahren sollte John dazu bemerken, sein einziger Trost liege darin, dass sich nunmehr die ehemaligen östlichen Dissidenten, die mittlerweile eine westliche Diät lebten, vom Aussehen her ihm angeglichen hätten.

Anscheinend hat er sich irgendwann damit abgefunden, dass er an Gewicht zunahm, jedoch vermerkt sein Tagebuch 1971 minutiös die kleinsten Abweichungen. »Egal wie sehr ich mich bemühe, strenge Disziplin zu wahren«, schrieb er am 4. Mai, »die Peel'sche Taille strebt unaufhörlich nach Ausdehnung. 74,8 Kilo heute Morgen – wo wird das noch enden? Werde ich zum ›Incredible Increasing Man‹, zum sich unglaublich aufblähenden Mann?« In späteren Jahren wurde das Thema Gewicht zu einem der zentralen Punkte in der Beziehung zwischen John und seinem Produzenten bei Radio 1, John Walters. In einer seiner Kolumnen für die Musikzeitschrift *Sounds* beschreibt John 1973 den Wettstreit zwischen sich und Walters:

> Es ist meiner Aufmerksamkeit nicht entgangen, dass der gewichtige Walters, in früheren Zeiten ein Mann von nicht geringem Bauchumfang, in letzter Zeit heimlich Pfunde verloren hat und sich allmählich dem Erscheinungsbild jener Krieger annähert, die in der klassischen Mythologie einsam die Wälder durchstreifen. Erst letzte Woche habe ich ihn dabei beobachtet, wie er selbstverliebt in den Anblick seines Spiegelbilds in einem der Wasserbecken vor dem Hauptpostamt versunken war. Was, so vermute ich, der kleine Fratz dabei im Schilde führt, ist nichts weiter, als so lange überschüssige Pölsterchen loszuwerden (wie sich die Frauenmagazine so nett ausdrücken), bis der Zeitpunkt gekommen ist, wo er mich mit gespielter Beiläufigkeit fragen kann, wie viel ich wiege. Wenn ich dann antworte:

achtundsechzig Kilo (eigentlich sind es eher fünfundsiebzig, aber es wäre nicht gut für mein Image, wenn ihr das wisst – ebenso wenig wie ihr herausbekommen dürft, dass ich in Wirklichkeit auch keine achtzehn bin), wird er mit einer Stimme, die wie die Posaunen von Jericho klingt, verkünden, dass er weniger wiege als ich, womit ich meinen einzigen Vorteil ihm gegenüber einbüßen werde, wenn man mal davon absieht, dass er Fan von Crystal Palace ist und selbst das noch einen gewissen Kultcharakter hat – in etwa so, als wenn man behauptete, irgendeine Band aus Peru sei die beste Rockband der Welt. Wie Walters immer wieder gerne betont, ist er größer als ich, hat er im Gegensatz zu mir irgendeinen bescheuerten Universitätsabschluss, kann er besser Geschichten erzählen als ich, und darüber hinaus glaubt er, dass seine dämliche Katze unseren drei majestätischen Haustieren überlegen ist.

In den Sechzigern, als der College-Look in Mode kam, revidierte John seine anfängliche Begeisterung für frühzeitigen Haarausfall. Jeden Morgen machte er sich daran, seine verbliebenen Resthaare mit Unmengen von Seife zu einer Tolle im Stil von Kennedy zurechtzukämmen, wobei seine Hauptsorge, wie er später berichtete, darin bestand, dass jemand ihn mit einem Mülleimer verwechselte und ihm irgendein besoffener Kraftmeier auf den Fuß treten würde, um zu sehen, ob seine Haare sich wie ein Deckel in die Höhe hoben. Als John und sein Bruder Alan von den ersten Anzeichen drohender Kahlköpfigkeit ereilt wurden, begaben sie sich in die Hände eines Mr Luke, der seine Geschäfte in einem Salon in Knightsbridge betrieb. Sie gaben eine Menge Geld dafür aus, ihre Haarwurzeln mit einem elektrischen Gerät stimulieren zu lassen, aus dem blaue Funken schossen, was ein bisschen wehtat, aber nicht die geringste Wirkung in Bezug auf die rapide schrumpfende Pracht von Johns Mähne zeitigte. Er behauptete immer, er wünschte, er hätte mehr Haare auf dem Kopf, und es versetzte ihm jedes Mal einen bitteren Stich ins Herz, wenn er sah, dass jemand, der über Haare im Überfluss verfügte, sie für eine absolut dämliche Frisur verschwendete – wie zum Beispiel Michael Portillo.

Zu Beginn der sechziger Jahre wohnte John an der Potomac Avenue in Dallas allein in einem kleinen Gartenhäuschen, in dem früher einmal das Dienstpersonal oder vielleicht auch Sklaven untergebracht waren. Getreu dem *Playboy*-Klischee, dass Frauen auf Typen stehen, die smart sind, Bourbon trinken und einen Maserati fahren, verbrachte er seine Abende damit, auf seinem Bett zu sitzen und zu versuchen, den Platten von Dave Brubeck oder Shelly Manne and His Men, die er über den Columbia-Schallplatten-Club bezogen hatte, etwas abzugewinnen. Da er finanziell alles andere als üppig ausgestattet war, mussten der Bourbon und der Maserati noch warten, bis er seine Karriere als Bürobote an den Nagel hängte und sich stattdessen auf Medizin oder Architektur verlegte – was er erst tat, als er sich bereits drei Jahre lang in diesem Job durchgeschlagen hatte und seine Arbeitgeber ihm versicherten, dass seine Aufstiegschance gleich null wäre. Bis dahin hieß es, sich mit eingeschweißten Fertigkuchen und Royal Crown Cola zu begnügen.

Es würde sich an dieser Stelle natürlich anbieten zu fragen, welche dekadenten Erlebnisse John bei seinem Besuch in dem mexikanischen Bordell erwarteten, auf das er 1962 mit seinem Freund Harry zusteuerte, weil sein eigener Bericht in bester Cliffhanger-Manier abbricht. Doch ich weiß aus sicherer Quelle, von John höchstpersönlich, dass sich seine Verstrickungen während dieser und anderer Exkursionen der gleichen Art darauf beschränkten, dass er vor dem Etablissement wartete, bis die geschäftlichen Transaktionen, derentwegen sein Freund Harry es aufgesucht hatte, zur beiderseitigen Zufriedenheit abgeschlossen waren.

Im darauf folgenden Jahr kündigte John bei K.T. Martin und nahm eine Stelle bei der Republic National Lebensversicherung in Dallas an. Seine Tätigkeit bestand darin, Lochkartenprogramme für den Computer IBM 1410 zu sortieren, und das war so langweilig, dass er sich zwei Stunden täglich in der Toilette einsperrte, um zu lesen. Das Einzige, was ein wenig Licht in diese Tage brachte, waren die Stunden, die er bei der Radiostation WRR verbrachte, wo er begonnen hatte, die zweite Stunde der Rhythm & Blues-Sendung *Kat's Karavan* zu moderieren. Diesen Job, bei dem es in erster Linie Ruhm und Ehre und weniger Geld zu verdienen gab, hatte John an Land gezogen, indem er einfach bei WRR aufgekreuzt war und von seiner überaus gut sortierten Plattensammlung getönt hatte. »Ich fing bei WRR an, weil ich Platten hatte, die sie nicht hatten, in erster Linie Blues-LPs und R&B-Sachen, die nur in England und Holland erhältlich waren«, erzählte er später. WRR wollten sich aus seiner Sammlung bedienen, doch er machte ihnen klar, dass es die Platten nur in Kombination mit seiner Person gab.

Er redete sich zwar ein, dass sie ihn wegen seiner profunden musikalischen Kenntnisse und seiner heißen Scheiben beschäftigten, doch war es weniger das Vinyl, sondern seine Vokale, die auf die Texaner solchen Eindruck machten. Jeden Montagabend von elf bis Mitternacht spielte John Platten von Jimmy Reed, Lightnin' Hopkins und Brother Dave Gardner, bis er eines Tages die Unverschämtheit besaß, nach einem Honorar zu fragen, woraufhin er augenblicklich vor die Tür gesetzt wurde.

In Dallas kam er auch mit dem Gesetz in Konflikt, was ihm später, auch wenn sich solche Ereignisse selten wiederholten, die Aura eines Outlaw verleihen sollte. Er verbrachte wegen diverser Verkehrsvergehen ein paar Stunden in der Ausnüchterungszelle des Bezirksgefängnisses von Dallas im

Anschluss an eine wilde Jagd durch die ganze Stadt, nachdem seine damalige Freundin ihn angerufen hatte und ihre letzten Worte »O Gott, da ist jemand im Haus« gewesen waren. Die Liste seiner Gesetzesübertretungen umfasste in diesem Zusammenhang das Fahren mit überhöhter Geschwindigkeit, das Nichtbeachten roter Ampeln und die Weigerung, nach Aufforderung durch einen Polizeibeamten anzuhalten. Als er das Haus seiner Freundin erreichte – es waren übrigens die Müllmänner gewesen, die ihr einen solchen Schrecken eingejagt hatten –, waren ihm drei Streifenwagen auf den Fersen.

Obwohl er keinen Tropfen getrunken hatte, wurde er zusammen mit anderen Verkehrssündern in die Ausnüchterungszelle verfrachtet, wie es damals so Sitte war, um ihnen auf diese Art eine Lektion zu erteilen, die sie bewegen sollte, in Zukunft von ihrem sündigen Treiben abzulassen. Es war kein sonderlich angenehmer Ort, da die meisten der etwa zwanzig Insassen noch immer betrunken oder fuchsteufelswild oder beides waren und ein gesteigertes Interesse für den schick angezogenen Engländer an den Tag legten, der da so plötzlich in ihrer Mitte aufgetaucht war. Ansonsten schien das Einzige, was sie gemeinsam hatten, der völlige Mangel an Sympathie für Menschen weißer Hautfarbe zu sein, was John als einzigem Vertreter dieser Gattung in der Zelle kaum verborgen blieb.

Abgesehen von solch hochdramatischen Ereignissen, die gewürzt waren mit absurden Höhepunkten, schien Johns Leben in Dallas eher von einem beneidenswerten Müßiggang geprägt zu sein, und er verbrachte seine Zeit in erster Linie damit, Musik zu hören und in seinem Auto in bester *American Graffiti*-Manier durch die Gegend zu gondeln, wobei es allerdings doch das eine oder andere dramatische Ereignis gab, das diesen Trott gelegentlich unterbrach. Am 22. November 1963 ging John wie üblich seinen dringenden

Geschäften auf der Herrentoilette bei Republic National nach, als das Gedudel aus dem Radio von einer Stimme unterbrochen wurde, die erklärte, auf Präsident Kennedy sei geschossen worden. John rannte hinaus zu seinem Chevrolet Impala, den er sich kaum leisten konnte, und stellte den Sender KLIF im Radio ein. Wenige Minuten später war er auch schon auf dem Expressway in Richtung Innenstadt.

Er bog rechts in die Elm Street ein, parkte den Wagen und rannte zu der Bahnstation, wo die Schüsse angeblich gefallen waren. Im Laufen fiel ihm auf, dass er keinen Schimmer hatte, was er tun sollte, sobald er dort angekommen war, doch die fünfzehn Sekunden oder so, die seine Unterhaltung mit Kennedy im Jahr 1961 gedauert hatte, waren ein so beeindruckendes Erlebnis für ihn gewesen, dass er sich gar nicht so recht der Tatsache bewusst war, dass jemand einen Anschlag auf den Präsidenten der USA verübt hatte, sondern einfach nur wissen wollte, warum jemand auf seinen Kumpel John geschossen hatte. Und deshalb rannte er, so schnell er konnte.

Drei oder vier Blocks von der Unterführung entfernt kam er zu einer Polizeisperre, die von einem, wie John mit Staunen feststellte, schluchzenden Polizeibeamten bewacht wurde. Als der John den Weg versperren wollte, erklärte er, er sei ein Journalist des *Liverpool Echo* in England. Vermutlich von Johns Aussprache überzeugt, ließ der Polizist ihn passieren. Eine Dreiviertelstunde lang streifte John durch die Gegend, in der die Schüsse auf Kennedy gefallen waren. Man ließ ihn zwar nicht in die Nähe der Straße, doch konnte er mitverfolgen, wie Polizisten in Zivil den Rasen auf dem Hügel und das Schienengelände dahinter absuchten. Schließlich wurde es ihm langweilig, und er machte sich wieder auf den Rückweg zur Arbeit, wo niemand mitbekommen hatte, dass er fort gewesen war.

Aus dem Büro rief er das *Echo* an und erzählte ihnen seine

Geschichte. Sie druckten seinen Bericht unter der Überschrift MANN AUS HESWALL VOR ORT IN DALLAS, doch zeigten sie sich weniger begeistert, als er ihnen anbot, weitere Nachforschungen anzustellen und noch einmal anzurufen.

An jenem Abend fuhr John zusammen mit seiner Freundin Nancy und seinem Kumpel Bob Cook ziellos in der Gegend herum. Sie machten einen kurzen Halt, um bei Charco's Drive-in einen Burger zu essen, und fuhren danach weiter zum Dairy Queen in Mesquite auf ein Dr Pepper Icy. Nancy musste früh zu Hause sein, und so hatten John und Bob, nachdem sie sie abgesetzt hatten, nichts zu tun, außer Zeit totzuschlagen. Also fuhren sie in die Innenstadt. Vor dem Gefängnis hielten sie an, und John versuchte erneut die Masche mit dem *Liverpool Echo*, wobei er behauptete, Bob sei sein Fotograf. Er erkundigte sich bei einem Polizisten nach dem Stand der Dinge, und dieser erklärte: »Sie haben irgendeinen Kerl geschnappt, und gerade jetzt sollte eigentlich eine Pressekonferenz stattfinden.« John, der die ganze Zeit über sein Ich-bin-Journalist-mich-kann-nichts-erschüttern-Gesicht aufgesetzt hatte, sagte nur kurz: »Na, dann machen wir uns mal besser auf den Weg.«

Obwohl sie weder einen Notizblock noch eine Kamera dabeihatten, waren er und Bob zwei Minuten später im Kellergeschoss des Gefängnisgebäudes in einem Raum, wo normalerweise Gegenüberstellungen abgehalten wurden. Es herrschte kein sonderlicher Andrang, und daran änderte sich auch nichts, als der Bezirksstaatsanwalt Henry Wade verkündete, dass der vermeintliche Schütze in Kürze der Öffentlichkeit präsentiert würde, und ein Trupp von Sheriffs in Cowboyhüten Lee Harvey Oswald in den Raum geleitete. John erzählte immer, dass Oswalds Verwirrung so überzeugend gewirkt hätte, dass er entweder ein verdammt guter Schauspieler gewesen sein muss oder er in der Tat unschuldig war. Der Junge schien jedenfalls nicht den geringsten Schimmer zu haben, was los war.

Wann immer John über seine sieben Jahre in den Vereinigten Staaten und speziell über jene Nacht sprach, sagte er, er hätte das Gefühl, als würde er sich irgendetwas zusammenspinnen – als wäre er nie wirklich dort gewesen. Insofern war es sowohl beruhigend als auch gespenstisch, als wir eines Abends bei Andy Kershaw zu Gast waren und Andy ihn ins Fernsehzimmer rief, wo gerade Archivaufnahmen von der Pressekonferenz gezeigt wurden. Und was war da zu sehen? John und Bob, die gerade mal anderthalb Meter entfernt von Lee Harvey Oswald und einem gewissen Jack Ruby standen, der damals nichts weiter war als ein Gesicht in der Menge, dem zum damaligen Zeitpunkt niemand irgendwelche Aufmerksamkeit schenkte oder einen Platz in der Geschichte zugebilligt hätte.

Dadurch, dass er durch einen Ozean vom Ort des Geschehens getrennt war, hatte John nie die Gelegenheit, eine der Merseybeat-Bands in Aktion zu sehen, wobei man vielleicht doch anmerken sollte, dass der Cavern Club in jenen bewegten Zeiten bei Johns Kontaktaufnahmen mit dem anderen Geschlecht eine nicht unbedeutende Rolle gespielt hatte. Er war, so ließ er gegenüber jeder durchschimmern, die es hören wollte, so häufig im Cavern gewesen, dass er quasi zum Inventar gehörte. Und nicht genug damit, die Geschäftsleitung erwog sogar mal, eine Messingplakette an der Stelle anzubringen, wo er immer gestanden hatte, wenn er seine alkoholfreien Getränke zu sich nahm und anderen Gästen gedankenverloren zunickte. Auf junge, leicht zu beeindruckende Texanerinnen machten derlei abenteuerliche Geschichten natürlich, nun ja, Eindruck.

Die Wahrheit sah ein wenig anders aus. John war nur zwei Mal im Cavern Club gewesen, als er die Weihnachtsfeiertage zu Hause verbracht hatte. Bei dem einen Mal hatte er die Spencer Davis Group gesehen, mit dem damals noch blutjungen Stevie Winwood – dessen Autogramm zusammen mit denen der anderen Mitglieder seiner späteren Band Traffic eine Seite von Johns Tagebuch aus dem Jahr 1967 ziert –, und beim zweiten Mal die Richmond Group, eine Band, die ein wenig wie die Rolling Stones klang und auf einem Post-Merseybeat-Live-Sampler mit dem Titel *Where It All Began* vertreten ist. Ansonsten hatte John während seiner Jahre in Dallas im Grunde genommen keinerlei Kontakt zur Szene in Liverpool, wenn man von einem jungen Mann absieht, mit dem zusammen er den Dallas County Cricket Club gründete und dessen Bruder, Pete Clarke, bei den Escorts trommelte. John war der Ansicht, dass deren Version von »Dizzy Miss Lizzy« besser war als die der Beatles, und hielt ihren Song »The One To Cry« für einfach unverzichtbar.

Der Dallas County Cricket Club ist ein Kapitel für sich. John war 1962 einer der Mitbegründer, und der Club existierte immerhin lange genug, um die Aufmerksamkeit der Beatles-Fans zu erregen, die sich für alles interessierten, was aus England kam. Als der Club allerdings auf dem Gelände

der Texas University in Austin ein Spiel abhielt, fühlten sich einige Angehörige des Football-Teams von diesem fremdartigen Treiben so bedroht, dass sie ihm ein gewaltsames Ende bereiteten.

John hatte schnell herausgefunden, dass sich aus einem zwanglosen Umgang mit der Wahrheit Kapital schlagen ließ, wenn er erzählte: »Mein eigentliches Zuhause ist der Cavern Club.« Und haargenau diesem zwanglosen Umgang mit der Wahrheit verdankte er auch seinen Job beim Radio, der seine Transformation einleitete vom »englischen Glücksritter mit dem Talent, zur rechten Zeit am rechten Ort zu sein« zum »englischen Glücksritter mit einem Talent, zur rechten Zeit am rechten Ort zu sein, während Tausende kreischender Mädchen sich ihm zu Füßen werfen«.

Nachdem John bei der Radiostation KLIF angerufen hatte, um Russ Knight, der allgemein unter dem Namen »Weird Beard« bekannt war, in einem Detail bezüglich Liverpool zu korrigieren, heuerte Knight – oder sollte es besser heißen: Mr Beard? – ihn als offiziellen Beatles-Korrespondenten der Sendung an. Schließlich stammte er ja immerhin aus der Nähe von Liverpool, und insofern lag die Vermutung nahe, dass er der erste Mensch sein würde, den John, Paul, George und Ringo anrufen würden, wenn sie einen Vertrauten bräuchten. John hat des Öfteren darauf hingewiesen, dass man in der Zeit, als die Beatlemania sich in den USA epidemisch auszubreiten begann, kaum das Radio einschalten konnte, ohne dass jemand behauptete, er sei Ringos Cousin, so dass sein unmissverständlich englischer Tonfall, den er seit seiner Anstellung bei KLIF mit diversen Liverpooler Wendungen würzte, mindestens so authentisch war wie der ganze Rest.

In seiner Eigenschaft als Sprachrohr der Beatles bei KLIF erhielt John Anrufe von jungen Hörern aus Dallas, die ihm alle möglichen Fragen über die Fab Four stellten, in der

Hoffnung, von ihm aus dem Tal der Unwissenheit geleitet zu werden. Dabei verging zwischen Anruf und Antwort meist eine Schallplattenlänge, während der John herauszufinden versuchte, wie der Name von Pauls Pinseläffchen lautete oder wie viele Zuckerwürfel Ringos Tante Beryl in ihren Tee tat. Der Höhepunkt von Johns Karriere als Adlatus der Beatles scheint sich in einem Kaufhaus in Dallas ereignet zu haben, wo Weird Beard Schallplatten verloste und John als »unser Mann aus Liverpool« angekündigt wurde.

Als John pünktlich erschien, war er mit Tausenden hysterischer Mädchen konfrontiert, die den Laden auseinandernahmen, kreischten und in Ohnmacht fielen und ihn anflehten, seine Hände auf ihr unwürdiges Fleisch zu legen. Als nach einiger Zeit eine gewisse Ruhe eingekehrt war, führte Weird Beard ein Interview mit John und fragte ihn, wie lange er bereits in Dallas sei. John erwiderte, er sei seit dreieinhalb Jahren in der Stadt, doch kaum dass er das Wort »half« mit seinem englischen Akzent aussprach, statt wie in Texas üblich »hay-aff« zu sagen, brach erneut die Hölle los, und er musste in bester *Hard Day's Night*-Manier zusammen mit Weird Beard den Rückzug durch den Hinterausgang antreten.

Danach konnte John in der Innenstadt von Texas kaum mehr einen Fuß vor den anderen setzen, ohne dass ihm Horden weiblicher Teenager hinterherhetzten, die sich ihm an den Hals warfen in der falschen Hoffnung, dies würde sie den Beatles ein Stück näher bringen. Die Hütte am Fuß des Gartens an der Potomac Avenue entwickelte sich folglich zu einem wahren Hort der Fleischeslust. John schrieb damals:

> Es dauerte nicht lange, bis Mädels, die ganz versessen waren auf einen Beatles-Ersatz, sich vor meinem bescheidenen Heim versammelten. Da ich nicht unhöflich sein wollte, bat ich sie hinein, und, nun ja, wenn sie so versessen

> darauf waren, dem Mann aus Liverpool ihre Jungfräulichkeit zu opfern, hätte es doch von mangelnden Manieren, ja sogar mangelndem Patriotismus gezeugt, wenn ich mich unkooperativ verhalten hätte. In einem Zeitraum von vier Monaten kam ich auf eine stattliche Anzahl von Entjungferungen. In den seltensten Fällen kannte ich die Namen der Betreffenden, und ich habe auch nicht groß danach gefragt, so dass man durchaus behaupten könnte, mein Handeln sei eine Form von Prostitution gewesen. Wobei ich allerdings nie eine Bezahlung für meine Dienste verlangte. Diese vier Monate waren mit die anstrengendsten und befriedigendsten in meinem Leben, und es musste erst ein wütender Vater auftauchen, der mich mit vorgehaltener Waffe eine Stunde lang ausfragte, bis ich beschloss, diese Karriere zu beenden.

Eines der Mädchen, die ihm regelmäßig in seiner Hütte an der Potomac Avenue Besuche abstatteten, war Shirley Anne Milburn, die damals fünfzehn Jahre alt war und mit der er zumindest zu diesem Zeitpunkt eine rein platonische Freundschaft unterhielt. Im Anschluss an die Unterhaltung mit Blick auf die Mündung einer Schrotflinte war John bei Shirley und ihren Eltern eingezogen. Aus dem, was John über Shirley erzählt hat, lässt sich schließen, dass sie schüchtern gewesen ist wie jede Fünfzehnjährige, wobei allerdings ein geheimes Abkommen zwischen ihr und ihren Eltern existiert haben muss, das darin bestand, John dazu zu bringen, sie zu heiraten, ohne ihm vorher ihr wahres Alter zu offenbaren. So wie er es mir gegenüber dargestellt hat, arbeitete die ganze Familie Hand in Hand bei dem Täuschungsmanöver, das Shirleys Alter betraf.

Kurz nachdem John bei der Familie eingezogen war, starben ihre beiden Eltern – zunächst ihr Vater bei einem Autounfall und dann ihre Mutter nach einer Reihe von Herzanfällen. John heiratete Shirley, doch stellte er das später als Resultat eines »gegenseitigen Schutzbündnisses«

dar, weil Shirley nach dem Tod ihrer Eltern andernfalls gezwungen gewesen wäre, bei einem Onkel zu leben, den sie kaum kannte. »Die Hochzeitszeremonie war ziemlich deprimierend«, erzählte er. »Wir mussten ein paar junge Typen auf der Straße bitten, als Trauzeugen zu fungieren.« Wann immer John von seiner ersten Ehe sprach, schlich sich ein Bedauern in seine Stimme. »Es war unfair ihr gegenüber«, sagte er, »und mir gegenüber auch. Sie musste so viele Veränderungen verkraften. Sie heiratete mich, weil sie sich davon ein interessanteres Leben versprach, doch die ganze Angelegenheit stand von Anfang an unter einem schlechten Stern.«

Schließlich beschlossen John und Shirley, Dallas zu verlassen und nach Oklahoma City zu ziehen, wo John einen neuen Job in Aussicht hatte. In Johns 63er Chevrolet 409 Cabrio machten sie sich auf den Weg nach Norden. Der Wagen hatte eine dunkelrote Metalliclackierung, die so dunkel war, dass sie fast schwarz schien, und Sitze, die pechschwarz *waren*, insgesamt also, wie John sich ausdrückte, ein wirklich gut aussehendes Geschoss.

So gut aussehend, dass seine Freunde ihn schon kurz nachdem er es gekauft hatte, warnten, dass es ihm garantiert unter dem Hintern weggeklaut werde. »Kauf dir eine Knarre«, hatten sie ihm geraten, und er hatte sich daran gehalten. John konnte sich nie daran erinnern, was für eine Pistole es genau gewesen war, aber er hatte darauf geachtet, dass sie groß war und gefährlich aussah, so dass man einem potenziellen Autodieb damit nur kurz unter der Nase herumfuchteln musste, um sich den Genuss eines sorgenfreien Fahrvergnügens zu erhalten. Doch fühlte er sich im Verlauf der drei oder vier Monate, die er »mit einem Schießeisen herumlief«, wie er sich später über diese kurze Periode der Bewaffnung äußern sollte, immer unwohler – vermutlich weil er stets damit rechnete, dass ein kurzer Ausflug zum Dairy Queen in eine Schießerei am OK Corral ausarten könnte –, und er drohte allmählich den Spaß an seinem 409 zu verlieren, so dass er die Waffe irgendwann loswurde und wieder neu zu leben lernte.

In Oklahoma angekommen, tat sich John mit einem DJ-Kollegen namens Paul Miller zusammen, mit dem er gemeinsam die *Paul and John Show* moderierte. Da sie keinen Einfluss auf die Musik hatten, die während der Sendung gespielt wurde, verlegten sie sich darauf, die Werbeeinblendungen zu persiflieren, wobei John immer den Pointenlieferant für Paul spielte. Die Sendung wurde ein solcher Erfolg, dass John und Paul, wann immer sie zu Football-Spielen der High-School-Liga gingen, in der Halbzeitpause frenetisch gefeiert wurden und hinaus aufs Spielfeld schreiten mussten, um den Applaus entgegenzunehmen. Rauschende Zeiten waren das.

Zu dieser Zeit verlegte sich John auch auf das Managen von Bands und nahm zwei Gruppen unter seine Fittiche, Dann Yankee and the Carpetbaggers und Jay Walker and the Pedestrians, die er zu ihren Auftritten in den umliegenden Indianerreservaten und wieder zurück chauffierte. Gleichzeitig drohte John damals, da er ein unbegrenztes Aufenthaltsrecht in den USA genoss, dass er zur Armee eingezogen und in Vietnam eingesetzt würde. Da er allerdings zuvor bereits in einer alliierten Armee gedient hatte, billigte man ihm zu, dass er schon seinen Teil dazu beigetragen hatte, die Welt zu einem sicheren Hort des ungezügelten Konsumismus zu machen, und stellte ihn vom Militärdienst frei. Eine Vielzahl seiner amerikanischen Freunde und Bekannten wurde jedoch eingezogen und in den Dschungel nach Südostasien verschifft. Wenn sie zurückkamen – falls sie überhaupt zurückkehrten –, waren die Wunden, die sie davongetragen hatten, nicht zu übersehen.

So saß John beispielsweise eines Tages um die Mittagszeit in einer Bar in San Bernardino und hörte einem jungen Soldaten zu, der mit sichtlichem Vergnügen und Liebe zum

Detail schilderte, wie er seinen ersten Vietnamesen getötet hatte. John fand den Bericht ebenso schockierend wie die Veränderung, die mit dem Erzähler vor sich gegangen war. Er hatte sich von einem liebenswerten, liberalen Kerl, mit dem man gut auskommen konnte, in einen blutrünstigen Killer verwandelt. Etliche, wenn nicht sogar die meisten der anderen Leute, die in der Bar saßen und tranken, hätten diese Wandlung freudig begrüßt, doch John war nur entsetzt und fragte sich in der Folgezeit immer wieder, was aus diesem Freund eines Freundes wohl geworden war. Doch in dieser Umgebung eine abweichende Meinung zu vertreten war ähnlich ratsam wie einige Jahre zuvor in Texas, wo John in Greenville Schilder gesehen hatte, auf denen zu lesen stand, dass Schwarze sich nach Sonnenuntergang gefälligst nicht in jenem Ort aufzuhalten hatten. In dem vorherrschenden Klima der Intoleranz beschloss er, seine Meinung lieber für sich zu behalten. In den USA herrschte damals eine angespannte Atmosphäre; während der Kuba-Krise war man in Texas weithin der Ansicht, dass nun endlich die Gelegenheit gekommen war, die russischen Kommunisten-Ärsche wieder zurück in den Kreml zu pusten. Nach Johns Aussagen hatte er damals vor den Amerikanern genauso viel Angst wie vor den Russen.

Obwohl er widerwillig den hormoninduzierten Wahnsinn von Downtown Dallas hinter sich gelassen hatte, war John weiterhin gezwungen, seine Rolle als der einzig wahre beste Kumpel der Beatles aufrechtzuerhalten, zumal der DJ eines konkurrierenden Radiosenders in Oklahoma nicht nur lange Haare hatte, sondern darüber hinaus auch schon einmal mit den Yardbirds geredet hatte. Dagegen konnte John nicht an, auch wenn sein kragenloser Anzug, der halbwegs passte und glänzte wie eine Nacktschnecke, sobald Licht darauf fiel, ihn beinahe in die gleiche Liga katapultierte. Hinzu kam noch sein David-McCallum-Look, den hinzuzaubern allerdings Unmengen von Haarspray vonnöten waren und der nur so lange hielt, bis er von einem plötzlichen Windstoß völlig zunichte gemacht wurde. Während seiner Zeit in Oklahoma musste John außerdem öffentlich zugeben, dass er den Beatles nie persönlich begegnet war, was seinen Marktwert beträchtlich sinken ließ.

Um diesen Mangel zu beheben, schickte sein Sender ihn nach Minneapolis, um die Fab Four zu interviewen. Unglücklicherweise waren aus dem gleichen Grund etwa fünfzig weitere Freunde der Beatles dorthin geschickt worden, und das Wenige, das John auf Band bekam, klang so unverständlich und verzerrt, dass er das Band wegwarf und dem Sender erklärte, es sei von einem neiderfüllten Rivalen gestohlen worden. Als ob das nicht schon gereicht hätte, wurde er während des Beatles-Konzerts auch noch von einem freundlichen Polizeibeamten die Treppe hinuntergestoßen.

Er hat es nie geschafft, die Band, die von so grundlegender Bedeutung bei der Schaffung seiner beachtlichen Reputation in den USA war, zu treffen – jedenfalls nicht als vollständige Gruppe und nicht während seiner Zeit in den USA. Was er allerdings schaffte, war, den Supremes zu begegnen, die sich jedoch in die stetig länger werdende Liste der Bands eintrugen, die sich weigerten, mit ihm zu reden, wohingegen The Lovin' Spoonful es auf Anhieb auf Platz eins der damals noch sehr kurzen Liste von Bands schafften, die nicht nur bereit waren, mit John zu reden, sondern ihn auch noch ins Kino einluden (sie schauten sich übrigens *The Greatest Story Ever Told* an – *Die größte Geschichte aller Zeiten*).

Es dauerte schließlich bis nach seiner Rückkehr nach England, dass John die Bekanntschaft eines jener Musiker machte, ohne die seine sexuellen Abenteuer in Dallas vermutlich nicht so zahlreich gewesen wären. John Lennon und Yoko Ono waren im Dezember zu Gast in Johns Show *Night Ride*, um über ihr neues Album *Two Virgins* zu reden, das in jener Woche auf den Markt kam. Im Verlauf der Sendung verlas Yoko ein anrührendes Gedicht, das von ihrer kürzlich erlittenen Fehlgeburt handelte.

John war Lennon und Ono erst einen Monat zuvor zum ersten Mal begegnet. Lennon hatte ihn angerufen und gefragt, ob er bereit wäre, für Yoko, die gerade eine Fehlgeburt hinter sich hatte, Blut zu spenden. Lennon war die ganze Zeit über an ihrem Krankenbett geblieben und hatte es nur einmal kurz verlassen, um drei Leute anzurufen, die er genügend mochte, um sie um einen solchen Gefallen zu bitten. John fuhr selbstverständlich zum Krankenhaus, wo man ihm nach einigen Voruntersuchungen mitteilte, dass er als Blutspender nicht in Frage käme, was einen angesichts seiner kurz zurückliegenden Gelbsucht und des Trippers auch nicht wunderte.

Dennoch blieb er im Krankenhaus und unterhielt sich ein paar Stunden lang mit John Lennon, und die beiden kamen sofort prima miteinander klar und trafen sich in den nächsten Jahren öfters mal auf einen Drink. Einmal hörte John, wie Lennon einen Angestellten bat, ihm die Zeitungen zu holen, damit er die Kritiken zur neuesten Beatles-Single lesen konnte. »Warum denn das?«, fragte John. »Um zu erfahren, worum es in unseren Songs geht«, antwortete Lennon.

Einmal war ich nachmittags mit John unterwegs, und wir machten einen Abstecher zu Apple Records in der Savile Row, weil John sagte, er müsse etwas von Lennon abholen. Wir saßen eine Weile in der Rezeption herum, als Lennon den Kopf zur Tür hereinstreckte und fragte, ob wir nicht zusammen mit ihm und Yoko Tee trinken wollten. Das Ganze war von Anfang an geplant gewesen, aber John hatte sich nicht getraut, mir etwas zu sagen, weil er wusste, dass ich vor Nervosität geplatzt wäre – ich war eines dieser Mädchen, die man in den Filmausschnitten von Beatles-Auftritten sieht und sich die Lunge aus dem Leib schrien, wann immer Paul

McCartney mit den Hüften wackelte oder John Lennon seine Mähne schüttelte. Meine hysterische Begeisterung hatte im Lauf der Jahre nicht nachgelassen, sondern war allenfalls gedämpfter geworden, und John wusste das, weshalb er auch so einen Spaß hatte, als Paul bei einer Überraschungsparty von Apple 1972 zu mir rüberkam, um sich mit mir zu unterhalten. Bei beiden Gelegenheiten wäre ich vor Schreck fast ohnmächtig geworden.

Es war ein wunderbarer Nachmittag. Yoko hatte in der letzten Zeit eine Menge schlechte Presse bekommen, doch

Posieren für Yoko Onos Geburtstagsalbum

sie war einfach wundervoll, schenkte immer wieder Tee nach und bemutterte uns nach Strich und Faden. Ich war den beiden zuvor noch nie persönlich begegnet, doch hatten John und ich einmal einen Beitrag zu einem Geburtstagsgeschenk für Yoko geleistet. Lennon hatte damals eine Reihe von Leuten angerufen, die er kannte, und sie gebeten, sich in Yoko-T-Shirts fotografieren zu lassen. Der Fotograf war eines Nachmittags auch bei uns aufgetaucht, hatte John und mich fotografiert, und unsere Fotos wurden zusammen mit all den anderen in ein Album geklebt, das Lennon Yoko als Geschenk überreichte.

Wir übernahmen diese Idee zu Johns sechzigstem Geburtstag. Für diesen Anlass ließen wir die Zeile »I'd like to settle down but they won't let me« aus Johns Lieblingssong von Roy Buchanan, »The Lonesome Fugitive«, auf T-Shirts drucken und machten Fotos von Freunden und Verwandten in diesen T-Shirts. Die BBC schloss sich dieser Aktion in großem Stil an, und Johns damalige Produzentin Anita Kamath vergatterte diverse Bands dazu, ihren Beitrag zu Johns Geburtstag zu leisten.

Der Kontakt zu Lennon blieb auch dann noch bestehen, als der in die USA übergesiedelt war; wir bekamen immer wieder Postkarten von ihm und Yoko aus allen möglichen Orten, die sie gerade bereisten.

Obwohl Johns Antiknüller in Bezug auf die Beatles durchaus etwas Beeindruckendes hatte, beschloss sein Radiosender KOMA angesichts stetig sinkender Zuhörerzahlen, dass seine Mitarbeit entbehrlich war. Vielleicht lag es auch daran, dass sein Talent so leuchtend strahlte, dass es die übrigen Angestellten in den Schatten stellte, jedenfalls wollte das Management den Sender auf Stromlinienkurs trimmen, und John musste dabei über die Klinge springen.

Dies war das dritte Mal innerhalb von vier Jahren, dass John seine Anstellung bei einer Radiostation verlor, und es sollte nicht das letzte Mal bleiben. John packte seine und Shirleys Sachen und machte sich mit ihr auf den Weg nach San Bernardino in Kalifornien, wo es ihm gelungen war, sich bei KMEN den Job des Moderators der Morgensendung unter den Nagel zu reißen. Für die Dauer der achtzehn Monate vom Herbst 1965 bis zum Frühjahr 1967 wurde er zu einem anderen Menschen. Man könnte sagen, er verlor einen integralen Bestandteil seiner Persönlichkeit, nämlich das »s« in der Mitte seines Namens. Gegen diesen Buchstaben, der glücklich und zufrieden an seinem Platz saß und niemandem etwas zuleide tat, hatten Johns Arbeitgeber so starke Bedenken, dass sie ihn amputierten. Anscheinend war man bei KMEN der Ansicht, dieser harmlose Konsonant könnte zu Fehlfunktionen in den Hirnen von Johns Zuhörern führen, die sich einen so ausgefallenen Namen nie im Leben würden merken können.

Und so wurde der s-lose Ravencroft mit der Rolle des sympathischen Morning Man betraut, der die Kinder und Ehemänner mit einem Lächeln auf den Lippen und einem Song in ihren Herzen zur Schule beziehungsweise zur Arbeit scheuchte. Um morgens um sechs schon aus allen Rohren zu feuern und zu rocken, dass es krachte, musste er sich um halb fünf auf Zehenspitzen aus der Hütte schleichen und sich dabei schnell einen Topf Bohnen vom Lagerfeuer der letzten Nacht schnappen. (Er hat mir versichert, dass in seiner Umgebung alle damals so redeten, und ich habe keinen Beweis für das Gegenteil.)

Das Sendegebäude von KMEN lag inmitten einer Viehweide. Der Konkurrenzsender, K-irgendwas, hatte seine Büros und Studios in einer Ecke des örtlichen Holiday Inn, weshalb KMEN von seinem Zielpublikum für wesentlich cooler gehalten wurde. Dieses Zielpublikum bestand aus Schülern der High Schools, Inland-Surfern, Hot-Rod-Fahrern, Zitrus-Farmern und sonnengebräunten Blondinen, die allesamt von der Mischung aus Canned Heat, Love und den Doors begeistert waren. Da es nur ein kleiner Sender war, konnte John spielen, was ihm gefiel, und nach einer gewissen Zeit machte er seinen Chefs den Vorschlag, eine britische Hitparade ins Programm zu nehmen. Sie hielten das für eine hervorragende Idee, obwohl Johns Variante mit einer Hitparade im eigentlichen Sinne nichts zu tun hatte: Er spielte einfach nur die Platten, die ihm in einer bestimmten Woche besonders gefielen, und wies ihnen willkürlich Plätze in den »Charts« zu. »The Nazz Are Blue« von den Yardbirds hielt sich unerklärlich lange in seiner britischen Top Five, obwohl der Song nirgendwo auf der Welt als Single veröffentlicht worden war.

Während seiner Zeit bei KMEN nutzte John seine Sendung als Plattform für zahlreiche Bands, von denen er das Gefühl hatte, sie würden groß herauskommen, wenn nur mehr Leute die Gelegenheit hätten, ihre Musik zu hören. Die Playlists der Radiosender waren damals schon so konservativ wie heute, doch John betrachtete es geradezu als seine Bürgerpflicht, den Zuhörern ein breites Spektrum von Musik zu bieten, wobei er, wenn die betreffenden Musiker dann tatsächlich Erfolg hatten, seinen eigenen Anteil daran immer herunterspielte.

Eine Band, für deren Karriere John eine ausschlaggebende Rolle spielte, waren The Misunderstood, eine psychedelische Fünf-Mann-Combo aus der Gegend um Riverside. John sah sie zum ersten Mal, als sie bei der Einweihung einer neuen Shopping Mall in Riverside einen unangekündigten Auftritt zwischen The Mystics und The North Side Moss absolvierten. John dachte, es gäbe eine Pause, und schlenderte durch den Gebäudekomplex, als er hörte, wie die Band ihre Instrumente stimmte. Später schrieb er:

> Es war wie bei Paulus auf dem Weg nach Damaskus. Als sie zu spielen anfingen, konnte ich kaum fassen, was

> ich da zu hören bekam. Die Shopping Mall war erfüllt vom pulsierenden Dröhnen ihrer Musik, und die Leadgitarre von Glenn Ross Campbell fräste Streifen aus dem Himmel, damit wir darauf herumspazierten. Sie sind Propheten einer neuen Ordnung, Verkünder einer neuen, sanften und von Leben erfüllten Morgendämmerung der Menschheit.

Na ja, es waren halt die sechziger Jahre.

Nachdem sie von der Bühne gekommen waren, ging John mit ihnen einen Kaffee trinken und erklärte ihnen, dass sie mit ihrer Musik in London vermutlich auf größere Resonanz stoßen würden als in Los Angeles. Im Verlauf der folgenden Monate freundete er sich mit der Band so weit an, dass sie ihn quasi als ihr sechstes Bandmitglied betrachteten, was aber auch bedeutete, dass John sich von nun an nicht mehr als der sechste Beatle betrachten konnte. Aber was soll's, irgendwo muss man einfach eine Grenze ziehen, und man kann nicht bei beliebig vielen Bands als sechstes Mitglied gelten, ohne dass die Dinge einem irgendwann über den Kopf wachsen. Dies sind nun einmal die Prinzipien, auf denen jede gesunde Zivilisation gegründet sein sollte.

John brachte The Misunderstood regelmäßig mit nach Hause in die Wohnung, die er sich mit Shirley teilte, und spielte ihnen seine Platten vor. Für die Musiker, die noch nicht einmal einen Plattenspieler besaßen, waren diese Besuche immens inspirierend, denn John hatte nicht nur die frischesten Importe aus England, sondern auch Platten von neuen West-Coast-Bands wie Mothers of Invention oder Love. Er schummelte The Misunderstood regelmäßig bei KMEN ins Programm, was bei konkurrierenden Bands einige Verärgerung auslöste. Beispielsweise wenn er sie mit den Worten ankündigte: »Hier ist ein Stück, das The Misunderstood heute Abend dort und dort spielen werden«, um dann die Platte einer anderen Band aufzulegen und, nachdem diese zu Ende war, hinzuzufügen: »Und denkt dran, The Misunderstood spielen den Song zehnmal besser, und zwar heute Abend im ...«

Bei einer Gelegenheit wurde John im wörtlichen Sinne zum Beschützer der Band. Sie hatten bei ihm zu Hause herumgesessen, und irgendwann machten sich zwei Bandmitglieder auf den Weg über die Straße, um ein paar Biere zu holen. Der Mann im Laden behandelte sie wie den letzten Dreck und nannte sie Schwuchteln – wegen ihrer wallenden Locken. Als die Jungs zurückkamen und John davon erzählten, kochte er vor Wut. »So was darf man sich nicht gefallen lassen!«, erklärte er. »Das ist doch die Höhe! Wir sollten mal rübergehen und uns mit diesen Leuten unterhalten.« Also machten sie sich auf den Weg zum Laden, John bewaffnet mit seinem guten alten englischen Sinn für Gerechtigkeit, während die Band eine eher irdische Ausrüstung in Gestalt von Klappmessern und Rohrzangen bevorzugte. Allerdings erwiesen sich die Geschäftsinhaber als noch besser vorbereitet, und sie begrüßten den Trupp mit Axtstielen und Eisenrohren. Als John und die Band wieder im Schutz der eigenen vier Wände angelangt waren, realisierte er mit einigem Entsetzen, wie schnell die Situation eskaliert war. Er hatte sich auf ein nettes Wortgefecht eingerichtet und nicht im Geringsten vermutet, dass es zu einer physischen Auseinandersetzung kommen könnte.

John unterstützte The Misunderstood, so gut er konnte. Im Frühling 1966 arrangierte er für sie einen Aufnahmetermin in den Gold Star Studios in Hollywood, damit es endlich eine Platte gab, die er bei KMEN spielen konnte. Er sorgte außerdem dafür, dass sein Bruder Alan das Terrain in England beackerte, um ihnen einen möglichen Manager an Land zu ziehen, und er stürmte gemeinsam mit der Band das Hotel der Hollies in Los Angeles, wo die jungen Nachwuchskünstler ihre Schallplatten in die Hände ihrer etablierten Kollegen drückten, deren ungerührt-genervte Gesichter angesichts dieses Treibens lediglich ihre Freude und Bewunderung verbergen sollten. Oder vielleicht auch nicht.

Wie weit Johns Wohltäterschaft ging, lässt sich vielleicht daran ablesen, dass er Rick Brown, den Sänger der Band, und seine Freundin Tammy sein Schlafzimmer benutzen ließ, wann immer er nicht zu Hause war. Für Tammy schrieb Rick später den Song »I Can Take You To The Sun«, doch wie dem Text traurigerweise zu entnehmen ist, hatte sie darauf keine allzu große Lust. Rick hingegen blieb dabei, und als die Band sich 1967 auflöste, floh er vor der Einberufung zu den Streitkräften nach Indien, um ein hinduistischer Mönch zu werden. John fuhr ihn sogar zum Flughafen.

Doch zurück ins Jahr 1966. The Misunderstood ließen sich schließlich überzeugen, ihr Glück in England zu versuchen, nachdem John ihnen versprochen hatte, sie könnten das Haus seiner Mutter in Notting Hill als Operationsbasis nutzen. Der Plan hätte auch wunderbar funktioniert, wenn John nur daran gedacht hätte, seine Mutter davon in Kenntnis zu setzen. So erfuhr sie erst dann von ihrem Glück, als sie von einem mehrtägigen Ausflug nach Hause zurückkehrte und vor ihrer Tür eine Bande spindeldürrer, langhaariger und vom Regen durchnässter Kalifornier fand, die drei Tage zuvor angekommen waren und eigentlich damit gerechnet hatten, mit einem warmherzigen Willkommen, dampfendem Tee und Gebäck begrüßt zu werden. Sie baten sie inständig, John in San Bernardino anzurufen, und nachdem er sich tausendmal entschuldigt hatte, gelang es ihm, seine Mutter zu überzeugen, dass sie die Band bei sich wohnen ließ. Es hört sich an wie der Stoff, aus dem die Sitcoms der Siebziger sind (die in diesem Fall natürlich *Hoppla, Mrs Ravenscroft* heißen müsste), und wir können nur Spekulationen darüber anstellen, worüber sie wohl geredet haben mochten, als dann der Tee und das Gebäck endlich aufgefahren wurden.

Johns Bruder Alan wohnte damals bei seiner Mutter, als The Misunderstood aufkreuzten, und er erinnert sich mit Schaudern an diese Zeit. »Es gab im Haus nur vier Schlafplätze, und da wir schon zu viert waren, stellte das natürlich ein Problem dar. Aber unsere Mutter hatte nicht nur ein Faible für die Boheme, sondern war auch noch sehr gastfreundlich – ihr Haus stand jedermann offen, und zwar in einem solchen Maße, dass John und Francis einmal, als es für uns wieder mal nichts zu essen gab, einen Zettel mit der Aufschrift ›Speisewagen‹ an die Haustür hängten. The Misunderstood waren zum ersten Mal in London, und die Stadt war einfach noch nicht bereit für sie. Sie nahmen die hübschen Habitat-Weingläser aus violettem Glas, um Kaffee daraus zu trinken, wodurch sie völlig ruiniert wurden. Sie kamen aus Kalifornien, und ihre Hauptbeschäftigung war ›Abhängen‹, allerdings zu einem Zeitpunkt, als diese Tätigkeit hier noch so gut wie unbekannt war. Und sie übten. Was auch verdammt nötig war, aber uns den letzten Nerv raubte. Und den Nachbarn ebenfalls.«

Nach drei Monaten brachte Alan die Band mit Nigel Thomas zusammen, einem alten Schulfreund, der mittlerweile Manager geworden war. Johns enthusiastischer Begleitbrief über die Band hatte einen solchen Eindruck bei ihm hinterlassen, dass er die Jungs aus der Pension Ravenscroft ausquartierte und woanders unterbrachte.

Falls man The Misunderstood überhaupt in den Geschichtsbüchern erwähnt findet, dann nur als Fußnote einer Fußnote. Doch die Art, wie John und die Band sich gegenseitig respektierten und ermutigten, ist ein typisches Beispiel für die Atmosphäre, die John um sich herum kultivierte, auch wenn die Welt und er geschmacklich nicht immer auf gleicher Höhe waren. Als The Misunderstood im Frühjahr 1969 endlich ihre Single »Children Of The Sun« veröffentlichten, schrieb Roy Wood, Sänger der Band The Move und später bei Wizzard, im *Melody Maker*: »Entsetzlich. Keine Ahnung, was die sich dabei denken. Ich glaube, nicht einmal John Peel würde so was spielen. Klar, ich mag seine Sendung, sie ist ziemlich interessant, aber manchmal spielt er Sachen, die sind echt zu abgedreht.«

Johns Erinnerungen an seine Zeit bei KMEN waren, um es vorsichtig zu formulieren, nur sehr bruchstückhaft. Was er noch wusste, war die Tatsache, dass Jan oder Dean – je nachdem, wer von den beiden gerade keinen Unfall gehabt hatte – dem Sender regelmäßig Besuche abstatteten und dass sein bester Kumpel sein DJ-Kollege Johnny Darin war. Johnny Darin hieß natürlich nicht wirklich Johnny Darin, und es ist John nie gelungen herauszufinden, wie sein richtiger Name lautete, da sie ihre Namen aus einer vorgefertigten Liste zugeteilt bekamen und gestrichen wurden, sobald sie den Sender wieder verließen. Das ist auch der Grund, warum Johns zahlreiche Versuche, mit früheren Kollegen aus seiner Zeit in den USA Kontakt aufzunehmen, scheiterten und selbst die hartnäckigsten Recherchen seitens der Redaktion von *This Is Your Life* erfolglos blieben.

Was er allerdings wiederfand, waren ein paar Werbeprospekte von KMEN, der *KMENtertainer.* Darin ist ein Foto von John Ravencroft, der der Sängerin und Schauspielerin Donna Loren zeigt, wie man das Mischpult bedient. Und ein weiteres mit Buddy Budnik, Chuck Christensen, Mark Denis und dem Rest der Mannschaft in hautengen Basketball-Monturen. Der *KMENtertainer* berichtet darüber, dass das Team gegen diverse Mädchenmannschaften antrat und die Körbe mächtig zum Wackeln brachte, was John wiederum kaum glauben konnte, da er hätte schwören können, dass er niemals in seinem Leben einen Basketball auch nur in der Hand gehalten hat. Des Weiteren gibt es noch ein Foto von ihm, wie er auf dem Boden sitzt und vier Telefonhörer gleichzeitig ans Ohr geklemmt hat. »John Ravencroft

KMEN Newsletter

nimmt ein paar der zahlreichen Hörerwünsche entgegen, die allmorgendlich beim Sender eingehen«, vermerkt die Bildunterschrift.

Vor ein paar Jahren war ein Kollege von Radio 1 in Kalifornien und brachte mehrere Karten aus der Gegend um San Bernardino mit, in der Hoffnung, Johns Erinnerungsvermögen damit auf die Sprünge zu helfen. Mit zitterndem Zeigefinger deutete John auf die Straße, in der er gewohnt hatte. Es war, so erinnerte er sich, ein Holzhaus an einer Straßenecke. Aber hieß die Straße wirklich Waterman Avenue? Und war die Mojavewüste wirklich so nah? Und der Joshua-Tree-Nationalpark auch? Und wenn ja, warum hatte er nie einen Abstecher dorthin gemacht?

Er brachte etwa eine Stunde über die Landkarten und Stadtpläne gebeugt damit zu, doch der Strom der Erinnerungen blieb nur ein kümmerliches Rinnsal. Als ihm bei der

Sendung *This Is Your Life* abverlangt wurde, so zu tun, als habe er ein Elefantengedächtnis, gab er sich auch alle erdenkliche Mühe, doch konnte er sich an einen der Gäste, die extra herangekarrt worden waren, um ein tränenreiches Wiedersehen zu inszenieren, beim besten Willen nicht erinnern; wenigstens gelang es ihm, so zu tun, als würde er sich aufrichtig freuen. Das Problem bestand darin, dass Johns Erinnerungen bei solchen Ausflügen in die Vergangenheit gelegentlich mit Faktenmaterial kollidierten beziehungsweise sich erst gar nicht einstellten, was einen höchst verwirrenden Effekt auf ihn hatte. Wobei es nicht so war, dass er ein schlechtes Gedächtnis hatte, sondern dass es einfach nur überaus selektiv funktionierte. Er hätte einem aus dem Stand jede Besetzung von The Fall aufsagen können, doch manchmal erinnerte er sich nicht daran, wo seine Unterhosen lagen.

Im Verlauf der achtzehn Monate in San Bernardino hatte er ein Konzert besucht, das sein Leben veränderte. Man muss dazu anmerken, dass es eine ganze Reihe von Konzerten gab, von denen John voller Ehrfurcht und Wehmut sprach, und wenn er dieses Buch selbst hätte fertig stellen können, so hätte es bestimmt auch die von Vielen mit Spannung erwartete Liste der »Zehn besten Konzerte« enthalten, die er so vollmundig angekündigt hat. Ich kann nicht genau sagen, welche Shows er in eine Liga mit dem Auftritt von Gene Vincent und Eddie Cochran einsortiert hätte, aber unter den Kandidaten wären bestimmt die folgenden gewesen:

Dick Dale in Islington
The Four Brothers bei Johns Fünfzigstem in unserem Garten
PJ Harvey in Cardiff
The Misunderstood in Hollywood
Van Morrison in Finsbury Park
Roy Orbison in Ipswich

Pink Floyd im Hyde Park
The Undertones in Huddersfield
The Fall in – nun ja, einfach überall

Darüber hinaus der Auftritt der Faces in Sunderland an dem Abend, als Sunderland sich für das Cup-Finale qualifizierte. Es war das erste Mal, dass John ihnen begegnete, und er erzählte immer, dass es keine passendere Band für jenen Abend hätte geben können. Sie kamen auf die Bühne und kickten Fußbälle ins Publikum, und es wird seitens scharfer Beobachter berichtet, dass John am Bühnenrand gesehen wurde, wie er tanzte, was umso erstaunlicher ist, als er selbst ja auf diesen Seiten bereits dargelegt hat, dass er kein begeisterter Tänzer vor dem Herrn war. Dabei scheint ihm offensichtlich entfallen zu sein, dass er sogar einen eigenen Tanz kreiert hat – ein energetisches, leicht federndes Treten auf der Stelle unter Einbeziehung schlurfender Bewegungen. Bei uns firmierte dieser Tanzschritt unter der Bezeichnung Westbourne Grove Walk, weil er, als er ihn zum ersten Mal vorführte, in Westbourne Grove gewesen war und er in diesen Schritt verfiel, während er mir erzählte, was er bei diesem Ausflug erlebt hatte.

Dieser Tanzschritt kam nur bei speziellen Gelegenheiten zur Anwendung. In seinem Tagebuch notiert er am 24. Juli 1976, als er Ansager bei einem großen Open-Air-Festival war, bei dem Status Quo als Headliner auftraten: »Auf die Bühne gegangen und Quo angekündigt. Sobald es dunkel wurde, hinter der Bühne gestanden und den Westbourne Grove Walk getanzt.« Moden kommen und gehen, Regierungen stürzen, Kriege werden geführt, doch der Walk wird stets derselbe bleiben. Selbst 2002 im Londoner Fabric hätte jeder, der nicht allzu sehr mit sich selbst beschäftigt war, Zeuge werden können, wie seine kurzen Beine immer mal wieder vor und zurück schnellten und John hinter seinem DJ-Pult ein paar Tanzschritte hinlegte. In dieser DJ-Kabine hat er sich damals, was den Westbourne Grove Walk anging, richtig ausgetobt.

Ebenfalls ziemlich weit oben auf Johns ständig länger werdenden Liste von Konzerten, die sein Leben veränderten, war der Auftritt der Rolling Stones in San Bernardino. Zu diesem Zeitpunkt gehörte er zur Prominenz von KMEN und war infolgedessen mit der noblen Aufgabe betraut, am Bühnenrand herumzulungern und die zahlreichen stürmischen jungen Damen in Augenschein zu nehmen, die es durch den Seiteneingang geschafft hatten, um sich Mick Jagger an den Hals zu werfen. Im Verlauf des Konzerts gelang es einem jungen Kerl, sich auf die Plattform neben der Bühne vorzukämpfen, einem Polizisten die Pistole aus dem Holster zu reißen und mehrere Schüsse abzufeuern, die gerade mal ein oder zwei Meter von Jaggers zappelnden Füßen entfernt in die Bühnenbretter einschlugen. Das allgemeine Getöse war allerdings so groß, dass die Band unbeirrt weiterrockte, ohne zu ahnen, dass gerade Generationen von Holzwürmern einen besonders qualvollen Tod erlitten.

Doch die Show, die Johns Auffassung davon, was Musik bewirken kann, grundlegend verändert hat, war Captain Beefheart and his Magic Band als Vorgruppe von Van Morrisons Them im Whiskey A Go-Go in Hollywood. Johns Bewunderung für Beefhearts Meisterwerk *Trout Mask Replica* hat in über dreißig Jahren nicht nachgelassen, insofern kann man sich vielleicht vorstellen, wie sehr es ihn damals umgehauen hat. Er selbst verglich es mit dem Moment, als er zum ersten Mal Elvis hörte. Als er durch das nächtliche Hollywood davonrauschte, hatte er das Gefühl, dass nichts mehr so war wie zuvor.

Zwischen John und Beefheart bestand eine eigenartige und lang anhaltende Freundschaft, die in den Sechzigern ihren Anfang nahm, als John sich stark für dessen Musik engagierte. Als Beefheart 1967 nach London kam, kurz be-

John mit Captain Beefheart and his Magic Band

vor er eine Session für *Top Gear* aufnahm, chauffierte John ihn im ganzen Land herum, was John so großen Spaß machte, dass er später auch den großartigen Gitarristen John Fahey in den Genuss seiner Chauffeurskünste kommen ließ. Mit Beefheart auf dem Rücksitz fuhr er zur Frank Freeman School of Dancing in Kidderminster, wo Beefheart ein Konzert spielen sollte. Der Captain war schon voller Vorfreude, und einer seiner Musiker bemerkte, was für ein abgefahrener Name das für einen Club war, bis John ihn darüber aufklärte, dass es sich dabei tatsächlich um eine Tanzschule handelte, die von einem gewissen Frank Freeman geleitet wurde.

Auf dem Rückweg fragte Beefheart, ob John mal anhalten könnte, damit er rausgehen und den Bäumen lauschen konnte. John schrieb später:

Ich dachte immer, was für eine seltsame Idee. Kann aber auch sein, dass es seine Art war zu sagen, er wollte mal pinkeln. Gut möglich, dass er nur deshalb gesagt hatte, er wollte den Bäumen lauschen, weil sich im Englischen »Baum« auf »pinkeln« reimt. Seine Denkprozesse liefen anders als bei anderen Leuten – es hätte ebenso gut sein können, dass er wirklich einem Baum lauschen wollte, man nahm ihm das einfach ab. Hätte jemand anderes das gesagt, hätte ich »Dämlicher Idiot« gemurmelt. Aber bei Beefheart dachte man: Nun ja, er weiß mehr als ich, und wenn er einem Baum zuhören will und ich in der Situation bin, ihm das zu ermöglichen, dann gebe ich ihm die Gelegenheit dazu, weil es unredlich wäre, es nicht zu tun. Also stieg er aus dem Auto und verschwand. Es war eins dieser Ereignisse, an das man mit einer Gedenktafel erinnern sollte. Ich würde ja gerne behaupten, ich hätte gesehen, wie sich seine Silhouette, ein Ohr an eine alte Ulme gepresst, vor dem Mond abzeichnete, aber ich weiß es wirklich nicht.

Als John und ich in London wohnten, rief Beefheart regelmäßig an. Was er jedoch überhaupt nicht ausstehen konnte, war, wenn es vorkam, dass John nicht da war, wenn er anrief. Er dachte, dass die Leute irgendwie zu ahnen hatten, dass er mit ihnen reden wollte, und sich folglich in der Nähe des Telefons aufhielten. Wenn dies nicht der Fall war, reagierte er gereizt. Die Anrufe blieben eine feste Einrichtung bis zu Johns Tod. Gewöhnlich rief er im August an, ein paar Wochen vor Johns Geburtstag, und selbst wenn sie ein Jahr nicht miteinander geredet hatten, nahm Beefheart das Gespräch genau da wieder auf, wo sie beim letzten Mal aufgehört hatten, als ob es gerade gestern gewesen wäre, und dann plauderten sie darüber, was sie in der Zwischenzeit gemacht hatten.

In seinem Tagebucheintrag vom 1. Dezember 1975, etwa einen Monat bevor William geboren wurde, schreibt John über ein zwanzigminütiges Gespräch mit Beefheart. »Er sagte ziemlich fiese Sachen über die ehemalige Magic Band, machte recht aggressive Nebenbemerkungen über seine Frau und war ansonsten freundlich, aber hinterlistig. Seine letzten Worte waren, er hoffte, Pig bekomme ein ›feines Schwein‹.« In den letzten Jahren drehte es sich bei Beefhearts Anrufen häufig um Fragen der Tierhaltung, da sowohl er als auch John Hühner hielten. Oder er gab John Ratschläge, die er an die Kinder weiterreichen sollte. »John«, sagte er bei solchen Gelegenheiten, »du musst ihnen sagen, sie sollen niemals in irgendwelchem Wasser schwimmen, in das noch niemand reingepisst hat.«

Schon vor John und Shirleys Umzug nach Oklahoma hatte ihre Ehe erste Auflösungserscheinungen gezeigt. John war kein streitlustiger Typ, doch Shirley wurde mit der Zeit ihm gegenüber zunehmend gewalttätig. Meist wartete sie, bis er eingeschlafen war, um dann ihre Attacken auf ihn zu starten. Einmal landete er sogar im Krankenhaus von Oklahoma City, nachdem sie ihm einen steinernen Frosch an den Kopf geschleudert hatte. Er hat später oft erzählt, wie peinlich die Situation war, als er mit all den anderen Männern im Krankenhaus saß, die Geschichten darüber austauschten, weshalb sie dort gelandet waren, und er irgendwann sagen musste: »Meine Frau hat einen Frosch nach mir geworfen.«

Die Gewalttätigkeiten nahmen allem Anschein nach zu, und einmal musste sogar die Polizei einschreiten, aber John war dennoch entschlossen, die Ehe zu retten und Shirley zu helfen. Also nahm er Shirley mit, als er im März 1969 San Bernardino verließ, um nach London zu ziehen, wo er als DJ arbeiten wollte. Er hoffte immer, er könnte mehr für sie tun, doch seine Tagebucheinträge aus der Zeit nach der Rückkehr nach London zeugen von zunehmenden Spannungen und abnehmendem Glück. »Mache mir große Sorgen um Shirley«, schreibt er am 19. September 1967. »Sie wird mir immer mehr zum Rätsel. Ich habe nicht die geringste Ahnung, was ich tun kann, damit es zwischen uns wieder besser läuft. Sie versteht einfach nicht, was ich vom Leben will. Oje.«

Doch die Situation verschlimmerte sich noch weiter. Am 24. Oktober schreibt er: »Shirley ist sehr deprimiert. Sie hat zugenommen und weint, weil sie sich unbedeutend und hilflos vorkommt.« Selbst nachdem John und ich schon zusammenwohnten, rief sie immer noch an und erzählte dann nicht selten Dinge wie: »Ich habe dich und John vor der Royal Albert Hall gesehen. Ich habe euch beobachtet.« Damals empfand ich kein Mitleid für sie, sondern ich fühlte mich bedroht, doch als sich die Beziehung zwischen John und mir im Lauf der Zeit stabilisierte, erkannte ich allmählich, in was für einer traurigen Lage sie sich befand.

Als John und Shirley in London ankamen, zogen sie in eine Wohnung in Fulham, und John machte sich auf die Suche nach einem Job. Einer der Nachbarn seiner Mutter, der Werbespots im Piratenradio laufen ließ, schlug vor, dass John sich mit Alan Keane im Sender treffen sollte. Nach einer kurzen Unterhaltung zwischen den beiden ließ Keane ihn gleich auf Sendung gehen, ohne irgendwelches Vorsprechen – anscheinend wirkte Johns Erfahrung als DJ in Amerika so beeindruckend und exotisch, dass auf solche Formalitäten verzichtet wurde.

Doch bevor er seinen Job bei Radio London antreten konnte, musste John sich von einem nicht unbedeutenden Teil seiner selbst trennen. Dass an seinen Konsonanten herummanipuliert wurde, kannte er schon von KMEN, die das »s« aus Ravenscroft getilgt hatten. Nun allerdings sollte der gesamte Nachname dran glauben. Drei Silben seien zwei zu viel, was Johns Hoffnungen zunichte machte, seinen Traum zu verwirklichen und sich in »Helen Llewellyn Product 19« umzubenennen. Wenn man John glauben kann, spielte sich die Geschichte so ab, dass die Sekretärin im Büro von Radio London von ihrer Nagelfeile aufblickte und jene Worte sprach, die einen Mann, einen Namen und einen Lebenstil verändern sollten:

»Warum nennt ihr ihn nicht ›John Peel‹?«

Und siehe, es teilten sich die Wolken, und Sonnenstrahlen ergossen sich über das Land, und es wurde befunden, dass, ja, John Peel schon ziemlich gut klang. Eine Entscheidung, für die eine Vielzahl von Menschen bis heute dankbar ist, nicht zuletzt die Jugendlichen, die in den späten Sechzigern per Zeitschriftenanzeige nach Brieffreunden suchten. »Während dieser außergewöhnlichen Periode, als es angesagt war, ich zu sein«, schrieb John, »gab es Leute, die per Kleinanzeige in der *International Times* nach Gleichgesinnten suchten und sich darin selbst als ›Peeliten‹ bezeichneten. Ich glaube, ich mag es nicht so sehr, wenn meine Religion derart personalisiert wird.«

Sobald John erst mal Peel geworden war, verwendete er nie wieder einen Gedanken daran, zu Ravenscroft zurückzukehren – jedenfalls nicht, was das Berufsleben anging. Der Nachteil war, dass ich allen Leuten als Sheila Peel vorgestellt wurde. Wer immer diese Sheila Peel sein mochte – ich hatte immer den starken Verdacht, dass sie eine Stripperin war –, ich war es nicht.

»Peel« war Johns Geschäftsname. Damals jedenfalls, doch das brachte auch unerwartete Vorteile mit sich. Der Name konnte ihm Zuflucht und Freiraum bieten, wenn er Sachen ausprobierte. Es war wie eine Verkleidung, über die er jederzeit verfügen konnte. Wenn Prominentenstatus, wie John Updike behauptet, die Maske ist, die das Gesicht derjenigen auffrisst, die sie tragen, dann hatte John das Glück, diesem Schicksal entgangen zu sein und stattdessen eine Balance zwischen Ruhm und Anonymität zu wahren. In gewisser Weise stellt Johns Auftritt im Chibuku in Liverpool 2004 vielleicht sogar eine leicht verdrehte Variante von Updikes

Behauptung dar, insofern als viele Besucher nämlich in John-Peel-Masken erschienen. Es hätte urkomisch sein können, wenn einem nicht der Anblick von haufenweise Johns, die mit jugendlicher Hingabe abtanzten, Schauer über den Rücken gejagt hätte.

Es läge nahe zu sagen, wir, die Familie, hätten dafür gesorgt, dass er mit den Füßen auf dem Boden blieb, doch das hat er selbst schon ganz hervorragend hinbekommen. Es ist schwer, geheimnisvoll oder unnahbar zu erscheinen, wenn man schon mal live im Radio verkündet hat, dass man einen Tripper hat, in aller Öffentlichkeit eine Auflistung des Chaos in den heimischen Kinderzimmern zum Besten gibt oder man vor laufenden Fernsehkameras in einen Kinderwagen klettert.

Weil er selbst sich den meisten Verlockungen und Fallen der Berühmtheit entzog, war er immer wieder irritiert, wenn Menschen, die ihm persönlich begegneten, ihm gegenüber nervös schienen. Es passierte nicht häufig, hauptsächlich weil seine eigene entspannte Art sich bei seinen Fans wiederfand. Im Studio war er einfach nur er selbst, und die Leute, die ihn auf der Straße ansprachen, um ihm die Hand zu schütteln oder sich mit ihm über einen obskuren Song von Scrotum Grinder zu unterhalten, fühlten sich anscheinend ähnlich unbeschwert wie er. Doch gelegentlich kam es vor, dass jemand, gewöhnlich ein Junge, der noch keine zwanzig war, oder ein nervöses Pärchen, sichtbar zitternd auf John zuging, um mit ihm zu reden. Er fragte sie dann immer: »Was ist mit euch los, ich verstehe das nicht?« Wobei er geflissentlich vergaß, dass er selbst, als er Kenny Dalglish zum ersten Mal gegenüberstand, kaum mehr als ein erbärmliches Fiepen herausgebracht hatte. Er verstand einfach nicht, dass jemand für ihn etwas Ähnliches empfinden konnte wie er für Dalglish; er konnte sich nicht vorstellen, der Held von irgendjemand zu sein.

Es war ihm immer ein Rätsel, warum keiner der Hörer, die er zu uns nach Hause einlud, jemals wirklich auftauchte. 1978 schrieb er:

> Ist eigentlich irgendeinem da draußen klar, dass ich seit mittlerweile einem Jahrzehnt Sendungen für Radio 1 mache und in dieser Zeit sämtlichen Hörern, die sich bei mir gemeldet haben und die einigermaßen in der Nähe von Peel Acres wohnen und einen halbwegs liebenswürdigen Eindruck machten, meine Adresse und Telefonnummer gegeben habe mit dem Vorschlag, sich doch einmal zu melden? Und in der ganzen Zeit hat von all diesen Leuten nur einer – ein Student aus Cambridge – mich tatsächlich angerufen? Wir haben uns verabredet, aber er ist nicht aufgetaucht.

Dabei war seit seinen Tagen bei Radio London eigentlich klar, dass die Leute seine Sendung nicht nur wegen der Musik einschalteten. Es ist ein wenig seltsam, sich heutzutage noch mal Aufnahmen von *The Perfumed Garden* anzuhören und festzustellen, dass die Art und Weise, wie John die Sendung mit einer Mischung aus trockenem Humor und einer gewissen Starrköpfigkeit präsentiert, sich in dreißig Jahren kaum verändert hat, wobei damals seine gutbürgerliche Herkunft und die entsprechende Bildung deutlich herauszuhören waren. Er ging sehr sorgsam mit Sprache um, und dies ist vielleicht auch einer der Gründe, warum er sich so sehr darüber aufregte, als Ludovic Kennedy 1973 den DJs von Radio 1 mangelnde Sorgfalt im Umgang mit der englischen Sprache vorwarf. »Sie haben keinen Respekt vor der englischen Sprache«, erklärte Kennedy, »ja, sie können etliche Wörter nicht einmal richtig aussprechen, und ihr Wortschatz beschränkt sich auf diverse Grunzlaute, von denen es in ihren Beschreibungen und Berichten nur so wimmelt. Es macht den Eindruck, als hätten sie nicht das geringste Interesse an Dingen, die sie nicht verstehen – und bei einem Großteil von ihnen ist das eine ganze Menge.«

Die Wahrheit war etwas komplexer als das, und die Trennlinie zwischen den Klassen verlief nicht immer deutlich sichtbar. John erinnerte sich immer wieder gern daran, wie er einmal in einer morgendlichen Besprechung mit jemandem aus der Chefetage von Radio 1 saß und dieser Johns Kaftan und seine schulterlangen Haare mit einigem Unbehagen betrachtete. Offensichtlich streifte John im Verlauf der Unterhaltung irgendwann das Thema Privatschulen, und der Mann aus der Führungsriege fragte ihn mit einigem Erstaunen, ob er jemanden persönlich kannte, der eine solche besucht hatte. »War selbst auf einer«, erwiderte John. »Shrewsbury. Riggs Hall.« Das gequälte Gesicht seines Gegenübers hellte sich augenblicklich auf. »Wie geht's dem alten Brooky?«, rief er, und John wusste, dass sein Vertrag um drei Monate verlängert werden würde.

Die Galaxy, das Schiff, von dem aus Radio London sendete, ankerte in den Gewässern vor Felixstowe, nicht allzu weit von da, wo John und ich vier Jahre später wohnen soll-

An Deck der Galaxy, dem Schiff von Radio London

ten, und John redete später immer davon, wie idyllisch ihm jener Sommer auf dem Schiff erschienen war; es klang wie eine Kombination aus Arbeit und Urlaub. Ein Vorteil bestand darin, dass er dem häuslichen Ärger entkam – Shirleys Gewalttätigkeiten hielten unvermindert an, und seine Ehe lag inzwischen in den letzten Zügen. Seine Arbeitszeit sah so aus, dass er zwei Wochen an Bord verbrachte und anschließend eine Woche an Land war. Anfangs bestritt er das Nachmittagsprogramm, doch meldete er sich nach einiger Zeit freiwillig für die um Mitternacht beginnende Nachtschicht, die er ziemlich schnell nach eigenem Gusto gestaltete, als er herausfand, dass niemand beim Sender sich darum kümmerte, was um diese Zeit über den Äther ging, da alle viel zu sehr damit beschäftigt waren, Karten zu spielen, Pornofilme anzuschauen oder zu schlafen.

Dies konnte er daran erkennen, dass niemand sich darüber beschwerte, wenn ihm gelegentlich ein paar Ausrutscher passierten. Im späteren Verlauf seiner Karriere erlangte John einen gewissen Ruhm wegen seiner spontanen Fehlleistungen. Der bekannteste Fall in dieser Richtung ereignete sich 1973, als er das Album *No Pussyfooting* von Brian Eno und Robert Fripp rückwärtslaufen ließ, was anscheinend niemand bemerkte außer Eno, der anrief und John auf den Fehler aufmerksam machte. John nahm es alles auf seine Kappe, und man findet noch heute dunkle Winkel in den Weiten des Internets, die sich ausschließlich mit seinen Ausrutschern befassen. Außerdem hatte John eine Vorliebe für unorthodoxe Musik, so dass er häufig Songs spielte, die ruhig und leise begannen oder in Feedback-Orgien endeten. Jemand, der sich Stirmonster nannte, obwohl dieser Name garantiert nicht auf seinem Büchereiausweis steht, schreibt: »›Fängt leise an und baut sich langsam auf‹ wurde zu einer Standardformulierung für mich und meine Kumpels, als wir Teenager waren. Wir hatten sogar schon vor, eine Band mit diesem Namen zu gründen. In fast jeder seiner Sendungen gab es mindestens einen Song, der ›leise anfing und sich langsam aufbaute‹.«

Obwohl der Sender, nachdem John dort angefangen hatte, nur noch ein paar Monate existierte, weil das Seefahrtsamt am 14. August 1967 seine Schließung verfügte, stellte *The Perfumed Garden* ein Refugium der Hippie-Kultur dar, das auf geradezu magische Art und Weise unberührt blieb von den kommerziellen Strömungen und Zwängen der Zeit. Als John entdeckte, dass seine Chefs gar nicht zuhörten, was er machte, nahm er sich sämtliche Freiheiten heraus und gestaltete die Sendung ausschließlich nach seinen eigenen Vorstellungen. Er kickte Werbeeinblendungen und Wetterberichte aus dem Programm und spielte stattdessen Platten, die er toll fand. Er war es, der die Debütalben von Jimi Hendrix und Pink Floyd im Radio spielte, als sich niemand

Auf Sendung mit *The Perfumed Garden*

so was traute; er räumte Grateful Dead oder Country Joe and the Fish Sendezeit ein. Seine Arbeitgeber hatten keine Ahnung, wie bahnbrechend ihr Sender war, bis sie einen begeisterten Anruf vom Beatles-Manager Brian Epstein bekamen, der sich lang und breit darüber ausließ, was das für eine großartige Sendung war, die John da machte, weil er Platten von Leuten spielte, die sonst geflissentlich ignoriert wurden.

Während seiner Zeit bei *The Perfumed Garden* erhielt John zum ersten Mal Post von Marc Bolan. Als John und ich uns kennen lernten, war er schon eng mit Bolan befreundet, der damals gerade seine neueste Band, Tyrannosaurus Rex, aus der Taufe gehoben hatte. John hatte einen Gastauftritt auf deren erster LP *My People Were Fair And Had Sky In Their Hair, But Now They're Content To Wear Stars On Their Brows,* wo er eine von Marcs Feengeschichten rezitiert hatte, was er später auch live in der Royal Albert Hall wiederholen sollte, wo er im Schneidersitz auf der Bühne saß und die Geschichte vorlas. Marc hatte ihm schon Briefe auf die Galaxy geschickt, als er noch seine alte Band, John's Children, hatte, und auch wenn sich ihre Korrespondenz anfangs um musikalische Belange drehte, blieb sie darauf nicht beschränkt, so dass zu dem Zeitpunkt, als ich anfing, John zu Hause zu besuchen, Marc quasi zum Inventar gehörte.

Ich passte nicht ganz in diese Umgebung, was noch vorsichtig ausgedrückt ist. Also hielt ich mich zurück und staunte nur über diese entspannte, hippiemäßige Atmosphäre, in der John, Marc, seine Freundin June und ihre Freunde herumhingen und sich über Musik, Liebe und Frieden unterhielten. Alkohol war verpönt, und es kam nie vor, dass jemand laut wurde oder sich über irgendetwas aufregte.

Was es allerdings im Überfluss gab, war Samt. Man hätte kein totes Huhn im Zimmer herumwirbeln können, ohne jemanden damit zu treffen, der nicht zumindest ein Kleidungsstück aus diesem Material am Leib trug. Nicht, dass ein totes Huhn zur Verfügung gestanden hätte, wenn einem gerade danach zumute gewesen wäre, ein solches in der Gegend herumzuwirbeln, denn mit Ausnahme von mir waren alle Vegetarier. Und obwohl ich mit Marcs Musik vertraut war, weil ich sie andauernd in Johns Sendungen gehört hatte, fühlte ich mich inmitten dieser massiven Sixties-Vibrations nicht ganz wohl in meiner Haut, und dass ich andauernd in makrobiotische Restaurants mitgeschleift wurde, behagte mir auch nicht.

Möglich, dass John sich über meine Essgewohnheiten nicht im Klaren war, jedenfalls nicht in der Anfangsphase unserer Beziehung. Sein Bruder Alan erinnert sich an seine erste Begegnung mit mir bei einem Konzert in der Royal Albert Hall, für das John als Ansager verpflichtet worden war: »John war überglücklich, endlich ein Mädchen gefunden zu haben, das weder Fleisch aß noch Alkohol trank oder rauchte. Ich hingegen war überglücklich, denn so viel Tugendhaftigkeit kann einfach nicht gesund sein, als Sheila, sobald John wieder auf die Bühne musste, um die nächste Band anzusagen, mich fragte: ›Was hältst du davon, wenn wir auf eine Wurst und einen Zider runter an die Bar gehen und noch schnell eine rauchen, bevor er wieder zurückkommt?‹«

Im Lauf der Zeit schrumpfte der Kreis der Leute, die in Peel Acres herumhingen, immer mehr zusammen, bis nur noch John, Marc, June und ich zur ständigen Besetzung gehörten. Marc und June waren unsere besten Freunde, und wir verbrachten sorglose und entspannte Zeiten miteinander. Wenn John die Möglichkeit hatte, Tyrannosaurus Rex bei einem seiner Auftritte ins Programm zu quetschen, tat er das. Es ging damals wirklich so zwanglos zu. »Ach ja, diese Band da drüben sind Freunde von mir. Ist es okay, wenn die spielen?« Wir gingen zu viert zu Konzerten oder unternahmen

Ausflüge. An den Wochenenden machten wir den üblichen Hippie-Kram – und endeten dann oft in Stonehenge oder Glastonbury. Wenn John unterwegs war, was wegen seiner Arbeit häufig der Fall war, kamen Marc und June bei mir zu Hause vorbei, weil sie wussten, dass ich allein war, und nahmen mich mit zu einem Konzert, oder wir verbrachten den Tag auf einem Festival.

Und dann – mit einem Telefonat – war alles vorbei. Wir hatten das Gefühl, als hätte Marc uns einfach aus seinem Leben gestrichen. John war überglücklich gewesen, als Marc endlich den Erfolg hatte, den er verdiente, nachdem er jahrelang Klinken geputzt hatte, ohne dass das Geringste dabei herausgekommen war. Es gab vermutlich kaum jemand, der es ihm mehr gönnte als John. In seinem Tagebuch findet sich ein wunderbarer Eintrag vom 2. Januar 1971, in dem er schreibt, er sei »bei frostigem Wetter durch die Kälte zur Portobello Road gefahren … zwei zauberhafte alte Kinderbücher für Marc und June gekauft und außerdem ein Set Schwäne als Geschenk anlässlich des Erfolgs von ›Ride A White Swan‹, das wieder auf Platz 4 in den Charts ist«. Am gleichen Abend, schreibt John, seien »Marc und June vorbeigekommen und brachten mir ein Auto von Whizz Wheels mit und ein ziemlich finsteres Aquarium-Set, mit dem man ›Sea Monkeys‹ aus Kristallen züchten kann, was sich für meinen Geschmack ziemlich makaber anhört.« Als T.Rex mit »Hot Love« zum ersten Mal auf Platz 1 der Charts landeten, hörte John davon im Autoradio, und er war davon so bewegt, dass er rechts ranfahren und sich die Tränen aus den Augen reiben musste.

Allerdings kamen John am 30. April des gleichen Jahres »aus den USA reichlich beunruhigende Nachrichten über T.Rex zu Ohren. Marc erlaubt nicht, dass vom Bassisten und vom Drummer der Band Fotos gemacht werden. Er ist sehr launisch und kehrt ziemlich heftig den Rockstar heraus. Geht am Anfang allein auf die Bühne und spielt eine lange – und, wie ich mir vorstellen kann, laute und öde – Version von ›Elemental Child‹, bevor Mickey Finn auf die Bühne darf. Anscheinend eine Seite von Marc, die die ganze Zeit da war, die er aber bis jetzt immer verbergen konnte. Vielleicht glaubt er ja, er hätte es nicht mehr nötig.«

Ende 1971 brach unser Kontakt zu Marc und June völlig ab. John hatte im Radio keinen Hehl daraus gemacht, dass er von der neuesten T.Rex-Single nicht begeistert war – »Nun, diese Platte hieß ›Get It On‹«, sagte er, »aber ich konnte es kaum erwarten, sie wieder runterzunehmen.« Ich glaube, John hatte damit gerechnet, dass seine Freundschaft mit Marc auf etwas Substanziellerem beruhte als auf Schmeichelei, und darauf vertraut, dass sie nicht gleich in die Brüche gehen würde, sobald er mal eine von Marcs Platten nicht mochte. Doch Marc sah das offensichtlich anders, und in seinen Augen hatte John eine ungeschriebene Regel verletzt.

In seinem Tagebuch vermerkt John, dass er am Sonntag, dem 19. September, beim Frühstück die neue T.Rex-LP *Electric Warrior* gehört hat, und er bemerkt dazu: »Sie ist gut gemacht, aber anscheinend brechen nun alle Dämme, und die schlimmsten Seiten von Marcs Persönlichkeit kommen zum Vorschein – wir haben nichts mehr von ihnen gehört, seit ›Hot Love‹ auf Platz 1 gelandet ist. Sehr traurig.« Im Nachhinein betrachtet war Marcs plötzlicher Erfolg der Anfang vom Ende der Freundschaft zwischen ihm und John. Es war klar, dass Marc nicht nur berühmt werden würde, sondern dass seine Berühmtheit fast ans Lächerliche grenzen würde: kreischende Mädchen, Blitzlichtgewitter, all die Dinge, die mittlerweile zu Klischees geworden sind. Irgendwann rief John ihn an, um ihn zu fragen, ob er am Wochenende etwas vorhatte. Damals war Marc bereits von June getrennt, und jemand anderes nahm den Hörer ab. Als John sagte, wer er war, kam aus dem Hintergrund eine kaum hörbare Stimme, die sagte: »Ich bin nicht da.« Es hieß, Marc würde zurückrufen, aber natürlich tat er das nie. In späteren Jahren erzählte John, er sei darüber leicht gekränkt gewesen, doch ich weiß noch ganz genau, dass wir beide damals sehr schockiert waren.

John war zutiefst verletzt. Er war schon lange genug im Geschäft und hatte von solchen Verhaltensweisen schon zu oft gehört, als dass er jetzt deswegen schlaflose Nächte gehabt hätte, aber vergessen konnte er es trotzdem nicht. »Ich mochte den alten Marc wirklich gern«, schreibt er in seinem Tagebuch am 9. Januar 1972, »während ich für die derzeitige Ausführung wenig übrig habe, auch wenn er Tumulte auslöst, wohin er kommt. Und die *Sun* schreibt dazu auch noch andauernd, er wäre der Nachfolger der Beatles. Pures Showbusiness – leider.«

John wusste, dass ihm Ähnliches immer wieder blühen konnte, falls er sich noch einmal mit Musikern anfreundete – sobald der Erfolg sie nach oben spülte, würde er abgesägt werden. Manchmal wunderten sich die Leute, dass er nicht alle Bands, mit denen er Sessions für seine Sendungen aufnahm, persönlich traf. Im Grunde genommen war es wohl nur die Musik, die ihn interessierte.

Dennoch wussten wir anfangs nicht, wie wir reagieren sollten, als Marc den Kontakt zu uns abbrach. Musikalisch passierte damals jede Menge, wofür John sich begeistern konnte, und Marc war ohnehin zu neuen Ufern aufgebrochen, die nicht unbedingt auf Johns geschmacklicher Linie lagen. Allerdings stimmt es einen doch recht traurig, wenn man heutzutage die Briefe von Marc an John noch einmal liest und feststellt, wie nahe sich die beiden einmal standen. Marc schickte ihm kurze Gedichte und Zeichnungen und Zeichen seiner Wertschätzung. In einem seiner Briefe von 1969 heißt es:

John, unser Freund auf den Hügeln des Ruhms
Wir stehn dir zur Seite mit unserem Tun
Ein Baum ist groß und ein Baby klein
Sind die Nächte kalt, so rufe mein

Ein anderer Brief endet mit den Worten: »König Arthur hätte dich so geliebt, wie ich dich liebe.«

Aber aus einem Brief vom Mai 1969 sind erste Anzeichen von Marcs Verstörtheit schon herauszulesen:

> John,
> ich hoffe, es geht dir gut, ich bin schon eine ganze Weile nicht mehr vorbeigekommen, aber sei nicht traurig deswegen. Ich hatte merkwürdige Kämpfe mit den Wächtern meines Schicksals auszufechten, was mein normalerweise so wunderbar ruhiges Leben ziemlich durcheinandergebracht hat, ich musste viel an dich denken, es ist schön, dich zu kennen, wenn du dich einsam fühlst, bevor wir uns wiedersehen, ruf mich an, wenn nicht, ist es damit auf jeden Fall vorbei, wenn ich dich wiedersehe. Ozeane voller Liebe von deinem Freund –
> Marc

Am 2. Juli 1976, etwas über ein Jahr vor Marcs Tod, liefen John und er sich im Anschluss an eine Aufzeichnung der Radio-1-Sendung *Rosko's Round Table* noch einmal über den Weg. »Er kam auf mich zu und schlang seine Arme um mich«, schreibt John dazu in seinem Tagebuch, »aber er kam mir vor wie ein Fremder. Er wirkte irgendwie aufgebläht und hatte eine beunruhigende Ähnlichkeit mit Gary Glitter. Ich war ziemlich froh, als er aufs Klo ging und ich mich aus dem Staub machen konnte.«

Natürlich waren wir beide tief betroffen, als Marc im September 1977 bei einem Autounfall ums Leben kam, aber John hatte das Gefühl, als hätte er ihn schon lange vorher verloren. Da die Medien in den Wochen nach dem Unfall immer auf Johns Rolle als »ehemaliger enger Freund« von

Briefe von Marc Bolan

Bolan herumritten und ihm dies auf die Dauer gegen den Strich ging, nutzte er seine Kolumne in der Zeitschrift *Sounds*, um die Gedanken auszubreiten, die er sich über seinen verlorenen Freund und ihre zerbrochene Freundschaft gemacht hatte:

> In den späten Sechzigern waren Marc und June Child die besten Freunde von Pig und mir. Wir sind zusammen auf den Glastonbury Tor (tropfenförmiger Hügel in Somerset – Anm. d. Übersetzers) geklettert und haben gemeinsam reichlich abstruse Theorien über den Ursprung von Stonehenge entwickelt, während wir um die berühmte Anlage herumwankten und alles Mögliche anstellten, was Blumenkinder nun mal so anstellen. Wenn ich einen Auftritt hatte, packten Tyrannosaurus Rex ihre Anlage in den Kofferraum meines gemieteten Minis und kamen mit. So fuhren wir einmal beispielsweise nach Newcastle, und hinterher teilten wir die fünfzehn Pfund Gage durch drei. Marc und Steve nahmen mehrere Sessions für *Top Gear* auf, und Marc und ich verschwendeten jede Menge Zeit und Geld in den Kramläden von Süd-London auf der Suche nach alten Rock'n' Roll-Singles.
>
> Einmal, als wir gerade ein Geschäft in Tooting verließen, erzählte er mir voller – berechtigtem – Stolz, dass er irgendwann ganz zu Anfang der Sechziger Eddie Cochrans Gitarre ein paar Meter weit getragen hatte. Es entbehrt nicht einer gewissen Ironie, dass Marc auf die gleiche Art und Weise ums Leben kam wie der große Eddie C., aber als ein Mann, der sich über die Bedeutung von Legenden in der Geschichte des Rock'n' Roll sehr genau im Klaren war, glaube ich, dass Marc die Umstände seines eigenen Todes gutgeheißen hätte.
>
> Nachdem er sich vom tanzenden Elf und Helden des Flower-Folk zum Teen-Idol und Popstar gewandelt hatte – eine Wandlung, zu der nur er allein fähig war –, verschwand er auch aus meinem Leben. Darüber war ich damals sehr betrübt, und genauso geht es mir heute.

Während seines kurzen Gastspiels bei Radio London schloss John neue Freundschaften, aber er machte sich auch den einen oder anderen zum Feind. Bei Radio London waren außer ihm noch Kenny Everett und Tony Blackburn beschäftigt. Ersteren lobte John immer über den grünen Klee, Letzteren konnte er nicht ausstehen. Für Kenny und John war Tony Blackburn die Verkörperung des Antichrist, und sie taten, was in ihrer Macht stand, um seine Sendungen zu torpedieren. Allerdings wurde John im Lauf der Jahre nachsichtiger, was unter anderem darauf zurückzuführen sein mag, dass er einmal ein Gespräch zwischen Tony und David »Diddy« Hamilton mithörte, in dem es um die Vorzüge und Nachteile diverser Haarspray-Sorten ging. Auch wenn ihr Verhältnis nicht ungetrübt war, so profitierten in gewisser Weise doch beide von ihrer gegenseitigen Feindseligkeit, denn im Allgemeinen definiert man sich nicht nur über seine Vorlieben, sondern auch über die Dinge, die man ablehnt, und indem sich John bewusst von Tonys Moderationsstil und seinem Musikgeschmack absetzte, fiel es ihm leichter, seinen eigenen Stil zu entwickeln, wobei ich zu behaupten wage, dass es sich in Tonys Fall wohl genauso verhielt.

Vermutlich aus diesem Grund legte Tony in den Siebzigern während der Eröffnung einer Boutique in Wellingborough eine Pause ein, um der *Wellingborough News* zu erklären, dass *Top Gear* ihm das ganze Wochenende versaut habe. »Ich bin der Ansicht, dass man die Sendung aus dem Programm nehmen sollte«, klagte er und fuhr dann fort, die Bands, die von John so hoch geschätzt wurden, als »langhaarige, antisoziale Gammler« zu bezeichnen. Schon seltsam, zu welchen wutentbrannten Reaktionen manche Leute hingerissen wurden, wo Johns Moderationsstil doch eigentlich ein Muster an Gelassenheit war. In den späten Siebzigern bekam John einmal Post von einem Priester, der ihm schrieb, man sollte ihn kastrieren und deportieren, woraus weniger christliche Nächstenliebe als Jakobinertum zu sprechen schien. Kastrieren und deportieren? Hätte nicht eins von beiden schon gereicht?

Der Kleinkrieg zwischen John und Tony hatte gelegentlich absurde Züge, wobei ihre gegenseitige Abneigung alles andere als nur vorgetäuscht gewesen war. In Johns Fall kann man die Verstimmung über seinen Kollegen schon aus seinem Tagebucheintrag vom 20. September 1967 herauslesen, knapp zwei Wochen bevor Radio 1 auf Sendung gehen sollte.

> Im neuen *Melody Maker* die Ergebnisse des Leser-Polls gelesen. Bin in der Rubrik DJ auf Platz 7 gelandet, was mich sehr gefreut hat, weil ich zum Zeitpunkt der Abstimmung gerade mal 2½ Monate auf Sendung war. Jimmy Saville war auf Platz 1, gefolgt von Simon Dee, Johnnie Walker (Caroline), Alan Freeman, Kenny Everett, Tony Blackburn, dann ich, David Jacobs und Pete Murray. Ich wünschte allerdings, ich wäre vor Tony Blackburn gelandet, der Ende des Monats Radio 1 starten soll.

Johns Enttäuschung legte sich wieder, als er im Jahr darauf die Umfrage im *Melody Maker* gewann, ebenso wie die Polls der meisten Musikzeitschriften in den folgenden Jahren, doch die Sticheleien zwischen ihm und Tony gingen unvermindert weiter. Am 3. April 1971 fand John die Gelegenheit, ihm bei der Überleitung von *Top Gear* zu Tonys neuer Sendung *Live at Five* einen Schlag unter die Gürtellinie zu versetzen. Er schreibt dazu:

> Tony Blackburn hat sich von seinen Hämorrhoiden erholt. Bei der Überleitung habe ich 45 Sekunden von seiner grausigen RCA-Single »Is It You, Is It Me?« gespielt und gesagt: »... Tony B. mit massig Hits von gestern und heute, bei denen man einfach nicht still sitzen kann. Also los geht's, Tony!« Er war entzückt.

Was Johns Sendung *The Perfumed Garden* so besonders machte, war die fanatische Begeisterung, die sie bei den Zuhörern hervorrief. Die Musik, die diese Leute mochten, wurde nirgendwo sonst im Radio gespielt, so dass sie John gegenüber eine Beschützerrolle annahmen, wie beispielsweise aus dem Leserbrief eines/einer gewissen Monnie an die Zeitschrift *Gandalf's Garden* hervorgeht, der abgedruckt wurde, als es die Sendung schon ein Jahr lang nicht mehr gab.

> Die Art und Weise, wie John Peel mit seinen Hörern umging, war von Respekt, Höflichkeit und Zuneigung geprägt. Er ermunterte einen, mit ihm Kontakt aufzunehmen, Beiträge zur Sendung beizusteuern und ihm Briefe zu schreiben, in denen man seine Gefühle, Hoffnungen und Ängste zum Ausdruck bringen sollte. Oder ihm Gedichte und Bilder zu schicken oder sonstige kreative Leistungen. Er las etliches von dem, was ihm zugeschickt wurde, in der Sendung vor, oder er erzählte davon und beschrieb es. Und das Gefühl, an der Sendung beteiligt zu sein, *The Perfumed Garden* mitzugestalten, war für uns etwas sehr Reales und hatte etwas sehr Persönliches und stellte eine Bereicherung unseres Lebens dar.
>
> Als sich abzeichnete, dass die Behörden Radio London zwingen würden, den Sendebetrieb einzustellen, und die Tore zu unserem Zaubergarten in Zukunft verschlossen sein würden, sobald der sanfte Zuspruch seitens der Peel'schen Stimme zum Verstummen gebracht würde, fassten wir, die Zuhörer, den Entschluss, *The Perfumed Garden*, so weit es uns möglich war, am Leben zu erhalten und untereinander zu kommunizieren. Wir waren nicht bereit, unser gerade erst entdecktes Gemeinschaftsgefühl wieder aufzugeben, selbst wenn wir, zumindest zeitweise, ohne John Peel auskommen mussten. Also fing einer aus unserem Kreis an, Namen und Adressen zu sammeln, und so kam die berühmte *Perfumed Garden*-Liste zustande. Wenn wir eines nicht sind, dann ist es ein John-Peel-Fanclub. Für uns

ist John unser sanfter Philosoph, unser geliebter Gründer, unser guter Freund. Aber wir schätzen uns gegenseitig in dem gleichen Maße, wie wir John schätzen. Und das ist vielleicht die Essenz des *Perfumed Garden* und dem, worum es dabei geht – dass Leute zueinanderfinden, denen nicht alles egal ist, sondern die überhaupt noch so etwas wie Wertschätzung empfinden.

John lag die Sendung genauso am Herzen wie seinen Zuhörern. Hier ist ein Auszug aus einem Artikel, den er für die gleiche Zeitschrift verfasste und der die Atmosphäre des *Perfumed Garden* auch für diejenigen heraufbeschwört, die die Sendung nie gehört haben.

Es ist jetzt über ein Jahr her. Das einzige Licht im Studio kam von den Bandmaschinen oder drang aus dem Aufnahmeraum auf der anderen Seite des Korridors herüber, der mit Jalousien verhängt war. In einer Streichholzschachtel steckten glimmende Räucherstäbchen, die die Luft mit angenehmeren Gerüchen erfüllten als dem Gemisch aus Bier und Zigaretten, das zuvor noch durch den Raum gewabert war. Auf dem ausgeblichenen blauen Teppich saß manchmal der Toningenieur Russ Tollerfield, auch der »Irre an den Reglern« genannt, und ließ seinen Kopf rotieren, oder manchmal auch Hermione Hawkins, der größte Australier, der je in diesen gefährlichen Gewässern aufgetaucht ist. Eine Etage weiter oben waren andere, die mittlerweile in der Ferne zu Ruhm und Ehren gelangt sind, damit beschäftigt, Karten zu spielen, die letzten Zuckungen des Fernsehprogramms zu verfolgen oder holländisches Bier zu trinken. Die Mannschaft hatte sich schon vor geraumer Zeit im Unterdeck schlafen gelegt, und ihre gutturalen Stimmen waren verklungen. »Jemand hat mir eine Vorabpressung von Marc Bolans neuer Platte geschickt. Seine Stimme klingt reichlich seltsam, und ich weiß nicht, was ich davon halten soll, aber hört es euch selbst an.« »Wenigstens habe ich hier eine Captain-Beefheart-LP, sie heißt *Safe As Milk*, und davon spiele ich jetzt die Titel

›Sure 'Nuff‹ und ›Yes I Do‹.« »Heute habe ich einen netten Brief bekommen …«

Draußen konnte man die Lichter von Frinton erkennen, die einen daran erinnerten, dass es noch eine andere Welt gab, auch wenn diese einem vorkam wie ein anderer Planet. In der starken Strömung trieb ein Haufen Abfall auf den Mond zu. Das Funkgerät über mir knisterte beunruhigend. Kenny saß auf den windgebleichten Planken und versuchte, New York hereinzubekommen. »Das hier ist ein Sender aus Jugoslawien.« Unterhalb der Reifen klatschten silberne Wellen gegen die fleckig grüne Bordwand.

Es war nur noch eine Frage von Tagen, bis das große Schweigen ausbrechen sollte. Gegen Mittag kam der Schlepper und brachte die Welt mit. Auf den Briefumschlägen standen Namen wie Holloway, Liverpool, Oslo, Brentwood, Brüssel, Utrecht, Chelsea, Newcastle – und sie waren echt. Die Briefe waren voller Gedanken und Gefühle, und diejenigen, die der Schlepper wieder mit zurück an Land nahm, waren voller Liebe. Es herrschte keine Traurigkeit, denn dafür war an Bord kein Platz. »Liverpool – Chelsea 2:0.« »Wo ist Ed?« »Clive hat mir die neue Doors-Single geschickt …«

Als an diesem Abend die Sonne im Nebel versank und sich ein Farbschleier über die ruhige See ausbreitete, glitt eine Möwe vorbei und segelte durch die Abendluft. Niemand vermisst das alles so sehr wie ich. Es fehlt mir.

Kurz nach der Stilllegung der Piratensender bereiteten die Fans den zurückkehrenden DJs am Bahnhof Liverpool Street einen rauschenden Empfang. Es war ein großes Medienereignis, bei dem es nur so von Prominenten, Journalisten und Fans wimmelte. John trug seinen Kaftan samt Glöckchen und Perlen, und als die DJs aus dem Zug stiegen, mussten sie sich zwischen Tausenden von Menschen hindurchzwängen, von denen allerdings nicht einer John auch nur eines Blickes würdigte. Nur um sicherzugehen, dass kein Irrtum vorlag, schlenderte John um den Bahnhof herum und schritt ein zweites Mal durch die Menge, doch auch dieses Mal gelang es ihm nicht, die Aufmerksamkeit von irgendjemand zu erregen.

John wusste vom ersten Moment, als er bei Radio London anfing, dass seine Tage dort gezählt waren, und hatte in weiser Voraussicht schon am 27. Juli 1967 ein höfliches Bewerbungsschreiben an Radio 1 geschickt, eine Tatsache, die er gerne vergaß, wenn er später Leuten erzählte, dass der Sender auf ihn zugekommen sei.

Als wir uns zum ersten Mal begegneten, war er seit rund einem Jahr Moderator der Sendung *Top Gear* bei Radio 1 und genoss von Anfang an bei seinen Hörern eine immense Popularität. Bands standen Schlange, um bei ihm eine Session aufzuzeichnen, die sich immer mehr zum festen Bestandteil der Sendung entwickelte, oder um in der Sendung *In Concert* aufzutreten, die gelegentlich von John moderiert wurde und in der bereits Elton John, Mott the Hoople und Fleetwood Mac zu Gast gewesen waren. Während einer *In Concert*-Sendung verhalf John, ohne dass es seine Absicht gewesen wäre, Pink Floyd zu einem Song-Titel. Sie hatten ein neues Stück geschrieben, das sie in der Sendung spielen wollten, doch konnten sie sich nicht auf einen Titel einigen, bis sie die Schlagzeile der Zeitung sahen, die auf Johns Schreibtisch lag: »Atom Heart Mother«.

In einem Brief aus dem Jahr 1969 fragte David Bowie bei John an, ob er ihn nicht auch in der Sendung unterbringen könnte:

> Ich werde wohl den größten Teil des Sommers hier draußen (in Bromley) verbringen und nur gelegentlich für Konzerte in die Stadt kommen, oder um ein oder zwei Freunde zu besuchen, die ich kenne. Glaubst du, wir könnten demnächst mal in deinem Laden an der Strand was machen? Es wäre nett, so nah bei Charing Cross zu arbeiten, weil mein letzter Zug um 0:15 geht.

Damals durfte Radio 1 nur in begrenztem Umfang Tonkonserven, sprich Schallplatten spielen, man bezeichnete dies als »Needletime«, und es ist bemerkenswert, wie eine Idee, die ursprünglich gedacht war, tote Sendezeit zu füllen, sich in kurzer Zeit zu einem unverzichtbaren Element in Johns Sendungen entwickelte. Was er an den Sessions so schätzte, war die Unmittelbarkeit und die Energie – die gleichen Qualitäten, auf die er auch beim Moderieren nicht verzichten wollte, weswegen er sich immer dagegen sträubte, seine Sendungen für Radio 1 im Voraus aufzunehmen, auch als sein Arbeitspensum immer heftiger wurde. Was John in *Top Gear* machte, war bisher noch nicht da gewesen – wenn man einmal von *The Perfumed Garden* absah. Er spielte ganze Alben in voller Länge – beispielsweise Stevie Wonders Dop-

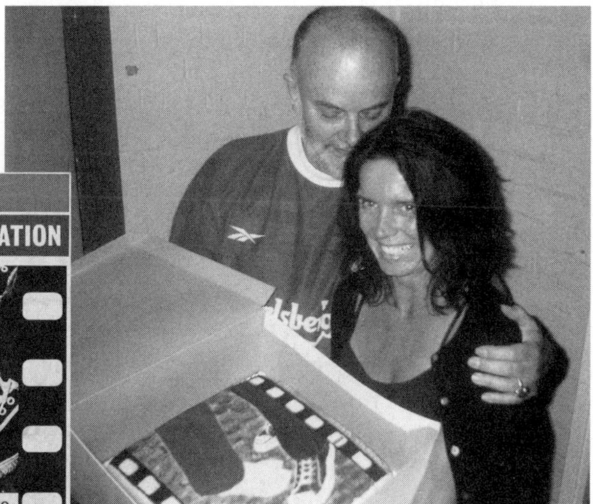

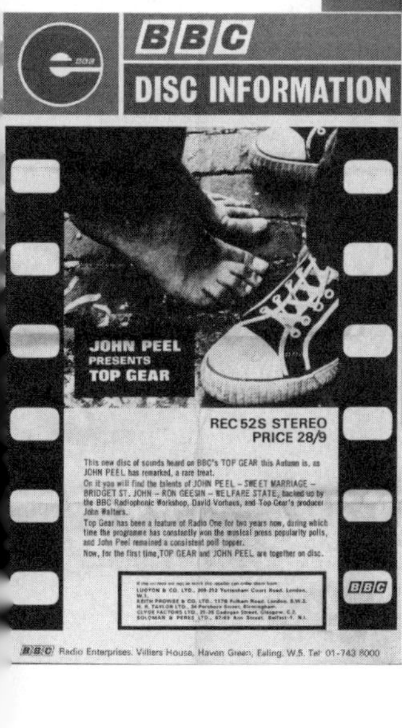

Feierlichkeiten zu Johns 60. Geburtstag in den Studios der BBC in Maida Vale. Das Motiv – John und Sheilas Füße – auf der Torte stammt vom Cover einer Compilation von Johns Sendung *Top Gear*.

pel-LP *Songs In The Key Of Life* oder Mike Oldfields *Tubular Bells* – und brach damit die ungeschriebene Radio-Regel, dass Songs von über vier Minuten Länge nicht über den Sender gehen konnten. Bands wie Led Zeppelin oder Soft Machine profitierten davon, da ihnen die Regel »In der Kürze liegt die Würze« völlig fremd war.

Top Gear brachte auch Sonderveranstaltungen, die bei den Zuhörern auf große Begeisterung stießen, wie beispielsweise das Weihnachtskonzert 1970, bei dem die üblichen Verdächtigen – The Faces, Marc Bolan, Ivor Cutler, Sonja Kristina, John Walters, Robert Wyatt und meine Wenigkeit – sich in das winzige Studio zwängten, um unsere eigenen verqueren Versionen von »Silent Night«, »Away In A Manger« und »Good King Wenceslas« zum Besten zu geben. In den letzten Jahren erlebten diese Weihnachtskonzerte eine Neuauflage und wurden der Anlass für rauschende Zusammenkünfte, die zunächst in Maida Vale und später bei uns zu Hause stattfanden. Einmal – John sendete schon von zu Hause aus – hatten wir Wales als Schwerpunkt ausgesucht, und so kam es, dass Leute wie die Melys und Gorky's Zygotic Mynci sich mit mir und den Kindern um das Klavier im Wohnzimmer versammelten, während John, der zwischen dem Piano und dem Studio am anderen Ende des Hauses hin- und herhetzte, mitzusingen versuchte.

Drei Jahre nach dem ersten Weihnachtskonzert hatte John die Idee, Elton John zu einer weihnachtlichen »Kneipenlieder-Show« einzuladen. Er schrieb dazu:

> Er war ganz begeistert von der Idee, Weihnachts- und Kneipenlieder zu kombinieren, und er spielte sie haargenau so, wie es sein sollte. Drei eher gefühlvolle Dylan-Songs waren auch dabei, die er fröhlich versaubeutelte, bevor er den ganzen Haufen von Tagedieben und Halunken dazu brachte, eine völlig versoffene Version von »Your Song« mitzugrölen.

Mit Freunden und Kollegen, darunter Teddy Warrick (2. von links), Dusty Springfield (3. von links), John Walters (Mitte) und Elton John (2. von rechts)

Top Gear mochte beim Publikum noch so beliebt sein, die Chefetage von Radio 1 teilte diese Begeisterung nicht. Bis 1993, als Matthew Bannister die Leitung des Senders übernahm, herrschte dort die Auffassung, dass Johns Sendungen sich an ein Publikum richteten, das aus eher unerwünschten Mitgliedern der Gesellschaft bestand, und man ihm insofern nicht mehr Raum und Sendezeit zur Verfügung stellen sollte als unbedingt notwendig. Bei einer Redaktionskonferenz bezeichnete der ehemalige Ressortleiter Derek Chinnery Johns Publikum als »arbeitslose Gammler und Rowdys«. *Top Gear* wurde von einem Sendeplatz zum nächsten verschoben, bis es 1975 ganz eingestellt wurde, doch die Sendung *John Peel* war im Grunde genommen nichts anderes als die Fortsetzung von *Top Gear* unter anderem Namen. Darüber hinaus moderierte er von 1971 bis Ende 1974 *Sounds of the Seventies* (unter dem Slogan

»Sounds von heute mit dem Mut zum Risiko«) sowie *Night Ride* von 1968 bis 1969 und die Sendung *In Concert*.

Doch diese Wechsel waren, was Johns Arbeitsweise anging, eher von untergeordneter Bedeutung. Wesentlich einschneidender war ein Personalwechsel bei *Top Gear* im Jahr 1969, als Bernie Andrews als Produzent von John Walters abgelöst wurde, einem ehemaligen Trompeter des Alan Price Set, der sich beim Radio einen Namen gemacht hatte durch seine Zusammenarbeit mit Jimmy Saville bei der Sendung *Saville's Travels*.

Als sie sich zum ersten Mal begegneten, kam John mit Walters überhaupt nicht klar. Er war an Bernies Arbeitsweise gewohnt, der, was Musik betraf, eine sehr ernsthafte, ja beinahe ehrfürchtige Einstellung hatte. Die beiden hatten ein ziemlich festes Arbeitsschema, wenn sie die Sendung zusammenstellten – John fuhr zu Bernie nach Blackheath, wo dieser wohnte und eine riesige Plattensammlung hatte, und dort legten sie die Abfolge der Sendung fest. Sie hörten sich bis zu den frühen Morgenstunden Schallplatten an, und John blieb dann für den Rest der Nacht gleich dort. Manchmal kam ich auch mit, aber Bernie war nicht allzu versessen auf meine Anwesenheit, und es war nie so, dass wir drei gemeinsame Abende verbracht hätten, wie es später mit John Walters und seiner Frau Helen der Fall war. Aber so war Bernie nun mal, und John hatte dagegen nicht das Geringste einzuwenden, weil sie beide eine sehr genaue, ja beinahe pedantische Auffassung davon hatten, wie die Sendung ablaufen sollte.

Als Bernie von *Top Gear* abgezogen wurde, um an anderen Sendungen zu arbeiten, und Walters als Produzent nachrückte, war John alles andere als glücklich. Gleich bei ihrer ersten Zusammenarbeit am 27. April 1969 fand er Walters dämlich und dumpf. Später erinnerte er sich:

> Ich war von seiner Berufung ungefähr so begeistert, als wenn Herodes zum Leiter eines Kindergartens bestellt

worden wäre. Wir hatten noch nicht lange miteinander zu tun, da machte ich – vor eingeschaltetem Mikrofon – die Bemerkung, dass Wolken, wenn man so will, Gedichte am Himmel seien, und er reagierte auf diesen Ausbruch von Gefühlsseligkeit mit prustendem Unglauben. Hier hatte ich es, so empfand ich das jedenfalls damals, mit einem wahrhaft groben Klotz zu tun.

Die BBC hätte in der Tat keinen besseren Ersatz für Bernie finden können, der in krasserem Gegensatz zu John stand als Walters, doch rückblickend betrachtet war es genau das, was John brauchte. Das Verhältnis zwischen ihm und Bernie hatte sich ebenso wie die ganze Atmosphäre bei *Top Gear* zu einer todernsten Angelegenheit entwickelt; es war eine prima Sendung, aber es wurde nicht viel gelacht, wenn die beiden zusammen waren. Meiner Ansicht nach war der raue Umgangston, den Walters pflegte, haargenau das, was die Sendung – und John – brauchte. Walters redete nicht lange um den heißen Brei herum, sondern sagte, was er dachte, und er hatte keine Lust auf irgendwelchen Blödsinn. Einen Großteil der Musik, die John schätzte, fand er einfach grausam. Eine be-

John Walters in Raum 318 im Egton House – Radio 1

sondere Abneigung hegte er gegen alles, was auch nur ansatzweise hippiemäßig daherkam, wobei er insbesondere Marc Bolan verabscheute, von dem er behauptete, er würde singen wie Larry das Lamm aus dem Kinderprogramm der BBC. Bernie dagegen hatte sich von Johns Begeisterung für Bolan mitreißen und sich überreden lassen, Tyrannosaurus Rex – als erste Band ohne Plattenvertrag – zu einer Session einzuladen. Doch das Schlimmste an Walters war, zumindest in Johns Augen, dass er gerne ins Pub einen trinken ging.

Ich fand zu Walters eher einen Draht als John, doch irgendwann konnte auch er sich für ihn erwärmen, und die beiden wurden enge Freunde. Es hatte eine Weile gedauert, bis sie herausfanden, dass sie mehr gemeinsam hatten, als sie anfangs vermuteten. Vor allem hatten sie den gleichen Sinn für Humor: Sie stellten fest, dass sie beide WC Fields verehrten, und von da an kamen sie großartig miteinander klar. Es machte ungeheuren Spaß, bei ihren Unterhaltungen dabei zu sein, bei denen sie sich gegenseitig die Bälle zuspielten und die nur so sprühten vor Witz. Und ebenso wie John immer behauptete, was er an mir so toll fand, sei die Tatsache gewesen, dass ich ihm inmitten von lauter bescheuerten Hippie-Mädels mit Blumen in den Haaren, die jedes seiner Worte für eine Offenbarung hielten, erklärt hatte, er sei ein dämlicher Arsch, so glaube ich, dass er auch Walters deswegen schätzte, weil er ihn immer wieder auf den harten Boden der Realität zurückholte.

Ihre Beziehung wurde zusehends harmonischer, je mehr sie lernten, auf die Eigenheiten des anderen einzugehen. Wenn John seine Sendung moderierte, konnte er es nicht leiden, wenn jemand im Studio herumwuselte oder vielleicht auch noch Krach machte. Und in der Anfangsphase ihrer Zusammenarbeit war Walters immer dabei, wodurch John sich gestört fühlte und gereizt reagierte. Wir waren beide der Ansicht, dass die Sendung immer dann besser lief, wenn

»Petals«, wie Walters genannt wurde, nicht dabei war. Und je besser die beiden miteinander klarkamen, desto glatter ging die Sendung über die Bühne. Zu Beginn der Achtziger, als John viermal pro Woche auf Sendung war, machte sich Walters manchmal gar nicht mehr die Mühe, im Studio aufzutauchen; er blieb einfach zu Hause und rief John während der Sendung an, um sich zu erkundigen, ob alles glattlief.

Und haargenau das war es, was John wollte – einen Produzenten, der sich um die organisatorischen Aspekte der Show kümmerte, indem er Bands für die Sessions buchte und Johns Plattenliste zu einer Sendefolge zurechtstutzte, der aber ansonsten wusste, wo und wann er sich am besten heraushielt. Es gab immer noch gelegentliche Auseinandersetzungen zwischen den beiden – am 14. Januar 1971 schreibt John in seinem Tagebuch: »Petals ... erging sich in einer langen Analyse meines Charakters, die vor Gemein- und Grobheiten nur so strotzte. Sagte, ich würde sehr bald sehr tief fallen. War ziemlich verletzt und sehr verwirrt, als ich zu Bett ging...« Egal wie gut sie miteinander klarkamen, sie waren eben doch grundsätzlich verschieden, doch solche Zerwürfnisse wie das gerade beschriebene waren immer nur von kurzer Dauer.

Einige der Bands, die John unbedingt in der Show haben wollte und die er auch durchsetzte, gingen Walters mindestens genauso gegen den Strich wie T.Rex. Doch er tolerierte diese Bands, auch wenn er sie nicht mochte, weil er Johns Ansichten respektierte und der Meinung war, dass sie in die Sendung passten. Darüber hinaus leistete auch Walters gelegentlich wertvolle Beiträge, wenn es darum ging, Bands vorzuschlagen, die in der Show auftreten sollten. So war er es, der am 7. Mai 1983 ins Büro gestürmt kam und John erklärte, er hätte am Abend zuvor die Smiths gesehen und sie müssten sie unbedingt für eine Session buchen. John hatte ihn noch nie so aufgeregt erlebt.

Walters erwies sich wie zuvor schon Teddy Warrick, der Chefredakteur von Radio 1, den John einmal als »heldenhafte Gestalt, der ich eine Menge zu verdanken habe« gepriesen hatte, und später Matthew Bannister als wertvoller Verbündeter, wann immer die vorherrschende Meinung in der BBC dahin ging, dass Johns Tage beim Sender gezählt waren. John selbst machte sich immer wieder Sorgen darüber, ob man sich an ihn erinnern würde, doch Walters versicherte ihm, dass er das Einzige an Radio 1 sei, das Bestand hätte.

Die gemeinsamen Abende mit Walters und seiner Frau Helen waren immer ein Heidenspaß. Wir trafen uns nahezu jedes Wochenende – ein Ritual, das seinen Anfang in den Tagen hatte, als wir noch in Park Square Mews wohnten, und das wir aufrechterhielten bis zu unserer Hochzeit. In jenen Zeiten sah das Fernsehprogramm anders aus als heute, und es liefen bei Weitem nicht so viele Spielfilme, so dass der Mitternachtsfilm am Samstagabend ein ziemliches Ereignis darstellte. Bei diesen Gelegenheiten bekochten wir uns gegenseitig, wobei wir uns meistens abwechselten und darüber hinaus die Regel aufgestellt hatten, dass das Essen etwas mit dem Film zu tun haben musste.

Als der Film *Asphalt-Dschungel* lief, wurden steinharte Kokosmakronen, Beeren und ein »Dschungel-Saft« aufgetischt, der, wenn ich mich recht erinnere, ziemlich katastrophale Auswirkungen hatte. Für *Die drei Musketiere* gab es verschiedene Gemüse und Kartoffeln, die auf einen Degen aufgespießt waren. Zu *Where Angels Fear No Thread* wurden »Angel Cakes« und Harp Lager, das Bier mit der Harfe auf dem Etikett, gereicht, während Walters und Helen anlässlich eines Films über Drogen, an dessen Titel ich mich nicht mehr erinnern kann, einen Schmorbraten (*pot* roast) machten, den sie mit viel *Speed* ins Wohnzimmer brachten.

Einen wahren Geniestreich auf dem Gebiet des Essens zum Film landeten Walters und Helen, als *Ice Cold In Alex* gezeigt wurde. In ihrer Wohnung war es an jenem Abend ungewöhnlich heiß, denn Walters hatte die Heizung bis zum Anschlag aufgedreht, da der Film in der Wüste spielte. Kurz nach unserem Eintreffen wurde uns ein höllisch scharfes Gemüsecurry serviert, nach dessen Genuss man dringend etwas zu trinken brauchte. Bier kam natürlich nicht in Frage, jedenfalls nicht, bevor die berühmte Szene kam, in der John Mills endlich sein Glas in der Hand hält, und so fragte John, ob er ein Glas Wasser haben könnte. »Klar«, meinte Walters, »bedien dich.« John rannte zum Spülbecken, drehte den Wasserhahn auf, hielt sein Glas erwartungsvoll darunter und wartete. Und wartete. Derweil kicherten Walters und Helen vor sich hin, und erst da wurde uns klar, welch finsteres Spiel unsere Gastgeber mit uns trieben – sie hatten einfach den Haupthahn zugedreht.

Als unsere Familie Zuwachs bekam, wurden die gemeinsamen Abende mit Walters und Helen seltener, obwohl John natürlich nach wie vor viel mit ihm zu tun hatte und bis in die Neunziger mit ihm zusammenarbeitete. Obwohl die beiden sich in den letzten Jahren vor Walters' Tod nicht mehr so häufig sahen, blieb John ihm immer sehr verbunden. Sie standen einander so nahe, dass es manchmal geradezu rührend war, sie zu beobachten. John erklärte häufig, ihre Beziehung wäre so wie die zwischen einem Mann und seinem Hund, wobei jeder von ihnen felsenfest überzeugt war, der andere wäre der Hund. Walters hingegen verglich John mit dem Esel Eeyore aus A. A. Milnes Buch »Winnie Puuh«: »Alle anderen lassen sich den Honig schmecken, während er allein und vergessen in einem feuchten Winkel der Wiese herumhängt und nichts hat außer Disteln. Wenn ich ihn anrufe und ihn daran erinnere, dass seine nächste Sendung an einem Feiertag ist, sagt er: ›Alle haben frei, nur ich nicht.‹ Wenn ich ihm sage, er kann sich einen Tag frei nehmen, weil wir aus irgendeinem Grund eine Sondersendung angesetzt haben, heißt es: ›Sie versuchen, mich loszuwerden.‹ Wie's auch kommt, für ihn bleiben nur die Disteln. Anscheinend fühlt er sich damit ganz wohl.«

Was John an Walters besonders schätzte, war dessen Angewohnheit, ihn augenblicklich anzurufen, sobald er im Fernsehen irgendetwas sah, von dem er annahm, dass John daran auch seinen Spaß haben würde. Dann klingelte das Telefon – gewöhnlich sonntagmorgens –, und wenn eines der Kinder oder ich abhoben, knurrte Walters: »Ist der Mann, den sie liebevoll ›Daddy‹ nennen, zugegen?« Manchmal tat er genervt und erklärte: »Nein, nein, ich will nicht mit ihm reden, sag ihm einfach, er soll BBC 2 einschalten!« Man kann es sich so ähnlich vorstellen wie in der Splitscreen-Szene aus *Bettgeflüster* mit Rock Hudson und Doris Day. Walters auf der linken Seite, wie er Johns Nummer wählt, und John auf dem Bett, wie er das Telefon abhebt.

»Hallo?«

»Peel? Genau. BBC 1. *Jetzt gleich!*«

Walters' Verehrung für den notorischen Kinderhasser WC Fields ging so weit, dass er sich, nachdem William auf die Welt gekommen war, weigerte, auch nur einen Fuß in unser Haus zu setzen – zumindest war dies die Erklärung, die John immer wieder gerne anführte. Die Kinder jedoch haben schöne Erinnerungen an die Besuche bei Walters und Helen zu Hause. William war, als er noch klein war, völlig hingerissen von Elefanten, und wenn Walters zur Begrüßung sein Lieblingstier imitierte, war er jedes Mal ganz aus dem Häuschen. Und als Thomas Trompetenunterricht nahm, suchte Walters den gesamten Haushalt nach geeigneten Gegenständen ab, um sie als Dämpfer zu benutzen und auszuprobieren, welche Klänge man damit produzieren konnte.

Wie jede Freundschaft gab es auch in der von John und Walters Höhen und Tiefen. Ich weiß, dass John über die ablehnende Haltung seines Freundes, was *Home Truths* anging, sehr verärgert war, zumal Walters diese auch in der Öffentlichkeit äußerte, und zwar bei jeder sich bietenden Gelegenheit. Als er jedoch 2001 im Schlaf starb, war John am Boden zerstört. »Heute fühle ich mich so, wie sich die Soldaten im Schützengraben gefühlt haben müssen, wenn es den Mann neben ihnen erwischt hatte«, schrieb er in seiner Kolumne in der *Radio Times*.

Die beiden hatten immer geglaubt, dass John als Erster gehen würde, und immer wieder Witze darüber gemacht, dass Walters bei seiner Beerdigung die Grabrede halten würde, in der er Johns sämtliche Fehler und Schwächen bis ins kleinste Detail ausbreiten würde, um ihn anschließend zu den Klängen von Roy Harpers »When An Old Cricketeer Leaves The Crease« auf seine letzte Reise zu schicken. Doch nun war es John, der diesen Song in einer Sendung zu Ehren von Walters spielte. Es war das letzte Lied der Sendung, weil er wusste, dass er danach kein Wort mehr herausbringen würde. Ganze drei Jahre später spielte Andy Kershaw den gleichen Song bei einer Gedenksendung für John.

2001 schrieb John:

> Ich verdanke Walters mehr als irgendeinem anderen Menschen auf der Welt. Er hat mich gelehrt, dass nichts dabei ist, wenn man ab und zu einen Fehler macht, solange man seinen Prinzipien treu bleibt, auch wenn die vielleicht nicht allzu klar definiert sein mögen, Hauptsache, man steht zu ihnen. Anschließend ist er schnell mal um die Ecke gerauscht, um ein Bier zu zischen. Wann immer man mir einen Ehrendoktor oder einen ähnlichen Titel verlieh, war ich mir darüber im Klaren, dass er nur zu einem Drittel mir gebührte und zu zwei Dritteln ihm und Sheila.

Gerade mal eine halbe Stunde vor seinem eigenen Tod musste John plötzlich an Walters denken. Wir saßen in einer Bar in Peru, als John ohne jeden Anlass anfing, einen Vortrag über seinen alten Freund zu halten. »Er fehlt mir, ich vermisse ihn richtig«, sagte er. »Ich vermisse seine Anrufe, wenn es irgendwas im Fernsehen gab. Ich habe sonst keinen Freund, der so was je gemacht hätte. Ich wünschte, ich hätte mehr Zeit mit ihm verbracht, bevor er gestorben ist.« Für mich lag darin eine beinahe unerträgliche Ironie. Es kam völlig aus heiterem Himmel.

Hätte John eine aggressivere Strategie der Selbstvermarktung verfolgt und sich um einen stromlinienförmigeren Präsentationsstil bemüht, so hätte seine Fernsehkarriere bereits wesentlich früher beginnen können. Allerdings hatte er nicht das geringste Interesse daran, im Fernsehen aufzutreten, jedenfalls nicht in den Sechzigern. Aber gelegentlich ist es doch verlockend, sich vorzustellen, was wohl passiert wäre, wenn er seinen ersten Auftritt bei *Top of the Pops* im Jahr 1968 nicht so vergeigt hätte, dass man ihm schon Absicht unterstellen konnte, ähnlich wie bei jemandem, der ein Essen vermasselt, in der Hoffnung, dass man ihn nie wieder bittet, für einen zu kochen.

Nach seinen Einführungsworten, in denen er sich vorgestellt hatte als »der Kerl, der spätnachts bei Radio 1 Platten von schlecht gelaunten belgischen Kunststudenten spielt, die in irgendwelchen Kellern herumlungern und an Tuberkulose sterben«, sollte er sagen: »Und jetzt kommt der neueste Top-Hit von Amen Corner« – oder irgendwas in dieser Richtung. Stattdessen setzte es völlig bei ihm aus. Es fiel ihm nicht das Geringste ein – und der Bandname schon gar nicht. Sein Hirn war wie leer geblasen. Als John sich, nachdem die Sendung zu Ende war, auf Zehenspitzen aus dem Studio schleichen wollte, entdeckte ihn der Produzent, der augenblicklich auf ihn zurauschte und ihn anzischte: »Ich werde dafür sorgen, dass Sie nie wieder fürs Fernsehen arbeiten.« Diese Worte klangen wie Musik in Johns Ohren, denn er hatte nicht das geringste Bedürfnis, die Welt des Fernsehens mit seinem Talent zu beglücken.

Während es im Land tatsächlich etliche Leute gab, die beklagten, dass John Peel aller Wahrscheinlichkeit nach niemals als Fernsehstar in die Geschichtsbücher eingehen würde, oder zumindest nicht in die Geschichtsbücher der sechziger Jahre, war John selbst vollauf mit zwei Radiosendungen beschäftigt. Neben *Top Gear* moderierte er seit März 1968 auch noch die Sendung *Night Ride*. Dies war eine mehrheitlich gesprächsorientierte Sendung, die mehr als einmal in die Schlagzeilen geriet, weil in ihr häufig kontroverse Standpunkte vertreten wurden, die bei der Regierung und den Medien nicht immer auf Begeisterung stießen – im Gegenteil. Am 6. November 1968 interviewte John den Satiriker John Wells, Autor der Kolumne »Mrs Wilsons Diary« in *Private Eye*, der einige unverblümt kritische Bemerkungen über den damaligen Premierminister Harold Wilson machte. Wells unterstellte ihm, er würde sich nicht im Geringsten für den Krieg in Nigeria interessieren, weil ein Engagement in diesem Konflikt ihn nur Wählerstimmen kosten würde. Wilsons Behauptung, der Flughafen in Biafra sei unbrauchbar, sei eine Lüge gewesen, weil man auf diese Art und Weise vermeiden konnte, Hilfsgüter ins Land zu bringen. Angesichts heftiger Proteste seitens der Regierung sah sich die BBC zu einer Erklärung gezwungen, in der sie diese Äußerungen bedauerte.

Andererseits etablierte sich John durch *Night Ride* innerhalb der satirischen Gegenkultur, die damals in erster Linie von den Zeitschriften *OZ* und *Private Eye* verkörpert wurde. 1971 gehörte er zu einer ganzen Reihe von Zeugen der Verteidigung in dem sechsundzwanzig Tage dauernden Skandalprozess gegen die Herausgeber von *OZ* – Jim Anderson, Felix Dennis und Richard Neville – wegen Untergrabung der öffentlichen Moral. Der Prozess konzentrierte sich in erster Linie auf die Ausgabe Nummer 28, die unter dem Titel »School Kids' Issue« erschienen war und die reichlich derbe und schockierende Beiträge von Autoren enthielt, die allesamt unter achtzehn waren.

Der gesamte Prozess war von Anfang an ein abgekartetes Spiel seitens der Krone, denn *OZ* hatte die Frechheit besessen, das Establishment herauszufordern, und dafür musste das Establishment ihnen eine Lektion erteilen. Schon Tage vor dem Beginn der Verhandlung brachte John seine Sorgen ob des Prozessausgangs zum Ausdruck. Am Freitag, dem 18. Juni, schrieb er:

> Der Prozess gegen *OZ* beginnt am Montag. Sie haben keinen Kronanwalt und waren deshalb heute bei Gericht und haben einen Verhandlungsaufschub von einer Woche beantragt, um einem Kronanwalt Gelegenheit zu geben, sich in den Fall einzuarbeiten. Der Antrag wurde abgelehnt, stattdessen wurden sie einer Leibesvisitation unterzogen, und Jim Andersons Augentropfen wurden konfisziert. Wenn es jemals eine Verurteilung gab, bevor der Prozess überhaupt begonnen hat, dann … Ich glaube wirklich, dass dieser Prozess nur der Anfang einer Periode der Repression ist, die ziemlich ekelhaft werden wird. Gut möglich, dass sie zu Gefängnis verurteilt und dann deportiert werden. Es ist nicht zu fassen. Die Rechte holt zum Gegenschlag aus, und das ist nur der Anfang.

Am Dienstag darauf nahm John am Protestmarsch der Unterstützer von *OZ* teil, der von Lincoln's Inn Fields zum Smithfield Meat Market führte. »Haben Sie den Protestmarsch angeführt«, wurde er später vom Staatsanwalt gefragt. »Nein, ich war ganz hinten«, erwiderte John mit einem Lächeln, »und habe mein Fahrrad geschoben.«

Der Prozessverlauf war ein einziger Witz. Die Angeklagten bekamen schon vor der Urteilsverkündung die geballte Staatsmacht zu spüren, als ihnen in der Untersuchungshaft von den Gefängniswärtern die langen Haare abgeschnitten wurden, und es bestand nicht der geringste Zweifel, dass es sich hier um einen Schauprozess handelte. John wurde, ebenso wie andere Zeugen der Verteidigung, darunter Marty Feldman und George Melly, in den Zeugenstand gerufen, um zu bestätigen, dass die Beiträge in *OZ* 28 einen künstlerischen oder literarischen Wert hatten. Man befragte ihn insbesondere zu der Zeile »Ich würde ja gerne mal ein Mädchen treffen, das so fickt wie *Led Zeppelin One*, aber ich wette, nach einer Woche könnte ich nicht mehr laufen«. Doch wie alle, die in der Verhandlung antraten, um sich der Untergrabung des Rechts auf freie Meinungsäußerung entgegenzustellen, hatte auch John von Anfang an nicht die geringste Chance. Das Gericht brauchte nur einen Blick auf seine langen Haare und sein T-Shirt zu werfen und sich die diskreditierenden Auslassungen der Staatsanwaltschaft anzuhören, wonach er im Radio seine Erfahrungen mit Geschlechtskrankheiten ausgebreitet hatte, und damit war der Fall auch schon erledigt.

Am 28. Juli, während Anderson, Neville und Dennis auf ihre Verurteilung warteten, schrieb John in sein Tagebuch:

> Ein Mann vom *Daily Mirror* hat mich 1½ Stunden lang interviewt – ich glaube, er hat versucht, fair zu sein – es ging um den *OZ*-Prozess und meine Zeugenaussage ... Er meinte, sie kriegen drei Jahre. Richter überaus feindselig. Totaler Zusammenprall zweier Welten. Er meinte außerdem, dass Richard vermutlich deportiert wird. Was für ein Land. Eine Regierung von Wichsern für Wichser. Sehr deprimierend das Ganze.

Am Ende bekam Neville fünfzehn Monate, und der Richter empfahl seine Deportation.

Johns Befürchtungen, wie sich das Land entwickeln würde, hatten sich bewahrheitet, und sein Idealismus hatte einige Schrammen davongetragen. Vor Gericht hatte er eine nachdenkliche Rede gehalten über die Veränderungen, die ihm seit seiner Rückkehr aus Amerika aufgefallen waren. »1967«, sagte er, »gab es eine Periode, die einen optimistisch stimmte, während der die Leute anfingen, mehr über ihre Mitmenschen nachzudenken als darüber, wie sie möglichst viele Besitztümer anhäufen könnten. Leider ist daraus offensichtlich nichts geworden – außer auf dem Gebiet der Musik. Hier gab es Bands, denen es gelang, sich aus den Klauen von jenen Leuten im Showgeschäft zu befreien, die alles und jeden kontrollieren. Ich zum Beispiel habe eine eigene überaus erfolglose Plattenfirma; wir haben etwa zwölf oder fünfzehn LPs herausgebracht und dabei in etwa achtzehntausend Pfund Verlust gemacht. Andererseits haben wir Leute entdeckt, von denen ich dachte, sie verdienten die Aufmerksamkeit der Öffentlichkeit, weil sie wirklich etwas zu bieten haben. In ökonomischer Hinsicht mag dies ein desaströses Unterfangen gewesen sein, aber wir haben ein paar schöne Platten gemacht. Leider hat niemand sie gekauft.«

Im Jahr darauf notiert John, dass Neville nach New York geflogen war, um die Rechte an der Geschichte über den Prozess an ein paar Musical-Produzenten vom Broadway zu verkaufen. »Ich hoffe, es kommen ein paar gute Songs für mich dabei heraus, wenn das Ganze über die Bühne geht«, sinniert er. Dieser schöne Traum wurde zwar nicht Wirklichkeit, doch immerhin konnten wir Jahre später einen Fernsehfilm zu den Ereignissen von damals bewundern, und William war mächtig beeindruckt von der Tatsache, dass John von Nigel Planer gespielt wurde, dem Über-Hippie aus der Fernsehserie *The Young Ones.*

Night Ride war leider ebenso kurzlebig wie kontrovers, doch das machte John nichts aus, denn er konnte sich ja nach wie vor bei *Top Gear* austoben. Walters und er hatten zu ihrem großen Vergnügen festgestellt, dass es unglaublich leicht war, provozierend zu wirken: Man brauchte nur Songs zu spielen, die das Publikum noch nie zuvor gehört hatte.

John stand zwar ohnehin in dem Ruf, in seinen Sendungen neue Musik zu spielen, doch haargenau jene Hörer, die ihn deswegen in den späten Sechzigern und frühen Siebzigern an ihre kollektive Brust gedrückt hatten, reagierten mit einer deprimierenden Feindseligkeit und Ignoranz darauf, wenn er etwas anderes als Rock spielte. Als John zum ersten Mal auf Radio 1 eine Platte aus Jamaika spielte – »Pop A Top« von Andy Capp – und danach auch noch eine aus Afrika, »Tickey Dopies« von Sipho Benghu, hatte er nicht im Geringsten damit gerechnet, dass dies negative Reaktionen auslösen würde. Seine treuesten Hörer warfen ihm vor, Ausverkauf zu betreiben. Ausverkauf – an wen genau denn eigentlich? Weder John noch Walters ließen sich davon beirren, sondern spielten weiterhin Reggae-Titel in der Sendung, und nahmen in den Siebzigern mehrere BBC-Sessions mit den Wailers auf.

Zu Johns Lieblingskünstlern zählte die Reggae-Band Culture mit ihrem Frontmann Joseph Hill, von dem John der Ansicht war, dass er nicht nur eine der großartigsten Stimmen in der populären Musik hatte, sondern darüber hinaus die Gabe, visionäre Konzepte in knappen Nebenbemerkungen auf den Punkt zu bringen. Culture nahmen zwei Sessions für Johns Sendung bei Radio 1 auf, doch wenn es nach ihm gegangen wäre, hätten sie noch ein paar hundert dranhängen können. Als John 1998 die künstlerische Leitung für das Meltdown Festival auf der South Bank hatte, erfüllte es ihn mit besonderem Stolz, dass er Culture für einen Auftritt in der Royal Festival Hall gewinnen konnte, wo sie den Saal zum Kochen brachten. Genau betrachtet war Reggae über Jahrzehnte hinweg die einzige Konstante in Johns Sendungen – und dies, obwohl die Song-Titel häufig in Patois waren und Johns Versuche, sie vorzulesen, sich manchmal sehr komisch anhörten.

Die Tatsache, dass er jamaikanische Musik spielte und Sessions mit Blues-Giganten wie Arthur Crudup oder Son

House aufnahm oder mit der Funk-Band Cymande und den Reggae-Stars Misty in Roots (die auch auf seiner Liste von Schallplatten für eine einsame Insel auftauchten), brachte manche Rassisten so sehr in Rage, dass sie ihm Morddrohungen schickten. Einen von diesen Drohbriefen, der in Walsall abgestempelt war, hat er sogar aufgehoben. Der Absender, offensichtlich ein Neuling auf dem Gebiet der Hassbriefe, beginnt mit den Worten »Lieber John«, bevor er dazu übergeht, einige ernste Drohungen auszustoßen. John fand das ziemlich rührend, doch er wandte sich trotzdem an die Polizei, da der Autor des Briefes ihm mit deutlichen Worten zu verstehen gegeben hatte, dass er wüsste, wo unsere Kinder zur Schule gehen. Bei einer anderen Gelegenheit kam ein Päckchen für John bei uns zu Hause an, das eine Ladung Kackwürste samt einem Brief enthielt, in dem sich der Absender darüber beschwerte, dass seine Ohren mit schwarzer Musik besudelt worden waren. Wir unternahmen allerdings keinerlei Anstrengungen herauszufinden, um wessen Kackwürste es sich handelte.

All dies fiel uns Jahre später wieder ein, wann immer irgendein schlecht informierter Knallkopf ein bisschen Ärger machen wollte und John vorwarf, er würde nur weiße Musik spielen, und dabei seine Vorliebe für Reggae und Hiphop völlig außer Acht ließ. Vielleicht war es das selektive Erinnerungsvermögen dieser Kritiker, oder ihr Gedächtnis hatte mit dem Alter etwas gelitten, und sie erinnerten sich nur noch an die Punk-Ära, als die Musik in der Tat von weißen Jungs und Mädels dominiert wurde. John hielt ihnen jedenfalls entgegen:

> Jetzt mal ganz ehrlich: Wenn ich Musik höre, dann sind mir die Rasse, Hautfarbe, Religion, Essgewohnheiten, Größe, Schuhgröße oder was sonst noch des Musikschaffenden völlig egal. Das einzige bescheuerte Vorurteil, das ich mir selbst zubillige, ist folgendes: Musiker, bei denen ich den

Verdacht hege, dass sie Fans von Everton oder Arsenal sind, können sich auf den Kopf stellen oder sonst was anstellen, ohne dass der Mist, den sie produzieren, in meiner Sendung über den Äther geht.

Als der Prozess gegen *OZ* losging, hatten John und ich London schon den Rücken gekehrt. Wir hatten bis zum Sommer 1970 in Park Square Mews gewohnt und uns dann entschlossen, Geld für ein eigenes Haus zu sparen. Aus dieser Überlegung heraus zogen wir nach Westbourne Grove in meine Studentenbude in St Stephen's Gardens, die ich mir mit Terry und Gerry teilte. Wir lebten von dem Geld, das ich als Lehrerin an der Gesamtschule in Tufnell Park verdiente, und legten Johns Einkommen auf die hohe Kante, um damit

Mit Geburtstagstorte in St Stephen's Gardens

ein Haus zu finanzieren. Rückblickend betrachtet war die Wohnung in Westbourne Grove ziemlich übel, obwohl es uns damals gar nicht so erschien, aber als sie Jahre später in einer Fernsehsendung als Musterbeispiel für Elendsquartiere in der heutigen Zeit herhalten musste, und verglichen damit die übelsten Slums noch malerisch wirkten, waren wir doch reichlich entsetzt.

Ein Jahr zuvor hatte John einen Brief von seinem Vater erhalten. Seit seiner Rückkehr aus Amerika hatten die beiden sich kaum gesehen, obwohl John häufig davon erzählte, wie schön es gewesen war, als sein Vater ihn in Amerika besucht hatte und sie zusammen durch die Neuengland-Staaten gefahren waren.

Als ich John kennen lernte, hatte er auch zu seiner Mutter kaum Kontakt. Das Verhältnis zwischen beiden war reichlich belastet, und er begegnete ihr mit einer Mischung aus Vorsicht und Misstrauen, während sie ihm gegenüber, wie ich bald bemerkte, eine ziemliche Nervosität an den Tag legte. Sie wusste nie, was sie mit ihm anfangen sollte, und zwar meiner Ansicht nach schon, seit er ein kleiner Junge war. John war ihr erstes Kind gewesen, und sie war damals noch recht jung und naiv. Später kamen sie besser miteinander aus, was zu einem Gutteil daran lag, dass ich es in die Hand nahm, solche Festivitäten wie Geburtstage und Weihnachten zu organisieren, um die sich John bis dahin nie gekümmert hatte. Dennoch herrschte eine permanente Spannung zwischen ihnen. Jedes Mal wenn sie uns besuchte, machte sie sich am letzten Tag schon Stunden, bevor John so weit war, abreisefertig und stand extra früh auf, um sich zu frisieren und zu schminken, aus Furcht, John könnte plötzlich erklären, dass es losging, und sie noch nicht zurechtgemacht war.

Sie war, genau wie ich aufgrund von Johns Schilderungen vermutet hatte, eine sehr eindrucksvolle Frau, doch man konnte mit ihr auch jede Menge Spaß haben, denn sie hatte eine überaus theatralische und extravagante Ader. An manchen Nachmittagen, wenn John arbeitete, gingen mein Freund Gerry und ich seine Mutter besuchen. Es war jedes Mal ganz prima mit ihr. Wir verbrachten den ganzen Nachmittag mit Trinken, Tratschen, dem Anschauen alter Fotos, Trinken, Lachen. Habe ich Trinken schon erwähnt? Irgendwann kroch ich dann nach Hause, und als ich dort ankam, war John schon lange wieder da.

»Du bist betrunken«, sagte er dann. »Wo bist du gewesen?«

»Bei deiner Mutter«, antwortete ich. Weitere Erklärungen waren nicht notwendig.

Als ich mit William schwanger war, nahm sie mich eines Tages beiseite und sagte: »Meine Liebe, du musst unbedingt darauf achten – und das ist schrecklich wichtig, das ist die einzige Sache, die ich dir wirklich ans Herz lege –, du musst darauf achten, dass deine Zehennägel lackiert sind, bevor du ins Krankenhaus gehst. Es gibt nichts Schlimmeres, meine Liebe, als ein Kind zur Welt zu bringen und dann an sich herunterzuschauen und eine Reihe unlackierter Zehennägel zu erblicken.« Wann immer ich seither mit einer Schwangeren zu tun hatte, habe ich diesen Rat an sie weitergereicht.

Johns Mutter mochte zwar recht unterhaltsam sein, doch hatte sie auch eine grausame Seite, von der ich eine kleine Ahnung bekam, als wir bei uns zu Hause eine Dinnerparty veranstalteten, bei der sie auch zu Gast war. Ihr Verhältnis zu John mag relativ kühl gewesen sein, als dieser noch ein Kind war, doch es war nie so, dass sie eines der Kinder bevorzugt behandelt hätte – Johns Vater war in Afrika, und sie verbrachte die Zeit mit Lesen, zurückgezogen in ihren »Rückzugsraum«, wie John es bezeichnete. Bei besagtem Abendessen äußerte sie hingegen recht drastisch, dass sie damals doch bestimmte Präferenzen hatte. Befeuert von einem mit

Bedacht ausgewählten Chardonnay, verkündete sie während einer Gesprächspause:

»Alan war immer mein Lieblingssohn. Dann kam Francis und dann …« Sie fixierte John mit einem Basiliskenblick: »*Du.*«

»Wow, Mama, vielen Dank«, sagte John mit einem dünnen Lachen. Aber es schmerzte ihn doch.

In den Jahren vor ihrem Tod bemühte sich John darum, das Verhältnis zu seiner Mutter wieder zu verbessern; er übernachtete häufig bei ihr, wenn er in London zu arbeiten hatte, und als sie 1992 starb, waren die Risse in ihrer Beziehung fast alle gekittet.

John schaffte es auch, sich mit seinem Vater auszusöhnen. Als ich mit John zusammenkam, war sein Vater gerade pensioniert worden und in ein wunderbares Haus in Nordwales gezogen. Leider war es ihm nicht vergönnt, es länger als ein paar Monate zu genießen, bevor er erfuhr, dass er todkrank war. Als John von seinem Vater einen Brief erhielt, in dem er ihm eröffnete, dass er Krebs hatte, begannen wir, ihn regelmäßig zu besuchen. Von dem, was John mir erzählt hatte, erwartete ich jemanden, vor dem man richtig Angst haben konnte, doch so war er überhaupt nicht, im Gegenteil. Vielleicht hatte er sich im Lauf der Jahre ja schwer verändert, aber der Kerl, dem ich begegnete, war furchtbar liebenswert. Er sagte John, dass wir, wenn wir heirateten – was er leider nicht mehr erlebt hat –, unbedingt meinen Nachnamen, Gilhooly, annehmen sollten, da dies ein viel besserer Name sei als Ravenscroft. Und so nannte er mich auch immer: Little Gilhooly, die kleine Gilhooly.

Es war dennoch seltsam, die beiden zusammen zu sehen. In ihrem Verhältnis lag eine gewisse Steifheit und Förmlichkeit, die offensichtlich schon jahrelang Bestand hatte und die sie selbst jetzt, wo Johns Vater nicht mehr lange zu leben hatte, nicht ablegen konnten, sosehr sie sich auch bemühten. Es gab keine Küsse und Umarmungen, überhaupt sehr wenig physischen Kontakt zwischen Vater und Sohn. Man konnte sehen, dass John noch immer Angst hatte vor seinem Vater und dass er nach wie vor darum bemüht war, Eindruck auf ihn zu machen, indem er ihm alle möglichen Geschichten erzählte von Dingen, die er getan und erreicht hatte.

Wir waren häufig bei Johns Vater und seiner Stiefmutter zu Besuch. Wenn wir bei meinen Eltern waren, schliefen wir aus Rücksicht auf ihre Gefühle und Werte nie in einem Zimmer. Doch Johns Stiefmutter ging noch einen Schritt weiter. Obwohl John damals schon dreißig war, untersagte sie ihm, im Haus zu übernachten, wenn ich da war. Ich bekam das Schlafzimmer, und John musste in den Wohnwagen im Garten.

Francis, Alan und John mit ihrem Vater und Francis' Sohn Sacha

Als sich der Zustand von Johns Vater verschlimmerte, nahm ihn Johns Stiefschwester Carol zu sich nach Hause, und ich denke, das war der Augenblick, wo John wirklich von Gefühlen wie Bedauern und Schuld heimgesucht wurde. Sein Vater starb 1970, und noch lange Zeit später erklärte John immer wieder, wie sehr er sich wünschte, dass sie mehr Zeit miteinander verbracht hätten. Er sehnte sich noch immer nach einer Nähe, die ihm stets versagt geblieben war, und diese Gefühle hatten tief greifende Auswirkungen auf seine Haltung den eigenen Kindern gegenüber. Er wollte, dass sie niemals das Gefühl haben mussten, sie hätten nicht genug Zeit mit ihm verbracht. Nicht, dass es jemals so etwas gäbe wie »genügend Zeit«.

Was die Beerdigung anging, so erinnere ich mich in erster Linie daran, dass unglaublich viel gelacht wurde. Ich fuhr mit John und Alan im Auto mit, und wir lachten fast die ganze Fahrt über. Vielleicht waren es ja die Nerven oder die alte Regel, dass Lachen und Weinen nah beieinanderliegen, doch wir machten die ganze Zeit über Witze, und John musste sogar noch während des Gottesdienstes kichern.

1972 kehrte John zum ersten Mal nach Jahren wieder nach Liverpool zurück, um ein Fußballspiel anzuschauen, aber es war mittlerweile eine ganz andere Stadt als die, die er noch aus seiner Kindheit kannte, und dies führte ihm noch einmal in aller Deutlichkeit vor Augen, dass sein Vater, ebenso wie seine Jugend, endgültig der Vergangenheit angehörten. Am 5. Februar schrieb er:

> Ich dachte, ich fahre nach Everton und schaue mal nach, ob ich ein paar von den alten Plätzen wiederfinde, wo ich immer hingegangen bin, als ich im Shrewsbury Boys Club war. Das ganze Viertel war abgerissen worden …, das ganze Stadtzentrum war kaum noch wiederzuerkennen mit all seinen Einbahnstraßen und Hochstraßen und was sie sich sonst noch hatten einfallen lassen. Irgendwann habe ich

dann die Baumwollbörse wiedergefunden, aber die gesamte Fassade war verschwunden. In dieser Gegend zu sein und dabei an meinen Vater zu denken machte mich sehr traurig…

Im Nachhinein und völlig unerwartet empfand er daraufhin eine tiefe Zuneigung und Verbundenheit mit seinem Vater. Er kramte die Briefe hervor, die dieser ihm geschrieben hatte, und als er sie erneut las, erschienen sie – und sein Vater – ihm in einem neuen Licht. Was er beim ersten Lesen als Distanziertheit gedeutet hatte, las er nun als eine subtile Variante von Verzweiflung und Sehnsucht. In etlichen seiner Briefe drückte sein Vater das Bedürfnis aus, John häufiger zu sehen, was John, als er die Briefe in den späten Sechzigern zum ersten Mal gelesen hatte, völlig entgangen war. In seinem Tagebuch findet sich 1975 ein Eintrag, der fünf Jahre nach dem Tod seines Vaters verfasst wurde und in dem der Wandel der Gefühle sich deutlich abzeichnet. Am Abend des 25. März waren John und ich mit einigen Freunden essen gewesen:

> Wie üblich bestellte ich das Essen und war dabei entweder geistreich oder weltläufig oder bemüht smart, je nachdem, wie man es betrachtet. »Genau wie dein Vater«, sagte Pig, und während ich früher über eine solche Bemerkung tödlich beleidigt gewesen wäre, fühlte ich mich nun eher geschmeichelt. Ich wollte, Vater wäre mal bei uns zu Besuch gewesen. Es macht mich immer wieder wütend und enttäuscht, wenn ich an seinen Tod denke. Nicht so sehr traurig – eher wütend, dass ich erst dann, als es schon zu spät war, festgestellt habe, was für ein netter Mann er war. Ich glaube zwar nicht, dass es so etwas wie ein Leben nach dem Tode gibt, aber einer der schönsten Aspekte daran wäre, wieder mit ihm vereint zu sein…

* * *

Es war Johns Idee, aus London wegzuziehen. Er war auf dem Land groß geworden, und er sehnte sich danach, dorthin zurückzukehren. Darüber hinaus hatten wir beide das Gefühl, dass das Stadtleben allmählich zu stressig wurde. Einmal stellten wir nachts fest, dass ein Mann auf unserem Balkon stand. Er war nackt und hielt eine Axt in der Hand. Solche Sachen machen einen dann doch nachdenklich. Es war vielleicht nur der Tropfen, der das Fass zum Überlaufen brachte, aber der Begriff Tropfen trifft es nur unzureichend angesichts des blanken Entsetzens, das wir in diesem Augenblick empfanden.

Eigentlich war es nur der letzte aus einer reichhaltigen Sammlung von Tropfen. Die Begeisterung darüber, dass jede Nacht ein anderer junger Mann an der Tür klingelte, um einem eine Demo-Kassette in die Hand zu drücken, verflog allmählich. Als eines Abends dann auch noch eine ganze Band – America, um genau zu sein, die es im Januar 1972 mit ihrem Song »A Horse With No Name« auf Platz 3 der Charts schafften – um zwei Uhr nachts vor unserer baufälligen Türschwelle auftauchte, um lauthals eine Auswahl ihrer Songs zum Besten zu geben, war John vollends bedient. Anders als sonst fand John sehr deutliche Worte, um seiner Absicht Ausdruck zu verleihen, wieder ins Bett zurückzukehren, ohne sich das Geblöke der jungen Herren zu Gemüte zu führen. Und das war's dann auch. Tschüss, London.

Leider gestaltete sich die Flucht aus London wesentlich weniger reibungslos, als wir gehofft hatten. Schon bevor John zu mir in die Wohnung in St Stephen's Gardens gezogen war, hatten wir die Bezirke im Umland von London nach Häusern abgegrast, doch weil wir nicht viel Geld hatten, mussten wir bald feststellen, dass wir uns lediglich etwas leisten konnten, das in der weiteren Umgebung von London lag. Ich machte mir deswegen Gedanken, weil ich immerhin eine Menge Freunde in London hatte, zu denen ich nicht den Kontakt verlieren wollte. Und außerdem konnte ich John in London bei seinen verschiedenen Unternehmungen begleiten, seien es Auftritte oder Sendungen.

Wir brachten achtzehn Monate damit zu, Hunderte von Häusern zu besichtigen und dabei mit Johns Campingmobil immer weitere Kreise um die Stadt zu ziehen. Während der Woche unterrichtete ich an der Schule, dann holten wir uns die Unterlagen von den Maklern ab und fuhren das ganze Wochenende in der Gegend herum und schauten uns irgendwelche elenden Häuser an. Wir schliefen im Campingmobil, und wenn wir sonntagabends wieder in London ankamen, waren wir völlig erledigt.

Doch schließlich kam das Wochenende, als wir das Haus fanden, das uns gefiel. Wir hatten eine Liste mit drei Häusern, und dasjenige, das wir schließlich nahmen, war natürlich das letzte auf der Liste. Wir waren schon kurz davor, nach Hause zu fahren, ohne es überhaupt anzusehen, weil uns die Tatsache ein wenig abschreckte, dass es einem Major und seiner Frau gehörte. Doch dann erschien es uns zu dämlich, so weit gefahren zu sein, ohne auch nur einen Blick darauf zu werfen. Das Haus bestand aus zwei Landarbeiterhütten, die zusammengelegt worden waren, und obwohl es mehr kosten sollte, als wir eigentlich ausgeben wollten, gefiel es uns so gut, dass wir beschlossen, uns eben noch tiefer in Schulden zu stürzen.

Und so fügte sich eins zum anderen. John hatte mir mittlerweile sogar einen Antrag gemacht, ein Ereignis, das, was die Romantik betrifft, nur knapp hinter unserem Gelbsucht-Abend zurückblieb. Es war 1971, und er kam spätnachts vom Sender nach Hause, stieg ins Bett und kuschelte sich an mich. Dann sagte er, er sei mit seinem Bruder zum Lunch gewesen und sie hätten sich unterhalten.

»Ach ja?«, sagte ich.

»Ja«, sagte er. »Und er meint, dass du und ich heiraten sollten.«

»Du sollst was?«

»Er hat gesagt, wir sollten heiraten. Aus finanziellen Gründen.«

Das haute mich um. Ich verlangte von ihm, dass er mir den Antrag, wie es sich gehörte, auf einem Knie und mit den entsprechend romantischen Manieren zu stellen hätte. Was er nie getan hat. Ich frage mich, wie er es geschafft hat, dass ich ihm das durchgehen ließ.

Irgendwie beließen wir es bei diesem geschäftsmäßigen Antrag und vereinbarten einen Termin für unsere Hochzeit – den 1. April 1972. In seinem Tagebuch beschreibt John, wie wir es meinen Eltern beibrachten, die zum damaligen Zeitpunkt nicht direkt begeistert waren von der Vorstellung, dass wir zusammen waren:

> Pig und der Rest der Bande sind in die Kirche gegangen. Ich bin aufgestanden, habe eine Weile Zeitung gelesen und überlegt, wie ich das Thema Heirat wohl angehen sollte. Geschirr gespült und noch ein bisschen herumgesessen. Als alle wieder zurück waren, saß ich da in der Hoffnung, dass sich alle bis auf Sheilas Vater und Mutter aus dem Raum verziehen würden ... Schließlich sagte ich: »Ich glaube, ich sollte Ihnen sagen, dass Sheila und ich vorhaben zu heiraten.« Zuerst hat keiner von beiden reagiert, und deshalb sagte ich es noch einmal, und dann sagte Pigs Mutter: »Ach, wirklich?« Irgendwann haben wir uns zusammengesetzt, um darüber zu diskutieren, und sie verhielten sich sehr liebenswürdig – so wie ich es vorhergesagt hatte –, wobei Mr G. etwas flexibler war als Mrs ... Sie waren wirklich ziemlich nett, was die ganze Sache anging – sie sagten, sie hätten seit einiger Zeit ohnehin schon damit gerechnet. Aber man konnte kaum erwarten, dass sie vor Freude und Begeisterung platzen würden.

Kaum dass wir diese Hürde genommen hatten, erwartete uns ein noch größeres Hindernis. Shirley hatte John einen Brief geschickt, in dem stand, dass sie den Entschluss gefasst hatte, ihre Unterschrift unter die Scheidungspapiere zurückzuziehen. John hatte nicht im Geringsten geahnt, dass so etwas passieren würde. Er war am Boden zerstört und brauchte schrecklich lange, um darüber hinwegzukommen, doch letztlich war es sogar von Vorteil, dass wir erst zwei Jahre später, am 31. August 1974, heirateten (einen Tag nach Johns Geburtstag, was die Wahrscheinlichkeit, dass er unseren Hochzeitstag vergessen würde, drastisch reduzierte). In der Zwischenzeit war die Kluft zwischen John und meinen Eltern durch den systematischen Dauereinsatz von Peel'schem Charme überbrückt worden, und mein Vater führte seine Tochter mit Freuden zum Altar – vielleicht, weil er wusste, dass er nicht eine Tochter verlieren, sondern einen Hippie mit einer Plastikmaus am Hosenbund gewinnen würde.

Zwischen meinem Vater und John entwickelte sich eine Freundschaft, die sehr anrührend war, was umso bemerkenswerter erscheint, als ihre Beziehung unter reichlich schlechten Vorzeichen begonnen hatte. 1999 schrieb John:

> Ich hatte mit meinen Schwiegereltern wirklich Glück. Sheilas Vater Denis ist der einzige Mensch, den ich je getroffen habe, der wirklich immer zuerst an die anderen und dann erst an sich gedacht hat. Ich wusste vom ersten Augenblick, als ich sie alle als Familie erlebte, dass sein Tod einer der dunkelsten Momente in unserem Leben sein würde. Sheila ist selten düsterer Stimmung, aber sie ist ein ernsterer Mensch geworden, seit ihr Vater gestorben ist.

Ich bin sehr froh darüber, dass mein Vater mich zum Altar geleitet hat; ich hätte mir während all der Jahre, in denen zwischen John und meinen Eltern eine frostige Atmosphäre herrschte, nie träumen lassen, dass dies je passieren würde. In diesem Sinne hat Shirley uns sogar einen Gefallen getan. Nicht, dass wir es damals so empfunden hätten, denn zu allem Überfluss zog Shirley, als sie endlich in die Scheidung einwilligte, sämtliches Geld an Land, das John besaß, bis auf den letzten Penny. Sie saß damals im Holloway-Gefängnis und hatte für den Scheidungstermin einen Tag Hafturlaub erhalten. John und ich waren naiv gewesen. Wir hatten von meinem Geld gelebt und seins gespart statt umgekehrt, was klüger gewesen wäre. Ich war stinksauer, als ihr Johns gesamtes Barvermögen übertragen wurde. Im Gegensatz zu mir war John einfach nur erleichtert, dass es vorbei war. Er sagte: »Sie kann von mir aus alles haben. Ist mir egal.«

Johns Vater hatte jedem seiner Söhne in seinem Testament fünftausend Pfund vermacht, und nach Shirleys Triumph bei der Scheidung sicherte uns dieses Geld das Haus auf dem Land, das wir andernfalls nicht hätten kaufen können. Es war ein riskantes Manöver, weil wir damit rechneten, dass wir gelegentlich mit den Raten in Rückstand geraten würden, und so verbrachten wir zunächst nur die Wochenenden draußen und behielten die Wohnung in London. Eine ganze Weile hatten wir gar keine Möbel außer Teekisten, die überall herumstanden, und einer Matratze im Schlafzimmer. Erst Weihnachten 1971 gestanden wir uns gegenseitig, dass wir sonntags nie Lust hatten, nach London zurückzufahren. Als wir uns danach wieder auf den Rückweg machten, hatten wir beide schlechte Laune, weil wir wussten, dass wir auf dem Land leben wollten. Wir hatten Wurzeln geschlagen.

John hat später erzählt, dass er damals schon wusste, dass er hier bleiben wollte bis an sein Lebensende. »Man muss alle vier bis fünf Jahre umziehen, allein der finanziellen Vorteile wegen«, erklärte man uns immer wieder. Und dann, als die Kinder da waren, hieß es: »Es erweitert ihren Horizont, wenn sie in verschiedenen Gegenden des Landes aufwachsen.« »Das ist interessant«, antworteten John und ich dann immer – völlig desinteressiert.

Wir beschlossen, dass ich meine Stelle als Lehrerin aufgeben sollte, da John damals genug verdiente, so dass wir auf mein Einkommen nicht angewiesen waren. Wir waren nicht reich, aber wir hatten keine Kinder, und unsere fixen Kosten waren nicht allzu hoch. Obwohl es – zumindest für mich – anfangs alles andere als paradiesisch war. Um genau zu sein, habe ich es irgendwann gehasst. Ich hatte keinen Führerschein, ich war die ganze Woche über allein, ich hatte noch nie auf dem Land gelebt, und ich kannte niemand. Die Dorfbewohner stammten größtenteils aus Suffolk und lebten hier zum Teil schon seit Generationen. Sie waren Fremde nicht gewohnt, ganz zu schweigen von Fremden, die lange Haare

Suffolk 1972

hatten und außerehelichen Sex – oder vielleicht waren es auch die außerehelichen Haare, die sie missbilligten –, und so mussten wir uns genauso an ihr merkwürdiges Verhalten gewöhnen wie sie sich an unseres.

Ich saß abends allein vor dem Fernseher und dachte: Was habe ich getan? Ich verpasste all die aufregenden Sachen, die in London passierten, und ich dachte, ich hätte einen fatalen Fehler begangen. Doch bis zum darauf folgenden Sommer hatten wir einige Bekanntschaften geschlossen, und plötzlich war alles prima. Wir gingen ins Pub und genossen unser neues harmonisches Leben. John verfasste im Januar einen rührenden kleinen Artikel, in dem er treffend beschreibt, wie es zuging, als wir unser zweites Weihnachten im Dorf verbrachten, aber unser erstes als Teil der Dorfgemeinschaft:

> Die mächtige Pig und ich hatten eins unserer tollsten Weihnachten überhaupt. Wie es scheint, sind wir auf wundersame Weise an einem der nettesten Orte auf den gesamten Britischen Inseln gelandet. Am Freitag, dem 23., gingen wir zum Pub am Ende der Straße, um, wie unser Freund John erklärt hatte, den Weihnachtsanfang zu feiern. Am Weihnachtsabend schließt das Pub um halb elf. Nun ist ein Pub auf dem Land nicht so eine düstere Lokalität, wo gramgeplagte Männer in Pfützen von wässrigem Bier sitzen und sich gefühllos trinken. Hier ist das eher eine Art Gemeindezentrum, wo man hingeht, um sich mit alten Freunden zu treffen oder neue Freundschaften zu schließen. An den Wochenenden spielen Pig und ich – weil man hier von solchem Unfug wie Generationenkonflikt nie etwas gehört oder gemerkt hat – mit einigen der wundersamen alten Herren, die ebenfalls das Pub besuchen, das gute alte Kartenspiel Snip Snap Snorum. Ab und zu spielt ein anderer von den alten Knaben auf der Mundharmonika, und alle singen die alten Lieder mit, die er spielt. Es ist eine wahre Freude, den Schrecken Londons entronnen und an einem Ort wie diesem gelandet zu sein, und wir schätzen uns deshalb sehr glücklich.

> Wie schon gesagt, schloss das Pub am Weihnachtsabend um halb elf, und so kamen dreißig oder noch mehr Gäste zu unserer Hütte gepilgert, um in den Weihnachtstag hineinzufeiern. Wir redeten und tranken und tanzten bis nach vier Uhr morgens, und während der ganzen Zeit fiel kein lautes Wort, war keiner so betrunken, dass es unangenehm gewesen wäre, wurde kein Glas zerbrochen und landeten keine Zigarettenkippen auf dem Boden. Lauter Kleinigkeiten, das ist wahr – aber Kleinigkeiten, die einem das Leben hier wunderbar angenehm machen.

Im Lauf der Zeit freundeten wir uns mit dem Künstler Laurie Self an, bis dato einer der geheimnisumwittertsten und streckenweise auch gefürchtetsten Bewohner des Dorfes. Laurie hatte ein Haus, das er in eine Kombination aus Hippie-Kommune und Künstlertreff verwandelt hatte, und wurde aus diesem Grund von Seiten einiger Dorfbewohner mit Argwohn betrachtet. John und ich kamen allerdings blendend mit ihm und seiner Frau Ashe zurecht, wobei John regelrecht zu ihm aufschaute. Laurie war ein großer, kräftiger Kerl mit einer grummeligen Stimme. Er war ein überaus inspirierter Künstler, doch sträubte er sich stets dagegen, seine Werke zu verkaufen, und wenn doch, dann meistens zu einem Preis, den John sich ohnehin nicht hätte leisten können. Mittlerweile hängen allerdings doch einige von Lauries Gemälden in unserem Haus. Und als John die künstlerische Leitung des Meltdown-Festivals hatte, sorgte er dafür, dass Lauries Arbeiten zwei Wochen lang im Foyer der Royal Festival Hall ausgestellt wurden.

John und Laurie unternahmen regelmäßig ausgedehnte Radtouren, während Ashe, die Kinder und ich schon mal ins Pub vorfuhren, um dort auf die beiden zu warten. Allerdings endeten die abenteuerlichen Expeditionen der beiden Herren meistens damit, dass sie nach ihrer Rückkehr auf dem Sofa kollabierten und wir sie, wenn wir wieder nach Hause kamen, wie zwei Bären Seite an Seite schlummernd vorfanden.

Als Laurie Ende 2001 starb, versetzte dies John einen schweren Schlag. Es wäre ohnehin schon schlimm genug gewesen, aber wir waren noch immer nicht über den ein halbes Jahr zurückliegenden Tod von Walters hinweg. Nun, da zwei seiner besten Kumpels gestorben waren, wurde John von Panik erfasst, dass er irgendwann ganz ohne Freunde dastehen würde. Im Nachhinein macht es mich traurig, dass es John bei den Vorbereitungen zu diesem Buch nicht geschafft hat, seine alten Freunde in den USA aufzuspüren, wobei nicht all seine Anstrengungen gescheitert sind, da einer seiner ehemaligen Kollegen tatsächlich zurückgeschrieben hat – allerdings kam der Brief erst einige Monate nach Johns Tod hier an. Auch oder gerade weil John immer den Eindruck hatte, seine Zeit in den Staaten sei nur ein Traum gewesen, hätte es ihn gefreut zu erfahren, dass er dort doch einige Spuren hinterlassen hatte und es noch immer Leute gab, die sich an ihn erinnerten.

Sobald wir uns im Dorf ein wenig eingelebt hatten, verbesserte sich die Gesamtsituation erheblich. Ich begleitete John immer noch nach London, sooft es ging. Seit dem unglücklichen Ende unserer Freundschaft mit Marc waren wir beide im Umgang mit Musikern erheblich zurückhaltender geworden, doch den Faces konnte man einfach nicht widerstehen. Sie waren unkomplizierte Kerle, die stets gute Laune versprühten und mit denen man ganz hervorragend feiern konnte. Ihnen ist es zu verdanken – wobei John Walters und ich selbst auch mitgeholfen haben –, dass John seine Alkoholabstinenz wieder aufgab. Er hatte jahrelang keinen Tropfen angerührt, nachdem er in den USA eine Phase durchgemacht hatte, in der er sich jeden Abend mit Bourbon volllaufen ließ, bis er sich zu einer Radikalkur entschloss.

Nun, nach einigen Jahren der Enthaltsamkeit, war er so weit, dass er Alkohol wieder genießen konnte. Er sah die Faces und bekam mit, dass sie trinken *und* Spaß haben konnten, und er wollte dazugehören. Wohin sie auch gingen, sie hatten immer ein paar Kisten Blue Nun dabei. Ich erinnere mich noch sehr deutlich an einen Auftritt der Faces in Rotterdam, zu dem John und ich sie im Flugzeug begleiteten – da waren nur wir, die Band und Blue Nun.

Sowohl als Musiker wie auch als Menschen kultivierten die Faces eine joviale, ungezwungene Atmosphäre, und wir wurden enge Freunde der Band. John traf sich gelegentlich mit Rod Stewart zum Abendessen, und einmal gingen sie zusammen zu einem Fußballspiel in Millwall. Um Autogrammjägern zu entgehen, hatte sich Rod einen Schal um den Kopf gewickelt, doch seine Nase ragte darunter hervor wie die Concorde, und als er aus dem Taxi stieg, meinte gleich der erste Kerl, der vorbeikam: »Hey, Rod!«

Die Band trat in diversen Sendungen von John auf. Einmal hatten sie an einem Donnerstagabend einen Auftritt im Paris Theatre, der für die Sendung *In Concert* mitgeschnitten wurde. Nach dem Soundcheck gingen wir alle ins Captain's Cabin, das Pub um die Ecke, während die Leute sich draußen anstellten, um in die Halle gelassen zu werden. Nach ein paar Drinks war Rod nicht mehr zu halten, und er stand auf und fing an, aus vollem Hals zu singen, was ihm prompt einen Rüffel vom Wirt einbrachte.

»Entweder hältst du die Klappe, oder du fliegst raus«, warnte ihn der Kerl.

»Weißt du überhaupt, wer das ist«, rief jemand dazwischen. »Das ist Rod Stewart!«

»Das ist mir schnurzegal«, erwiderte der Wirt völlig ungerührt. »Ich hab keine Lizenz für Live-Musik.«

Bei einer späteren Gelegenheit schleppte Rod John mit zu seinem Auftritt in *Top of the Pops*, wo er »Maggie Mae« zum

Besten gab und John so tun sollte, als würde er Mandoline spielen. Die Musikergewerkschaft hatte dagegen einige Einwände, und so musste John versichern, dass er keine Gage für seinen Auftritt erhielt, und die Kameramänner hatten strikte Anweisung, ihn nicht ins Bild zu bringen. Allerdings bekam Rod Stewart davon Wind, und so stellte er sich bei den Aufnahmen immer wieder direkt hinter ihn, so dass John ebenfalls auf dem Bildschirm erschien, wann immer Rod zu sehen war.

Am Ende seines Tagesbuchs aus dem Jahr 1971 beschreibt John, wie wir an Weihnachten bei meinen Eltern zu Besuch waren und den Fernseher einschalteten, als dieser große Moment wiederholt wurde. »Drehte mich um und sah mich selbst bei *Top of the Pops*, wie ich bei den Faces Mandoline spiele. Sehr lustige Angelegenheit. Machte Spaß, das noch einmal zu sehen. Gott segne sie dafür, dass wir 1971 so viel Spaß mit ihnen hatten.«

Im März 1973 lud die Band uns ein, eine Vorabversion ihres neuen Albums *Ooh La La* anzuhören. John schrieb darüber in *Disc and Music Echo*:

> Wir werden an der Tür von Ron Lane in Empfang genommen, der Pig einen Kuss gibt und uns beide unter lautem Getöse in die Arme schließt ... Verschiedene Bandmitglieder wuseln hin und her und diskutieren über die Abfolge der verschiedenen Songs ... Weitere Flaschen Wein werden aufgefahren, Pig und ich diskutieren mit Ron über Manchester United und schauen Kenny zu, wie er seinem winzigen Baby die Grundlagen des Trommelns erklärt ... Ich bin so sehr damit beschäftigt, den anderen eine Einladung zu ihrem anstehenden Konzert in Holland aus dem Kreuz zu leiern, dass ich von der Musik streckenweise gar nichts mitbekomme. »Du kannst mitkommen, aber nur, wenn du versprichst, uns nicht anzusagen«, erklärt Mac ... Im allgemeinen Getümmel registrieren Pig und ich zwei ganz hervorragende Lane-Songs und noch ein paar weitere

> glänzende Momente in ein paar anderen Songs, von denen wir bis heute nicht wissen, wie sie heißen. Aber anscheinend stehen die Song-Titel ohnehin noch nicht fest. … Soweit ich mich erinnern kann, spielt *Ooh La La*, was Musik angeht, in der gleichen Liga wie der FC Liverpool als Fußballmannschaft, und das sagt ja bekanntlich alles.

Die Freundschaft zu den Faces bedeutete John eine Menge. Möglicherweise, weil sie ihm das Gefühl gaben, dass er zu ihnen gehörte, Mitglied ihrer Gang war, denn wenn er eines verabscheute, dann als einer der üblichen Schmarotzer aus dem Musikbusiness betrachtet zu werden. Das mag auch als Erklärung dafür dienen, dass er es sich damals so zu Herzen genommen hatte, als die Byrds ihm eine Abfuhr erteilten oder die Mothers of Invention ihn nicht bei ihrer Friedenspfeifenzeremonie mitmachen ließen. (»Sie saßen alle da und rauchten, und niemand lud den jungen Peel ein mitzuziehen«, schrieb er am 21. September 1967. »Stinksauer gewesen. Kam einfach nur zur Tür herein, und schon sagte einer von ihnen: ›Was macht der denn hier?‹«)

Am 20. Oktober besuchte er das Arts Lab auf der Dury Lane und schrieb darüber in seinem Tagebuch:

> Es waren jede Menge kreative Menschen da, so dass ich mal wieder mit meinen üblichen Minderwertigkeitskomplexen zu kämpfen hatte. In Gegenwart von so vielen talentierten, kreativen und konstruktiven Leuten aus der Underground-Szene habe ich immer den Eindruck, dass man mich nur für einen langweiligen Trittbrettfahrer hält. Ich hoffe, dass es sich in Wirklichkeit nicht so verhält, denn ich möchte, dass die Leute mitbekommen, wie sehr ich mich auf meine eigene bescheuerte Weise dafür einsetze, dass ihnen Erfolg beschieden ist.

Die gleichen Bedenken sprechen auch aus einem Artikel, den John im Dezember 1972 für *Disc and Music Echo* verfasste und in dem er die abenteuerlichen Erlebnisse während seiner Tour mit den Faces detailliert beschreibt. Der Artikel beginnt ziemlich forsch, doch schon bald brechen Johns Befürchtungen durch, wie er eventuell auf Außenstehende wirken könnte:

> In all den Jahren, die ich Teil der glamourösen Welt des Rockaboogie bin, wurde ich stets von der albtraumhaften Vorstellung verfolgt, man könnte mich für einen Trittbrettfahrer halten. Aus diesem Grunde achte ich darauf, meinen Helden nicht zu nahe zu kommen, und selbst wenn ich ihre Privatnummern habe, würde es mir nicht einmal im Traum einfallen, sie anzurufen. Bei den Faces verhält es sich allerdings ganz anders, und sie sind die Ersten, bei denen ich mir dachte, es wäre schön, sie auf Tour zu begleiten, weil ich dabei (1) mit ihnen zusammen sein könnte und (2) in den Genuss ihrer exzellenten Musik kommen würde ... Sie alle versicherten mir, dass sie mich, anders als ich befürchtet hatte, nicht für aufdringlich hielten, weil ich mich mehr oder weniger selbst eingeladen hatte. Nachdem mir eine ganze Reihe von Kumpels in den Strudeln des Showbusiness abhandengekommen sind, empfand ich ihre Reaktion als eine ziemliche Wohltat und war gleichzeitig sehr gerührt davon, dass die Faces es geschafft haben, freundlich und nett zu bleiben und nicht völlig abzuheben.

Als die Band in Blackpool ein Konzert gab und der Auftritt seinem Höhepunkt zusteuerte, war John hin und weg, doch es lag nicht nur an der Musik und dem ganzen Drumherum, sondern, so glaube ich zumindest, an der begeisterten Art und Weise, mit der sie ihm zu verstehen gaben, dass er einer von ihnen war.

> Hinter der Bühne hatte sich plötzlich eine ganze Reihe uniformierter Ordnungshüter materialisiert, doch selbst die massive Polizeipräsenz tat der enormen Energie, die von der Bühne ausging, keinen Abbruch ... Es machte einen Heidenspaß, wieder dieses Gefühl zu haben, das sich immer dann einstellt, wenn eine Band richtig abgeht und man

> den Eindruck hat, als würde sich eine Hand aus dem Himmel recken und in einen hineinfassen, um alle Hemmungen und Komplexe aus einem herauszuzerren und fortzuschleudern … Und da ich nun mal ein sentimentaler Trottel bin, der sich andauernd mit einer ganzen Batterie von Hemmungen herumzuschlagen hat, stand ich in einer Ecke hinter der Bühne und tanzte still vor mich hin, während mir gleichzeitig Tränen die Wangen herunterkullerten und mein Gesicht zu einem idiotischen Grinsen verzogen war.

Was für ein Kontrast zu der Art und Weise, wie Marc Bolan John behandelt hatte – wie ein Einwegfeuerzeug, das man auf den Müll warf, nachdem man es benutzt hatte. Nach Marc wurde John sehr vorsichtig, was Freundschaften mit Musikern anging. Die Geschichte mit Beefheart war eine Fernfreundschaft und erforderte deswegen wenig Einsatz. Darüber hinaus war John mit Viv Stanshall befreundet, der mehrere Sessions bei ihm aufnahm – zunächst als Mitglied der Bonzo Dog Doo-Dah Band und später in Gestalt von Sir Henry. Beide, Viv und Beefheart, hatten eine wilde, extrovertierte Art an sich, um die John sie, so glaube ich, aufrichtig beneidete.

Viv war immer für einen Skandal gut; einmal betrat er den Londoner Club Talk of the Town mit Schlips und Kragen, aber nackter Brust, womit er die Kleiderordnung sogar übererfüllte, die lediglich einen Schlips vorschrieb. In unseren modernen Zeiten mag dies vielleicht nicht allzu gewagt erscheinen, doch die Souveränität, mit der Viv diese Nummern abzog, ohne mit der Wimper zu zucken, war mächtig beeindruckend. John wäre liebend gerne so gewesen wie er. John wurde magisch angezogen von solchen Leuten – Viv, John Walters, Beefheart. Er litt entsetzlich darunter, dass er kein Selbstvertrauen hatte. Als Paar gaben wir eine lächerliche Figur ab – wir waren immer die, die sich irgendwo in einer Ecke versteckten. Manchmal brachte John es nicht einmal über sich, ein Restaurant als Erster zu betreten. Er schob mich zuerst hinein und trottete mir dann hinterher.

Dies alles galt nicht mehr, sobald wir einen Schallplattenladen betraten. Er konnte hineingehen und sich augenblicklich wie zu Hause fühlen – überall auf der Welt. In diesen Fällen war ich diejenige, die hineingezerrt werden musste und es nicht erwarten konnte, endlich wieder zu gehen.

Er wurde in Interviews oft nach seinen prominenten Freunden gefragt, wobei die Fragesteller offensichtlich von der falschen Annahme ausgingen, dass er andauernd mit George Michael Bowling spielen ging oder Courtney Love in schwierigen Fragen der Innenarchitektur mit seinem Rat zur Seite stand. Alles Humbug. John vermied es konsequent, seinen Kreis von Kumpels mit Stars anzureichern, was nicht heißen soll, dass er sich nicht doch gelegentlich vom Glanz der Berühmtheit hätte hinreißen lassen – man konnte ihn eine ganze Weile wütend darüber grummeln hören, wie dämlich er doch gewesen war, als er in den Studios von Thames Television neben Muhammad Ali gestanden und ihn nicht um ein Autogramm gebeten hatte (Damon Albarn hat John dann irgendwann ein signiertes Foto von Muhammad Ali besorgt). Und dann sind wir einmal mit Nick Mason von Pink Floyd zum Abendessen ausgegangen, doch ehrlich gesagt haben wir uns an diesem Abend nicht gerade mit Ruhm bekleckert. John und ich waren schrecklich nervös, wir verstanden kein Wort von dem, was die übrigen Gäste redeten, und hatten keine Ahnung, wie man das hervorragende Fondue und die Artischocken, die uns aufgetischt wurden, korrekt essen sollte.

Wahrscheinlich hätte John wesentlich mehr Telefonnummern von Promis in sein Rolodex einsortieren können, wenn er je gelernt hätte, anständig Händchen zu geben und einen Diener zu machen. Aber seine Haltung Promis gegenüber variierte zwischen amüsiert und geringschätzig. Dabei hätte alles ganz anders sein können. John hätte im Sommer immer auf Yachten, die vor entlegenen Inseln in der Karibik ankerten, herumlungern und sich geschälte Trauben schmecken lassen oder im Winter Cocktails an den Hängen von St. Moritz schlürfen können, wenn er sich nur dazu aufgerafft hätte, die Unterhaltung, die wir beide gerade am Telefon führten, auch nur kurz zu unterbrechen, als Mick Jagger in seinem Büro bei Radio 1 den Kopf zur Tür hereinstreckte. Offensichtlich war der gute Mick sehr aufgebracht darüber, dass ihm von Seiten John Peels nicht augenblicklich eine Woge der Verehrung entgegenschwappte. So aufgebracht, dass er zum Haupteingang herausstürmte. Es ist ein sehr großes Gebäude, in dem schon so mancher Sturm verpufft ist. Mick muss gute fünf Minuten gestürmt sein, bis er aus dem Gebäude raus war.

Möglicherweise hatte John auch deswegen so wenige Freunde in höheren Kreisen, weil er bei den Gelegenheiten, bei denen er sich mit ihnen unterhalten konnte, mit einiger Sicherheit in irgendwelche Fettnäpfchen trat. Sue Lawley, von der John 1989 für die Sendung *Desert Island Discs* interviewt worden war, nahm ihn einmal unter ihre Fittiche, als er sich nicht traute, zu einem Lunch mit der BBC-Chefetage zu gehen. Sie sagte, er könnte sich an ihre Seite klemmen, bis er genügend Zutrauen gefasst hatte, sich allein zu bewegen, und stellte ihn einigen der Granden vor, die sich um sie scharten. Später, als alle sich setzten, um sich ein üppiges Mahl schmecken zu lassen, hatte John genügend Mut gefasst, um den irgendwie asketisch aussehenden Kameraden neben sich einfach mal anzusprechen.

»Hallo«, sagte er freundlich. »Ich bin John Peel.«

»Ich weiß«, erwiderte der Bursche. »Sue Lawley hat uns vor fünf Minuten vorgestellt. Ich bin immer noch John Birt.« (Birt war von 1992 bis 2000 Intendant der BBC und hatte als Produzent von *Granada Television* Mick Jagger 1967 nach dessen Entlassung aus der Haft wegen Drogenbesitzes in einer Talkshow mit dem Herausgeber der *Times* und dem Bischof von Woolwich diskutieren lassen – Anm. des Übersetzers)

Nicht jeder blieb angesichts von Johns Wärme so cool. Er war sehr angetan von Courtney Love und insofern völlig einverstanden damit, dass unsere Tochter Alexandra in ihren späten Teenagerjahren alle Anstrengungen unternahm, sich quasi in die Hole-Sängerin zu verwandeln, obwohl er doch leichte Bedenken äußerte, als sie dazu überging, einen courtneyesken Verzicht auf Kleidung zu pflegen, wenn sie sich auf den Weg nach Stowmarket machte, um sich zu amüsieren. John wurde Courtney auf dem Reading Festival von Kat Bjelland vorgestellt, der Sängerin der großartigen und von vielen schmerzlich vermissten Band Babes In Toyland. »John«, sagte Kat, »das ist meine beste Freundin, Courtney.«

Florence und John in Reading 1996

Und alles, was John mitbekam war eine flüchtige Erscheinung aus jeder Menge Lippenstift, Gekicher und nackter Haut.

Im Jahr darauf lag er betont leger mit Alexandra und Flossie auf dem Rasen im VIP-Bereich von Reading, in der Hoffnung, Courtney noch zu treffen, bevor Hole auf die Bühne gingen. Als sie irgendwann in Sichtweite kam, war nicht zu übersehen, dass sie schon eine ganze Menge intus hatte. Sie wankte und torkelte und stolperte durch die Gegend, bis sie schließlich John und die Mädels erblickte. »Hallo, Mister Peel«, rief sie höflich. »Hallo, Courtney«, erwiderte John mit seiner schon sprichwörtlichen Schlagfertigkeit. »Das hier sind meine Töchter, und die würden gerne deine Bekanntschaft machen.« Mit einem Mal wurde Courtney ganz ruhig, sie setzte sich zu ihnen ins Gras und schrieb den Mädchen kurze Texte auf, eher Briefe als ein Autogramm, in denen sie ihnen alles Gute wünschte, und gab ihnen außerdem den Rat, sich lieber Pavement anzuschauen, die auf einer anderen Bühne spielten und die viel besser wären als ihre Kapelle. Dann lächelte sie, stand auf und wankte, torkelte und stolperte weiter, wobei sie diesmal auch noch einen Papierkorb umrannte. Es ist nicht übertrieben zu sagen, dass John nach diesem Zusammentreffen einen merkwürdigen Beschützerinstinkt ihr gegenüber entwickelte.

Die Vermutung, dass in Johns Pass unter der Rubrik »Beruf« der Begriff »Freund der Stars« eingetragen war, wurde auch von unserem Versicherungsmakler geteilt. Was John auf die Palme brachte, insbesondere weil es deshalb unmöglich war, eine Versicherung für seinen vierten Impala Baujahr 63 abzuschließen, der im Schuppen vor sich hin schlummerte. Es herrschte offenbar allgemein der Eindruck, dass er nirgendwo hinfuhr, ohne dass der Wagen überquoll von Topstars – »Hey, Madonna. Lust, 'ne Runde zu drehen?

Kennst du Metallica? Macht mal 'n bisschen Platz, Jungs, und lasst sie rein« – und dass er nur eine Kellerassel zu überfahren brauchte, um eine ganze Prozesslawine auszulösen, bei der jeder jeden verklagte. In zahlreichen Nächten brüteten wir über der Frage, wie wohl Fußballspieler, die vor lauter Geld, Kokain und Testosteron kaum noch klar denken können, es schaffen, eine Versicherung für ihre Ferraris zu bekommen, während John mit seinem Chevy Impala nichts Schlimmeres veranstalten durfte, als zärtlich seine verführerischen Konturen zu tätscheln.

Und wo wir gerade dabei sind – wie hat es sein früherer Kollege bei Radio 1, Dave Lee Travis, geschafft, für seinen aufgemotzten Dodge Hemi Charger eine Versicherung zu bekommen, wo er auch noch ein Nummernschild mit der Kombination DLT 1 hat und das Konterfei des Hairy Cornflake in verschiedenen Variationen die Türen seines Wagens schmückt? Als John ihn deswegen fragte, gab Dave zu, dass der Wagen öfters von Vandalen malträtiert worden war. »Ich würde ihn auch in die Mangel nehmen, wenn ich damit durchkäme«, sagte John. Dave dachte, er machte einen Witz.

John versuchte, dem Versicherungsmakler zu erklären, dass wir allenfalls mal achtzig Kilometer weit zur Denver-Schleuse in Norfolk fahren würden, und das nur, damit er unwidersprochen sagen konnte, er hätte seinen Chevy, wie Don McLean in »American Pie« sang, »to the levee« – zum Damm des Stausees – gefahren, doch die steinernen Herzen der Nichtversicherer ließen sich dadurch nicht erweichen. Er erwähnte sogar, dass die berühmteste Person, die je mit uns im Wagen unterwegs war, Loudon Wainwright III gewesen war, den John die kurze Strecke zum Bahnhof in Stowmarket gefahren hatte. »Loudon Wainwright III?«, kam die Frage. »Wer sind die?« Entschuldige, Loudon.

Loudon ist seit den Siebzigern ein Freund der Familie, und wir werden immer Fans von seiner Musik bleiben, ganz besonders von dem Album *T-Shirt* mit seinem famosen Reim im Song »At Both Ends«: »Who needs love, who wants romance / I want to eat your underpants.« Als sie sich zum ersten Mal begegneten, benahm sich John in Gegenwart von Loudon wie eine schlechte Witzfigur. 1976 notierte er:

> Ich bin Loud – wie wir, die wir eng mit ihm bekannt sind, ihn nennen – früher schon mehrfach begegnet und war jedes Mal leicht entsetzt über meine Unfähigkeit, so etwas wie ein auch nur ansatzweise normales Gespräch mit ihm zu führen. Wie bei allen Leuten, deren Werke ich bewundere, stelle ich auch bei ihm fest, dass ich ihm Dinge sage, die geradezu atemberaubend blödsinnig sind, während ich mich die ganze Zeit über frage, warum ich mit den Fußspitzen nach innen dastehe und warum ich schon dreimal versucht habe, mich an eine Wand zu lehnen, die eindeutig nicht existiert. Hinterher sitze ich dann völlig entgeistert in dem Flitzer, mit dem ich diesmal in die Stadt gerauscht bin, und versuche dahinterzukommen, wieso ich solche Sachen mache. Die oft komischen Auswirkungen dieser recht speziellen Bekifftheit waren immer dann auch im Radio zu hören, wenn ich gezwungen war, auf Radio 1 mit solchen Größen über ihre neuen Alben zu diskutieren.

Am Ende dieses besonderen Abends hatte John versucht, Loudon von seiner Weisheit profitieren zu lassen: »Ich sagte ihm, am klügsten wäre es, wenn er seinen Namen in Cat Slick ändern und auf Punk umschwenken würde, aber ich glaube, er hat meinen väterlichen Rat ignoriert.«

Jemand, mit dem uns ebenfalls eine lang anhaltende Freundschaft verband, war Robert Wyatt, früher Schlagzeuger der Band Soft Machine. Wie Walters, und eine Weile auch Rod und Marc, hatte auch Robert eine unbeschwerte Ausstrahlung, so dass John und ich uns in seiner Gegenwart augenblicklich wohlfühlten. Selbst sein schrecklicher Sturz 1973, der zur Folge hatte, dass er an einen Rollstuhl gefesselt

Mit Robert Wyatt

blieb, schien ihn nicht großartig in seiner positiven Grundeinstellung zu beirren, wie John feststellte, als er Robert nur einige Wochen nach seinem Unfall im Stoke Mandeville Hospital besuchte.

> Als ich mich zum ersten Mal nach Norden auf den Weg machte, um Robert an seinem Krankenbett einen Besuch abzustatten, war ich noch immer sprachlos von den Begleitumständen und Folgen seines Unfalls. Worüber soll man mit jemandem plaudern, der eine so schwere Verletzung erlitten hat? Die Tatsache, dass Robert schon seit Jahren ein sehr enger Freund ist, machte es noch schwerer. Seltsamerweise schien ihm das Ganze weniger auszumachen als mir.
>
> Robert hat eine natürliche Neugierde und unschuldige Aufgeschlossenheit, die man fast naiv nennen könnte und in Pig und mir immer einen starken Beschützerinstinkt hervorgerufen hat. Eigentlich völlig unsinnigerweise, denn er hat bei etlichen Gelegenheiten bewiesen, dass er mit Schicksalsschlägen und traumatischen Veränderungen sei-

ner Lebensumstände wesentlich besser zurechtkommt, als ich es je könnte. Und so kam ich gestern zu dem Ergebnis, dass die Gelassenheit, mit der er damit umgeht, in Zukunft vermutlich niemals weder laufen noch Schlagzeug spielen zu können, sich aus einer mysteriösen inneren Kraft speist, die ihn in die Lage versetzt, die Umstände in solchem Maße auf ihren rationalen Kern zu reduzieren, dass seine Behinderung allenfalls zu einer interessanten Angelegenheit wird.

Als ich diesen hochtrabenden Quatsch vor ihm ausbreitete, beeilte er sich, mich darüber aufzuklären, dass ihm in seinem Leben schon Schlimmeres passiert sei und seine Einstellung zu dem Unfall sich mit den Worten »Hm, das ist ja mal wieder typisch« zusammenfassen lasse. Er ist ein Mann, für den Pig und ich eine Menge Respekt und Zuneigung empfinden. Deswegen ist es gut zu wissen, dass sein schuppiges kleines Haupt nur so übersprüht von musikalischen Ideen und Plänen und die Aussichten gut stehen, dass einiges davon in Vinyl gepresst wird.

Was dann auch tatsächlich passierte, und zwar mit spektakulären Resultaten. Im September 1974, nicht einmal zehn Monate nachdem John ihn im Krankenhaus besucht hatte, startete Robert seine Solokarriere, indem er eine vier Songs umfassende Session für Johns Sendung aufnahm, darunter auch seine mittlerweile legendäre reduzierte Version des Monkees-Hits »I'm A Believer«. Wobei mein Lieblingssong von ihm immer das Stück bleiben wird, das er über unser Haus geschrieben hat.

Robert und seine Frau Alfie gehören zu unseren engsten und liebsten Freunden, und John empfand immer eine große Achtung vor Robert. Als wir meinen fünfzigsten Geburtstag feierten, war die Wiese vor dem Haus so matschig, dass Robert mit seinem Rollstuhl niemals durchgekommen wäre, und so boten ihm Thomas und sein Kumpel Nick an, ihn zu tragen. Sie hatten keine Ahnung, wen sie da durch die

Gegend schleppten, bis John sich von hinten an sie anschlich und sagte: »Ist euch klar, dass ihr gerade einen der großartigsten Menschen auf der ganzen Welt tragt?« Ein weiterer Ausdruck von Johns Bewunderung für Robert ist die Tatsache, dass in unserer Küche nur die Fotos von zwei Leuten hängen und einer davon Robert Wyatt ist. Wir haben ein großes gerahmtes Bild von Bill Shankly an der Wand hängen, und in eine Ecke des Rahmens hat John einen Schnappschuss von Robert geklemmt, auf dem er verschmitzt hinter seinem mächtigen Bart hervorlugt.

Bis 1972 hatten wir uns so weit im Dorf eingelebt, dass wir einen Jugendclub gründeten für die verschiedenen Tauge- und Habenichtse des Ortes, für die es nichts weiter zu tun gab, als darauf zu hoffen, irgendwann mal ein bisschen frische Farbe zu sehen zu bekommen, der sie beim Trocknen zuschauen konnten. Und haargenau diese Gelegenheit boten wir ihnen, indem wir sie dazu brachten, die hinteren Räume der Stadthalle zu streichen, die man uns für den Jugendclub zur Verfügung gestellt hatte. Wobei wir die Angelegenheit natürlich nicht mit einem so profanen Namen wie Jugendclub bedachten, sondern eine Bezeichnung wählten, die unseren hochfliegenden Ansprüchen viel eher gerecht wurde: Great Finborough International Airport.

Bei der Wahl der Farbe einigten sich die Jugendlichen auf Schwarz, doch wurde das Ganze dadurch etwas aufgehellt, dass wir einen Billardtisch, eine alte Jukebox und einen Kicker aufstellten und eine Dartscheibe aufhängten. Wir traten ganz offiziell dem Verband der Jugendclubs in Suffolk bei, für den wir eine Liste mit Aktivitäten und Unternehmungen zusammenstellten, die im ganzen Land vermutlich beispiellos war. Ich meine, wo sonst konnten Jugendliche für sich reklamieren, dass ihr Club ihnen die Gelegenheit bot, in Glitzerklamotten und hochhackigen Schuhen zu einem

Sparks-Konzert zu gehen? In den letzten Jahren sträubte sich John zusehends, seinen Promi-Status auszunutzen, um irgendwelche Vergünstigungen an Land zu ziehen, doch damals, als wir die Aktivitäten des Jugendclubs organisierten, rief er immer wieder bei den Plattenfirmen an und fragte, ob er noch ein paar Leute zum Konzert mitbringen könnte. Ein »plus eins« auf der Gästeliste ist in der Musikbranche nicht unüblich, doch ich wette, die Presseabteilungen der Plattenfirmen in London bekamen nicht allzu viele Anrufe, wo jemand »plus fünfundzwanzig« auf die Liste gesetzt werden wollte.

Anfänglich waren die Eltern etwas misstrauisch, was unsere Freizeitaktivitäten anging, doch sobald sich alles eingependelt hatte, gab es keinerlei Vorbehalte mehr. Wir hatten eine Fußballmannschaft – sonntagmorgens schleppte ich mich in aller Frühe zum Sportplatz und zog die Spielfeldmarkierungen –, mit der wir Auswärtsspiele im ganzen Bezirk bestritten. Außerdem veranstalteten wir Konzerte in der Stadthalle – einmal traten Be-Bop Deluxe bei uns auf, und ich war Türsteher an diesem Abend.

Alles in allem war der Jugendclub ein recht spektakuläres kleines Unternehmen. Wir machten Campingtouren mit den Kids, und 1975 fuhren wir sogar mit ihnen ins damalige Jugoslawien in die Ferien. Ich war zu diesem Zeitpunkt im fünften Monat schwanger mit William. Wir hatten einen Kleinbus für den Jugendclub angeschafft, doch weil wir nicht sicher waren, ob er bis zum Ende der Reise durchhalten würde, hatten wir extra einen anderen Kleinbus gemietet, der von Paul, einem Freund aus meiner Zeit an der Schule, gesteuert wurde, während John und ich mit unserem Range Rover fuhren.

Wir brachen auf in Richtung Süden und überquerten die Alpen. Der Großteil der Kinder reiste im Minibus, während der Rest mit John und mir fuhr. Die Strecke war gespickt mit

Haarnadelkurven, und als wir einmal an einem Parkplatz Rast machten, meinte Phil, dass der Bus ihm Sorgen mache. Wir überlegten, was in dieser misslichen Situation zu tun war, kamen aber zu keinem Ergebnis, und da wir außerdem unter Zeitdruck standen, stiegen wir irgendwann wieder in die Autos und setzten, wenn auch mit sehr gemischten Gefühlen, unseren Weg fort.

John und ich fuhren hinter dem Kleinbus her, und plötzlich bemerkten wir, dass Kinder uns durch das Rückfenster zuwinkten. Das allein kam uns schon seltsam vor, doch bei genauem Hinsehen konnte man feststellen, dass die Kinder alle einen panischen Gesichtsausdruck hatten: Sie versuchten verzweifelt, unsere Aufmerksamkeit zu erregen. Der Abstand zwischen dem Bus und uns vergrößerte sich immer mehr, und da erst bemerkten wir, dass wir ein Riesenproblem hatten. Die Bremsen des Kleinbusses versagten.

Der Bus wurde immer schneller, und John versuchte mehrfach, ihn zu überholen. Ich glaube nicht, dass er genau wusste, was er zu tun hatte, aber es war ihm klar, dass er sich vor den Bus setzen musste. Mit einer bemerkenswerten Ruhe trat er das Gaspedal durch und manövrierte den Range Rover auf gleiche Höhe mit dem Bus, um dann, kurz bevor die nächste scharfe Kurve in Sicht kam, vor Phil auf die rechte Spur einzuschwenken. John verlangsamte das Tempo ein wenig und ließ den Bus auf Tuchfühlung mit unserer Heckstoßstange gehen. Die ersten paar Male knallte der Bus mit einer solchen Wucht dagegen, dass John beinahe die Kontrolle über den Wagen verloren hätte. Ich spürte, wie die Hinterräder blockierten und quietschten, und meine Fingernägel gruben sich in die Sitzbezüge.

Doch John blieb ganz ruhig und schaffte es mit ein paar gezielten Bremsmanövern, den Kleinbus so weit zu verlangsamen, dass er nur noch auf der Straße dahinkroch, bis wir schließlich zu einem Parkplatz kamen, wo wir – Stunden später, wie es uns schien – anhalten konnten. Es dauerte ein paar Augenblicke, bis wir wieder durchatmen konnten, und ich registrierte, welche Heldentat John da gerade vollbracht hatte. Ich stieg aus dem Auto und sah gerade noch, wie Phil mit kreidebleichem Gesicht aus dem Bus sprang und kotzte.

Im Sommer zuvor hatten wir drei Wochen vor unserer Hochzeit mit dem Jugendclub eine Reise nach Wales unternommen. Eigentlich hätte ich zu diesem Zeitpunkt letzte Hand an die Tischkarten für unsere Hochzeitsfeier legen sollen, stattdessen befand ich mich mitten auf einer Wiese und hörte aus einem Kofferradio die Nachricht, dass Nixon zurückgetreten war, bevor Johns Sendung lief, für die er extra nach London gefahren war. Meine alten Wohnungsgenossen Terry und Gerry hatten sich bei uns im Haus einquartiert, um auf unseren Schäferhund Woggle aufzupassen und die Einladungen zur Hochzeitsfeier zu verschicken, die ich geschrieben hatte. Es war eine große Feier, aber ich muss zugeben, dass sie auch etwas Besonderes hatte sein sollen.

Wenn ich jetzt zurückblicke, erscheint es fast so, als hätten wir selbst kaum etwas zu den Vorbereitungen beitragen müssen. Ich weiß, dass ich gerade mal, eine Woche bevor es so weit war, die Hochzeitstorte bestellt habe – in Rot und Weiß, natürlich, mit zwei Schweinen obendrauf. Unsere Freunde Teddy und Peggy Warrick kümmerten sich um das Lokal und das Essen, und wenn man es genau betrachtet, hätte es ohne die beiden gar keine Hochzeitsfeier gegeben, jedenfalls bei Weitem keine so schöne. Teddy gehörte bei Radio 1 immer zu denen, die John stets verteidigten und an seiner Seite standen, wenn es Kritik hagelte, und er und seine Frau Peggy waren eng mit uns befreundet. Die beiden verbrachten so viel Zeit mit uns, dass die Kinder sie schon beinahe für ein zusätzliches Paar Großeltern hielten.

Wir heirateten in der St Paul's Church am Lorrimore Square in der Nähe des Oval, wo gelegentlich Cricket-Spiele

John Ravenscroft and Sheila Gilhooly
(Peel 'n' Pig)
invite you to the wedding of themselves.
This will take place (for reasons too complex to explain here) at St. Paul's, Lorrimore Sq., London S.E.17.
at 1.00 p.m. on Saturday, August 31st. 1974.
You are also invited to a reception afterwards
at The Holme Bedford College
Inner Circle
Regents Park NW1.

Costume should be comfortable rather than formal

R.S.V.P. as soon as possible
to: Nan True's Hole,
Valley Lane, Great Finborough,
near Stowmarket, Suffolk.

stattfinden. Diese Ortswahl mag verwunderlich erscheinen, weil das Oval im Leben von keinem von uns eine herausragende Rolle gespielt hatte, doch am Ende war es weniger eine Frage, wo, sondern ob wir überhaupt heiraten durften. John hatte einige hitzige theologische Debatten mit dem Bischof von Ipswich und St Edmundsbury führen müssen, um zu erreichen, dass er, nachdem er bereits mit Shirley verheiratet gewesen war, überhaupt noch einmal heiraten durfte. Irgendwann hatte der Bischof klein beigegeben und erklärt, ja, seinetwegen dürfe John heiraten, allerdings nicht in seiner Diözese. »Ah«, hatte John erwidert, »dann ist es also eine Frage der Geografie und nicht der Theologie?«

Weil es sich als zu kompliziert herausstellte, in unserer Gegend zu heiraten, wandten wir uns an Henry Morgan, den stellvertretenden Vikar des Oval, mit dem John sich angefreundet hatte, als er einmal in Cambridge einen Vortrag hielt, während Henry noch in der Ausbildung war. Die einzige Bedingung, die er stellte, war, dass ich so tun musste, als hätte ich zum Zeitpunkt unserer Hochzeit einige Monate in seiner Gemeinde gelebt. Einen Ort für die Hochzeitsfeier zu finden war auch nicht ganz ohne und erforderte eine Menge Gemauschel und Beziehungen, zumal wir uns auch erst um fünf vor zwölf darum zu kümmern begannen. Teddy fragte seine Schwester, die am Bedford College arbeitete, ob sie es vielleicht einrichten konnte, dass wir unsere Feier dort abhielten, was normalerweise nur Familienangehörigen der dort Beschäftigten vorbehalten war. Also behauptete sie, dass sie mein Vormund sei, und die Sache ging über die Bühne. Es war ein wundervolles Gebäude mit einer Rasenfläche, die sich bis hinunter zum Fluss erstreckte; es hätte nicht schöner sein können.

John, Teddy und John Walters suchten gemeinsam die Weine aus, und John besorgte außerdem einen Bus, mit dem fünfzig Leute aus dem Dorf, einschließlich des Great Finborough International Airport, nach London gebracht wurden und in den er großzügigerweise eine ganze Kiste Champagner hatte packen lassen, um sicherzustellen, dass die Gästeschar bei der Ankunft auch guter Stimmung war. Auf dem Weg zur Hochzeit hielt der Bus kurz an der St Paul's Cathedral an, was aber weniger eine Verwechslung war als ein kurzfristiger Zwischenstopp aus touristischen Gründen.

In der Nacht vor der Hochzeit schliefen wir bei Walters und Helen in Surrey. Am nächsten Morgen fuhren Helen und ich zu Peggy nach Hause, und als ich – selbstverständlich mit Verspätung – in Helens VW Käfer vor der Kirche

John und Sheilas Hochzeit 1974

vorfuhr, herrschte dort bereits ein Riesenbetrieb. Neben den Familien waren diverse ausgesuchte Kollegen von Radio 1 unter den Gästen, beispielsweise Johnnie Walker, Alan Freeman und Terry Wogan. Darüber hinaus waren Robert Wyatt und Ivor Cutler gekommen, Roger Chapman von The Family und unser guter Freund Fatchma O'Kelly, ein überaus freundlicher und unterhaltsamer Bursche, den wir 1970 in Dublin kennen gelernt hatten, als er für die *Irish Press* arbeitete, und der uns auch später noch regelmäßig besuchte. Fatchma wurde in der Folgezeit Manager der Boomtown Rats und von Sinéad O'Connor, doch so beeindruckend dies auch erscheinen mag, ist es doch nichts im Vergleich zu der astreinen Leistung, die er vollbrachte, als er den Wildwuchs in unserem Garten rodete, nachdem wir gerade eingezogen waren.

Die Faces waren vollständig mit ihren Familien zur Hochzeit gekommen. Auf den Filmaufnahmen ist Rod Stewart zu sehen, wie er die ganze Zeit mit Johns Tante Ailsa redet. Wir haben nie herausgefunden, worüber die beiden sich so angeregt unterhalten haben. Johns Mutter trug ein Kleid, das aussah wie eine Sonnenliege auf einem Kreuzfahrtschiff, was er ihr auch sagte, und unsere Hündin Woggle war unsere Brautjungfer. Sie hatte die Nacht zuvor bei unseren Freunden Phil und Janie verbracht, die ihr das Fell gebürstet und sie mit roten Bändern herausgeputzt hatten.

John trug einen Anzug in Liverpool-Rot und ich ein weißes Kleid mit roten Stickereien und dazu einen Brautstrauß aus weißen Lilien und roten Rosen. Walters war Trauzeuge, und er konterkarierte das Liverpool-Element dadurch, dass er zu Ehren von Newcastle Schwarz-Weiß trug. Wenn ich heute die Fotos in einem alten Koffer voller Erinnerungsstücke betrachte, kann ich es kaum glauben, aber wir waren damals sogar auf den Titelseiten diverser Zeitungen. Und zwar nicht nur von *Sounds*, die uns in der Ausgabe der nächsten Woche auf dem Cover hatte, sondern auch vom *Sunday Express* und der *East Anglian Daily Times*. Der Bericht, der zusammen mit den Schnappschüssen in einigen Zeitungen abgedruckt wurde, ließ darauf schließen, dass John dabei seine Finger im Spiel gehabt hatte:

> Mr Peel ist Sekretär und selbst ernannter »Arbeiter« des Great Finborough and District Youth Club, während Miss Gilhooly dort als Schatzmeisterin tätig ist. Zu ihrer Hochzeitsgesellschaft, die im The Holme in Regent's Park abgehalten wurde und zu der 150 Gäste geladen waren, gehörten auch 50 Gäste aus Finborough, die zu diesem Zweck am gleichen Morgen mit einem Bus nach London gereist waren. Bei der Anreise trug die Braut Jeans und ein T-Shirt mit der Aufschrift »*OZ* Obscenity Trial«. Die Hochzeitsreise des Brautpaares führte ins Haus des Trauzeugen in Wallington in Surrey, wo sie das *Match of the Day* im Fernsehen anschauten. Mr Peel, der sich selbst als den »langweiligsten Menschen der Welt« bezeichnet, wurde von den Lesern einer Zeitschrift in den letzten sieben Jahren jeweils zum besten DJ Englands gewählt, während Miss Gilhooly, eine ehemalige Lehrerin an einer Schule in London, als begeisterte Bergsteigerin beschrieben wird.

Der Hochzeitsgottesdienst war eine tränenreiche Angelegenheit. Ich war ohnehin schon über alle Maßen gerührt, weil mein Vater mich zum Altar geleitete, wie ich es mir so sehr gewünscht hatte. Er war ein sehr kluger und vernünftiger Mann, doch ich sah ihm an, dass auch er von der Größe der Veranstaltung überwältigt war. Bevor wir unseren Weg zum Altar antraten, schaute er mich noch einmal kurz an und sagte: »Du siehst zauberhaft aus, Kleines.«

Während des Gottesdienstes bestieg John die Kanzel und las eine Passage aus Paulus' Korintherbrief vor – und brach dabei in Tränen aus. Als wir zur Kirche hinausschritten, stimmte die Orgel »You'll Never Walk Alone« an. Es war unglaublich bewegend, und ich war während der gesamten

Alan, John und Francis mit ihrer Mutter

Trauungszeremonie so nervös gewesen, dass ich mir keinerlei Gedanken darüber gemacht hatte, was uns eventuell vor der Kirche erwarten würde. Kaum dass wir zur Tür hinaus waren, sahen wir uns mit einer ganzen Schar von Fotografen konfrontiert, und alles, was man hörte, war das Klicken der Auslöser. Ich war völlig platt. Ich hatte keine Ahnung, was ich machen sollte, und so klammerte ich mich einfach nur an John und lächelte. Die zurückhaltende Belanglosigkeit, mit der die Hochzeit irgendwann einmal angefangen hatte, war plötzlich in ihr Gegenteil verkehrt.

Wir hatten uns schon vorher darauf geeinigt, dass wir bei der Hochzeitsfeier auf endlose Reden verzichten wollten, und so war Walters der Einzige, der eine hielt. Danach wurde gefeiert bis zum Abend. Die meisten Gäste gaben sich schwer die Kante; einige von ihnen torkelten über den Rasen und sprangen in die Themse. Es war ein wunderbarer Tag mit einem Sonnenuntergang, der die College-Gebäude und das Flussufer in ein goldenes Licht tauchte. Ich war unbeschreiblich glücklich.

Der Abschluss des Abends fand bei Walters und Helen statt, die sich ein ehrgeiziges dramatisches »Happening« erdacht hatten, mit dem sie uns in unserer Hochzeitsnacht zu unterhalten strebten. Unsere offizielle Hochzeitsreise hatten wir schon vier Monate zuvor im April 1974 – ebenfalls in Gesellschaft von Walters und Helen – unternommen, als wir für vierzehn Tage nach Ägypten gefahren waren. Es waren wunderbare Ferien, obwohl die Momente, die davon im Gedächtnis geblieben sind, doch eher abstrusen Charakters waren. In Ermangelung vegetarischer Alternativen ernährten John und ich uns von einer endlosen Reihe von Mahlzeiten, die aus Toast, Eiern und Käse bestanden, die in den verschiedensten Variationen aufgetischt wurden, während Walters und Helen an ihren wesentlich opulenteren Mahlzeiten auch

Auf vorgezogener Hochzeitsreise in Ägypten

kein rechtes Vergnügen zu finden schienen, da sie sich stets darüber im Unklaren waren, ob sie sich nicht gerade gebratenes Kamel schmecken ließen. John und ich waren auf Reisen völlig nutzlos – zumindest jene Reisen, die nicht mit der BBC zusammenhingen, wo es feste Ablaufpläne und wohl informierte Fremdenführer gab, und das erklärt vielleicht auch, warum unsere Expedition ins Nachtleben von Kairo damit endete, dass wir alle in einem pseudofranzösischen Restaurant saßen und Nescafé tranken. Einer der Höhepunkte bestand natürlich in Johns Besuchen in den lokalen Schallplattenläden, zu denen er gleich am ersten Morgen aufbrach. Einige der Singles von lokalen Musikern fanden später auch den Weg in seine Sendungen.

Das waren die ersten Flitterwochen. Unsere zweiten Flitterwochen verbrachten wir in Gesellschaft von Walters und Helen in ihrem feudalen Haus in Surrey. Schon Wochen vor unserer Hochzeit hatte Walters damit begonnen, Helen jeden Morgen aus dem Bett zu zerren, um mit ihr die weit über die Landesgrenzen hinaus zu Ruhm gelangte »Hochzeitsnacht-Pantomime« einzustudieren, bevor sie zur Arbeit nach London fuhren. Alles, was ich dazu sagen kann, ist, dass es sich gelohnt hat.

John und ich mussten, ausgestattet mit Wein und Knabbereien, am einen Ende des Wohnzimmers Platz nehmen, während das andere von einem ziemlich stümperhaft aufgestellten Spot erhellt wurde. Bekleidet mit Kostümen in den schreiendsten Farben, hangelten sich Walters und Helen durch ihre Tanz- und Gesangsnummer »Another Opening, Another Show«. Dann ein Kostümwechsel – Helen in Lockenwicklern und Kittelschürze, Walters in weiten Hosen mit hohem Bund, Weste, Gürtel und Hosenträger – als Überleitung zur nächsten Nummer, dem »Geordie Sketch«, für den sie einen Tisch mit einer rot karierten Tischdecke samt Teekanne und gesprungenen Tassen hervorzogen und einen

Dialog im Stil der Show *Pete and Dud* ablieferten. Wäre zufällig ein Broadway-Produzent an jenem Abend im Wohnzimmer von Walters vorbeigekommen, er hätte die beiden garantiert vom Fleck weg engagiert, und ihr Leben wäre fortan eine einzige Reihe von rauschenden Premieren, Blumensträußen und Champagner gewesen, denn es ging munter weiter im Programm. Ein Höhepunkt jagte den nächsten. Ein Trompetensolo von Walters, diverse Sketche und zum Abschluss eine furiose Version von »We'll Meet Again«. Selbst die Pause war eine Performance, denn mit einem Papierhäubchen auf dem Kopf servierte Helen uns Eiskonfekt auf einem Edelstahltablett.

Den Rest dieses hervorragenden Abends verbrachten wir mit Reden und Lachen, während Wein und Champagner munter flossen. Schließlich gingen wir zu Bett. Zwei Minuten später klopfte es heftig an der Tür. Es war Walters, der rief: »Habt ihr's schon gemacht?«

Das Leben veränderte sich zwar nicht über Nacht, nachdem wir nun verheiratet waren, doch unsere Lebensumstände wandelten sich dadurch, dass wir ins Auge fassten, eine Familie zu gründen. Bis dahin war Woggle, der wir unsere ganze Zuneigung schenkten, unser einziges Kind gewesen. Dabei war sie, gelinde ausgedrückt, ein verzogenes Gör. Als John las, dass David Bowie einen Fanclub für seine Frau und seinen Sohn gegründet hatte, spielte er kurz mit dem Gedanken, einen solchen auch für Woggle ins Leben zu rufen – den » Woggle (Ein Hund) Fanclub«, dessen Mitglieder ein Blatt Papier erhielten, auf das Woggle (Ein Hund) vor Kurzem getreten war, sowie unregelmäßige Bulletins über Woggles Essgewohnheiten und die Krankenhausberichte der Kinder aus der Umgebung, die von ihr gebissen oder umgerannt worden waren.

Außerdem gab es noch die Mitglieder des Great Finborough International Airport, die auch zum erweiterten

John 1975 mit Woggle vor Radio 1

Familienkreis gehörten. Der Club lief unter unserer Leitung bis 1978, doch schon zu diesem Zeitpunkt waren wir beide mit unserem eigenen Leben so beschäftigt, dass wir dafür nicht mehr die notwendige Zeit aufbringen konnten. Ich wurde von unserer eigenen Familie, die allmählich Formen annahm, voll in Beschlag genommen. Unsere erste Tochter, Alexandra Mary Anfield, bekannter unter dem Namen Danda, wurde im Dezember 1977 geboren – ein paar Monate bevor wir uns aus dem Jugendclub zurückzogen; unser Sohn

William Robert Anfield war zum damaligen Zeitpunkt schon fast zwei Jahre alt, nachdem er sich im Januar 1976 auf unkomfortable Weise seinen Weg in die Welt gebahnt hatte.

Er hieß schon William, lange bevor er überhaupt geboren wurde, hauptsächlich wegen meiner Vorliebe für die *Just William*-Geschichten, die an Johns Schule auf dem Index gestanden hatten und die ich ihm immer vorlas, wenn wir nachts im Bett lagen. Wenn ich in Johns Tagebuch von 1975 nachschaue, wird deutlich, dass wir beide niemals ernsthaft in Erwägung gezogen haben, unser Kind könnte eine Tochter sein. Am 11. Mai, als wir noch nicht einmal genau wussten, ob ich überhaupt schwanger bin, schreibt er:

> Ich bin ziemlich sicher, dass in Pig ein kleiner William heranwächst, und zwar schon eine ganze Weile. Ich habe keine Ahnung, was wir machen, wenn sie eine Tochter bekommt. Man kann ein Mädchen nicht William Anfield nennen und gleichzeitig darauf hoffen, dass sie es einem mit ewiger Liebe und Hingabe dankt.

William war eine komplizierte Geburt; ich wurde während der Geburt in den OP gerollt. John hatte auf dem Weg nach oben Nasenbluten bekommen, so dass ich, als ich wieder zu mir kam und noch bevor ich wusste, ob ich einen Jungen oder ein Mädchen zur Welt gebracht hatte – oder ob es überhaupt am Leben war –, ihn fragte: »Ist mit dir alles in Ordnung, Schatz?« Das war nun mal der erste Gedanke, der mir durch den Kopf schoss.

Als ich William zum ersten Mal sah, lag er im Brutkasten, und ich musste im Rollstuhl zur Intensivstation gerollt werden, um ihn zu sehen. John schrieb in einer *Sounds*-Kolumne, die er William widmete:

> Zu guter Letzt wurde er dann, während seine Mutter bewusstlos war, mit einem Paar Zangen herausbugsiert und blitzschnell von der blutverschmierten Werkbank des

Arztes in den Brutkasten verfrachtet. Mittlerweile haben beide Parteien die Strapazen anscheinend ganz gut überstanden, obwohl Pig noch sehr vorsichtig ist beim Gehen und William noch immer mehr Ähnlichkeit mit Edward G. Robinson hat als mit ihr oder mir. Ich habe mich dezent mit einigen der aufmerksameren unter unseren Nachbarn unterhalten, doch sie alle haben mir versichert, sie hätten nicht bemerkt, dass sich Edward G. Robinson in der Gegend herumgetrieben hätte, jedenfalls nicht in den letzten zwölf Monaten.

Bis jetzt hat sich William geweigert, das Wort an mich zu richten, doch er reagierte auf die behutsame Frage nach seiner Meinung über meine Radiosendungen, indem er seine Verdauungsorgane über meinen Unterarm entleerte … Die Erkenntnisse, die sich aus ernsthaften Vater-Sohn-Gesprächen ergeben haben, sind bislang eher dürftig. Ich habe herausgefunden, dass er Antifaschist ist, dass er sich nicht in Diskussionen über Claptons Gitarrenkünste einlässt und sich weigert zu sagen, ob er *Zuma* von Neil Young besser oder schlechter findet als *Desire* von Dylan. Ich habe ihm übers Wochenende eine ganze Reihe von Schallplatten vorgespielt – von der neuen LP der reformierten Quicksilver Messenger Service bis zu *Natty Cultural Dead* von Big Youth. Er reagierte auf jede davon, indem er mit Elan und Hingabe an seiner Flasche zog, woran sich – wenn ich einmal so ungewohnt aufrichtig sein darf – erkennen lässt, dass die Saat des Fanatismus schon in seinen kleinen spitzen Kopf eingepflanzt ist.

Ich will mich jetzt nicht weiter über das Leben und Wirken von William Robert Anfield ausbreiten, und ich werde mich bemühen, ihn nicht allzu häufig in diesen Kolumnen auftauchen zu lassen. Es gibt, wie meine Freunde, insbesondere der puterrote, grobschlächtige Radio-1-Produzent John Walters, mir im Stundentakt versichern, nichts Schlimmeres als einen Mann, der über nichts anderes redet und redet und redet und redet als über sein Kind. Andererseits bin ich wirklich froh, dass der kleine Bengel da ist …

Mit William, als er zwei Tage alt war

Trotz des Edward-G.-Robinson-Faktors wurde John permanent wegen William von Gefühlswallungen heimgesucht, die so weit gingen, dass er vor lauter Schluchzen nicht mehr reden konnte, als er seine Geburt im Radio verkündete. Auf mich kam allerdings auch nach der Entlassung noch einiges zu. Als William zehn Tage alt war, brach ich mit inneren Blutungen zusammen, und man erklärte mir hinterher, mein Blutdruck sei völlig im Keller gewesen. Ich war zu diesem Zeitpunkt erst drei Tage zu Hause, und eine Freundin war bei mir, als ich schnellstens wieder ins Krankenhaus gebracht werden musste. Die Ärzte erklärten John, als er endlich dort eintraf, dass ich nicht überlebt hätte, wenn ich nur eine halbe Stunde später eingeliefert worden wäre.

Ich brauchte lange, um mich davon zu erholen. Meine Eltern kamen und wohnten eine Weile bei uns, denn ich war unglaublich schwach und gebrechlich. Kurz nachdem ich aus dem Krankenhaus entlassen worden war, rief mich meine Freundin Sue an, die ein Stück weit die Straße hinunter wohnte. Sie sagte, John hätte bei ihr angerufen und gefragt, ob sie ihn am Bahnhof in Bury St Edmunds abholen könnte, er hätte eine Panne mit dem Range Rover. Er hätte Sue gefragt, ob sie mich mitnehmen könnte, weil es mir guttun würde, wenn ich mal rauskäme. Ich sträubte mich zuerst dagegen, weil ich mich noch immer so schwach fühlte. Es war ein öder Wintertag, und draußen türmten sich Schneehaufen wie Kartoffelbrei. Schließlich gelang es Sue, mich zu überzeugen, dass frische Luft gut für mich wäre.

Als wir nicht mehr weit weg waren von St Edmunds, rauschte auf der Gegenfahrbahn ein roter Morgan an uns vorbei. Ich war ganz hin und weg. »So einen wollte ich immer haben«, sagte ich. Ein paar Minuten später überholte er uns, nachdem er offensichtlich gewendet hatte. Ich hielt das zwar für ein bisschen seltsam, doch ich dachte mir nichts weiter dabei, und erst als wir auf einen lang gestreckten Parkplatz einbogen, merkte ich, dass etwas im Gang war. Der Parkplatz war voller Leute, die ich kannte. Freunde aus dem Dorf, Mitglieder des Great Finborough International Airport, selbst Terry und Gerry waren aus London gekommen. Wir stiegen aus, und ich sah John, der auf uns zukam.

»Was zum Teufel ist denn hier los?«, stotterte ich.

Dann registrierte ich, dass Champagnerflaschen und Gläser im Schnee aufgestellt waren und in der Sonne glitzerten. John nahm mich an der Hand und führte mich an die Spitze der Kolonne von parkenden Autos, wo der rote Morgan auf mich wartete. Ich war sprachlos. Angesichts meines damaligen Gesundheitszustands ist es ein Wunder, dass ich nicht auf der Motorhaube kollabiert bin. Wir tranken Champagner, kletterten in den Morgan und rauschten zurück. Es war schrecklich romantisch.

Wir bekamen nach William noch drei weitere Kinder, wobei leider nicht jedes Mal hinterher ein neues Auto auf mich wartete. Doch glücklicherweise verliefen die beiden mittleren Geburten glatt, wenn man einmal von der wilden Jagd ins Krankenhaus absieht, in deren Verlauf John auf den Gehsteig ausgewichen ist, um einen Stau zu umfahren und zu vermeiden, dass Danda im Wagen zur Welt kommt.

In seiner Kolumne in *Sounds* schilderte er die Ereignisse dieses Morgens wesentlich entspannter:

> Um acht Uhr fünfundvierzig parkt er den Wagen vor dem Heath Road Hospital und hilft Pig, die mittlerweile starke Schmerzen hat, ins Gebäude. Er nimmt die bewundernden Blicke der Schwesternschülerinnen kaum wahr, als er den Lift holt. Vierzig Minuten später steht er im Kreißsaal und drückt seine brandneue Tochter an die Brust, das Mädchen, das einmal der Stolz von ganz England sein wird.

Dandas Geburt mag vielleicht hektisch gewesen sein, aber ihren Namen auszusuchen war eine langwierige Angelegenheit. Sie war die erste weibliche Ravenscroft in über sechzig Jahren, da musste der Name sorgfältig überlegt sein, weshalb sie einige Wochen lang nur unter der Bezeichnung »Kind B« lief.

Bei der Geburt unseres zweiten Sohnes, Thomas James Dalglish, im Februar 1980 veranstaltete John wieder mal

John und die Kinder mit Sheilas Eltern Denis und Eileen in der Dampfeisenbahn in Haworth, Yorkshire

ein für ihn typisches Drama. John war in London und machte seine Sendung, als er den Anruf erhielt, dass ich ins Krankenhaus eingeliefert worden sei. Er kam, so schnell er konnte, nur um sich genau in dem Augenblick, als die Wehen schlimmer wurden, kurz zu entschuldigen, um im Studio anzurufen und zu versprechen, er würde noch vor Ende der Sendung Bescheid geben, ob es ein Junge oder ein Mädchen sei. Ich hörte, wie Mike Read, Johns Vertretung an diesem Abend, diese Ankündigung im Radio verbreitete, und ich dachte: Augenblick mal – kann es sein, dass ich mit einem Mann verheiratet bin, dessen Prioritäten eine gewisse Schräglage aufweisen. Außerdem setzte es mich noch mehr unter Druck, Thomas herauszupressen, bevor es Mitternacht schlug, damit die Radio-1-Hörer friedlich schlafen konnten. Aber ich schaffte es. Thomas kam um Viertel nach elf Uhr nachts zur Welt, und John war außer sich vor Freude – nicht nur weil er einen weiteren Sohn hatte, sondern auch, weil er es sogar innerhalb der Sendezeit geschafft hatte.

Die Kinderschar der Ravenscrofts wäre vermutlich noch zahlreicher, wenn ich während der Endphase meiner Schwangerschaft mit unserem letzten Kind, Florence Victoria Shankly, nicht so stark gelitten hätte. Bevor sie im April 1982 zur Welt kam, hatte ich mich mit Keuchhusten angesteckt und außerdem stark abgenommen, als ich eigentlich hätte Gewicht zulegen müssen. Ich war in den Wochen vor der Geburt so krank, dass schon ein Termin im Krankenhaus vereinbart war, wo die Wehen künstlich eingeleitet werden sollten. Ich hustete so laut, dass John sich einen anderen Platz im Haus suchen musste, um überhaupt schlafen zu können. Als die Wehen schließlich anfingen, war ich dankbar, dass sie von selber kamen – doch ich hatte noch immer schreckliche Angst. Wir waren beide überzeugt, dass das Baby einen Schaden mitbekommen hatte, die Schwangerschaft war so schwierig gewesen, dass es unvermeidbar erschien.

Ich weckte John in den frühen Morgenstunden und kletterte zu ihm auf die Galerie über seinem Zimmer, wo er geschlafen hatte. Er legte das zweite Klavierkonzert von

Rachmaninow auf und machte uns Tee, und als er mit den dampfenden Tassen wieder zurückkam, legte er sich neben mich, und wir unterhielten uns, bis wir sicher sein konnten, dass es echte Wehen waren. Das Licht der Morgendämmerung strömte langsam in den Raum. Kurz darauf hörten wir meine Eltern, die damals bei uns wohnten und William und Danda für die Schule fertig machten. Thomas, der damals gerade zwei war, wackelte durch die Küche. Das Haus erwachte langsam zu geräuschvoller Betriebsamkeit. John und ich machten uns fertig und fuhren zum Krankenhaus.

Wir haben später einander gestanden, dass wir uns beide während der Fahrt mit den schrecklichsten Vorstellungen und Ängsten herumgeplagt hatten. Keiner von uns sagte etwas, doch wir hatten beide die Befürchtung, dass es diesmal schlimm ausgehen könnte – und entweder das Baby oder ich die Prozedur nicht unversehrt überstehen würde. Dankenswerterweise waren sowohl Flossie als auch ich

Mit Florence

hinterher wohlauf, aber die Schwangerschaft hatte mir so zugesetzt, dass wir unsere Pläne für weiteren Familienzuwachs doch lieber für immer begruben. Widerstrebend, aber dennoch froh, dass die Kinder, die wir hatten, alle gesund und munter waren, ließen wir es bei vier bewenden.

Die Geburt unserer Kinder veränderte unweigerlich unser Leben, und John hatte damit seine Schwierigkeiten. Ich war besser vorbereitet auf den Lärm und das Chaos in einem Haus voller Menschen, während John durch die Ankunft von einem Kind nach dem anderen ziemlich aus der Bahn geworfen wurde.

Ein Tagebucheintrag vom 13. Januar 1975, genau ein Jahr und einen Tag bevor William zur Welt kam, reflektiert dieses Unbehagen, das zu diesem Zeitpunkt zum ersten Mal in unserer Beziehung zum Vorschein kam. John hatte immer gesagt, dass er unbedingt Kinder haben wollte, ich war neuneinhalb Jahre jünger als er und empfand das Ganze bei Weitem als nicht so dringlich wie er mit seinen sechsunddreißig. Wir hatten damals einen Welpen namens Mile, und an einem Vorfall zwischen John und ihm lässt sich erkennen, wie sehr John von ambivalenten Gefühlen geplagt wurde.

> Mile hat den Zucker umgekippt, und ich wurde ziemlich fies und habe herumgebrüllt, und Pig wurde ganz still und melancholisch mir gegenüber. Bin gegen eins ins Bett, und Pig war noch immer sehr traurig. Ich war nicht müde und versuchte herauszubekommen, warum. Irgendwann erklärte sie mir, dass die Tatsache, dass ich Mile angebrüllt hatte, weil er den Zucker umgestoßen hatte, darauf hindeutete, dass ich mein Leben nicht durcheinandergebracht haben wollte und von daher niemals Kinder haben würde. Wir diskutierten darüber bestimmt eine Stunde lang. Ich versuchte, ihr klarzumachen, dass ich die Vorstellung, Kinder zu haben, keineswegs ablehne, sondern ich mir deswegen einfach nur Sorgen mache.

John brauchte eine ganze Weile, bis er sich daran gewöhnt hatte, dass Kinder im Haus waren. Das größte Problem nach Williams Geburt bestand darin, irgendwann festzustellen, dass John meine Aufmerksamkeit, die er zuvor sieben Jahre lang exklusiv genossen hatte, nunmehr mit jemandem teilen musste. Wir waren überall zusammen hingegangen und buchstäblich untrennbar gewesen. Daran würde sich einiges ändern, und er hatte Schwierigkeiten, damit zurechtzukommen.

Wir hatten beide etwa den gleichen Anteil an der Erziehung der Kinder, auch wenn wir gelegentlich Leute einstellten, die uns dabei halfen. Einmal, als wir ein Kindermädchen suchten, gab John in der Zeitschrift *The Lady* eine Kleinanzeige auf. In der gleichen Ausgabe war auch eine Annonce von Sterling Moss abgedruckt, der aus einem ähnlichen Grund inseriert hatte. Seine Anzeige lautete in etwa: »Bereitschaft, drei oder vier Monate an der französischen Riviera zuzubringen, wird vorausgesetzt, eigenes Auto wird gestellt.« John hingegen hatte geschrieben: »Haushalt auf dem Land sucht Hilfe bei Kinderbetreuung. Fünf Kilometer bis zur nächsten Disco, Zimmer im ersten Stock mit Blick auf toten Baum.«

Er machte weiter seine Auftritte, Radiosendungen und Festivals und verbrachte die meisten Tage in seinem länglichen Zimmer neben der Küche, wo er Schallplatten für die Sendungen anhörte, aber er nahm sich immer auch Zeit für die Kinder. Er brachte zahllose Stunden damit zu, mit ihnen im Garten Fußball zu spielen, und brach spätnachts oder am frühen Morgen mit William zu Expeditionen auf, um Mähdrescher in der freien Wildbahn zu beobachten, von denen unser Sohn gar nicht genug bekommen konnte, nachdem Elefanten ihren Reiz verloren hatten (zumal Mähdrescher in unseren Breiten auch häufiger anzutreffen waren als Elefanten, was außerdem für sie sprach).

Als unsere Kinder in die Schule kamen, bot sich mir die Gelegenheit, wieder als Lehrerin zu arbeiten, doch ich ließ es bleiben. Eine innere Stimme sagte mir: »Alles läuft bestens mit John und den Kindern – warum irgendwelche Risiken eingehen?« Am Ende war es meine Entscheidung, aber John gestand mir irgendwann, dass er froh darüber war, wie ich mich entschieden hatte, zumal wir nun auch mehr Zeit füreinander hatten.

Das Familienleben füllte mich voll und ganz aus, doch ich verstand auch, warum John damit Probleme hatte, wenn es nicht so lief, wie er erwartet hatte. Ich hatte in meiner Jugend ziemlich oft auf meine Schwester Gabrielle aufgepasst, die zehn Jahre jünger ist als ich, und von daher eine Vorstellung, was auf mich zukam, wohingegen John in keiner Weise darauf vorbereitet war, was das Elterndasein bedeutete. Er hatte nicht mit schlaflosen Nächten gerechnet oder Tobsuchtsanfällen, mit ewigen Wiederholungen und gelegentlichen Tagen, die einfach von vorn bis hinten beschissen waren. Manchmal mochte er sogar den Lärm und die Hektik, die im Haus herrschten. Und zwar nicht zu knapp. Das Haus war niemals leer; neben unseren eigenen Kindern wohnten Gabrielle und später auch ihr Sohn Little John elf Jahre lang bei uns, und es kamen andauernd Freunde zu Besuch. John hatte nichts gegen chaotische Zustände, doch war er darin sehr eigen – sie hatten nur dann aufzutreten, wenn es ihm gerade in den Kram passte.

Ich habe ihm oft erklärt, dass es im wirklichen Leben anders zuging als in einem Werbespot für Cornflakes oder in Disney-Filmen, wo stets lächelnde Gesichter um den Frühstückstisch versammelt sind, doch er hatte einige Mühe, das zu akzeptieren.

John litt besonders darunter, wenn sich seine Interessen nicht mit denen der Kinder unter einen Hut bringen ließen. Einmal nahm er William und Danda im Auto mit, als er sich mit jemandem treffen wollte, der ihm ein Demo geben wollte. Sie waren nicht einmal bis zum Ende der Straße gekommen, als William sagte: »Ich will nicht mit, und Danda auch nicht.« John fragte Danda, ob sie mit ihm mitkommen wollte, und sie schüttelte den Kopf. Also setzte er die beiden wieder zu Hause ab und fuhr allein los, doch er heulte dabei wie ein Schlosshund.

Selbst als sein Enkel Archie zur Welt kam, hegte John noch die gleichen unrealistischen Erwartungen und zog sich mit einem gekränkten Gesichtsausdruck zurück, wenn diese Erwartungen sich nicht ständig erfüllten. Es reichte schon, wenn er Archie knuddelte und dieser seinen Kopf nach Danda ausstreckte, dass John enttäuscht war. »Er hasst mich«, grummelte er dann vor sich hin. Ich riet ihm, dass er Archie Zeit geben solle, und in der Tat, sobald John sich etwas mehr zurückhielt und Archie nicht mit seiner Zuneigung erdrückte, kam der von selbst zu ihm. Wann immer Archie in Johns Zimmer gekrabbelt kam, war John außer sich vor Freude. Das war alles, was er wollte. Mit der Zeit wurde ihr Verhältnis immer inniger, und als John und ich in Peru waren, erzählte er dauernd, wie sehr er sich darauf freute, Archie wieder in den Armen zu halten.

* * *

Als William geboren wurde, moderierte John von montags bis freitags jede Nacht um elf eine einstündige Sendung. Ein paar Wochen vor der Geburt hatte er sich nur zum Spaß während einer Sendung einen Scherz mit der Konkurrenz von Capital Radio erlaubt. Am 6. Januar 1976 schreibt er in sein Tagebuch:

> Petals hatte gehört, dass Nicky B. Horne auf Capital getönt hatte, sie würden die neue Dylan-LP *Desire* exklusiv in England präsentieren. Er rief daraufhin bei CBS an, um zu

> erfahren, was an der Sache dran war. Wir konnten unser Glück kaum fassen, als Lewis von CBS meinte, er hätte ein Weißmuster von der Platte auf dem Schreibtisch liegen, das er uns vorbeischicken könnte. Sobald sie beim Sender ankam, riss ich sie mir unter den Nagel, bevor sie auf die Idee kamen, dass sie sie doch wieder zurückhaben wollten. Ich wagte nicht einmal, anzurufen und mich nach Details über die Aufnahmen zu erkundigen, aus Angst, sie könnten bei der Gelegenheit feststellen, dass sie einen Fehler gemacht hatten. Ich ließ sie durchlaufen und stoppte die Zeit – eine großartige Platte, und außerdem 55 Minuten lang.
>
> Begann die Sendung damit, dass ich erzählte, wie sauer ich war, als ich gehört hatte, dass ein anderer Sender morgen Abend eine Exklusivsendung zur neuen Dylan-Platte bringen würde. »Also das«, sagte ich, »ist wirklich ärgerlich«, und dann spielte ich die gesamte LP. Die einzige andere Platte während der Sendung war »Dreadlocks Came To Dinner«, die ich laufen ließ, während ich die Dylan-LP umdrehte.

Am nächsten Tag war John hochzufrieden mit sich: »Capital verkündete noch immer, dass Nicky B. Horne abends die neue Dylan exklusiv im Radio vorstellen würde, und so gab ich das Album an Johnnie Walker weiter, damit er sie noch weiter blamierte.«

1976 wurde ein aufregendes, wildes Jahr. Was aber nichts damit zu tun hatte, dass sich John weiteren Ärger mit Capital eingehandelt hätte. Ab dem Frühjahr 1976 liefen die ersten Punk-Songs in Johns Sendung, nachdem er das erste Ramones-Album gehört und es ihn glatt umgehauen hatte. Er verglich dieses Erlebnis mit dem ersten Mal, als er Little Richard gehört hatte. Am 19. Mai 1976 spielte er »Judy Is A Punk« als letztes Stück der Show, und von da an streute er immer wieder Ramones-Songs in seine Sendungen ein. Wieder einmal trug ihm dies lautstarke Proteste seitens seiner Stammhörer ein – zumindest von jenen, die sich nicht vom Reggae hatten in die Flucht schlagen lassen, obwohl die Band zweifellos enttäuscht gewesen wäre, wenn sie erfahren hätte, dass der Postbote uns als Würdigung des einzigartigen Getöses, das sie veranstaltete, diesmal keine Kackwürste vorbeibrachte.

Die meisten Beschwerden, die bei John unabhängig von Jahreszahl oder Ära eingingen, bezogen sich auf seine beharrliche Weigerung, Platten zu spielen, die seine Hörer schon kannten und mochten. Seine Sendungen waren getrieben von einem Forscher- und Entdeckergeist, und was seinen Instinkt anging, lag er häufiger richtig als falsch, auch wenn es manchmal eine Weile dauerte: Bei Pulp, zum Beispiel, lagen zwölf Jahre zwischen ihrem großen kommerziellen Durchbruch und den ersten Sessions für John.

Und auch beim Punk brauchte das Publikum eine Weile. Das ließ sich an den ersten Reaktionen auf Johns Sendungen ablesen, in denen er fast nur noch Punk-Platten spielte. Er hatte zwar für Furore gesorgt, als er in der Sendung vom 10. Dezember ausschließlich Songs von den Stooges, Richard Hell, Television und den Sex Pistols gespielt hatte, doch die Hörer waren noch nicht bereit, sich die langen Haare abzuschneiden und ihre alten Platten zu verbrennen. Als im gleichen Jahr zum ersten Mal ein Weihnachts-Poll der fünfzig besten Songs abgehalten wurde, kam »Stairway To Heaven« von Led Zeppelin auf Platz 1, und der Rest der Charts wurde beherrscht von Gruppen wie Derek & The Dominoes, Pink Floyd, den Beatles oder Bob Dylan. Zwei Jahre später regierte Punk.

Im August 1975 hatte John in seinem Tagebuch notiert, dass es immer mühseliger wurde, Platten für seine Sendung auszusuchen:

> Der Stapel von Schallplatten, durch den ich mich diese Woche durchackern musste, ist wirklich öde. Retorten-Disco …, drittklassiges Gesabbel … Als ich heute die Liste

zusammengestellt habe, dachte ich immer wieder: »Aber das hier taugt doch gar nichts.«

Da die Sendezeit seiner Show für Künstler reserviert war, die er toll fand, bediente sich John der Singles-Kritiken in *Sounds*, um seiner Wut über den Zustand des Mainstream Luft zu machen. Über die Single »Jambalaya« schrieb er 1974 eine vernichtende Kritik:

> Es gibt jede Menge Leute, die die Carpenters ganz große Klasse finden. Ich finde sie eklig, und sie singen diese herrliche alte Country-Nummer mit dem Elan und der Leidenschaft eines Kadavers im fortgeschrittenen Stadium der Verwesung. Verglichen mit den Carpenters klingt der Soundtrack von *Oklahoma* richtiggehend verderbt. Sie wirken so aufdringlich gesund, dass sich einem der Magen umdreht.

Selbst Musiker, die von seriösen Zeitschriften gefeiert wurden, fanden nicht immer Gnade in Johns Augen. Am 18. November 1975, genau ein halbes Jahr bevor er den Ramones verfiel, ging er zu einem Konzert von Bruce Springsteen, der damals am Beginn einer steilen Karriere stand und der

> … allenthalben zum Retter der Rockmusik hochstilisiert wird. Seine ersten paar Songs waren eine Spur zu dramatisch, wie Szenen aus *West Side Story* … Ich glaube nicht, dass er, wie der *Rolling Stone* behauptet, die Zukunft des Rock'n'Roll ist, sondern eher eine Zusammenfassung seiner Vergangenheit. Seine Stimme klingt entfernt wie Van Morrison, und sein Street-Punk-Getue ist für meinen Geschmack zu aufdringlich.

Johns allgemeine Ablehnung und seine Weigerung, Springsteens Platten in seiner Sendung zu spielen, wirkten sich drastisch auf die Verkaufszahlen von dessen Platten aus, wie übrigens auch im Falle von U2 oder den Dire Straits, die ansonsten vielleicht in Stadien hätten auftreten, Auszeichnungen in Empfang nehmen und Millionen von Schallplatten verkaufen können, wenn sie nur in Johns Augen Gnade gefunden hätten.

Johns Reputation mag zwar darunter leiden, aber es muss einmal gesagt werden, dass er für »Sultans Of Swing« von den Dire Straits eine Schwäche hatte. Wir beide sangen es aus vollem Hals, als wir im Auto unterwegs zu den Niagara Falls waren. Im Verlauf unserer Ehe hat John mir etliche Überraschungen bereitet. Es gab Zeiten, da schickte er mir die ganze Woche bis zu meinem Geburtstag täglich einen Strauß Blumen; jeden Morgen stand der Florist vor der Tür und erklärte entschuldigend: »Ich habe versucht, sie heute etwas zu variieren.« Aber eine von Johns Glanzleistungen auf diesem Gebiet war, als er mich 1978 mit einem Wochenendausflug zu den Niagarafällen überraschte. Irgendwie hatte er es geschafft, vor mir geheim zu halten, was er plante. Ich hatte keinen Schimmer, bis ich auf dem Flughafen erfuhr, dass wir mit Air Canada fliegen würden.

Seit unserer Abfahrt vom Toronto Airport war im Radio nur Müll gelaufen, so dass wir beide vor Dankbarkeit ganz aus dem Häuschen waren, als irgendwann die Dire Straits gespielt wurden, denn da konnten wir wenigstens mitsingen. Nachdem wir die Wasserfälle besichtigt hatten, hielten wir bei einem Café in der Nähe an. Nach einer kurzen Weile wurde John leicht nervös, weil eine Gruppe von Männern uns anstarrte. Wir versuchten, weiter unseren Kaffee zu trinken und so zu tun, als würden wir sie nicht bemerken, aber es war nicht leicht, den Gedanken abzuschütteln, dass wir eventuell davor standen, ausgeraubt, ermordet und die Niagarafälle hinuntergeworfen zu werden, wo niemand jemals unsere Leichen finden würde. Dann kam einer der Männer auf John zu. »Sie sind doch John Peel, stimmt's?« John musste zugeben, dass dem so war. »Wir dachten gleich, dass Sie es sind! Wir sind die Dire Straits.« Die sich im

Übrigen als eine Bande von überaus netten Burschen herausstellten. Wir tranken einen mit ihnen und plauderten ein bisschen und kamen zu dem Schluss, dass sie eigentlich überhaupt nicht aussahen wie Leute, die einen ausrauben, ermorden und die Leichname dann die Niagarafälle hinunterwerfen.

Da die britische Musik im Sumpf des Progrock versank, war Punk das Erste seit dem Tag Anfang der Siebziger, als Bryan Ferry ihm ein Demo-Band von Roxy Music geschickt hatte, wofür sich John richtig begeistern konnte. Gegen Ende 1976 wimmelte es auf Johns Playlists von Punk-Songs. »Wir spielen doch nichts von diesem Punk-Kram, oder?«, erkundigte sich Derek Chinnery, der damalige Chefredakteur von Radio 1, am 6. Dezember 1976 telefonisch bei John Walters. Walters erwiderte, dass in Johns letzten Sendungen kaum etwas anderes gelaufen sei und dass sie gerade dabei waren, eine Session mit The Damned vorzubereiten. Es hagelte böse Briefe, doch was bedeuteten die angesichts der Mitteilung der Mutter eines der Bandmitglieder, die sich bei John bedankte, dass er »Christopher bei seiner Karriere« half – wobei es sich bei »Christopher« um Rat Scabies handelte. Briefe von stolzen Eltern kamen nur allzu selten, obwohl sich John jedes Mal wieder freute, wenn er Post von PJ Harveys Mutter bekam, die ihren Dank ausdrückte, dass John die junge Polly Jean so oft im Radio spielte.

Am 26. Oktober hatte John die Damned-Single »New Rose« in seiner Sendung gespielt, nachdem er direkt von einem Konzert der Band, das er angekündigt hatte, ins Studio gerauscht war. Er schreibt in seinem Tagebuch:

> Ich dachte zuerst, dass ich im New Vic in Aktion treten sollte, doch als ich dort ankam, stellte ich fest, dass Showaddywaddy dort spielten. Ich musste mir eine Ausgabe von *Time Out* kaufen, um herauszufinden, wo ich eigentlich sein sollte. Also ins Pub. The Damned waren als Erste

> dran: großartiger, kompromissloser Punk-Rock mit dem Kopf nach unten und den Schultern nach vorn. Das Publikum war nicht besonders begeistert, wenn man von einer kleinen Gruppe eingeschworener Fans absieht, die mich ausbuhten, als ich die Band ankündigte. Zu Beginn des letzten Stücks hat Rat Scabies sich über irgendwas geärgert, sein Schlagzeug umgetreten und die Bühne verlassen. Trotz des Gezeters der anderen Bandmitglieder war er nicht dazu zu bewegen, wieder zurückzukommen ... Fuhr mit der U-Bahn zum Rundfunkgebäude und machte die Sendung, die ganz anständig war. Ich glaube, ich muss irgendwas tun, damit die Sendungen 1977 interessanter werden.

Kurz darauf, am 19. November, spielte John in seiner Sendung die Sex-Pistols-Single »Anarchy In The UK«. Die BBC boykottierte die Platte und ließ nicht zu, dass sie im Tagesprogramm gespielt wurde – eine Situation, die sich im folgenden Mai wiederholte, als John »God Save The Queen« laufen ließ, während die BBC die Single wegen »grober Geschmacklosigkeit« aus dem Programm verbannt hatte. Am 1. Dezember 1976 hatten die Sex Pistols ihren berühmt-berüchtigten Fernsehauftritt, wo sie von Bill Grundy angestachelt wurden, haufenweise obszöne Worte von sich zu geben, und drei Tage später fuhr John nach Derby, wo die Band zusammen mit The Clash und The Damned auftreten sollte. Er war schon zuvor zu einem ihrer Konzerte gegangen, am 11. Mai im 100 Club, doch hatte er damals nach der Hälfte des ersten Songs gehen müssen, weil die Band unbedingt die bösen Buben spielen musste und erst anfing, als es schon so spät war, dass er sich schleunigst auf den Weg zum Rundfunkgebäude machen musste, um nicht den Anfang seiner eigenen Sendung zu verpassen. An dem Abend in Derby hatte er auch nicht mehr Glück, denn die Show wurde abgesagt. John fand das großartig und viel mehr im Einklang mit dem Geist des Punk, als wenn das Konzert stattgefunden hätte.

Umso mehr war John entsetzt, als die Band in den Neunzigern ankündigte, dass sie sich für eine Comeback-Tour reformieren wollte, obwohl das Verhältnis, wenn man denn von einem solchen überhaupt reden konnte, zur Band schon getrübt war, bevor sie sich überhaupt aufgelöst hatte. Wenn es darum ging, Platten für die Sendung auszusuchen, hatte John eherne Prinzipien, und er brachte es nicht über sich, einen unterdurchschnittlichen Song einer Band zu spielen, die er normalerweise mochte. Und so kam es, dass er auch deren Platten nicht mehr in seinen Sendungen spielte, als die Pistols in seiner Wertschätzung sanken, was Steve Jones so sauer aufstieß, dass er John anquatschte und ihn eine »Fotze« (engl. »cunt«) nannte. Wobei es eher Jones' Aggressivität war, die John erschreckte, als seine Worte, denn schließlich lief er bei Festivals gern in einem T-Shirt mit dem Aufdruck »John Peel is a Cunt« herum.

Dies geht zurück auf einen verregneten Samstag beim Reading Festival im August 1976. John führte durch das Programm, und er mühte sich redlich, die Menge zu beruhigen, über die gerade ein Wolkenbruch niedergegangen war, der darüber hinaus auch noch zu einem Stromausfall während des Auftritts von Manfred Mann geführt hatte. Er schlug den Zuschauern vor, dass sie ihre ganze Aufmerksamkeit auf ihn richten sollten und ihre Aggressivität dadurch abreagierten, dass sie »John Peel is a cunt!« schrien. »Und das haben sie dann auch getan«, notiert er in seinem Tagebuch, »und zwar sofort und mit einigem Elan, und später am Abend noch ein paar Mal. Anscheinend wurden im Umkreis von vier Meilen Beschwerden registriert, was mich herzlich lachen ließ.«

Zwei Jahre später war es nicht mehr ganz so lustig. »Dieses Jahr klangen die ›John Peel is a cunt!‹-Gesänge unangenehm ernst gemeint«, notierte er 1978 und fügte hinzu, dass jemand sogar einen Stein nach ihm auf die Bühne geworfen hatte. »Ich dachte an Pig, William und Alexandra zu Hause und beschloss, dass es nicht wert war, mich umbringen zu lassen, nur um zu demonstrieren, was für ein toller Kerl ich doch bin, und so habe ich mich bei meinen Bühnenauftritten von da an ziemlich zurückgehalten.« Dennoch wurde das T-Shirt gedruckt, und John trug es mit einem Stolz, der an Sentimentalität grenzte. Ich hatte nie etwas dagegen, wenn er mit diesem Spruch auf der Brust herumlief, doch ich weigerte mich, ihn aus dem Haus zu lassen, als er Jahre später in einem T-Shirt der Band Cradle of Filth vor die Tür gehen wollte, auf dem zu lesen stand: »Dead Girls Don't Say No.«

Es kursieren verschiedene Geschichten darüber, warum die Sex Pistols nie eine Session mit John aufgenommen haben. Walters nahm die Schuld dafür auf sich; er sagte, er habe es den nichts ahnenden Technikern der BBC ersparen wollen, mit einer derart wilden Band konfrontiert zu werden. John dachte, die Pistols hätten das Angebot abgelehnt. Was immer der Grund gewesen sein mag, sie kamen jedenfalls davon – ebenso wie The Clash, doch in diesem Fall war John darüber sogar froh.

> Sie hatten sogar schon die Backing-Tracks aufgenommen, doch dann sind sie so abgedreht, dass sie es nicht zu Ende bringen konnten, aber behauptet haben, das Equipment der BBC wäre nicht gut genug. Es war einer dieser Momente, wo man sich nur dachte: Wie kommt man gegen solche Blödheit an? Jedenfalls hatte ihre Einstellung meiner Meinung nicht sehr viel mit Punk zu tun.

Doch es gab auch vieles, das er gut fand. Unser erstes gemeinsames Punk-Konzert im Roxy Anfang 1977 war toll. Generation X absolvierten ihren Auftritt in einem Schauer aus Rotze. Darüber hinaus bewunderte John die ungebremste Do-it-yourself-Energie der Slits, deren Sängerin Ari Up gerade mal vierzehn Jahre alt war, als die Band ihre erste

Session für ihn aufnahm, und deren Schlagzeugerin Palmolive eines Abends im Vortex zur Begrüßung Johns Kopf mit dem seines Gesprächspartners zusammenstieß, während er sich gerade angeregt unterhielt. Später schrieb er darüber:

> Weil ich ein höflicher Mensch aus gutem Hause bin, lächelte ich nur und setzte meine Unterhaltung fort. Dabei fällt mir gerade ein, dass wir die Slits ja demnächst für Radio 1 aufnehmen. Ich denke, ich bringe ein paar Freunde mit und lege mich vor der Studiotür auf die Lauer, bis diese dreiste Kreatur auftaucht.

1977 war nicht nur das Jahr der Punk-Explosion und das Jahr, in dem unsere erste Tochter zur Welt kam. Es war auch das Jahr, in dem Elvis starb. John war immer der Ansicht, dass Elvis vor sich selbst hätte gerettet werden können, wenn er einfach nur einen Urlaub bei uns in Suffolk gemacht hätte (er reklamierte später, dass die gleiche Behandlung auch Kurt Cobain kuriert hätte). Ein paar Wochen lang »Jetzt komm schon, Elvis, du kannst die Einkäufe erledigen. Du brauchst nur ins Dorf zu laufen und Hundefutter zu holen. Da gibt's eine Tierhandlung. Und vergiss nicht den Schauspielkurs um halb acht. Ach ja, der Hund müsste mal wieder gewaschen werden…«, und der King wäre wieder auf Vordermann gewesen. Zumindest war John dieser Ansicht.

Als die Nachricht zum ersten Mal durchsickerte, war John gerade auf Sendung und spielte »Trod On« von Culture. Mit einem Mal blinkte die weiße Lampe an der Wand des Studios. John nahm das Telefon ab. »Hallo, John«, sagte jemand, »hier ist die Nachrichtenredaktion. Wir haben unbestätigte Meldungen aus Amerika, dass Elvis Presley gestorben ist.«

Während er noch die nächste Platte auflegte, eine Single der Fabulous Poodles, überlegte John, was er sagen würde. Er dachte daran zurück, wie er Elvis Anfang 1956 zum ersten Mal gehört hatte, als »Heartbreak Hotel« bei *Two-Way Family Favourites* gelaufen war; gleich am nächsten Tag war er nach Liverpool gefahren und hatte sich in dem Plattengeschäft gegenüber vom Bahnhof die Single gekauft. Gerade mal achtundvierzig Stunden zuvor war er im gleichen Laden gewesen, um eine Schellackplatte von Petula Clark zu kaufen. Es war das letzte Mal, dass er etwas Derartiges getan hatte, nach »Heartbreak Hotel« kam so etwas nie wieder vor. Diese Single hatte sein Leben verändert, zusammen mit den frühen Platten von Fats Domino, Little Richard und Bill Haley, und ihn zu dem gemacht, der er war.

»Uns liegen derzeit noch unbestätigte Meldungen aus den USA vor, dass Elvis Presley gestorben ist«, erklärte er seinen Zuhörern. »Ich weise noch einmal darauf hin, dass diese Meldungen nicht bestätigt sind, doch wir halten euch auf dem Laufenden, sobald wir Näheres erfahren.«

Dann klingelte das Telefon erneut. Diesmal war Tony Wilson dran, der Produzent von Alan »Fluff« Freeman. »ITN hat gerade die Nachricht gebracht, dass Elvis tot ist«, sagte er und fügte hinzu: »Allerdings haben sie die Meldung am Ende der Nachrichten noch mal widerrufen.«

Es schien nicht viel Sinn zu machen, einen Boten ins Archiv zu schicken, damit er einen Stapel Elvis-Platten holte, die man von da an hätte laufen lassen können. Einige Hörer riefen zwar bei der Sendeleitung an und beschwerten sich darüber, zumal ein oder zwei andere Sender den Rest der Nacht nur noch Elvis spielten, aber zum einen hatte Elvis schon seit einigen Jahren mit Rockmusik nichts mehr zu tun, und zum anderen vertrat John die Auffassung, dass solche Überreaktionen für ihn immer den Beigeschmack der Nekrophilie hatten:

> Ich ziehe es vor, diejenigen, die gestorben sind – seien es Verwandte, Freunde, Rockstars oder eine Kombination aus den dreien –, in ihrem ursprünglichen Kontext im Gedächtnis zu behalten, nämlich als Menschen, die eine mehr oder weniger große Nische in meinem alltäglichen Leben

ausfüllten, anstatt meine Erinnerung an sie von einer finalen Gefühlsaufwallung verzerren zu lassen. Aus diesem Grund haben wir auf Sondersendungen verzichtet, als Jim Morrison starb oder Paul Kossoff, nicht einmal nach dem Tod von Jimi Hendrix gab es so etwas. Wir (John Walters und ich) spielen nach wie vor von Zeit zu Zeit ihre Platten – und daran wird sich hoffentlich nichts ändern, doch wenn ich an die Leute denke, dann tue ich das auf die gleiche Weise, als wenn ich ab und zu an meinen Vater denke.

Im Übrigen ist der Tod, was die Lebenden betrifft, nicht das Ende des ganzen Buches, sondern lediglich das Ende eines Kapitels, und auch wenn die Toten im weiteren Verlauf der Geschichte keine aktive Rolle mehr spielen, so wirkt ihr Einfluss trotzdem nach. Bei Elvis Presley ist dies mit Sicherheit der Fall, denn er war die erste Person, die uns gleich auf Seite 1 begegnet ist, und auch wenn seine späteren Platten nur noch für eingeschworene Fans relevant waren und sein Privatleben ein einziger Albtraum, so werden wir uns dies immer bewahren.

Flüchteten sich zarter besaitete Seelen in jenem Jahr vor den Schrecken des Punk in die allgegenwärtige Elvis-Nostalgie, war John der Auffassung, dass die kulturelle Explosion, die durch die Sex Pistols ausgelöst wurde und sich wie ein Flächenbrand ausbreitete, die Band, was ihren Einfluss anging, in die gleichen Sphären katapultierte wie Elvis oder die Beatles. Wie stark dieser Einfluss war, konnte man noch in den Neunzigern beispielsweise in dem kleinen Laden bei uns im Dorf feststellen, wo die Leute zwar von sich behaupteten, sie hätten mit Punk nichts am Hut, ihre Kleider, Frisuren und ihre Haltung aber das genaue Gegenteil bewiesen. John hatte für Punk nie die richtige Figur – er hätte in Bondage-Hosen einfach lächerlich ausgesehen –, und außerdem war er ohnehin schon zu alt, aber die extrovertierte Überschwänglichkeit des Ganzen riss ihn völlig mit, ganz besonders, als die zweite Welle des Punk mit Bands wie den Buzzcocks, den Undertones und den Lurkers aufbrandete. Diese Gruppen kamen nicht von den Kunst- oder den Modeschulen, sondern sie waren jugendliche Krawallmacher, die durch die gleiche Tür hereingestürmt kamen, die die Pistols eingetreten hatten.

Während die Jahre 1976 und 1977 wegen der Punk-Revolution eine große kulturelle Relevanz hatten, war für John persönlich das Jahr 1978 bedeutsamer, denn in diesem Jahr betraten zwei Bands die Szene, die sich zu seinen absoluten Lieblingsbands entwickeln sollten. John Walters war auf Empfehlung von Danny Baker im Mai 1978 im Croydon Greyhound gewesen, wo The Fall als Vorgruppe von Siouxsie and the Banshees auftraten. Danach schrieb er an Mark E. Smith: »Du kennst mich nicht, aber ich kenne dich« und bot der Band an, eine Session aufzunehmen. Die fand am 30. Mai 1978 statt und wurde ein paar Wochen später ausgestrahlt.

Von dem Augenblick an waren The Fall ein Teil unseres Lebens und des Lebens von Johns Hörern. John sagte immer, die Band sei wie ich. Er meinte damit nicht, dass ich aggressiv, experimentell, provozierend und Schlägereien auf offener Bühne zugeneigt wäre – oder zumindest sagte er das nicht. Er war der Ansicht, uns sei gemeinsam, dass wir stets anders, aber trotzdem immer gleich waren. Von 1979 an, als »Rowche Rumble« auf einem der hinteren Plätze der Jahres-Top-50 landete, waren The Fall immer mit mindestens einem Song in Johns Jahres-Charts vertreten, bis sie 1990 mit dem wunderbaren »Bill Is Dead« Platz eins erreichten. Im Jahr zuvor hatte John den Fall-Song »Eat Y'self Fitter« in seine Liste von Platten für die einsame Insel aufgenommen, die von Sue Lawley in ihrer Sendung *Desert Island Discs* präsentiert wurde. Als sie die Platte ankündigte, klang es noch abgehobener als ohnehin schon – besonders im Kontext von Stücken von Rachmaninow, Händel und Roy Orbison.

Das Seltsame daran war, dass John und Mark im Lauf der Jahre allenfalls ein paar Worte miteinander wechselten. Ihre Freundschaft ging selten über eine dahingemurmelte Begrüßung oder ein gelegentliches Schulterknuffen hinaus. Doch mehr brauchte John auch nicht. Wenn Mark ihn ab und zu knuffte oder seinen Arm drückte, dann freute er sich und sagte: »Ach, das war nett von ihm.« Mark schrieb John auch Briefe, die John aufbewahrte wie einen Schatz. Besonders stolz war er immer über die typische Schlusszeile: »Dein Kumpel Mark«.

Falls es noch weitere Indizien braucht, um Johns besondere Wertschätzung für The Fall zu untermauern, dann sei darauf hingewiesen, dass er die Platten der Band separat vom Rest seiner Sammlung aufbewahrte. Zehntausende von Platten standen in den verschiedenen Regalen zusammengequetscht, doch The Fall hatten einen Ehrenplatz abseits des restlichen Trubels, gerade so, als handelte es sich dabei um religiöse Kultgegenstände mit magischen Kräften. Darüber hinaus hängt in unserem Flur ein gerahmtes Foto von Mark E. Smith, und an der Wand von Johns Zimmer gab es ein weiteres Foto von ihm, das aussah, als würde er genau zu der Stelle herüberschauen, an der John immer stand, wenn er Platten anhörte. Gerade so, als würde er auf ihn Acht geben.

Mir ist zu Ohren gekommen, dass Mark sich darüber aufgeregt hat, dass die Band nie zu uns nach Hause eingeladen wurde, als John anfing, seine Sendungen von dort auszustrahlen. Dabei glaube ich, dass John überglücklich gewesen wäre, sie hier zu haben. Kaum auszudenken, was sie wohl für eine Session abgeliefert hätten! Doch die Produzenten waren dagegen. Sie befürchteten, vermutlich zu Recht, dass es kein Halten mehr geben würde, sobald Mark einmal hier war, zumal er bei seinen Auftritten ohnehin schon unberechenbar war. Als John starb, verhielt sich Mark mir gegenüber sehr anständig und mitfühlend. Er bot mir an, dass ich mich, wann immer ich Hilfe und Unterstützung brauchte, an ihn wenden sollte, was ich sehr nett von ihm fand.

Zwei Monate vor unserer Reise nach Peru strahlte John die letzte Session mit The Fall aus. Es war die vierundzwanzigste in sechsundzwanzig Jahren. Keine andere Band konnte ihn je so begeistern. In der Dokumentation, die die BBC anlässlich seines sechzigsten Geburtstages über ihn gemacht hatte, ist John zu sehen, wie er sagt, dass er noch nicht sterben möchte, weil demnächst ein neues Fall-Album herauskommt. Wir ließen diese Aufnahme bei seiner Beerdigung laufen, und ich komme noch immer nicht mit der Tatsache klar, dass es Fall-Alben geben wird, die John niemals wird hören können.

1978 war, zumindest für John, das Jahr der Undertones. Ihre Single »Teenage Kicks«, ein Manifest reiner, ungebremster Lebensfreude, war seine Lieblingsplatte. Am 12. September spielte er alle vier Songs ihrer EP *True Confessions* und fragte dann: »Ist das nicht die tollste Platte, die ihr je gehört habt?« In den folgenden zwei Wochen spielte er »Teenage Kicks« viermal in seinen Sendungen, und für den Rest seines Lebens vertraute er auf diesen Song, wenn er etwas brauchte, das ihn aufmunterte, nachdem er stundenlang uninteressante Schallplatten hatte durchhören müssen.

Kurz nach diesen ersten Radio-Einsätzen von »Teenage Kicks« trieb John das Geld auf, um eine Session der Undertones in einem Studio in Belfast zu finanzieren, die am 16. Oktober 1978 ausgestrahlt wurde. Als die Band im Jahr darauf nach London kam, um im Vorprogramm der Rezillos zu spielen, nahmen sie vier weitere Songs für John auf – diesmal in Maida Vale. »Manchmal fragen mich Leute, warum ich diese Sendung mache«, sagte John. »Ich mache es nicht, weil ich authentisch oder cool erscheinen will. Ich mache es nicht für die großen Plattenfirmen. Ich mache es nicht für die Musikindustrie … Ich mache es für Leute wie die Undertones.« An »Teenage Kicks«, so erklärte er immer wieder, gab es nichts, das man hinzufügen oder weglassen könnte, um den Song noch besser zu machen. Als er später hörte, wie Peter Powell den Song im Tagesprogramm spielte, war John so begeistert, dass er in Tränen ausbrach.

Ich weiß noch, wie John den Song zum ersten Mal zu Hause anhörte. Damit verbrachte er die meiste Zeit – zurückgezogen in seinem länglichen, schmalen Zimmer neben der Küche, dessen Tür immer offen stand, hörte er eine Schallplatte nach der anderen, den ganzen Tag lang. An den Wänden Familienfotos, ein Stapel von alten Ausgaben der Zeitschrift *Private Eye*, der über die Jahrzehnte so weit angewachsen war, dass er bis zur Decke und wieder zurück reichte; ein Erste-Hilfe-Kasten aus den Beständen der BBC; ein Turnschuh an der Zimmerdecke, dessen Schnürsenkel herunterbaumelten und den John eigenhändig dort festgenagelt hatte, um William zu verdeutlichen, worum es im Surrealismus ging.

Die meiste Zeit verbrachte John in diesem Zimmer stehend und notierte die exakte Dauer der einzelnen Songs oder schrieb kurze Bemerkungen auf die Zettel, mit denen jede Platte versehen war, malte Sternchen neben die Song-Titel, je nachdem wie gut sie ihm gefielen, und tippte dann auf der Schreibmaschine seine Musikfolgen für die Sendungen. In den Regalen in unserem Haus und dem Schuppen stehen Zehntausende LPs, 12inch-Singles, 7inch-Singles und CDs, die allesamt von John in dieser Art und Weise archiviert wurden. Man kann irgendeine davon herausziehen und augenblicklich feststellen, was John davon hielt. Auf einem Album von den Bhundu Boys beispielsweise finden sich im Allgemeinen etwa fünfzehn oder sechzehn Sternchen. Das erste Album der Libertines trägt einen Stern neben dem Song »Time For Heroes«, dessen Text John, wie er anmerkte, aus der Seele sprach. Es geht darin um den grässlichen

John in seinem Zimmer beim Zusammenstellen der Playlist für seine Sendung

Anblick, den englische Männer in Baseballkappen bieten. John war stets der Auffassung, dass der Niedergang der europäischen Kultur einzig und allein auf die immer weiter um sich greifende Popularität von Baseballkappen zurückgeführt werden konnte.

Ein Stern bedeutete: »kann man spielen«, zwei Sterne hießen: »sollte man spielen«, und drei: »muss man spielen«.

John achtete darauf, dass er sich auf drei Sterne beschränkte, doch in Ausnahmefällen ließ er sich dazu hinreißen, auch schon mal vier oder sogar mehr zu vergeben. »Teenage Kicks« hatte etwa achtundzwanzig Sterne, doch wer wollte so kleinherzig sein und behaupten, sie wären nicht allesamt verdient.

Als John »Teenage Kicks« zu Hause spielte, fragte er mich, was ich davon hielt. Er war sich darüber im Klaren, dass er es toll fand, doch er wollte noch eine zweite Meinung dazu hören. Ich schwärmte ihm die Ohren voll – ich fand den Song wunderbar. Nachdem ich es war, die ihm die Undertones ans Herz gelegt hat und auch in der jüngeren Vergangenheit in der Rubrik »Pig's Big 78« in Johns Sendung zu Ehren kam, während Thomas sich durch Wagenladungen voller Weißmuster mit Jungle, Drum and Bass und Happy Hardcore wühlte, um für John die besten herauszusuchen (die dann als »Tom's Tip« in der Sendung präsentiert wurden), sollte nun endlich klar sein, dass John eigentlich nur ein netter Kerl war mit einem gepflegten Bart und einer angenehmen Stimme.

Wenn John zu Hause war, lief den ganzen Tag Musik. An den Tagen, an denen er nicht bei der BBC war, stand er von acht Uhr morgens bis spät in die Nacht in seinem Zimmer und hörte Platten. Es war, als ob er hier sein wollte und gleichzeitig aber wieder doch nicht. Er beklagte sich, wenn ich kochte und der Dunst in sein Zimmer zog, aber er konnte es noch weniger ausstehen, wenn jemand die Tür zu seinem Zimmer zumachte. Er war selten glücklicher, als wenn er in seinem Zimmer war und Musik hörte und uns trotzdem hören konnte, wie wir alle in der Küche saßen oder standen und uns unterhielten, lachten oder stritten, und er wusste, dass alles seinen geregelten Gang ging. Auf diese Art und Weise hatte er beides – seine Musik und seine Familie.

Er mochte es, wenn Leute zum Lunch vorbeikamen, und er genoss es immer, mit einem Glas Wein in der Hand am

Ende des Tisches zu sitzen und verquere Anekdoten zum Besten zu geben und dabei irgendwelche seltsamen Stimmen nachzumachen. Aber irgendwann – nach einer Stunde oder so – kam dann der Punkt, wo man ihm regelrecht ansah, wie es ihn juckte, wieder zurück an die Arbeit zu gehen. Selbst wenn wir Gäste hatten, hielt es ihn irgendwann nicht mehr auf seinem Platz, und er erhob sich, schlurfte zu seinem Zimmer und sagte: »Ich hoffe, es macht euch nichts aus, wenn ich so langsam mal wieder…«

Selbst an Weihnachten konnte er es nicht erwarten, sich endlich seinen Platten zu widmen. Etwa gegen zehn Uhr morgens, wenn alle ihre Geschenke ausgepackt hatten, war er wieder in seinem Zimmer, und die Musik legte los. Dann bekamen wir ihn erst wieder zu sehen, wenn ich ihn zum Mittagessen rief. Er verbrachte so viel Zeit darin, weil es sein Job war und weil es ihm Spaß machte. Und obwohl er endlose Stunden damit verbrachte, Musik zu hören, schaffte er es trotzdem nicht, all das anzuhören, was ihm zugeschickt wurde.

Ein Teil des Problems bestand für John darin, dass er das Abhören von Platten weder beschleunigen noch delegieren konnte. Eine Platte dauert so lange, wie sie dauert, und heutzutage auch noch länger als früher. Während beispielsweise Eddy Cochrans »C'mon Everybody« eine Länge von einer Minute dreiundfünfzig Sekunden hat, kommen moderne Singles in Verbindung mit fünf Remixen daher und bringen es manchmal auf eine Spielzeit von einer Stunde. Der Original-Song dauert vielleicht nur drei Minuten, aber die Remixe – zwei von irgendwelchen dünnen Jungs aus Deutschland, zwei von ein paar New Yorkern, die gerade en vogue sind, und jeweils einer von jemand aus Japan oder Weißrussland – ziehen sich wesentlich länger hin.

Aber auch wenn er gerade den Dünne-Jungs-aus-Deutschland-Remix der neuen Schlammpeitziger-Single hörte, bekam John mit, was in der Küche los war. Es kam vor, dass man gerade mitten in einer Unterhaltung war und John plötzlich in der Tür auftauchte, um irgendetwas beizusteuern oder einfach nur zu fragen: »Was ist los?«, während im Hintergrund die Musik dröhnte. »O Gott, du hast doch nicht etwa Probleme mit den Ohren?«, erwiderte ich dann.

In Suffolk, von links nach rechts: Alexandra, Florence, William, John, Sheila mit ihrem Neffen Little John und Thomas auf seinem Fahrrad

Wir waren alle daran gewöhnt, dass ununterbrochen Musik lief. Den Kindern kam es nicht im Geringsten seltsam vor, dass sie morgens von den Platten aufwachten, die John gerade spielte. Wenn es etwas war, das ihnen gefiel, gingen sie zu ihm rein und fragten, was es war. Es gab diverse Bands, bei denen die ganze Familie einer Meinung war. Wir gingen beispielsweise alle gemeinsam zu Konzerten von The Wedding Present, und wir waren alle begeistert von Sonic Youth und den Pixies. Was zur Folge hatte, dass John regelmäßig ein großes Geschrei anstimmte, und wenn dann plötzlich Ruhe im Haus einkehrte, dröhnte es aus seinem Zimmer: »Wer hat meine Pixies-Platten?«

Bei Nirvana verhielt es sich genauso. Auch sie wurden von uns allen verehrt, und obwohl John es normalerweise vermied, seinen Status als strahlender Stern am DJ-Himmel von Radio 1 auszunutzen, um irgendwelche Vergünstigungen an Land zu ziehen, machte er bei Nirvana eine Ausnahme und sorgte dafür, dass die Kinder alle einen Backstage-Pass bekamen, als Nirvana auf dem Reading Festival als Headliner auftraten, so dass sie der Band so nahe sein konnten wie Sie diesem Buch. Als Kurt Cobain Selbstmord beging, holte John die Kinder vom Schulbus ab und brachte es ihnen ebenso schonend bei, als wenn ein Mitglied der Familie gestorben wäre.

Wenn John einer Band seine Sympathien schenkte und ihr Sendezeit einräumte, dann tat er dies nie im Hinblick darauf, dass sie eventuell demnächst groß rauskommen würde. Im Gegenteil, er zeigte sich immer wieder erstaunt, wenn sein Geschmack mit dem der Musikindustrie übereinstimmte. Es wird behauptet, dass er Bands wie Nirvana oder den White Stripes zum Durchbruch verholfen hat, doch er erklärte dazu immer nur, dass er lediglich ihre Platten etwas früher gespielt hätte als alle anderen und sie früher oder später sowieso Erfolg gehabt hätten.

Bei so viel Musik im Haus bestand für die Kinder kaum ein Anlass, sich eigene Plattensammlungen anzulegen, und sie zogen es vor, in den Beständen ihres Vaters zu wildern und die dort gemachte Beute zu ihren Stereoanlagen zu schleppen. Manchmal passierte es, dass William eine neue Band entdeckte, und wenn er dann zu seinem Vater rannte, um ihm davon zu erzählen, musste er feststellen, dass der ihre EP schon Wochen zuvor in seiner Sendung gespielt hatte.

Als die Kinder dann aus dem Haus waren, schickte John ihnen gelegentlich so genannte Carepakete an die Uni. Darin befanden sich stapelweise CDs, die alle mit handgeschriebenen Zetteln versehen waren und die Aufschriften trugen wie »Wird dir, glaube ich, gefallen« oder »Sollte dir gefallen«. Und natürlich durfte auch der Spruch »Bei der solltest du so tun, als würde sie dir gefallen, nur um die Leute zu ärgern« nicht fehlen. (Dabei handelte es sich gewöhnlich um deutschen Hiphop.)

Heutzutage herrscht eine völlig andere Atmosphäre im Haus. Wenn die Kinder auf etwas stoßen, von dem sie annehmen, dass es John gefallen hätte, stellt sich unweigerlich ein Gefühl der Leere ein. Thomas beispielsweise hörte vor einiger Zeit ein paar Tracks von Ergo Phizmiz, von denen er sicher war, dass John sehr großen Spaß daran gehabt hätte, und er war sehr niedergeschlagen, dass er sie ihm nicht vorspielen konnte.

Mittlerweile ist das Haus nicht mehr so erfüllt von Musik. Wenn Flossie morgens runterkommt, schaltet sie das Radio ein, um die Stille zu vertreiben. Die Kinder haben mir erzählt, dass sie über neue Musik bei Weitem nicht mehr so auf dem Laufenden sind wie in den Tagen, als John noch da war. Thomas war vor Kurzem am Wochenende in London und wollte sich ein Konzert anschauen. In der Vergangenheit hätte er nur seinen Vater anrufen müssen, der ihm ellenlang vorgeschwärmt hätte von dieser und jener Band, die am gleichen Abend in irgendeinem Club spielte, aber dieses Mal musste er in einem Stadtmagazin nachschauen. Keiner der Namen, die dort aufgelistet waren, sagte ihm irgendwas. Ich frage mich, wie vielen Jugendlichen es wohl ähnlich geht.

Punk war per se eine kurze, gallige Angelegenheit, aber es herrschte kein Mangel an musikalischen Innovationen, die in seinem Gefolge aus der verbrannten Erde sprossen, die er hinterlassen hatte. Die britische Musik in den späten Siebzigern wurde dominiert von Ska, und auch diese Musik fand ebenso wie zuvor Punk ihren Niederschlag in Johns Sendung. The Beat, Madness, The Selecter und The Specials nahmen 1979 Peel-Sessions auf. Zu dieser Zeit war John von montags bis donnerstags von zehn Uhr abends bis Mitternacht auf Sendung, nachdem im Januar 1979 zum ersten Mal seit 1975 die Anzahl seiner Sendungen von fünf auf vier reduziert worden war. Auch wenn es ein schwacher Trost war, dass er von 1980 an sonntags eine Extrastunde bekam (unter dem Titel *John Peel's Requests*), so sollte er dennoch nie wieder fünf Nächte die Woche senden.

Die Sendezeiten während der gesamten Achtziger hatten zur Folge, dass er gewöhnlich das Haus verließ, wenn die Kinder aus der Schule kamen, und zurückkehrte, wenn sie schon wieder im Bett lagen. Er bemühte sich, morgens früh aufzustehen, damit er sie wenigstens vor der Schule noch zu Gesicht bekam, aber um diese Tageszeit war er selten in Topform, und die Kommunikation zwischen ihm und den Kindern war ziemlich minimal – meistens saß er, den Kopf in die Hände gestützt, am Frühstückstisch und versuchte sich zu erinnern, welches Kind welches war.

Es musste sich etwas ändern. Gegen Ende der Achtziger reduzierte John die Anzahl seiner Auftritte und gab sie schließlich in den Neunzigern völlig auf. Er ließ sich stattdessen allerdings verstärkt auf Synchronsprecher-Jobs ein, was er zwischendurch immer mal wieder getan hatte, seit er 1970 einen Werbespot für die Firma Bird's Eye gesprochen hatte. 1980 war er kurzfristig die Stimme des Marmite Baby, bevor er durch Willie Rushton ersetzt wurde. Von da an murmelte er seine Empfehlungen für Biersorten, Limonadengetränke, Schokoriegel, Toilettenpapier und Dosenfrüchte sowie ein Mittel zur Rasenpflege, das, wie Scharen von empörten Briefeschreibern ihn informierten, einen Inhaltsstoff enthielt, der gegen die Genfer Konvention verstieß.

Er erlebte ein besonders niederschmetterndes Weihnachtsfest, als bei jeder Reklameunterbrechung zwei von drei Werbespots liefen, die er kurz zuvor aufgenommen hatte und bei denen seine Stimme kurz vor der Ausstrahlung durch die von Griff Rhys Jones ersetzt worden war. »War das nicht einer von denen, die du gemacht hast, Papa?«, fragten die Kinder, und von da an knurrte John, wann immer Griff auf dem Bildschirm erschien: »Das ist der Mann, der euch den Pudding unter der Nase weggenommen und eure Weihnachtsstrümpfe leer geräumt hat.« Die Kinder waren in der Zwischenzeit längst darüber hinweg, aber John konnte es nicht ruhen lassen. *Wollte* es nicht ruhen lassen.

Für John gingen die Sprecher-Jobs einher mit einer gesunden Portion liberaler Schuldgefühle, denn er war sich im Klaren darüber, dass dies leicht verdientes Geld war verglichen mit der Rettung von Schiffbrüchigen oder der Arbeit eines Hirnchirurgen. Aber es konnte manchmal eine beklemmende Angelegenheit für ihn sein. Er beschrieb seine Erlebnisse wie folgt:

> Wenn man völlig aufgeregt im Studio ankommt, wird man – nach einer Weile Wartezeit, die einen daran erinnern soll, welchen Rang man in der ganzen Angelegenheit einnimmt – den Leuten vorgeführt, die für den Werbespot verantwortlich sind. Man ist nichts weiter als jemand, den sie für eine Stunde angeheuert haben, und das wissen sie auch.

Es sind nie weniger als sechs von ihnen da, oft sogar mehr. Sie sind stets und allesamt supergut, aber leger angezogen, geistreich, unterhaltsam und haben einander nicht mehr gesehen seit ... war das in Grenoble? Ich bin nichts von alledem, und in Grenoble bin ich auch noch nie gewesen.

Nach dem Begrüßungszeremoniell, das so einschüchternd ist, dass man sich keinen einzigen Namen merken kann, obwohl man glaubt, sich erinnern zu können, dass einer von ihnen auf den Namen Piers hörte, wird man von den strahlenden Werbemenschen in eine schlecht beleuchtete Kabine geschoben, in der man seine Arbeit verrichten soll. Während die Tür sich hinter einem schließt, hört man sie lachen. Nach den ersten zaghaften Versuchen, die bescheuerten Sprüche zu lesen, an denen sie die ganze Woche gefeilt haben, sieht man sie hinter der Scheibe, durch die man von ihnen getrennt ist, diskutieren. Sie sagen: »Wer hat die Idee gehabt, diesen Trottel anzuheuern?« Derweil sitzt man alleine in der Kabine und ist den Tränen nah, und es fällt einem ein, dass man nicht einmal weiß, in welchem Land Grenoble liegt.

Irgendwann kommt dann der Augenblick, wo der Werbefachmann, der dazu vergattert ist, mit dem gemeinen Volk zu reden, die Sprechtaste drückt und sagt: »Das war fantastisch, John, aber ...« In der Sprache der Werbung bedeutet fantastisch grottenschlecht. Nachdem man das eine Stunde mitgemacht hat, kommt man schwindlig vor Selbstekel wieder aus dem Studio, doch man weiß, dass der kleine William oder die kleine Danda oder Thomas oder Florence bald ein paar neue Jeans bekommen.

Darüber hinaus wagte er sich auch wieder ins Haifischbecken Fernsehen, ein Medium, um das er einen weiten Bogen gemacht hatte seit jenem Vorfall 1968, der als das Amen-Corner-Desaster in die Geschichte einging. Der Produzent, mit dem er damals aneinandergerasselt war, hatte ihm prophezeit, dass die britischen Bildschirme Peel-frei bleiben würden bis in alle Ewigkeit, und ganz so daneben hatte er damit nicht gelegen, denn es dauerte bis zu den frühen Achtzigern, bis John erneut bei *Top of the Pops* auftauchte. Der Vorschlag dazu kam von dem Produzenten Michael Hurll, der zu Recht der Auffassung war, dass John der Sendung etwas mehr Pep und Respektlosigkeit verleihen könnte. Während der gesamten Achtziger hatte John regelmäßige Auftritte in der Sendung, und er hätte auch in den Neunzigern noch weitergemacht, wenn ihm die Aufmerksamkeit, die ihm immer am Tag nach der Sendung auf der Straße entgegenschlug, nicht unangenehm geworden wäre.

Einer seiner ersten Auftritte in *Top of the Pops* seit seinem vermasselten Debüt in den Sechzigern war im Februar 1982. Er schreibt in seinem Tagebuch:

> Schwer nervös im Fernsehstudio angekommen. Bekam eine Garderobe zugewiesen und erklärt, wie ich den Charts-Countdown machen sollte. Habe das ohne größere Probleme bewältigt und musste nur einen von vier Abschnitten noch mal machen. Wobei mir jemand erzählte, dass Mike Read einmal für einen Abschnitt vierzehn Anläufe gebraucht hatte. Hinunter zum Make-up, irgendwann kam Bryan Ferry rein und setzte sich neben mich. Hatten eine typisch idiotische Nicht-Konversation. Er: »Hallo, wie geht's denn so?« Ich: »Ach, man schleppt sich so durch.« Wunderbar tiefgründig.
>
> Ich war ziemlich verwirrt, als ich sah, wie viele Kids im Studio waren. Man stellte mich ihnen vor, und dann sollte ich ihnen lustige Sachen erzählen, woran ich natürlich kläglich gescheitert bin. Das brachte mich aus dem Konzept. Ich habe die Takes 2 und 3 vermasselt, weil ich mich absolut nicht an die spontanen Bonmots erinnern konnte, an denen ich monatelang gefeilt hatte, und ich kam unangenehm ins Schwitzen. Take 4 war ziemlich steif, aber okay, und wir machten von da an mit größerer Zuversicht weiter. Eine Menge Mädchen waren sehr interessiert an mir als Vehikel dafür, mal ins Fernsehen zu kommen, aber sie waren alle ziemlich liebenswürdig. Eine von ihnen meinte

zu mir: »Du bist nicht so ein Poser wie all die anderen.« Das hat mich dann doch ein wenig aufgemuntert.

Unter dem Namen Rhythm Pals bestritt John die Moderation manchmal zusammen mit Kid Jensen. Ihre Spezialität waren extravagante Kostüme und Witze, die gelegentlich etwas heikel waren. Wann immer sie zu Kostümproben auftauchten, tobten sie sich richtig aus und betraten das *Top of the Pops*-Studio anschließend als Gladiatoren, Zenturionen oder als die Blues Brothers. Dabei hatten sie manchmal große Probleme, während der Sendung ernst zu bleiben und keine Miene zu verziehen, jedenfalls hat Kid mir erzählt, dass er nach Ende der Aufzeichnungen regelmäßig Bauchschmerzen hatte, weil John ihn so sehr zum Lachen brachte.

John machte sich besonders gern über den gelackten Gute-Laune-Terror der anderen Moderatoren lustig. Es war

The Rhythm Pals mit Elvis Costello 1983

eine Freude mitzuerleben, wie er seinen Humor bei *Top of the Pops* einfließen ließ. »Das war der beste Song, den ich je gehört habe, seit – hmm, meiner letzten Tasse Tee«, erklärte er nach einem Duran-Duran-Video, um gleich darauf hinzuzufügen: »Und das ist noch nicht allzu lange her.« Ich weiß nicht, ob Aretha Franklin in Tränen ausgebrochen ist, als John im Anschluss an ihr Duett mit George Michael verkündete: »Man weiß ja mittlerweile, dass Aretha es schafft, dass sich sogar der letzte Müll gut anhört. Was sie gerade wieder mal bewiesen hat.« Und als Janice Long einmal David Cassidy mit den Worten ankündigte: »Den hatte ich an der Wand in meinem Schlafzimmer«, fügte John hinzu: »Das war aber sehr athletisch von dir, Janice.« Er stellte Queen als »die Truppe aus Sun City« vor, nachdem sie trotz eines internationalen Boykotts vor einem wohlhabenden weißen Publikum in Südafrika aufgetreten waren, und erklärte, Big Country seien die Band, »die das ›t‹ wieder in ›Country‹ gepackt hätten«. Manchmal war es lediglich Johns Gesichtsausdruck, der eine Sache lustig machte. Als er beispielsweise die Zuschauer fragte: »Ist es nicht großartig, dass Billy Joel zwei Platten in den Top Ten hat?«, ließ sein Gesichtsausdruck darauf schließen, dass er diese Tatsache weniger beglückend empfand, als mit einem glühenden Stahl ins Auge gestochen zu werden.

Angesichts Johns Aversion gegen Noel Edmonds erscheint es verwunderlich, dass er in den frühen Achtzigern manchmal bei Außenübertragungen von dessen Sonntagnachmittagssendung *The Late, Late Breakfast Show* mitwirkte. Aber auch das währte nicht allzu lange. 1983 präsentierte John in der Sendung den Stuntman Richard Smith, der vor laufenden Kameras einen neuen Weltrekord für Weitsprünge mit dem Auto aufstellen wollte, sich dabei aber überschlug. Aus irgendeinem unerfindlichen Grund gab man anscheinend John die Schuld an dem Vorfall und verzichtete von da an auf seine Mitwirkung; vielleicht war man ja der Auffassung, er würde Unglück bringen.

Für die Kinder und mich war es ein schrecklicher Moment. Wie saßen gemeinsam zu Hause vor dem Fernseher, und das Letzte, was wir hörten, war John, der schrie: »Oh, mein Gott, oh, mein Gott!« Danach wurde der Bildschirm weiß, und es folgte ein Schnitt auf Noel, der im Studio saß und reichlich verstört wirkte. Er gewann allerdings sehr rasch wieder die Fassung, wobei ihn allerdings der Gedanke, dass vielleicht gerade ein Kollege zu Tode gekommen war, nicht weiter zu irritieren schien – jedenfalls nicht vor laufender Kamera. Ich versuchte, die Kinder zu beruhigen, und brachte sie ins Bett, obwohl ich innerlich völlig aufgewühlt war. Ich deckte sie zu und versprach ihnen, dass ihr Papa bald wieder zu Hause sein würde, doch Thomas meinte nur: »Nein, er kommt nicht wieder. Er ist tot.«

Noel Edmonds erfüllte für John eine ähnliche Funktion wie zuvor Tony Blackburn – er bot ihm eine Reibungsfläche. John fand immer wieder Kollegen, über die er sich aufregen konnte, und bei Radio 1 herrschte daran in den Achtzigern kein Mangel. Mit der Einführung von Spartenprogrammen oder -sendungen, wie sie heute üblich sind und die nahezu sämtliche Bereiche der Musik abdecken, egal wie weit vom Mainstream sie auch entfernt sein mögen, ist es ein wenig in Vergessenheit geraten, wie grausam das Programm war, das Radio 1 damals ausstrahlte.

Für Bands, die wirklich kontrovers oder innovativ waren, gab es keine Hoffnung, jemals im Radio gespielt zu werden, außer von John. Später kamen dann noch Kid Jensen, Andy Kershaw und Janice Long hinzu. In den Achtzigern wurden für Johns Sendung mehr Sessions aufgezeichnet als für sämtliche anderen Formate seit Bestehen von Radio 1. Die Cocteau Twins, Cookie Crew, Echo and the Bunnymen, Half Men Half Biscuit, The Jesus and Mary Chain, The Men

They Couldn't Hang, Microdisney, New Order, The Pogues und We've Got A Fuzzbox And We're Gonna Use It waren einige der Bands, die regelmäßig in Johns Sendungen zu hören waren.

Billy Bragg hatte ebenfalls 1983 sein Debüt im Radio. Er hatte kurz zuvor seine Single »Milkman Of Human Kindness« an John geschickt, als er eines Abends, während er mit einem Kumpel gerade Fußball spielte, hörte, wie John in Kids Sendung sagte: »Für ein Mushroom Biryani würde ich jetzt glatt einen Mord begehen.« Billys spontane Reaktion war: »Jawolllll!« Und so bestellte er im nächsten indischen Restaurant ein Mushroom Biryani zum Mitnehmen und machte sich damit auf den Weg zu Radio 1.

Dort angekommen, erklärte er dem Portier, er würde das Essen für John Peel bringen. Johns Sendung hatte noch nicht begonnen, und so kam er herunter, um Billy Bragg persönlich in Empfang zu nehmen. Der überreichte ihm das Essen unter der Bedingung, dass John versuchen würde, seine

Mit Billy Bragg beim Marsch der Bergarbeiter 1992

Single noch am selben Abend in der Sendung unterzubringen. John willigte ein, und so kam Billy in den einzigartigen Genuss zu hören, wie seine Single im landesweiten Radio gespielt wurde – allerdings in der falschen Geschwindigkeit.

John sagte später, dass er die Single toll fand und er sie auch gespielt hätte, wenn es nicht um ein Mushroom Biryani gegangen wäre. Sie war sogar der Anlass dafür, dass Billy Bragg kurz darauf eingeladen wurde, eine Session für John aufzunehmen. Wobei Billy sich zunächst nicht sicher war, ob er einwilligen konnte, da er nicht genug Geld hatte, um sich ein Taxi nach Maida Vale zu leisten. Doch dann erklärte man ihm, dass die BBC für das Taxi aufkommen würde. Und so machte Billy zum ersten Mal Bekanntschaft mit der korrupten und verkommenen Welt des Rock'n'Roll, in der kostenlose Transporte nur die erste Sprosse auf der Leiter der Verderbtheit sind.

Der Biryani-Vorfall, wie wir ihn der Einfachheit halber einmal nennen wollen, war ein typisches Beispiel für die Tricks und Maschen, die sich Musiker einfallen ließen, um bei John Gehör oder Aufmerksamkeit zu finden. Die immensen Mengen von Demos, mit denen John bombardiert wurde, zu denen noch die regulären Veröffentlichungen hinzukamen, die ebenfalls seine Aufmerksamkeit in Anspruch nahmen, führten geradezu zwangsläufig dazu, dass es die Chancen einer Band, aus dem großen Wust herauszustechen, beträchtlich steigerte, wenn sie irgendeine spezielle Masche abzog, auch wenn sie noch so mickrig war. Manche von ihnen – beispielsweise Kevin Shields von My Bloody Valentine oder David Fielding von den Chameleons – probierten es, indem sie sich vor dem Rundfunkgebäude auf die Lauer legten, um John ihre Demos persönlich in die Hand zu drücken.

Im Fall der Chameleons dachte John, nachdem er ihr Demo angehört hatte, zunächst, dass ihm jemand einen Streich zu spielen versuchte: Das Demo klang so professionell, dass er den Verdacht hatte, jemand hätte ihm eine Kassette mit Material einer etablierten Band wie The Cure untergejubelt, in der Hoffnung, er würde es nicht bemerken und sich bis auf die Knochen blamieren. Die Band schaffte es dennoch, eine Session bei ihm aufzunehmen, und ihr Erfolg bei der Belagerung des Rundfunkgebäudes inspirierte David Gedge, damals noch nicht bei The Wedding Present, sondern Mitglied der Band The Lost Pandas, das Gleiche zu probieren. John gefiel das Band der Lost Pandas so gut, dass er David seine ungewöhnliche Bitte, während der Sendung am Abend dabei sein zu dürfen, nicht abschlug.

Freunde unserer Kinder, die in Bands spielten, kamen einfach bei uns zu Hause vorbei mit einem Demo für John und einem Strauß Blumen für mich. Womit ich vermutlich besser bedient war als er. Oder unsere Kinder, die auf die Fragen ihrer Freunde, was John denn von ihrer Kassette gehalten hatte, sich etliches einfallen lassen mussten, um nicht wahrheitsgemäß zu antworten: »Mein Vater fand es nicht besonders, und er wird euch erst zu einer Session einladen, wenn Hunde auf zwei Beinen laufen.«

Andere hoffnungsvolle Nachwuchskünstler steckten ihre Bänder einfach in den Briefkasten an der Straße oder drückten sie John in die Hand, wenn er ihnen auf der Straße begegnete. Dies ist ein Phänomen, das mir ewig unergründlich sein wird. Wo immer wir auch waren – in der U-Bahn, in einem Pub, im Kaufhaus –, immer tauchte jemand auf, der John ein Demo in die Hand drückte. Woher wussten diese Menschen, dass sie ihm begegnen würden? Vielleicht unterscheidet dies ja auch den leidenschaftlichen Musiker vom Amateur. Diejenigen, die es ernst meinen mit ihrer Kunst, tragen immer ein Band oder eine CD mit ihren Werken mit sich herum, so ähnlich wie ein Organspender seinen Organspenderausweis – im Falle meines Ablebens erkläre ich mich mit der Weitergabe dieses Demos an John Peel einverstanden.

Man konnte nie sagen, was genau John dazu veranlasste, dieses oder jenes Demo besonders zu mögen. Er ließ Terry and Gerry drei Sessions aufnehmen, deren Demo-Kassette er aus Hunderten anderer Bänder herausgefischt hatte, einfach nur weil sie die gleichen Namen hatten wie meine ehemaligen WG-Genossen. Dieser Zufall, so entschied John, war einfach zu unglaublich, als dass man darüber hätte hinwegsehen können. Eine weitere fantasiebegabte Combo namens Que Bono fand eine einzigartige Methode, dafür zu sorgen, dass ihr Demo aus unserer Post herausstach: Sie schickten es an Kenny Dalglish und baten ihn, es an John zu senden.

Cowcube, ein junger Musiker, den seine Lieben unter dem Namen Paul Stimpson kannten, drückte William in einem Pub in Stowmarket sein Demo in die Hand. Als Nächstes landete es auf Williams Regal, wo es ein Jahr liegen blieb und zur allgemeinen Überraschung keinerlei Interesse seitens der Musikindustrie weckte. Als John das Band endlich in die Hände bekam, war er so angetan davon, dass er erklärte, es sei mit das Beste, was er im ganzen Jahr zu hören bekommen hätte. Und in der Tat landete Cowcubes »The Popping Song« im Jahr 2000 auf Platz 34 seiner Weihnachts-Top-50.

Allerdings gab es stets Faktoren, die die Aussichten einer Band, dass John sich ihre Musik anhörte, drastisch minimierten. Er selbst hat in diesem Buch einige Schlüsselwörter genannt, die besser nicht in einem Info stehen sollten, doch gab es auch andere Faktoren, die ebenso nachteilig waren wie das Mitwirken eines Saxophonisten oder die Nennung der New York Dolls als einen prägenden Einfluss: Bassisten mit idiotischen Kopfbedeckungen, Bandmitglieder, die konventionelle Vornamen auf unkonventionelle Weise schreiben (»Jhon«, »Jym«). Wie die Geschichte von Cowcube zeigt, konnte es gegebenenfalls auch von Nachteil sein, wenn man William sein Demo anvertraute.

Cowcube gehörte zur Musikszene unserer Umgebung, die John stets bedacht war zu fördern. In den Achtzigern war er ein eingeschworener Fan der lokalen Grindcore-Gruppe Extreme Noise Terror. Er ließ sie drei Sessions aufnehmen, ebenso wie ihre Grindcore-Kollegen Napalm Death, die zwischen 1987 und 1990 bei ihm in der Sendung waren und einige der wildesten und kürzesten Songs ablieferten, die je im Radio gespielt wurden. Die erste Session von Napalm Death umfasste zwölf Songs und dauerte trotzdem nur exakt fünf Minuten und vierzig Sekunden. Das Publikum bei ihren Shows hatte einen ziemlich verqueren Sinn für Humor. John hatte einmal »You Suffer« von ihnen im Radio gespielt, einen Song, der nur 0,75 Sekunden lang war, und sobald sich bei Konzerten ein Stück der Ein-Minuten-Grenze näherte, fing das Publikum an zu buhen und beschuldigte die Band, zu Hippies zu mutieren.

William und ich begleiteten John regelmäßig zu den gemeinsamen Konzerten von Napalm Death und Extreme Noise Terror im Caribbean Centre in Ipswich. Dies war jedes Mal eine chaotische, schmutzige Angelegenheit, bei der das Publikum größtenteils aus Crusties bestand, die in Lagen von zerfetztem Jeansstoff gewandet waren und Dreadlocks hatten so dick wie Starkstromkabel. Der Moshpit war wie ein Initiationsritual – wenn man es schaffte, wieder herauszukommen, und noch alles an einem dran war, wusste man, dass man so gut wie alles überleben konnte. Die Leute taumelten schweißgetränkt und mit blutenden Nasen heraus, hielten sich die Köpfe oder sahen alles doppelt, und dennoch herrschte irgendwie eine freundliche Atmosphäre. William, der damals dreizehn war, fasste beim Anblick der Crusties, die jegliches Baden oder Duschen grundsätzlich ablehnten, den Entschluss, dass dies die musikalische Richtung war, der er sein Leben lang anhängen wollte. Sein Karatelehrer, der häufig die Reggae-Abende im Caribbean

Centre besuchte, fragte William auf dem Weg nach draußen: »Wie kannst du dir *so was* nur anhören?«

In den letzten Jahren entwickelte John eine Vorliebe für die Musikszene aus Bury St Edmunds. Neben Cowcube stammten von dort auch Bands wie Bearsuit, Miss Black America und The Dawn Parade. Die Letzteren bestritten zusammen mit den Exiles im März 2003 eine spezielle »Bury Scene«-Session. Eine andere Band aus der Gegend, die John ebenfalls sehr schätzte, waren The Vaults, von denen er so begeistert war, dass er ein T-Shirt von ihnen mit nach Peru genommen hatte, das er am letzten Tag unserer Reise in Machu Picchu tragen wollte. Da wir die Fotos zur Illustration des Reiseberichts, den er für den *Telegraph* schrieb, selber machten, hätte er damit den Vaults einige Publicity verschafft.

Was immer John an Musik in seinen Sendungen in den Achtzigern spielte, hatte kaum Chancen, im Tagesprogramm zu laufen. Die Argumentation der Sendeleitung lautete, dass die Leute Johns Musik nicht hören wollten, während sie bei der Arbeit waren, Hausarbeit verrichteten oder die Kinder von der Schule abholten. Doch Johns Antwort war stets die gleiche. Die Leute wollten diese Musik deshalb nicht hören, weil sie gar nicht wussten, dass sie überhaupt existierte; sie waren dazu gebracht worden, ihre geschmacklichen Maßstäbe nach unten zu schrauben, infolge der systematischen Berieselung mit den immer gleichen glatt polierten Pop-Scheiben, die auf allen Sendern, egal ob kommerziell oder nicht, zu jeder Zeit gedudelt wurden. Es lag genau an dieser eintönigen Diät, so schrieb er im *Listener*, dass »die Jungs und Mädels Fischstäbchen wollen oder Tony Blackburn und Fernsehserien, in denen es nach Möglichkeit um Klomänner geht, deren Ehefrauen monströse Brüste haben«.

Und in der Tat wechselten die Hörer mitnichten augenblicklich den Sender, sobald ihnen im Tagesprogramm einmal etwas Ungewöhnliches aufgetischt wurde. Als John 1993 eine Woche lang Jakki Brambles in der Mittagssendung vertreten musste, erwies er sich als überraschend populär. Lediglich ein Fabrikbesitzer rief bei der BBC an und beschwerte sich darüber, dass seine Leute mit der Arbeit aufgehört und der Musik zugehört hätten, als John ein Stück von Dick Dale gespielt hatte. John begann seine Vertretung damit, dass er »Why Are People Grudgeful?« von The Fall spielte, und er kommentierte Chris Isaaks neueste Single »Can't Do A Thing To Stop Me« mit den Worten: »Kann ich doch, alter Knabe. Ich kann deine grausige CD aus dem CD-Spieler nehmen und sie so weit zum Fenster hinauswerfen, wie es nur irgendwie geht.«

Die konservative Ausrichtung der BBC in den Achtzigern bedeutete, dass das Publikum die DJs zu hören bekam, die der Chefetage persönlich und ideologisch am nächsten standen. So wurde das morgendliche Programm dominiert von Simon Bates, den John, als er als Nachrichtensprecher bei Radio 1 anfing, sogar ins Herz geschlossen hatte. Am 8. Februar 1972 notierte John in seinem Tagebuch, Simon sei »ein netter Mann ... der erste Nachrichtentyp, der mich nicht schlottern lässt vor Angst«. Zehn Jahre später tüftelten er und Kid Jensen einen Plan aus, um Simon auf dem Parkplatz aufzulauern und ihn zusammenzuschlagen. Simon tauchte bei der entsprechenden Gelegenheit gar nicht auf, womit John und Kid vermutlich ganz gut bedient waren.

Kid war einer von Johns besten Freunden bei Radio 1. Ihre musikalischen Geschmäcker lagen zwar nicht hundertprozentig auf einer Linie, aber Kid veranstaltete häufig Sessions mit Bands, die John zuerst entdeckt hatte – Siouxsie and the Banshees, The Cure oder Orange Juice. Und sie kamen blendend miteinander aus, was nicht zuletzt daran lag, dass sie beide den gleichen dämlichen Humor hatten.

Seit über zwanzig Jahren steht ein Karton mit Postkarten

in Johns Zimmer, die alle Kid Jensens Porträt auf der Vorderseite tragen. Jeder Radio-1-DJ hatte seine eigenen Karten, die er signieren und an verzweifelte Fans verteilen konnte, wahrscheinlich damit diese ihn des Nachts mit zärtlichen Küssen überhäuften und in den Schlaf wiegten. John empfand immer ein starkes Misstrauen gegenüber allem, was den Beigeschmack von Promi-Kult hatte, und so unterschrieb er, wann immer ein solches Ansinnen an ihn herangetragen wurde, eine von Kids Postkarten und schickte sie dem betreffenden Autogrammjäger. Ich hoffe, dass Kid nicht allzu enttäuscht ist zu erfahren, dass anstelle seiner Postkarten gelegentlich auch welche von Chris Moyles Verwendung fanden.

John betrachtete Kid als einen Verbündeten. Im gesamten Verlauf seiner Karriere hatte es immer wieder Produzenten, DJs und gelegentlich sogar Angehörige des Managements gegeben, mit denen John eine Beziehung pflegte, die auf gegenseitiger Rückendeckung basierte. Von Bernie Andrews über Teddy Warrick und John Walters bis zu Paul Gambaccini, Kid Jensen und Andy Kershaw – für sie alle gilt, dass John das Glück hatte, mit Leuten zusammenzuarbeiten, mit denen ihn nicht nur eine Seelenverwandtschaft verband, sondern die auch stets bereit waren, seinen Geschmack und seine Musikauswahl zu verteidigen.

Als Andy im Juli 1985 bei Radio 1 anfing, brachte er frischen Wind in den Laden. Ein paar Monate später wurde er in Raum 318 gesteckt, das enge, chaotische Büro von Walters und John – wie übrigens Paul Gambaccini fünfzehn Jahre zuvor. (Das klingt allerdings, als wäre Paul damals noch immer dort gewesen, eingeklemmt zwischen Stapeln alter Ausgaben des *Melody Maker* oder dem Aktenschrank. War er aber nicht. Er hatte es geschafft zu entkommen.) Dort gab es nicht mal einen Stuhl für ihn, und er musste sich mit einem umgedrehten Papierkorb begnügen. Er erzählte spä-

John mit Paul Gambaccini

ter, dass er anfangs eine gewisse Besorgnis bei John bemerkt hatte, der sich vielleicht Gedanken darüber machte, ob Andy eventuell der neue Mann war, den die BBC schon mal in die Startlöcher schob, um ihn zu ersetzen. Doch es stellte sich bald heraus, nachdem sie Stunden und Tage in dem neun Quadratmeter großen Raum damit verbracht hatten, sich zu unterhalten, Witze zu erzählen und Schallplatten zu hören, dass sie Freunde und nicht Rivalen waren. Mit Walters als dem guten Onkel, der es irgendwie schaffte, den Laden zusammenzuhalten, entwickelte sich Raum 318 zu einem Sender im Sender. Er war wie eine kleine Festung.

John und Andy steckten sich gegenseitig mit ihrer Begeisterung an. Sie gingen auf der Suche nach afrikanischer Musik zusammen zu Stern's in der Whitfield Street und kehrten mit dicken Stapeln von Schallplatten beladen zurück ins Büro. Dort fiel ihnen dann die Kinnlade herunter, als sie zum ersten Mal die Bhundu Boys oder die Four Brothers zu Ohren bekamen.

In den Neunzigern folgte eine Zeit lang Andys Sendung unmittelbar auf die von John, wobei die Überleitungen von einer zur nächsten Sendung zunehmend surrealer wurden und die beiden das übliche Getue bei der Mikrofonübergabe so weit auf die Spitze trieben, bis sie jede wirkliche Konversation durch die Worte »kumpelhaftes DJ-Gelaber« ersetzten. Das Gefühl, nicht wirklich zum erlauchten Kreis von Radio 1 zu gehören und sich über das Establishment lustig zu machen, einte beide. Einmal fuhren wir alle zusammen extra nach High Wycombe, wo Simon Bates in einer stummen Rolle an der Seite eines Nebendarstellers aus der Fernsehserie *The Bill* in dem Stück *Aladdin* auftrat. Es waren hin und zurück vierhundert Kilometer, aber was tat man nicht alles, um Simon Bates auszubuhen. Unvergesslich der Moment, als Aladdin ein Messer an Simons Kehle hielt und

Mit Andy Kershaw bei der Tourist Trophy auf der Isle of Man

man spürte, wie der ganze Saal nach Blut gierte. Schließlich hielt Andy die Spannung nicht mehr aus und brüllte aus dem Parkett zur Bühne: »Um Gottes willen, stich zu!«

Neben der Musik blieb Fußball Johns beständigste Leidenschaft, doch die Achtziger waren für einen Liverpool-Fan keine glücklichen Jahre. Sicher, wir gewannen unter anderem zwei Europapokale, zwei League Cups und fünf Charity Shields, doch am Ende des Jahrzehnts wurden all diese Triumphe überschattet von den Ereignissen im Heysel-Stadion und in Hillsborough.

Als wir gerade nach Suffolk gezogen waren, ging John häufiger als je zuvor ins Anfield-Stadion. Dazu machte er sich schon morgens um acht auf den Weg – meistens allein, aber manchmal nahm er auch den Jugendclub mit. In Liverpool angekommen, folgte er einem strengen Ritual, um sicherzustellen, dass der Mannschaft das Glück treu blieb –

Fußballspielen mit Woggle

mit Erfolg, wie wir gesehen haben. Er parkte immer an derselben Stelle in derselben Straße und gab denselben Bengels etwas Kleingeld, damit sie auf den Wagen aufpassten. Dann ging er zum selben Imbiss wie immer, kaufte und verspeiste eine Tüte Pommes, bevor er ein Stück weit die Straße runter im selben Pub wie immer zwei Flaschen Bitter bestellte. Er trank diese, wenn möglich, am selben Tisch wie immer, während er den *Daily Mirror* las. Um dieselbe Zeit wie bei jedem Heimspiel verließ er den Pub und überquerte die Straße, um das Stadion zu betreten, wo er in der Anfangszeit auf den Rängen an der Kemlyn Road stand. Mit den Jahren arbeitete er sich hoch, bis er schließlich einen Platz im Kop, der Stehplatztribüne für die eingeschworenen Fans, ergatterte. Gewöhnlich kehrte er zwischen elf und zwölf Uhr nachts nach Hause zurück, um dann meist von einem weiteren Triumph zu berichten.

Im Lauf der Jahre hinderten seine beruflichen Verpflichtungen ihn oft daran, nach Liverpool zu fahren, obwohl er ein paar halbherzige Versuche machte, eine Dauerkarte zu kaufen, als William dort studierte. Während dieser Zeit wandelte sich Williams Desinteresse an Fußball zu einer an Besessenheit grenzenden Leidenschaft, und seine Vorbehalte gegen seinen dritten Vornamen Anfield machten eine ähnliche Wandlung durch.

Ungeachtet der Tatsache, dass ich eine Dauerkarte für Ipswich besitze, stehen wir als Familie voll hinter Liverpool. Zu meinem fünfzigsten Geburtstag schenkte mir John ein Originaltrikot von Robbie Fowler, getragen und durchgeschwitzt von unserem Stürmerstar, das er bei Christie's ersteigert hatte. Wir führten heftige Debatten, wo im Haus dieses Kleinod hängen sollte. Im Lauf der Jahre sind die rot-weißen Küchenschränke verschwunden, ebenso das rote Auto und die Liverpool-Nachttischlampe samt Bettvorleger. Ich weiß nicht, was aus dem Kenny-Dalglish-Kissenbezug

John und Thomas vor dem Spiel Ipswich gegen Liverpool

geworden ist, aber ich habe den Verdacht, dass auch er weg ist. Den mit Brandlöchern von den Funken eines Freudenfeuers gesprenkelten billigen Schal hat John in einem Anfall von Perestroika-Euphorie einem Jugendlichen in Moskau geschenkt. Und am Ende konnten wir uns auch nicht auf einen geeigneten Platz für Robbies Trikot einigen, weswegen es ebenso wie die Bilder, die wir gekauft oder geschenkt bekommen haben, herumliegt und Staub ansetzt.

John und ich waren zusammen beim Spiel Liverpool gegen Juventus Turin im Heysel-Stadion am 29. Mai 1985. Es war eines der schrecklichsten und verstörendsten Erlebnisse für uns beide. Kenny hatte uns Karten besorgt, und wir machten auf der Rückfahrt von Deutschland, wo John eine Radiosendung aufgenommen hatte, einen Zwischenstopp im Heysel-Stadion. Unsere Plätze waren genau gegenüber der Seite, wo die Fans aneinandergerieten, und plötzlich gab es ein lautes Getöse, und die Mauer stürzte unter dem Gewicht der Menschenmassen ein. In diesem Augenblick packte mich John am Arm und dirigierte mich zum Ausgang des Stadions. Während wir davoneilten, riet er mir, meinen Liverpool-Schal besser zu verstecken. Als wir endlich draußen waren, wurden die Toten bereits auf dem Gelände um das Stadion herum abgelegt. Es war ein grausiger Anblick, den ich nie vergessen werde.

Vier Jahre später hatte John eine Einladung zum Pokalspiel im Hillsborough-Stadion in Sheffield. Er war seit den Ereignissen im Heysel-Stadion nicht mehr bei einem Spiel gewesen, und er ließ es auch diesmal bleiben. Doch im Anschluss an die Katastrophe, bei der 96 Liverpool-Fans ums Leben kamen, machte er eine Pilgerfahrt mit unserem Freund Pjotr aus Warschau, der damals bei uns zu Besuch war. Es war völlig spontan. Am frühen Morgen erklärte John, dass er einfach nach Anfield musste. Um sieben Uhr abends standen sie in der Schlange, die sich um das gesamte Stadion herumzog – auf der einen Straßenseite der Kemlyn Road entlang und dann zurück auf der anderen und ebenso in der Skerries Road und der Wylva Road, den parallel dazu verlaufenden Straßen. Die Leute redeten, und hier und da war es laut, aber, so erzählte er später, mehr als alles andere herrschte ein Gefühl der Verunsicherung.

Sie erinnern sich vielleicht an die Fotos von den Blumensträußen und Erinnerungsstücken, den Schals und Fahnen, die von den Geländern und Torstangen herunterhingen, den Gedichten, Programmheften und Souvenirs, die auf den Stufen des Kop zurückgelassen wurden. Pjotr verfiel in Schweigen, und John war selbst überrascht, wie er offensichtlich von einem mittelalterlichen Instinkt nach Liverpool gezogen worden war.

1997 gingen wir alle ins Anfield-Stadion zum Hillsborough Justice Concert. Wir waren insgesamt fünfzehn Leute – Onkel und Tanten, Nichten und Neffen sowie unsere Freunde Charlie und Alison –, und dummerweise gerieten wir an einen ziemlich starrsinnigen Offiziellen, der uns erklärte, wir dürften nicht hinein, um die Spieler zu sehen, und so schlurften wir ein wenig in der Gegend herum und bekamen sie trotzdem zu sehen. John war zufällig auf dem Weg zur Bühne, als die Spieler sie gerade verließen, und er hatte gehofft, dass der eine oder andere vielleicht sagen würde: »Wie sieht's aus, John, alles klar?«, so dass er hinterher damit angeben konnte, er hätte sich mit Steve, Jason oder Barnsey unterhalten. Aber er musste leider allmählich einsehen, dass die Welt nur so wimmelte von rundlichen kleinen Kerlen mit Bärten. Der Einzige, mit dem er redete, war Sammy Lee, ein ehemaliger Spieler, der sich auch in Paris nach dem Spiel gegen Real mit ihm unterhalten hatte, was John ihm nie vergaß.

Der Tag selbst war ein Ereignis. Johns Aufgabe bestand darin, während der Umbaupausen Platten aufzulegen, und er war außerdem, jedenfalls soweit uns das bekannt ist, der Erste, der auf dieser Bühne das Wort ergriff, die nur für dieses eine Konzert aufgebaut worden war. Das genügte ihm vollkommen. »Guten Tag«, begrüßte er die Menge höflich, und fügte in Anlehnung an Bill Shankly hinzu: »Dies ist Anfield.« Dann spielte er Aretha Franklins Gospel-Version von »You'll Never Walk Alone« von der gleichen majestätisch knisternden Platte, mit der er auch seine erste Sendung nach der Katastrophe von Hillsborough eröffnet hatte.

1990 fragte John bei Radio 1 an, ob es möglich wäre, seine Sendungen auf die Wochenenden zu verlegen, damit er mehr Zeit mit den Kindern verbringen konnte. Dies bedeutete, dass er nur noch acht Stunden pro Woche im Auto unterwegs war statt wie zuvor sechzehn, und obwohl der Effekt auf die Kinder eher minimal war, so gab es ihm dennoch ein besseres Gefühl, auch wenn er der Ansicht war, dass er etwas mehr verdiente als ein beiläufiges Grunzen, wenn er am Fuß der Treppe stand und nach oben rief: »Ich fahre jetzt zur Arbeit. Bis später.«

Als er davon hörte, dass eine Universitätsstudie zu dem Ergebnis gekommen war, dass fünfzig Prozent der englischen Väter weniger als zehn Minuten am Tag mit ihren Kindern verbrachten, konnte er das kaum glauben. Denn zehn Minuten waren für ihn schon so etwas wie ein unerfüllbarer Traum, auch wenn man als »mildernde Umstände« anführen könnte, dass er sich vor Thomas fürchtete, der als Kind den Eindruck machte, er gehörte eigentlich auf einen anderen Planeten, und Flossie nicht viel mit ihm zu tun haben wollte, es sei denn, er nahm sie mit zu einem Konzert von Kylie Minogue.

Doch auch wenn John nur schwer mit den anarchischen Zuständen in der Familie zurechtkam, so war er doch völlig aufgelöst, als die Kinder schließlich alle zur Universität gingen und nur noch er und ich im Haus zurückblieben. Zwar bezeichnete er sich selbst immer als sentimentalen Sack, aber ich glaube nicht, dass er jemals so viele Tränen vergossen hat wie zu dem Zeitpunkt, als die Kinder das Haus verließen. Als Flossie zu Hause auszog, um zu studieren, war er untröstlich. »Ich fühlte mich so niedergeschlagen wie noch nie in meinem Leben, als Flossie hinter der nächsten Straßenbiegung verschwand«, schrieb er eine Woche nach ihrer Abreise.

Wenn es etwas gab, das ich in unserem Leben vermisste, dann waren es Ferien. Wann immer unsere Freunde in Urlaub fuhren, wurde ich ein wenig neidisch. Aber John hatte eine Aversion gegen das Fliegen. Man gab ihm den Rat, einen Kurs gegen Flugangst mitzumachen, doch er fragte nur, welchen Nutzen das haben sollte – wenn das Flugzeug abstürzte, würde ihn ein solcher Kurs wohl kaum vor den Folgen bewahren. Während unserer gesamten Ehe hatte er mit dieser Phobie zu kämpfen, denn er wusste, dass unsere Reisemöglichkeiten dadurch erheblich eingeschränkt wurden. Als wir in Peru waren, sprach er sogar davon, sich deswegen einer Hypnosetherapie zu unterziehen, sobald wir wieder zurück in England wären.

Und dann war da immer Johns Arbeit, die stets im Vordergrund stand. Im Sommer fanden jede Menge Festivals statt, und dies war die Zeit des Jahres, wo er am meisten zu tun hatte. Ich bin nie nach Glastonbury mitgefahren, sondern habe die Gelegenheit genutzt, zu Hause ein gemütliches Wochenende zu verbringen, aber John war geradezu süchtig danach. Das erste Mal war er 1970 dort gewesen, zusammen mit Marc Bolan. Später gehörte er dann zum Team von Radio 1. Er genoss es besonders, die Kinder mitzunehmen und ihnen den Backstage-Bereich zu zeigen, damit sie sich angewöhnten, berühmte Popstars zu ignorieren – mangelnden Respekt vor Prominenten erachtete er als eine essenzielle Geisteshaltung, die jedem Menschen, der seine fünf Sinne beisammenhat, eigen sein sollte.

Die Kinder ließen sich vom Geist von Glastonbury nur in begrenztem Maße anstecken; einige von ihnen, die in diesem Kontext lieber ungenannt bleiben möchten, zogen es vor, im Campingwagen zu sitzen und Tee zu trinken, statt sich

Mit Thomas in Reading 1992

Rancid Hell Spawn anzuschauen, wie sie eine Reihe von Balladen auf Bühne Nummer zwei zum Besten gaben. Zu Williams Ehrenrettung muss allerdings gesagt werden, dass er einmal sogar außerhalb des Pressegeländes zeltete, wo er

Mit William in Glastonbury 1993

allerdings von einem Mann mit einer großen Kerze attackiert wurde, der dachte, William wollte sich über seinen Hut lustig machen, als er ihn fragte: »Hast du ein großes Zelt gesehen, das aussieht wie eine Cornwall-Pastete?«

Außer den Festivals waren die Reisen im Auftrag der BBC die einzigen Anlässe, wegen denen er sich von seinen Sendungen losreißen konnte. Eine der letzten Unternehmungen dieser Art war unsere Rückfahrt von New York an Bord der

Mit Thomas, William und Zahra in Glastonbury 2000

QE2 in Begleitung einiger anderer Mitarbeiter der *Radio Times*, von Redaktionsmitgliedern und einer Gruppe von Hörern. John und ich waren eine Woche zuvor nach New York geflogen, wobei John mit beträchtlichen Mengen von Beruhigungsmitteln überhaupt erst in einen flugfähigen Zustand versetzt werden musste.

Für mich war es die erste Reise in die USA und für John die erste, seit er San Bernardino 1967 den Rücken gekehrt hatte. Wir hatten wundervolle Tage, zogen das gesamte Touristenprogramm durch und machten Unmengen von Fotos vor dem Chrysler Building, das John als das schönste von Menschenhand geschaffene Bauwerk auf der ganzen Welt erachtete. Wir standen an einer belebten Kreuzung einen Block vom East River entfernt und bewunderten das Feuerwerk zur Feier des 4. Juli, wir aßen und tranken in mexikanischen Restaurants und irischen Bars und verbrachten einen Abend im Birdland, wo wir von der Bedeutung des Clubs für die Musikgeschichte schwärmten, bis wir feststellten, dass der Club seit den Tagen Charlie Parkers schon dreimal umgezogen war und Charlie in dem Laden, in dem wir saßen, niemals aufgetreten war.

Um uns dafür zu entschädigen, marschierten wir fünfundvierzig Blocks weit zum Greenwich Village, wo wir die Sängerin Laura Cantrell trafen, von der John in seiner Sendung verkündet hatte, sie sei die bedeutendste Künstlerin der letzten zehn Jahre. Wir sahen das Haus, in dem Charlie Parker gewohnt hatte, und flüchteten uns vor der Hitze nacheinander in zwei Bars – die eine war offensichtlich die letzte ihrer Art, in der Frauen der Zutritt gestattet war, und die andere war angeblich früher eine Flüsterkneipe gewesen. Wobei gerade jene, wie John voller Stolz verkündete, auf der Herrentoilette mit FC-Liverpool-Graffiti auftrumpfen konnte. »Scousers here, Scousers there, Scousers everywhere«.

Auf der Überfahrt nach England wurde John vom Direktor der Kreuzfahrtgesellschaft auf die Bühne des Queen's Room gebeten und vor den versammelten Passagieren ausgefragt. Unter anderem wollte er wissen, ob John noch immer in der Fernsehserie *The Archers* auftrat, wobei der Direktor anmerkte, dass er sich die Show dringend mal wieder anschauen musste. Delia Smith, Alan Hansen und Barry Norman waren zuvor bereits einem ähnlichen Verhör unterzogen worden und hatten es einigermaßen unbeschadet überstanden, wenn man davon absah, dass Barry mindestens einmal mit »Norman« angesprochen worden war und es sich gefallen lassen musste, dass wir ihn die nächsten vierundzwanzig Stunden nur noch Norman nannten. Als John dann das Wort ergriff, erklärte er, dass er seit unserer Abreise bedauerlicherweise mindestens drei Mahlzeiten täglich verputzt hatte, und versuchte dem Publikum weiszumachen, dass er gerade mal mickrige siebzig Kilo gewogen hätte und gertenschlank gewesen wäre, als er an Bord gegangen war, und bei Weitem nicht der fette kleine Kerl, den sie nun vor sich sahen. Gut möglich, dass einige aus dem Publikum ihm das sogar abgekauft haben. Hinterher mischten wir uns unter die Leser, und als wir in Southampton von Bord gingen, wünschten wir, dass einige von ihnen in unserer Nähe wohnen würden – das Ehepaar, dessen Tochter während der Überfahrt an Bord geheiratet hatte, oder der nette Mann mit dem weißen Bart aus York. Der Mann war aus York, nicht der Bart.

Die Reisen, die uns am stärksten im Gedächtnis blieben und von denen wir das meiste mitnahmen, waren die von der BBC organisierten Promo-Ausflüge mit dem Ziel, Werbung für den BBC World Service zu machen. Dies waren wundervolle Reisen, die unseren Horizont manchmal auf dramatische Weise erweiterten, wie beispielsweise unser Besuch in Sierra Leone, den Dave Tate vom World Service in Zusammenarbeit mit dem British Council organisiert hatte. John stattete der Universität einen Besuch ab und stellte sich den Fragen der Studenten, die alle sehr liebenswürdig, aber etwas schüchtern waren. Der British Council leistete hervorragende Arbeit bei diversen Projekten im Land, und trotz seiner eigenen Schüchternheit zeigte sich John sehr aufgeschlossen und engagiert bei den Begegnungen mit den Menschen dort. Doch die Reise war auch eine verstörende und aufwühlende Erfahrung. Wir waren konfrontiert mit einem Ausmaß an Armut, das uns im wörtlichen Sinne Schauer über den Rücken jagte. Nach einer Weile fiel uns auf, dass wir bei unseren Touren gar keine älteren Menschen gesehen hatten, woraufhin unser Reiseführer uns erklärte, dass nur sehr wenige Leute hier das vierzigste Lebensjahr erreichten.

Die Reise, die wir am meisten genossen, war ebenfalls eine Zusammenarbeit zwischen dem British Council und dem BBC World Service und führte uns 1988 nach Simbabwe. Johns Rolle bestand darin, eine Ausstellung über Popmusik in Harare zu eröffnen, obwohl er sich dabei stets in Erinnerung rief, dass man ihn erst gefragt hatte, nachdem Dave Lee Travis abgelehnt hatte. »Ich bin nur hier, weil Dave Lee Travis keine Zeit hatte« – mit solchen Merksätzen im Hinterkopf behält man die Bodenhaftung.

Dave hatte ja keine Ahnung, was er verpasste. Vom Augenblick der Landung an war die Reise das schiere Vergnügen, und als wir wieder abreisten, stellte John ernsthafte Überlegungen an, ob wir nicht vielleicht hierher ziehen sollten. Wir verbrachten viel Zeit damit, die einzelnen Townships zu besuchen, um die dortigen Musikszenen in Augenschein zu nehmen. Überall waren tanzende Menschen zu sehen, und als wir einmal eine Bar außerhalb von Harare besuchten, kam ein älterer Mann auf John zu und fragte ihn, warum er nicht tanzte. »Ich mag einfach nicht«, erklärte

John, worauf der Mann ihm die Bierflasche anbot, die er in der Hand hielt, und sagte: »Nimm das, und du kriegst Lust zu tanzen.« Und dabei strahlte er über das ganze Gesicht.

An einem anderen Abend gingen wir zusammen mit Biggie Tembo in den Saratoga Club, um eine einheimische Band, die Four Brothers, zu sehen. John hatte Biggie durch Andy Kershaw kennen gelernt, der ihn mitgenommen hatte, als Biggie mit seiner Band Bhundu Boys in London spielte. Etwa in der Mitte des Konzerts drehte sich Andy zu John um und sah, dass ihm dicke Tränen die Wangen herunterkullerten, so begeistert und ergriffen war er von der Musik. Und Ähnliches kann man auch von den Four Brothers sagen. John und ich fühlten uns von ihren Songs unglaublich beschwingt, sie hatten eine Qualität, die einen selbst in den

Mit Biggie Tembo in Simbabwe

dunkelsten Stunden wieder Hoffnung schöpfen ließ. Drei Stücke lang tanzte ich zusammen mit Biggie, und als wir von der Tanzfläche gingen, applaudierten alle. John meinte hinterher, er wäre mächtig stolz gewesen.

Als die Four Brothers fertig waren, sagte John voller Wehmut, er wünschte, sie könnten bei seiner Geburtstagsparty spielen. Und das taten sie auch. Ich schaffte es, sie in unserem Garten auftreten zu lassen, ohne dass John im Vorfeld das Geringste davon mitbekam. Selbst in dem Augenblick, als er an seinem fünfzigsten Geburtstag das Festzelt betrat, hatte er keinen Schimmer, welche Band an diesem Tag spielen würde. Es war alles andere als einfach gewesen, das Ganze geheim zu halten. Ein paar Tage zuvor waren wir beim Reading Festival gewesen, wo die Bhundu Boys aufgetreten waren und Biggie zeitweise den Babysitter für Thomas gespielt hatte, der ihn, statt ihn mit seinem richtigen Namen anzusprechen, immer nur »Big Ears« genannt hatte, und während der ganzen Zeit kamen immer wieder Bekannte auf mich zu und erkundigten sich nach der Party. Doch als John das Zelt betrat und die Four Brothers sah, traute er seinen Augen nicht. Er war völlig sprachlos.

Die Reise nach Simbabwe war auch deswegen von Bedeutung, weil wir die Gelegenheit hatten, die Victoriafälle zu besuchen, die John schon immer hatte sehen wollen, seit er als Kind einmal ein Foto davon in der Hand gehalten hatte. Insgesamt hatte er seit den Tagen seiner Kindheit eine Liste von vier Orten, die er unbedingt besichtigen wollte, neben den Victoriafällen waren dies das Taj Mahal und die Pyramiden, die er beide zu sehen bekam, wobei er bei den Pyramiden ein Foto von sich machen ließ, wie er auf einem Kamel saß. Damit erfüllte er sich einen lang gehegten Wunsch, denn seit er ein Foto seines Vaters in der gleichen Pose gesehen hatte, wollte er dieses immer nachstellen. Der vierte Ort auf dieser Liste war Machu Picchu.

An den Victoriafällen 1988

Unsere Exkursion zu den Victoriafällen sollte uns nicht nur wegen des majestätischen Anblicks dieses Naturschauspiels im Gedächtnis bleiben. Als wir ankamen, mieteten wir uns ein paar Fahrräder und fuhren an den Wasserfällen entlang. Die Gischt bedeckte unsere Gesichter und wirkte kühl und erfrischend, doch es herrschte eine derart sengende Hitze, dass sie schon nach einigen Momenten wieder trocknete. Wir fuhren zur damaligen sambischen Grenze in der Absicht, sie zu überqueren und die Wasserfälle von der anderen Seite aus zu betrachten. Die Grenzposten schienen nicht allzu begeistert davon, uns passieren zu lassen, bis John meinte, dass er gehofft hatte, nach Livingstone fahren zu können, um ein paar Schallplatten zu kaufen. Einer der Wachposten wollte wissen, was für Schallplatten, und als John einige Namen nannte, merkte er plötzlich auf. »Kennen Sie ›Samora Michel‹ von Shalawambe?«, fragte er. »Aber klar doch!«, erwiderte John. Und nachdem er mit dem Wachposten ein paar Verse des Songs im Duett gesungen hatte, wurden unsere Pässe gestempelt, und wir wurden lächelnd durchgewinkt.

Die Kinder begleiteten uns normalerweise nicht auf diesen Reisen, außer William, der einmal auf eine vom World Service organisierte Tour nach Bulgarien mitkam, in deren Verlauf wir eine Woche lang in einem Doppeldeckerbus durch das Land zogen und an verschiedenen Orten anhielten, um Kugelschreiber, Informationsmaterial und Tragetaschen zu verteilen. Zu diesem Zweck hielten wir gewöhnlich auf dem Marktplatz eines Ortes an, wo sich kurz darauf eine Unmenge von Menschen versammelte, die uns alles aus

Bulgarien 1992

den Händen rissen, was wir ihnen zu bieten hatten. Am Ende jeden Tages räumten wir den Bus auf und schliefen in einem Hotel, um am nächsten Morgen aufzubrechen und erneut Kugelschreiber, Informationsmaterial und Tragetaschen zu verteilen. Auf eben dieser Reise verliebte sich William unsterblich in drei Mädchen, die sich rührend um ihn gekümmert hatten, als er auf einer Parkbank lag, nachdem er sich die Seele aus dem Leib gekotzt hatte. Er scheint über diese rauschende Nichtaffäre seit einigen Jahren hinweg zu sein, und von seiner Vorliebe für bulgarischen Wein hat er mittlerweile auch Abstand genommen.

Aber außer bei dieser Gelegenheit kam nie eins der Kinder mit auf unsere Expeditionen in die weite Welt. Oder wie Thomas es ausdrückte, sie wurden nie eingeladen, irgendwohin mitzukommen, wo es aufregend gewesen wäre. Vielleicht hatte er dabei unsere gemeinsame Reise nach Finnland 1991 vergessen. Dahin wollten wir, weil wir noch nie dort gewesen waren, und außerdem, weil John eine Sendung für Radio Mafia in Helsinki produzierte. Wir fuhren über Deutschland nach Dänemark und stellten fest, dass das ganze Land – jedenfalls größtenteils – geschlossen war. Wir fuhren zum Legoland. Geschlossen. Wir fuhren zum Tivoli. Geschlossen. Wir suchten uns ein Hotel.

Auf der Fahrt ernährten wir uns von Raststätten-Futter, wobei uns ziemlich rasch das Geld ausging, und schließlich endeten wir in dem einzigen Hotel in Kopenhagen, das noch Zimmer frei hatte – ein schwules Stundenhotel, in dem ich im Treppenhaus angespuckt wurde. Es war vielleicht nicht Disneyland, aber man kann zumindest nicht behaupten, dass es nicht charakterbildend gewesen wäre.

Am Morgen nahmen wir die Fähre nach Schweden. Schweden war noch geschlossener als Dänemark. Es gab keine Cafés, keine Geschäfte, keine Hotels. Nachdem wir zwei Tage nahezu nonstop im Auto verbracht hatten, kamen wir zu der Einsicht, dass das internationale Symbol für Restaurants, das mit der Gabel gekreuzte Messer, in Schweden bedeutete, dass man dort eventuell ein Messer und eine Gabel kaufen konnte – wenn man ein Geschäft fand, das geöffnet war. Zwei Tage lang ernährten wir uns ausschließlich von Schokolade. Mittlerweile waren wir so deprimiert, dass wir einstimmig beschlossen, von unserem Reiseziel Finnland Abstand zu nehmen und uns damit zu begnügen, ein Familienfoto vor der Huskvarna-Fabrik zu machen, wo unser Kühlschrank hergestellt worden war.

Obwohl wir eine recht große Familie waren, hatten John und ich doch eine Menge Zeit füreinander. Einer der Gründe, warum wir so lange und so gut miteinander auskamen, war, dass wir die Hälfte der Woche voneinander getrennt waren, aber niemals aufhörten, Sehnsucht nach dem anderen zu haben. Das Schlimmste, was ich über ihn sagen kann, ist, dass er die schrecklich nervende Angewohnheit hatte, im Auto zu sitzen und den Motor laufen zu lassen, um mir zu verstehen zu geben, dass ich mich beeilen sollte. Das war nicht allzu gravierend, vermute ich mal.

Soweit ich mich erinnere, gab es auch nichts, über das John sich bei mir besonders aufgeregt hätte, außer wenn ich manchmal zur Gärtnerei fuhr, um eine Pflanze zu kaufen, und bei meiner Rückkehr der Kofferraum überquoll mit genügend Grünzeug, um einen mittleren Acker zu bepflanzen. Oder wenn ich wieder mal spät dran war. Genau, jetzt, wo ich darüber nachdenke – das hat ihn wirklich geärgert. John war überpünktlich: Wenn er den Zug nahm, war er immer schon so früh am Bahnhof, dass er den Zug davor noch erwischte. Oder wenn ich stundenlang telefonierte, das ging ihm auch auf die Nerven. Aber alles in allem ist das immer noch ganz gut für die mehr als fünfunddreißig Jahre, die wir zusammen verbracht haben.

Wann immer John gefragt wurde, wie wir es geschafft

hatten, so lange verheiratet zu bleiben, antwortete er mit einem Spruch à la Oscar Wilde: »Das Geheimnis einer lange andauernden, glücklichen Ehe liegt darin, sich nicht zu sehr zu bemühen, eine lange andauernde, glückliche Ehe zu führen.« Detaillierter ausbreiten wollte er die Angelegenheit nicht. Er bekam etliche Einladungen zu Interviews, in denen er sich dazu äußern sollte, was für eine wunderbare und perfekte Ehe wir führten, doch er lehnte immer wieder ab, vermutlich weil er das Schicksal nicht herausfordern wollte, indem er in der Öffentlichkeit allzu große Töne spuckte. Wann immer sich jemand darüber auslässt, wie unerschütterlich und solide die Beziehung zu seinem Partner ist, kann man in der Regel davon ausgehen, dass entweder er oder sie sich demnächst mit jemandem aus dem Staub macht, der gerade mal halb so alt ist wie der verlassene Partner.

Ich habe immer betont, dass es zwischen mir und John zahllose Unterschiede gab, doch nun, wo ich ernsthaft darüber nachdenke, fallen mir kaum welche ein. Es mag daran liegen, dass wir uns über die Jahre immer ähnlicher geworden sind. Die Kinder sehen das natürlich anders, und während wir darüber diskutierten, kristallisierten sich doch einige grundlegende Differenzen heraus. Ihrer Ansicht nach bestand der Hauptunterschied darin, dass ich eher eine gewisse Ausgeglichenheit an den Tag legte, während John große Ähnlichkeit mit einem Vulkan hatte, der im einen Moment wahre Kaskaden von Liebe absonderte und im nächsten Moment glühende Lava über alles und jeden herabregnen ließ, der das Pech hatte, sich in einem Umkreis von zehn Meilen von ihm aufzuhalten.

Danda erzählte mir, dass sie sich immer ungefähr ausrechnen konnte, wie ich darauf reagieren würde, wenn sie etwas Dämliches angestellt hatte – sei es, dass sie ein Familienerbstück zerbrochen hatte oder einer Satanistensekte beigetreten war. Während sie bei John nie sicher sein konnte, ob er ihr verbieten würde, jemals wieder einen Fuß in die Grafschaft Suffolk zu setzen, oder sie zu ihrem gesunden Menschenverstand beglückwünschen würde. Aus diesem Grund hatte sie sich auch nicht getraut, ihm zu sagen, dass sie mit Archie schwanger war; sie wusste einfach nicht, wie er darauf reagieren würde.

Es kam häufig vor, dass er sich über Sachen aufregte, über die jemand anders kein Wort verloren hätte. Eine im Wohnzimmer zurückgelassene Kaffeetasse konnte einen Weltuntergang auslösen. Auf der anderen Seite ließen ihn ein stetig wachsender Schuldenberg infolge des hedonistischen Lebensstils der studierenden Kinderschar oder ein beträchtlicher Schaden am Familienauto nicht nur unberührt, sondern bewirkten im Gegenteil ein Verströmen elterlicher Liebe, wie es im Allgemeinen mit der wohlbehaltenen Rückkehr eines nahen Angehörigen aus einem langen Krieg in Verbindung gebracht wird. Man konnte es einfach nie im Voraus sagen, wie er reagieren würde.

Von daher lernten die Kinder, ihre Ansprüche und Bedürfnisse in verschiedene Bahnen zu lenken, um einen maximalen Profit zu erzielen. Waren ihre Bedürfnisse materieller Natur, so gingen sie damit zu John. Wenn sie die Konsequenzen einer dubiosen Handlungsweise ihrerseits minimieren oder in einem erträglichen Rahmen halten wollten, wussten sie, dass es ratsam war, sich in aller Ruhe mit mir darüber zu unterhalten. Vermutlich läuft es in jeder Familie so, wo beide Eltern sich um die Erziehung kümmern: Ein Elternteil muss immer die Vermittlerrolle übernehmen. Und John war auch in anderer Hinsicht von Nutzen: Wenn die Kinder Hausaufgaben hatten, die Fantasie oder literarische Qualitäten erforderten, wandten sie sich an John mit der Bitte um Rat oder Bestätigung. Er setzte ihnen dann auseinander, welche stilistischen und inhaltlichen Mängel ihr Aufsatz aufwies, worauf sie gewöhnlich erwiderten: »Ich weiß, Papa, aber ich bin doch erst acht.« Woraufhin er sich daranmachte, die Rechtschreibung zu korrigieren, Sätze umzustellen und sogar ganze Passagen neu zu schreiben, wenn er in der entsprechend herrischen Laune war.

Das Resultat war immer, dass die Hausarbeiten eingesammelt wurden und das Kind vor dem Lehrer antreten musste, der es dann beschuldigte, die Hilfe von John in Anspruch genommen zu haben. Wenn John dies zu Ohren kam, schäumte er vor Wut. »Wie kann der Kerl behaupten, dass du das nicht geschrieben hast?«, tobte er. Die Absurdität seiner Haltung blieb ihm offensichtlich völlig verschlossen.

Was die Kinder ebenfalls lernten, war, sich nicht an John zu wenden, wenn es darum ging, sich eine Entschuldigung schreiben zu lassen, weil sie krank gewesen waren, denn er schrieb sie mit schöner Regelmäßigkeit auf Postkarten, oder er verfasste sie in dem gleichen wohlbekannten Stil, in dem er auch seine Kolumnen für *Sounds* oder *Radio Times* abfasste. »Mama«, wandten sich die Kinder dann immer an mich, »das hier kann ich nicht abgeben. Es ist so … *albern.*«

Sie lernten außerdem, dass es besser war, John bei manchen Fragen zu ihren Hausaufgaben lieber nicht um Rat anzugehen. Danda bat ihn einmal um Hilfe, als sie eine Geschichte schreiben sollte, die sich mit dem Thema Spannung befasste. Während alle anderen aus ihrer Klasse wirklich gruselige Geschichten ablieferten, folgte sie dem Rat ihres Vaters und schrieb einen Bericht, in dem sie lediglich den Ablauf eines ganz normalen eintönigen Tages schilderte, der genau in dem Moment abbrach, als die geforderte Anzahl von Worten erreicht war. »Das ist wirkliche Spannung«, argumentierte John, »denn der Leser fragt sich unweigerlich, was als Nächstes passieren wird.« Was passierte, war, dass Danda eine Sechs bekam.

Folglich genoss sie seine Anregungen mit Vorsicht, als sie älter wurde. Einmal las er einen Aufsatz von ihr und bemerkte dazu, dass sie doch ein paar Witze einflechten sollte. »Papa«, wandte sie ein, »es geht dabei um Genitalverstümmelungen von Frauen. Da ist für Humor nicht allzu viel Platz.«

Während John selbst auf die – drohende – Aussicht, zur Universität zu gehen, mit fröhlicher Gleichgültigkeit reagiert hatte, führten ihm die Jahre, die er mit Auftritten an den höheren Bildungsanstalten verbrachte, vor Augen, dass das Studentenleben durchaus seine sonnigen Seiten hatte, die den Erwerb von Doktorgraden oder Ähnlichem sogar in den Schatten stellten. Irgendwann ging ihm auf, dass zumindest ein großer Teil der Studenten sich einfach prächtig amüsierte.

Das gefiel ihm. Danda erzählte er, dass es einer der glücklichsten Momente in seinem Leben gewesen war, als er sie einmal, als sie fünfzehn war, in Stowmarket auf einer großen Wiese sah, wo die Jugendlichen aus der Gegend faul herumhingen. Er schaute ihr zu, wie sie mit etwa zwanzig von ihren Freunden über den Rasen schlenderte, um sich ins abendliche Vergnügen zu stürzen, das vermutlich darin bestehen würde, sich mit billigem Zider oder Lambrusco die Kante zu geben, und plötzlich überkamen ihn ein immenser Stolz und große Zufriedenheit. Sie hatte, so stellte er fest, Freude am Leben, und das machte ihn unendlich glücklich.

Seine reichlich respektlose Haltung zur Schulbildung der Kinder war eindeutig beeinflusst von dem strengen Regelwerk, dem er selbst als Schüler unterworfen war. Fantasie und Erfindungsreichtum wurden zu Johns Schulzeiten eher gering geschätzt, und er wollte nicht, dass sich seine Kinder in ähnlicher Weise unterdrückt und reglementiert fühlten wie er damals. Die Kinder können sich nicht erinnern, dass ihr Vater ihnen jemals Vorwürfe gemacht hätte, wenn ihre Noten in der Schule nicht besonders waren. John hatte nur begrenztes Vertrauen in das Bildungssystem und war der Auffassung, dass die Kinder ein möglichst breites Spektrum an Informationen und Erfahrungen außerhalb der Schule sammeln sollten.

Dies konnte bedeuten, ihnen zu erlauben, dass sie zusammen mit ihm nachts lange aufblieben, um im Fernsehen eine Sendung zu verfolgen, von der er glaubte, sie sei für ihre Entwicklung von größerem Nutzen als ihre Hausaufgaben, was zur Folge hatte, dass einige der Kinder in den Genuss sämtlicher Folgen von *Twin Peaks* kamen, bevor ihr Verstand das überhaupt verarbeiten konnte. Oder es konnte bedeuten, die Kinder aus der Schule zu nehmen, um mit ihnen auf Reisen zu gehen. William und Danda wurden beide in den Achtzigern vom Unterricht befreit, damit sie John nach Deutschland begleiten konnten, wo er in den Studios von Radio Bremen für BFBS, den Sender der britischen Besatzungstruppen, zwei regelmäßige Sendungen aufnahm – das Magazin *Mittagspause* und die Sendung *Ritz.* Dabei hatte er stets mit überaus unkooperativen Tontechnikern zu tun, die sowohl die Musik hassten, die er spielte, als auch ihn selbst und die Tatsache, dass er nur Englisch sprach. Alles in allem eine reichlich feindselige Umgebung, doch John fühlte sich immer dann ein wenig wohler, wenn William und Danda dabei waren.

Die Sendungen in Deutschland liefen ein paar Jahre, doch John wurde überaus schäbig behandelt, und schließlich kippte der Sender ihn ganz aus dem Programm, ohne auch nur einen Hinweis oder eine Erklärung zu liefern. John erfuhr davon erst, als ein Hörer ihm schrieb und fragte, warum seine Sendungen nicht mehr liefen. Mittlerweile war John dazu übergegangen, zu Hause zu produzieren, und schickte lediglich die Bänder an die Radiostation, doch diese strahlte sie einfach nicht mehr aus.

Ich glaube, was John in diesem Fall besonders kränkte, war die Tatsache, dass er Deutschland gegenüber immer eine sehr innige Zuneigung empfand; er fuhr sogar ein deutsches Auto mit dem Lenkrad auf der linken Seite, und etliche der

Auf Sendung in Deutschland

Freunde, die wir im Lauf der Jahre kennen gelernt hatten, stammten aus Deutschland. Es kamen immer irgendwelche Kleinwagen vor unserem Haus vorgefahren, aus denen sich dann ganze Scharen von ihnen herauszwängten, die fast immer Lederklamotten trugen. John legte ihnen gegenüber meist eine väterliche Fürsorglichkeit an den Tag, was im Falle von unserem Freund Tullus ziemlich spaßig wirkte, der zwar ein kindliches Gemüt hatte, aber zwei Meter zehn groß war. Die Leute in England neigen nun mal dazu, zu bemerken: »Du bist aber groß?!« Wobei die Art, wie sie Tullus darauf ansprachen, es so erscheinen ließ, als hätte er selbst dies noch gar nicht bemerkt und sie ihn lediglich darauf hinweisen wollten, damit er sich nicht irgendwie verletzte.

Sechs Monate nach Johns Tod fuhren zwei in Leder gewandete Brüder aus Deutschland in einem Nissan Micra vor unserem Haus vor. Sie kamen aus Berlin und wollten das Studio sehen, in dem John seine Sendungen produziert hatte.

»Dein Vater ist einer der bedeutendsten Männer in meinem Leben«, erklärte einer von ihnen Thomas. »Besteht die Aussicht, dass ihr diesen Raum genau so lasst, wie es jetzt ist – als eine Art Museum?«, fragte der andere, als sie das Studio betraten. Sie waren beide richtig süß, machten ein Foto von Johns deutschem Wörterbuch, das neben den Plattenspielern lag, und einer von ihnen war so mitgenommen, dass er anfing zu wanken. »Mir ist nur ein bisschen schwindlig«, erklärte er.

Dass seine Sendungen in Deutschland ausgestrahlt wurden, erfüllte John mit großem Stolz, zumal sie bei den Hörern sehr erfolgreich waren. Das Programm von BFBS war eigentlich für Angehörige der britischen Truppen gedacht, doch die Hörer waren in erster Linie deutsche Teenager. Was John daran besonders amüsierte, war die Tatsache, dass er aufgrund dieser Sendungen mehrfach zum besten DJ Europas gewählt wurde, obwohl er allenfalls ein paar Brocken Deutsch sprach.

John in seinem Studio beim Schneiden

Es gab etliche junge Leute in Deutschland, die Johns Sendungen als Beweggrund anführten, eine eigene Band zu gründen. Die Berliner Band To Rococo Rot erklärte beispielsweise, dass es John gewesen sei, der sie darin bestärkt hätte, weiter Musik zu machen, trotz der Repressionen durch das damalige Regime in Ostberlin. Bands mussten für ihre Konzerte eine offizielle Erlaubnis bei den entsprechenden Regierungsstellen einholen, und wenn dieser Antrag dann bewilligt wurde, wurde ihnen vorgeschrieben, wann und wo sie auftreten durften, wie lange sie spielen durften und sogar, welche Kleider sie zu tragen hatten. Unter diesen Bedingungen waren Johns Sendungen die einzige Möglichkeit zu erfahren, was musikalisch jenseits der Mauer passierte, und sie ermutigten sie in ihrem Entschluss weiterzumachen.

Als er 1998 die künstlerische Leitung für das Meltdown Festival hatte, lud John den Berliner DJ Xol Dog 400 ein, dort aufzutreten. Es war einer der besten und wildesten Auftritte der gesamten zwei Wochen, vielleicht sogar des gesamten Jahres. Xol Dog 400 ist ein Irrer, der sich auf Hardcore-Techno spezialisiert hat. Sobald er eine Platte in den Mix eingebaut hatte, warf er sich in die Menge und rastete zusammen mit dem Publikum aus, wobei er den Kopfhörer immer aufbehielt und gelegentlich den Kopf in die Lautsprecherboxen steckte, bis er wieder zurück auf die Bühne kletterte, um genau im richtigen Moment die nächste Platte aufzulegen. Während seines Auftritts wirkte er derart furchteinflößend, dass man geradezu erschrak, als er hinterher bei der Aftershow-Party auftauchte und ganz normal und freundlich agierte und William und Thomas einlud, ihn in Berlin zu besuchen – eigentlich war er eher ein freundlicher Bonbonverkäufer als ein ausgerasteter deutscher Techno-DJ.

Egal wie viele Hörer Johns Sendungen hatten oder wie viel Anerkennung er dafür erfuhr – er hatte nie das Gefühl, dass sein Job sicher war. Er fand es toll, wenn er jahrelang in den Polls des *NME* oder des *Melody Maker* zum besten DJ gewählt wurde, aber wenn er einmal nicht ganz oben landete, stellte sich bei ihm automatisch das Gefühl ein: »O Gott, das ist das Ende.« Er wartete förmlich darauf, dass irgendwann jemand Junges und Unverbrauchtes in den Ring steigen würde, um sich einen Namen zu machen als der DJ oder die DJane, die John Peel ersetzte. Ironischerweise hat es bis jetzt keine Einzelperson geschafft, seinen Platz einzunehmen, denn Radio 1 füllte die durch Johns Tod entstandene Lücke mit drei verschiedenen Moderatoren. Ich frage mich, was John wohl davon gehalten hätte.

Vielleicht war auch Johns ständige Unsicherheit die Ursache dafür, dass seine kreative Spannung, die ihn davor bewahrte, selbstgefällig und bequem zu werden, nie nachließ. Wenn er sich je für unverzichtbar gehalten hätte, wäre es mit der Qualität seiner Sendung wohl bergab gegangen. Seine Panik plagte ihn permanent, obwohl sie die meiste Zeit unter der Oberfläche rumorte und sich nur bemerkbar machte, wenn die jährlichen Vertragsverhandlungen anstanden. Sobald diese Gespräche vorüber waren, war er meistens so beruhigt, ein weiteres Jahr hinter sich gebracht zu haben, ohne dass Radio 1 einen Grund gefunden hatte, ihn an die Luft zu setzen, dass er erst einmal in aller Gelassenheit die Abstriche an seiner Sendezeit verdaute oder was ihm sonst alles an Beschränkungen auferlegt worden war, während der Rest von uns stinksauer darüber war, wie seine Sendungen immer mehr zusammengestutzt wurden.

John blieb bei dem großen Kahlschlag von 1993 verschont, der einsetzte, als Matthew Bannister den Posten des Chefredakteurs bei Radio 1 von Johnny Beerling übernahm. Matthew feuerte all jene DJs, die in seinen Augen dafür verantwortlich waren, dass der Sender sich nicht von der Vergangenheit lösen konnte, während er feierlich erklärte, für John wäre immer Platz bei Radio 1. Die beiden kamen gut miteinander aus, und John begrüßte die Veränderungen, jedenfalls zu Anfang. Jahrelang hatte er immer wieder die Lacher auf seiner Seite gehabt, wenn er erklärte, dass er kaum etwas über den Sender wusste, weil er ihn nie hörte. Doch unter Matthew entwickelte sich Radio 1 zum ersten Mal in eine Richtung, die eher auf einer Linie lag mit Johns Vorstellung, was Radio sein konnte und sollte. Anfang 1994 war er von Matthews Verjüngungsstrategie so angetan, dass er seiner Begeisterung sogar in gedruckter Form Ausdruck verlieh:

> Das neue 1FM, errichtet auf dem von Johnny Beerling geschaffenen Fundament, hat es geschafft, anders zu klingen, ohne jedoch den Eindruck zu erwecken, es handele sich dabei um einen reinen Selbstzweck, falls Sie verstehen, was ich meine. Und das Beste, was Marc Radcliffe, Mark Tonderai, Andy Kershaw, Claire Sturgess, Pete Tong und andere mit in den Sender eingebracht haben, sind Respekt und Wertschätzung für den Zuhörer, die verantwortlich sind für eine grundlegend neue Atmosphäre, von der auch Veteranen wie Steve Wright und Nicky Campbell dazu veranlasst wurden, sich selbst quasi neu zu erfinden.

Es dauerte eine ganze Weile, während der immer wieder an seinen Sendezeiten herumgedoktert wurde, bis John bemerkte, dass seine Begeisterung vielleicht doch etwas voreilig gewesen war. Matthew hatte ihm stets versichert, dass man ihn nicht scheibchenweise abservieren würde, doch haargenau das passierte nach Johns Auffassung. Als ihm Anfang 1996 angekündigt wurde, dass eine neue Drum-and-Bass-Sendung gestartet werden sollte, für die er allerdings Sendezeit opfern sollte, ging John auf, dass man ihn auf absurde Weise dazu benutzt hatte, an seinem eigenen Ast zu sägen. Am 25. Januar 1996 brachte er seine Gefühle in einem Brief an den Chefredakteur zum Ausdruck:

Lieber Matthew,

ich möchte Ihnen mitteilen, wie enttäuscht ich darüber bin, dass mir im Rahmen der neuen Programmplanung schon wieder eine Stunde Sendezeit gestrichen wird. Als mir mitgeteilt wurde, dass Sie versucht haben, mich zu erreichen, war ich so naiv gewesen anzunehmen, es ginge darum, mir mitzuteilen, dass Ihre vor einem Jahr in Aussicht gestellten Bemühungen, meine Sendezeit wieder aufzustocken, erfolgreich gewesen sind.

Wie Sie vielleicht während der vergangenen Jahre bemerkt haben, habe ich die zahlreichen Veränderungen bei Radio 1, die Sie und Ihr Team durchgesetzt haben, stets aufrichtig begrüßt und unterstützt – sei es in Gedanken, Worten oder Taten. Dies geschah nicht in dem Bestreben, meine eigene Position zu erhalten, sondern weil ich diese Veränderungen für dringend notwendig halte. Niemand hat meines Erachtens den geringsten Zweifel daran, dass Radio 1 heute ein viel besserer Sender ist als in den letzten Tagen der Ära Beerling. Mein Sohn William deutete letzten Sommer vorsichtig an, dass die Politik, die ich so energisch befürwortete, teilweise allerdings mit einschloss, dass meine eigene Sendezeit kontinuierlich immer weiter beschnitten wurde. (Unser anderer Sohn, Thomas, drückte sich, als ich ihm erklärte, warum Sie vor Kurzem angerufen hatten, etwas unverblümter aus: »Die wollen dich doch verarschen, Papa.«)

Als Sie zu Radio 1 kamen, wurde neben vielen anderen Dingen feierlich verkündet, dass es von nun an mehr Sendungen von der Art geben würde, wie Andy Kershaw und ich sie machten. Andy war darüber überglücklich, während ich zur Vorsicht mahnte in dem Bewusstsein, dass solche Haltungen sich manchmal über Nacht ändern können, besonders wenn ihnen infolge der Veränderungen, die notwendigerweise damit einhergehen, heftige Feindseligkeit entgegenschlägt, was ja auch der Fall gewesen ist. Wie es scheint, herrscht nunmehr jedoch eine neue Orthodoxie, was das Sendeschema betrifft, insofern als man sich bei den einzelnen Sendungen auf eng eingegrenzte Musiksparten verlegt, statt innerhalb einer Sendung ein breiteres Spektrum abzudecken nach dem Motto: Wenn euch diese Platte nicht gefallen hat, dann wartet, bis ihr die nächste hört.

Im Lauf der Jahre waren es häufig meine Sendungen, in denen Musik zum ersten Mal gespielt wurde, die dann anschließend ein breiteres Publikum fand und in seltenen Fällen auch eine Nische im Programm von Radio 1. Dies, das weiß ich, ist der Grund, warum man mich beschäftigt.

Beispielsweise spielte ich Hiphop, als gerade die ersten Platten hier bei uns als Importe aus New York auftauchten. Ich tat dies ungeachtet der Tatsache – oder wenn ich recht darüber nachdenke, vielleicht gerade deswegen –, dass ein Produzent und ein Moderator unabhängig voneinander auf mich zukamen und mir erklärten, ich solle solche Platten nicht spielen, weil es sich dabei um die Musik schwarzer Krimineller handelte. Mittlerweile haben wir Westwood – eine Tatsache, die ich sehr begrüße, obwohl er meiner Meinung nach schon vor sieben oder acht Jahren bei Radio 1 hätte sein sollen. Doch dies, das weiß ich, ist ein Fehler des Vorläuferregimes.

Danach habe ich Jungle gespielt – seit etwa drei oder dreieinhalb Jahren –, und nun soll es, was ich ebenfalls begrüße, eine Jungle-Sendung geben. Seit 1968 spiele ich Reggae, und abgesehen von zwei leider nicht sehr gut gemachten Sendungen, die in den Siebzigern und den Achtzigern kurzfristig im Programm auftauchten, hat sich niemand außer mir damit befasst. Nun soll eine Reggae-Sendung ins Programm aufgenommen werden, und erneut kann ich dazu nur sagen, eine richtige Entscheidung. Was mich traurig macht, ist die Tatsache, dass mit der Einführung dieser Sendungen einhergeht, dass meine Sendezeit zusammengestrichen wird. Schon jetzt kann ich vieles nicht mehr spielen, von dem ich der Ansicht bin, dass es dem Publikum zugänglich gemacht werden sollte, und mit dem neuen Sendeschema wird sich diese Situation noch verschärfen. Als Folge davon verschicke ich schon jetzt an einen zugegebenermaßen kleinen Kreis von Stammhörern Listen mit Schallplatten, die ich empfehlen, aber aus Zeitmangel nicht spielen kann.

Ich weiß, dass niemand das Recht auf Sendezeit hat und dass mit der zunehmenden Zahl von Sendungen überall Abstriche gemacht werden müssen. Ich begrüße die Verlegung auf Sonntagnacht, weil auch ich weiß, dass die Leute freitagnachts unterwegs sind und ausgehen oder sich irgendwelchen Jungmänner-Comedykram im Fernsehen anschauen und so weiter. Ich stimme damit überein, dass Sonntagnacht ein besserer Zeitpunkt für meine/unsere Sendung ist.

Ich hoffe, Sie verstehen dies. Vermutlich ist es der alte Hippie, der immer noch in mir steckt, beziehungsweise ein gewisser religiöser Eifer bezüglich der Arbeit, die ich mache. Ich glaube – und ich hoffe, das hört sich nicht vermessen an –, dass die Sendungen, an denen ich zusammen mit einer Reihe enthusiastischer Leute von Bernie Andrews bis Alison Howe gearbeitet habe, dazu beigetragen haben, dass die britische Musikszene sich nach wie vor guter Gesundheit erfreut und es immer wieder geschafft hat, sich neu zu erfinden. Gerade jetzt gibt es diverse neue Strömungen, die sich unter Umständen zu einem oder zu mehreren ernst zu nehmenden neuen Stilen entwickeln könnten. Falls die eine oder andere davon in den Genuss größerer Popularität kommen sollte, wäre es enttäuschend, feststellen zu müssen, dass dies zum Anlass genommen wird, mir noch eine weitere Stunde oder so zu streichen, um Platz zu machen für neue Sendungen, die sich ausschließlich dieser Richtung widmen.

Betrachten Sie meine Sendungen als eine Art Forschungslabor. Laut und nicht immer wohlriechend, aber gelegentlich doch die eine oder andere Formel hervorbringend, die sich vermarkten lässt. Vielen Dank für Ihre Aufmerksamkeit.

John Peel

* * *

Seit 1992 fuhr John jedes Jahr zusammen mit Andy Kershaw zur Tourist Trophy auf die Isle of Man. Andy war und ist ein Motorrad-Freak, und es gelang ihm erst dann, John zum Mitkommen zu bewegen, als er ihm versicherte, er würde sich um die Fahrt und die Unterkunft kümmern. Bei seinem ersten Besuch auf der Isle of Man zeigte sich John sehr erstaunt darüber, dass Tausende von Menschen aus ganz Europa sich auf engem Raum zusammenfinden konnten und dabei immense Mengen hochprozentigen Alkohols konsumierten, ohne sich gegenseitig die Köpfe einzuschlagen. Außerdem war er schwer begeistert, endlich wieder hochdramatische Rennen bewundern zu können, nachdem die Formel Eins durch hohe Eintrittspreise und allen möglichen anderen Unfug zu einer spannungsarmen Showveranstaltung verkommen war.

Diese alljährlichen Ausflüge waren voller Überraschungen. Zunächst einmal fand John es reichlich schockierend festzustellen, dass er die Muskulatur, die normalerweise dazu da war, seine Darmwinde im Zaum zu halten, benutzen musste, um den Halt auf dem Beifahrersitz von Andys dicker Harley nicht zu verlieren, wobei Beifahrersitz eine höfliche Umschreibung für ein Zubehörteil ist, das in Fachkreisen mit dem Begriff »Kumpel-Polster« bezeichnet wird, wie John zu seinem Entsetzen erfuhr. Da er ein Junge vom Land war, dachte John, dass die Kombination aus Motorradrennen, lustiger Gesellschaft, kalorienreichen Mahlzeiten und jeder Menge Bier und Wein ihm ganz neue Dimensionen irdischen Vergnügens eröffnen würde. Doch die damit verbundenen Gefahren wurden ihm immer wieder drastisch vor Augen geführt, wenn er aufblickte und zu sehen bekam, wie beispielsweise Steve Hazlett oder Martin Ayles in hohem Bogen durch die Luft gewirbelt wurden und nur mit viel Glück vermieden, sich einen Zaunpfahl in den Hintern zu rammen.

Eines Morgens im Juni 1996, als John zusammen mit Andy und dessen Frau Juliet auf der Isle of Man war, bekam ich schlagartig heftige Kopfschmerzen. Ich war gerade dabei, die Küche zu putzen, als ich plötzlich alles fallen ließ und nach draußen wankte, weil ich dringend frische Luft brauchte. Thomas und Flossie, die am Küchentisch saßen, schauten voller Besorgnis mit an, wie ich ziellos durch die Gegend torkelte, mir mit den Händen an den Kopf packte und gegen die starke Übelkeit anzukämpfen versuchte, die in mir hochstieg. Ich war völlig orientierungslos. Ich schaffte es, mich ins Wohnzimmer zu schleppen, wo ich auf dem Sofa zusammenbrach und nur ab und zu das Bewusstsein wiedererlangte. Danda kam aus ihrem Zimmer runter und rief meine Schwester Gabrielle an, die ebenfalls im Dorf wohnte und sich sofort auf den Weg zu uns machte. Als sie ankam, konnte ich nur noch vor Schmerz stöhnen. Soweit Danda sich erinnert, sagte ich andauernd, ich wollte nur noch sterben, so schlimm wären die Schmerzen.

Mein Arzt, ebenfalls ein Freund der Familie, kam vorbei, um mich zu untersuchen. Er hatte selbst gerade eine Herzoperation hinter sich, und es war sein erster Tag in der Praxis. »Was stellen Sie da mit mir an?«, fragte er. Ein Krankenwagen wurde gerufen. Thomas fuhr mit seinem Moped die gewundene Landstraße hinauf bis zur Anhöhe, um den Krankenwagen zu unserem Haus zu dirigieren, der kurz darauf mit Blaulicht und Sirene herangerauscht kam. Der Fahrer sagte hinterher, er hätte sich weniger Sorgen um mich gemacht als um Thomas, der vor lauter Tränen kaum etwas sehen konnte, als er den Krankenwagen zu unserem Haus geleitete.

Ich wurde, so schnell es ging, ins Krankenhaus nach Ipswich gebracht, wo man mich in einen abgedunkelten Raum rollte und ein Arzt mir erklärte, ich sollte mich nicht bewegen und mich so ruhig verhalten, wie es nur ging. »Sie hatten eine Gehirnblutung«, erklärte er.

»Was heißt das?«, wollte ich wissen.

»Das heißt, dass Sie so schnell wie möglich operiert werden müssen.«

»Und wenn nicht?«

»Dann werden Sie sterben.«

»Und wenn doch?«

»Ist es immer noch möglich, dass Sie sterben.«

Gabrielle wurde in ähnlich nüchterner Manier über die Situation aufgeklärt. Man bat sie in ein separates Zimmer abseits von dem, in dem Danda, Thomas und Flossie warteten, und der Arzt erklärte ihr: »Ich möchte dies nicht vor den Kindern sagen, aber Sie sollten sich darüber im Klaren sein, dass sie unter Umständen nicht durchkommt.« Danach musste Gabrielle wieder vor die Kinder treten und versuchen, sich nichts anmerken zu lassen. Eine der Krankenschwestern hatte Danda meine Sandalen in die Hand gedrückt und gemeint: »Nehmen Sie die erst mal.« Ich habe noch immer den traurigen Anblick vor Augen, als Danda völlig niedergeschlagen mit meinen Sandalen im Arm dastand und versuchte, John von dem Münztelefon des Krankenhauses aus anzurufen. Schließlich fuhren die Kinder aber doch zurück nach Hause, wo es Danda endlich gelang, Juliet auf der Isle of Man zu erreichen.

»Ist Papa in der Nähe?«, fragte sie.

»Aber klar«, erwiderte Juliet.

»Kannst du in seiner Nähe bleiben, während ich mit ihm rede?«

Als John von den Geschehnissen hörte, war seine Reaktion, rückblickend betrachtet, nicht gerade beruhigend. »Wenn eure Mama stirbt, habe ich auch keine Lust mehr, ist dir das klar?«, schluchzte er. »Ohne sie will ich nicht leben.« Ich weiß nicht genau, was Danda in diesem Augenblick dachte, aber vermutlich war es irgendwas in der Richtung von: »Super, Papa, vielen Dank für die moralische

Unterstützung.« Als John sich ein wenig beruhigt hatte, ließ er sich die Einzelheiten von Danda erklären. Danach setzte Andy alle Hebel in Bewegung, damit er so schnell wie möglich nach Hause kam.

Weder John noch Andy gehörten zu den Leuten, die ihren Promi-Status ausnutzten, um persönliche Vorteile daraus zu ziehen, doch als Andy bei der Fährgesellschaft anrief und erfuhr, dass alle Fähren nach England ausgebucht waren, dachte er, dass nun der Zeitpunkt gekommen war, um mit dieser Praxis zu brechen. Er setzte dem Angestellten am Telefon die Situation auseinander, und man wies ihn an, John zur nächsten Fähre zu bringen – man würde schon Platz für ihn und Andy finden. John hat in der Folgezeit immer wieder erklärt, er hätte sich in dieser Situation niemand Besseres wünschen können als Andy. Ihm war es zu verdanken, dass John es schaffte, in den frühen Morgenstunden des nächsten Tages an meinem Bett zu sein.

Als John bei mir eintraf, war ich schon ins Addenbrookes Hospital in Cambridge verlegt worden, wo ich operiert werden sollte. Je geringer die Entfernung zwischen uns wurde, desto ruhiger wurde er, und die Kinder erinnern sich daran, dass er seltsam ruhig und gelassen war, als er ankam. Es war beinahe so, als wenn er Spiele des FC Liverpool verfolgte. Wenn er nicht im Stadion war, sondern das Spiel im Fernsehen sah, fühlte er sich machtlos und ängstlich, so dass er manchmal gar nicht hinschauen konnte. Wenn er hingegen im Stadion auf den Rängen stand und die Mannschaft anfeuerte, hatte er das Gefühl, das Geschehen und den Spielausgang zu Liverpools Gunsten beeinflussen zu können. Und so ähnlich war es, als er auf der Isle of Man festsaß, den Nachthimmel anheulte und schreckliche Angst hatte, dass er mich nie wiedersehen würde. Sobald er im Krankenhaus war, stellte sich bei ihm wieder das Gefühl ein, dass er alles unter Kontrolle hatte.

Vor der Operation erklärten die Ärzte John und Danda, dass meine Überlebenschancen zwischen dreißig und vierzig Prozent betrugen. Gewöhnlich endeten Hirnblutungen von der Art, wie ich eine erlitten hatte, wohl tödlich.

Als ich wieder zu mir kam, saß John neben meinem Bett auf einem Stuhl und schlief. Ich hatte einen mächtigen Verband um den Kopf, der aussah wie ein Turban, aus dem hinten ein Drainageschlauch herausragte. Die Kinder waren alle im Zimmer versammelt; William war mit seiner Freundin Zahra aus Liverpool gekommen, wo er seit Beginn des Semesters studierte. So ernst die Situation auch sein mochte, es dauerte nicht lange, bis wir alle dasaßen und lachten. Unsere ganze Familie neigt nun mal dazu, selbst in den finstersten Momenten Witze zu reißen. Ich erinnerte mich sogar wieder an den Rat von Johns Mutter und ließ mir, während ich in meinem Krankenhausbett dahindümpelte, von Danda die Zehennägel lackieren, denn, wie man mir bestimmt zustimmen wird, ist es schon schlimm genug, beinahe an Hirnblutungen zu sterben, aber danach auch noch mit einer unansehnlichen Reihe unlackierter Zehennägel konfrontiert zu sein geht eindeutig zu weit.

Als ich nach zwei Wochen entlassen wurde, kamen jede Menge Verwandte und Freunde vorbei, die sich rührend um mich kümmerten, und auch John bekam reichlich Unterstützung, während ich krank war – besonders von seinem Bruder Alan, der zeitweilig all seine eigenen Aktivitäten und Verpflichtungen auf Eis legte, nur um ihm beistehen zu können.

Über meine Erkrankung war in den Zeitungen berichtet worden, und so kam es, dass ich eine Unmenge von Blumensträußen und Genesungswünschen erhielt, wobei die Kinder nach meiner Entlassung die meisten Blumen auf der Station verteilten, da es einfach zu viele waren, um sie mit nach Hause zu nehmen. Allerdings hatte das große Interesse an meinem Gesundheitszustand auch einen Nachteil, denn kaum dass ich wieder nach Hause zurückgekehrt war, rief ein Journalist eines Klatschblattes bei John an und verlangte, ein Interview und Fotos von mir machen zu dürfen. Falls John dem nicht zustimmte, würde er vor dem Haus campieren und mich so lange belästigen, bis er bekam, was er wollte. John gewährte ihm widerwillig ein Interview, Fotos ließ er jedoch nicht zu. Dennoch war es sehr beruhigend zu erfahren, mit welch glühendem moralischen Eifer die Presse eine Story verfolgte, die von so immensem Interesse für die Öffentlichkeit war.

Die Ärzte hatten mir gesagt, dass meine Sehkraft unter Umständen in Mitleidenschaft gezogen würde. Abgesehen davon erholte ich mich sehr gut, obwohl ich drei Jahre später infolge des Drucks, den das Narbengewebe auf einige Nervenbahnen in meinem Gehirn ausübte, einen Schlaganfall erlitt. Ich war völlig damit befasst gewesen, die Party zu Johns sechzigstem Geburtstag zu organisieren, als ich einfach zusammenbrach. Natürlich hatten zunächst alle die Befürchtung, dass es sich um eine erneute Hirnblutung handelte. Obwohl ich ziemlich neben der Spur war – ich weiß noch, dass ich irgendwann, als ich im Krankenhaus lag, versuchte, die Hunde aus meinem Zimmer zu lassen, weil ich der festen Ansicht war, ich sei zu Hause –, wurde ich recht bald entlassen und stürzte mich, entgegen dem Rat der Ärzte, wieder in die Vorbereitungen für die Party. Die Fotos von diesem Tag zeigen mich mit einem heiteren Lächeln, aber wenn ich ehrlich bin, kann ich mich an nichts erinnern.

Ich weiß, dass meine Krankheit John sehr mitnahm. Nachdem ich aus dem Krankenhaus entlassen worden war, hatte er stets ein wachsames Auge auf mich. Er stand gewöhnlich mitten in der Nacht auf, um aufs Klo zu gehen, und bei diesen Gelegenheiten beugte er sich jedes Mal zu mir rüber, um sicherzustellen, dass ich noch atmete. Wenn er sich dessen nicht ganz gewiss war, schaltete er sogar das Licht an, auch wenn er dabei riskierte, dass ich aufwachte – nur um kein Risiko einzugehen. Später schrieb er:

> Zehn Tage lang schaute ich mit zunehmender Hochachtung jenen zu, die sich auf Station 3 um Sheila kümmerten. Die Hingabe und Freundlichkeit dieser Leute überstieg meine Vorstellungskraft. Mittlerweile werden sie uns vergessen haben – denn dies liegt nun einmal im Wesen der Heil- und Pflegeberufe – und sich stattdessen anderen Patienten und deren Leiden und Ängsten widmen, doch uns wird jeder Einzelne von ihnen unauslöschlich im Gedächtnis bleiben. Schließlich waren sie es, die Sheila das Leben gerettet haben.

* * *

Die Musikindustrie hatte in den Neunzigern dramatische Veränderungen durchgemacht. Was in den Jahren zuvor mit dem Begriff »Indie-Musik« bezeichnet worden war, hatte mittlerweile zunehmend an Popularität gewonnen und lief nun auch in den Tagesprogrammen der Radiosender. In den Achtzigern war John der Einzige gewesen, der Bands wie New Order, Echo and the Bunnymen, The Smiths, die Pixies und Mudhoney im Radio gespielt hatte, doch nun liefen diejenigen Bands, die in deren Fußstapfen getreten waren – Blur, Radiohead, Pulp, Nirvana – nahezu überall.

Es gab nach wie vor keinen Mangel an Platten, die John spielen konnte und die seitens der Musikredaktionen des Tagesprogramms nicht einmal mit Handschuhen angefasst worden wären, aber dennoch stellte er fest, dass er sich neu orientieren beziehungsweise seine Erwartungen korrigieren musste. Es kam nicht selten vor, dass Bands, die er gefördert hatte, weiterhin Sessions mit John aufnehmen wollten, auch nachdem sie den Durchbruch geschafft hatten. Doch ihre

Plattenfirmen oder ihr Management schrieben ihnen vor, ihre Radio-Auftritte in jene Sendungen zu verlegen, die früher am Abend liefen, beispielsweise *The Evening Session*, weil diese höhere Einschaltquoten hatten. Und so kam es, dass John, obwohl er die Karrieren dieser Bands ins Rollen gebracht hatte, am Ende den Kürzeren zog.

Wofür John auch nicht das geringste Verständnis hatte, war, dass die DJs der Morgenmagazine von Radio 1 weiterhin an der Tradition festhielten, die Zuschauer auf das abendliche Fernsehprogramm hinzuweisen statt auf Johns Sendung. Wann immer er dies zur Sprache brachte, hatte es jedoch nur zur Folge, dass er sich bei seinen Kollegen unbeliebt machte.

Es war völlig verständlich, dass John sich in dieser Atmosphäre unbehaglich fühlte – schließlich ging er auf die sechzig zu, und dies in einem Medium, das gemeinhin als jugendorientiert gilt. Es war nur natürlich, dass er allmählich von Panik erfasst wurde, aber dennoch wollte er nicht, wie viele seiner Kollegen es bereits getan hatten, zu Radio 2 wechseln, denn er hatte das Gefühl, dass er dort ein anderes Publikum haben würde. Er legte Wert darauf, dass seine Sendungen von Teenagern gehört wurden, und er wollte für sie da sein. Für ihn bestand seine Funktion darin, ihnen immer etwas Neues zu bieten.

John wäre zwar nie damit einverstanden gewesen, Radio 1 zu verlassen, doch das hinderte ihn nicht daran, von 1995 an regelmäßig für Radio 4 zu arbeiten, für das er zunächst die Sendung *Offspring* moderierte. Er hatte zwischendurch immer wieder Beiträge für Radio 4 geliefert, und er tat dies mit großem Vergnügen, denn er betrachtete den Sender als den eher traditionsorientierten Ableger der BBC, der ihm ebenso am Herzen lag wie Radio 1. Chris Berthoud von *Home Truths* erzählte mir einmal, dass John überaus glücklich war, diese beiden Bereiche seines Berufslebens miteinander in Verbindung zu bringen; offensichtlich genoss es John ganz besonders, wenn seine Teams von Radio 1 und Radio 4 bei ausgedehnten, alkoholgeschwängerten Mittagessen zusammensaßen. John hatte immer etwas von einem Kuppler an sich.

Wenn er jedoch gezwungen gewesen wäre, sich zwischen beiden Sendern zu entscheiden, hätte John immer mit aller Leidenschaft zu Radio 1 gehalten, selbst wenn man ihm nur noch eine einzige Stunde Sendezeit zugebilligt hätte. Einmal im Monat. Jedes Schaltjahr.

Doch Radio 4 war für ihn ebenfalls unverzichtbar. Er war hellauf begeistert, als man ihn in die Sendung *Desert Island Discs* einlud, wobei es ihn bei dieser Gelegenheit wieder besonders schmerzte, dass seine Eltern das nicht mehr erleben konnten. Und als man ihm das Angebot machte, bei der Hörspielreihe *The Archers* mitzumachen, konnte er es kaum fassen. Er kannte und liebte die Sendung seit Urzeiten – ebenso wie John Walters, der genauso wie er Mitglied im Eddie Grundy Fan Club war. Als John bei einer Jubiläumsparty der Sendereihe *Desert Island Discs* mit Prinzessin Anne zusammentraf, drehte sich ihre Unterhaltung darum, was es für ein Zufall war, dass sie beide in *The Archers* sich selbst verkörpert hatten. Was zwar nicht ganz so ausgefallen war, als wenn sie sich gegenseitig verkörpert hätten, aber immerhin doch genug, um eine gewisse Verbundenheit miteinander zu empfinden.

Die erste Staffel von *Offspring* lief im September 1995 an. Die *Radio Times* kündigte sie als »eine Expedition ins Familienleben« an und bezeichnete John als einen »durch seine Kolumne in der *Radio Times* bekannten, altgedienten Chronisten des häuslichen Daseins«. Er war nie zuvor als »altgedienter Chronist« bezeichnet worden und betrachtete es als Indiz für den inflationären und maßlosen Umgang mit Attributen in unserer heutigen Zeit, dass man noch nicht

Feargal Sharkey überreicht John 1996 den Sony Award für die Sendung *Offspring*

einmal zwei Jahre als Chronist tätig sein musste, um schon als altgedient bezeichnet zu werden.

John hat sich in diesem Buch bereits über seine ambivalente Haltung zum Attribut »selbstironisch« ausgelassen, doch er spürte auch immer wieder gern andere Bezeichnungen auf, mit denen verschiedene Leute ihn bedachten. Ein Schüler, der von einer Lokalzeitung interviewt worden war, nachdem John seiner Schule einen Besuch abgestattet hatte, erklärte, dass John »für sein Alter noch ganz gut drauf« war. »Exzentrischer Einsiedler« war eine weitere von Johns Lieblingsbezeichnungen. Es bereitete ihm großes Vergnügen, als exzentrisch erachtet zu werden, obwohl er nicht genau wusste, womit exakt er sich dieses Attribut verdient hatte, denn außer gelegentlich in seinen Hausschuhen zum Lebensmittelladen im Ort zu gehen oder sich ab und an zu weigern, seine Hosen anzuziehen, wenn er sich im Haus aufhielt, legte er kaum Verhaltensweisen an den Tag, die drastisch aus dem Rahmen fielen. »Meine Beine heizen sich zu sehr auf«, wandte er stets ein, wann immer Danda sich darüber beklagte, dass ihre Freunde bleibende Schäden zurückbehalten würden, weil sie ihn zufällig in Unterhosen hatten herumlaufen sehen. Immer wenn sie Freunde mit nach Hause brachte, sandte sie vor der Tür ein Stoßgebet zum Himmel: *»Bitte mach, dass er seine Hosen anhat.«*

Was man noch am ehesten als exzentrisches Verhalten hätte bezeichnen können, war seine Angewohnheit, ehemalige Bestandteile seiner selbst in einem kleinen Plastikbehälter zu sammeln, der ein Schildchen mit der Aufschrift »Vaters Trümmer« trug. Zehennägel, Hautfetzen von Blasen, Warzen – was immer von ihm abfiel, landete in diesem Behälter. Jedes Mal wenn er wieder einen Teil seiner leiblichen Hülle entfernt hatte, kam er ins Zimmer, um ihn allen zu zeigen. Wenn wir ihm dann zu verstehen gaben, dass wir dies eklig fanden, erwiderte er nur: »Ihr werdet euch noch um diese Zehennägel streiten, wenn ich erst mal tot bin.«

Aber das war nicht das Einzige, was er hortete. Er konnte sich nicht überwinden, irgendetwas wegzuwerfen. Einmal schaffte er es, eine riesige Red-Nose-Day-Nase in seinen Wagen zu stopfen. Das Ding mit einem Durchmesser von zwei Metern hatte vor dem Sendegebäude am Straßenrand gelegen, wo John es augenblicklich in sein Herz geschlossen und davor bewahrt hatte, auf dem Müll zu landen. Auch als der ohnehin schon fortgeschrittene Zerfall meines uralten Renault 4 dadurch beschleunigt worden war, dass ich ihn dazu benutzt hatte, eine geklaute Fuhre Mist für unseren Garten damit zu transportieren, sah John darin keinen Anlass, ihn nun schleunigst auf den Schrottplatz zu verfrachten, sondern er betrachtete es als eine willkommene Gelegenheit, ihn in die Wand unseres Hauses zu integrieren und ihn als Tür zu benutzen. Allerdings sorgte ich dafür, dass es dazu nie kam.

Ganz besonders hing sein Herz an alten Büroutensilien. »Dieser Stift hat mir wochenlang treue Dienste geleistet, wie kann ich ihn da wegwerfen?«, erklärte er. Ich musste ihm den Kram förmlich aus den Händen reißen, um ihn in den Müll zu werfen, doch kaum dass ich ihm den Rücken kehrte, fischte er ihn wieder heraus, und er lag erneut in seinem Zimmer herum. Er hegte eine echte Sympathie für solche leblosen Objekte.

Dieses Verhalten hätte man problemlos in jeder Ausgabe von *Home Truths* unterbringen können, was einer der Gründe dafür sein mag, dass ihm die Sendung so lag. *Offspring* hatte ein nicht ganz so breites Spektrum abgedeckt, und *Home Truths* war im Grunde genommen die Fortsetzung von *Offspring* mit anderen Mitteln. Das Problem war nur, dass selbst die Macher nicht genau wussten, worum es in der Sendung gehen sollte.

Im Februar 1998 traf John sich mit dem Produzenten der Sendung, Peter Griffiths, und sagte: »Ich bitte dich nur um eins: Versuch nicht, mich zu einem Radio-4-Moderator zu machen. Ich bin der, der ich bin, und ich habe keine große Lust, mich jetzt noch zu ändern.« Peter willigte ein, und er stimmte ihm darüber hinaus darin zu, dass Promis in der Show nichts zu suchen hätten. Sie machten sich an die Arbeit für eine Pilotsendung, in der unter anderem ein Angler interviewt wurde, der es geschafft hatte, bei einem Angelwettbewerb einen legendären Karpfen an Land zu ziehen. Der Angler beschrieb die Mühen, denen er und seine Rivalen sich bei der Jagd nach dem Fisch unterzogen hatten. Da sie glaubten, der Karpfen sei so klug, dass er ihre Anwesenheit in der Gegend bemerkte, parkten sie ihre Autos einen Kilometer vom Wasser entfernt, so dass der Fisch nicht durch die Motorengeräusche und das Knallen von Türen auf sie aufmerksam wurde. Sodann krochen sie auf allen vieren zum Seeufer. Als John dies hörte, hing auch er am Haken.

Die Sendung hatte kein eindeutiges Motto. »Die Transformation des Alltagslebens durch Humor« war die Kurzformel, die der Chefredakteur von Radio 4, James Boyle, benutzte, doch den Machern war klar, dass Johns Humor das prägende Element der Sendung sein würde.

Home Truths wurde am 11. April 1998 zum ersten Mal ausgestrahlt. Selten gab es weniger Anlass zum Feiern. Die Anrufe, Briefe und E-Mails waren, gelinde gesagt, niederschmetternd: Die Sendung wurde als »halbherzig«, »Müll«, »infantiler Müll«, »pubertärer Müll«, »absoluter Müll«, »Schwachsinn«, »ärgerlich«, »albern«, »dämlicher Unfug« und »geschmackloser, modischer, negativer Abfall« bezeichnet. Ich könnte jetzt noch weitermachen, denn dies war nur eine kleine Auswahl. Ein Zuhörer konnte der Sendung allerdings auch etwas Positives abgewinnen: »Danke, dass Sie das Samstagmorgenprogramm geändert haben, denn nun ist es so langweilig, dass ich guten Gewissens meine Freunde besuchen gehen kann.«

Es gab auch einige begeisterte Kommentare. »Ein Volltreffer«, schrieb ein Mann. »So entspannt und dennoch profund wie Mr Peel ist kaum einer der Moderatoren in Ihrem ganzen Betrieb«, erklärte ein anderer. »Er ist wie geschaffen für diese Sendung.« Im Verlauf der nächsten Monate wandelte sich die allgemeine Stimmung. Die Sendung fand eine Balance zwischen Absurdem und Bedeutungsschwerem, und die Themen wiesen eine ziemliche Variationsbreite auf. Ein Beitrag befasste sich mit Menschen, die eine Phobie vor Knöpfen hatten, während ein anderer sich um eine Frau in Nordirland drehte, die relativ beiläufig und nüchtern davon erzählte, wie sie das Grab ihrer Eltern besuchte; das Thema Nacktschnecken genoss zeitweilig eine große Popularität, aber es gab auch eine Sendung, in der sich John mit einem Ehepaar unterhielt, das den Mordanschlag eines Auftragskillers überlebt hatte.

Was John nie mochte, war, Interviews zu führen. Direkte, persönliche Fragen zu stellen war ihm peinlich, denn er empfand es als ein Eindringen in die Privatsphäre anderer. Die Produzenten mussten ihn regelrecht dazu treiben, so merkwürdige Erkundigungen einzuziehen wie: »Aber was empfanden Sie, als Sie feststellten, dass Ihre beste Freundin mit Ihrem Ehemann ein Verhältnis hatte/dass Ihr Lama entführt worden war/Ihnen an dieser Stelle plötzlich Haare wuchsen?«

Dieses Problem war 1995 zum ersten Mal aufgetaucht, noch bevor die erste Ausgabe von *Offspring* aufgenommen worden war. John hatte der Produzentin Fiona Couper erklärt: »Ich kann keine Interviews mit Leuten führen.« Fionas Reaktion auf dieses Dilemma bestand darin, dass sie sich weigerte, ihm zu glauben, und stattdessen ziemlich gouvernantenhaft erklärte: »Aber natürlich kannst du das, mach dir deswegen keine Sorgen.« Für eine der Sendungen begleitete sie John zu dem Dichter Benjamin Zephaniah, der in bewegenden Worten über das Problem der Unfruchtbarkeit geschrieben hatte, und dieses Thema hatte eigentlich auch im Mittelpunkt des Gespräches stehen sollen. Doch sobald sie Benjamins Haus betraten, war John zu schüchtern, um ihn darauf anzusprechen. Stattdessen redeten sie, wie es schien, stundenlang, über Kampfsportarten, und erst als sie schon dabei waren aufzubrechen, brachte John das Gespräch auf das Thema Unfruchtbarkeit.

John erklärte seinen Produzenten, dass er keine Lust hatte, sich zu einer zweiten Ricki Lake zu entwickeln, vermutlich eher aus Sorge, dass die Sendung zu sehr in Richtung Krawall-Show abgleiten könnte, als aus der Befürchtung heraus, dass er irgendwann wildfremden Menschen zurufen könnte: »Schick den Loser in die Wüste, Mädel!« Eine seiner bevorzugten Methoden, sich bei Fragen, die seiner Ansicht nach zu persönlich waren, aus der Affäre zu ziehen, bestand darin, seinen Interviewpartnern zu erklären: »Mein Produzent hat mir gesagt, ich soll Sie Folgendes fragen …« Was zunächst als Schwäche interpretiert wurde – Johns Abneigung, allzu tief in die Privatsphäre seiner Gesprächspartner einzudringen –, erwies sich auf Dauer als Vorteil, denn seine Interviewpartner bemerkten augenblicklich, dass John alles andere war als ein zynischer Sensationsjournalist, und benahmen sich in seiner Gegenwart entsprechend ungezwungen.

Offspring lief mehrere Jahre und gewann genügend Preise, um damit einen Kaminsims zu dekorieren. Ein Jahr nach der Erstsendung war *Home Truths* ähnlich erfolgreich; John wurde von der Vereinigung der Rundfunkjournalisten zum Moderator des Jahres gewählt, und die Sendung gewann drei Sony Awards. Von einigen der schärfsten Kritiker erntete die Sendung allerdings nach wie vor nur Hohn und Spott, was umso bedauerlicher war, als diese Kritiker John sehr nahestanden. Ich meine damit nicht die Kinder – die waren samstags nie früh genug auf, um die Sendung zu hören, obwohl William mir vor Kurzem eröffnete, dass er einmal zumindest eine halbe Folge davon mitbekommen hat. Es war, als John ihn einmal zum Bahnhof fuhr, das Autoradio lief und einen Moment peinliches Schweigen herrschte, als *Home Truths* begann und John bemerkte, dass William keinen Schimmer hatte, was das überhaupt war.

Womit John wirklich Probleme hatte, war die Tatsache, dass Andy Kershaw und John Walters über *Home Truths* ablästerten, was das Zeug hielt. Ihre Äußerungen über die Sendung und die Tatsache, dass John daran mitwirkte, waren so drastisch, dass es fast den Eindruck machte, sie wollten ihm einen Verrat an seinen Prinzipien vorwerfen. Dabei spiegelte *Home Truths* Johns Charakter und Ansichten in der gleichen Weise wider wie seine Sendungen für Radio 1. Dennoch machte diese Kritik John schwer zu schaffen. Er engagierte sich so sehr für die Sendung, dass er es gar nicht vermeiden konnte, die Angriffe persönlich zu nehmen.

Ich brachte John jeden Samstag um Viertel vor neun sein Frühstück ans Bett und ging dann nach unten in die Küche, um mir die Sendung anzuhören, während er sie im Bett verfolgte. Es war eine Art Ritual; ich weiß auch nicht, wie es sich entwickelt hat. Dann kam er nach unten, und wir führten eine lockere Analyse durch und besprachen, was funktioniert hatte und was nicht.

Keiner von uns war der Auffassung, dass *Home Truths* perfekt war. John hielt manche Beiträge für kitschig oder lahmarschig, und er versuchte stets zu vermeiden, dass die Sendung zu einem Skurrilitäten-Kabinett wurde. Andererseits war der Großteil der Beiträge wirklich geistreich und bewegend. Ich persönlich war sehr angetan davon, dass John Bryan Gallagher, der ursprünglich einmal für *Home Truths* interviewt worden war, dazu ermutigte, regelmäßige Beiträge für die Sendung zu verfassen. Er schätzte an Bryan seinen authentischen Witz und seinen gekonnten Umgang mit der Sprache, und er half ihm auf diese Weise, einen Verlag zu finden, ähnlich wie er zuvor die Karriere von Bands wie den Undertones gefördert hatte.

Im Zuge der immer größer werdenden Beliebtheit von *Home Truths* wurde John von noch mehr Menschen angesprochen. Wann immer wir im Supermarkt einkaufen gingen, kamen Leute auf ihn zugerannt und erzählten ihm lustige Anekdoten, in der Hoffnung, dass sie bei ihm auf Interesse stießen.

Wie eng der Kontakt und das Vertrauen seiner Hörer zu John war, lässt sich vielleicht an einer Geschichte ablesen, die sich ein paar Monate nachdem *Home Truths* angelaufen war, ereignete: Eine Frau namens Dawn Gregory schrieb John eine E-Mail, in der sie ihn bat, doch einmal bei ihrem Sohn Will vorbeizuschauen, der in Newcastle studierte. »Unser

Sohn wohnt mit sechs Freunden zusammen in einem Haus und versucht uns die ganze Zeit weiszumachen, dass er an seiner Abschlussarbeit sitzt. Wir sind uns darüber im Klaren, dass Pubs, Clubs und Studentenvereinigungen ziemliche Verlockungen darstellen. Wie wäre es, wenn Sie mal bei ihm vorbeischauen und nach ihm sehen? Vielleicht springt für Sie ja sogar eine Tasse Tee und ein Stück Kuchen raus.« Zufälligerweise war John eines Tages tatsächlich in der Nähe, und so schaute er bei dem nicht schlecht staunenden Will vorbei und fragte ihn, ob er sich mal seine Arbeit ansehen könnte. Wie sich herausstellte, hatte der Gute gerade mal den ersten Satz geschrieben, doch das Positive daran war, wie John später erzählte, dass er tatsächlich einen fantastischen Tee kochte.

Die neuerliche Aufmerksamkeit, die John im Gefolge von *Home Truths* entgegenschlug, konnte manchmal aber auch verstörend sein. Im Sommer 2004 saßen wir einmal bei einem Open-Air-Konzert, als der Mann neben mir sich herüberbeugte und sagte: »Möchten Sie einen Keks, Sheila?« Ich sah ihn nur sprachlos an, doch er fuhr fort: »John biete ich keinen an, weil ich weiß, dass er Diabetes hat, und in den Keksen ist Schokolade drin.« Ich fiel fast vom Stuhl. Es war ein befremdliches Gefühl, dass Leute so viel über uns wussten, ohne dass sie uns kannten. Aber so war John; seine offene Art lud zu derlei Vertraulichkeiten geradezu ein.

Es war gerade mal drei Jahre her, seit bei John eine Diabetes diagnostiziert worden war – am 11. September 2001, einem Tag, an dem auch John zugab, dass seine Sorgen von schwerer wiegenden Problemen überschattet wurden.

Er hatte sich schon eine ganze Zeit lang matt und abgespannt gefühlt und etliche Symptome gezeigt, die für Zuckerkrankheit typisch sind: Müdigkeit, Stimmungstiefs nach Mahlzeiten, Schwindelanfälle und unstillbarer Durst. Wie ernst es um ihn stand, fiel mir schlagartig auf, als wir von einem Wochenende in Betws-y-Coed nach Hause fuhren, wo John bei einem Film für das walisische Fremdenverkehrsamt mitgewirkt hatte. Als die Dreharbeiten beendet waren, verbrachten wir noch ein paar Tage mit den Musikern von Melys, einer Band, die er häufig in seiner Sendung spielte und mit der John gut befreundet war, seit er ihr einmal einen Auftritt beim Gronigen Festival in Schweden besorgt hatte, wo er selbst ebenfalls aufgetreten war. Sie sind absolut nette Kerls, und ich glaube, es freute John sogar mehr als sie selbst, als ihr Song »Chinese Whispers« 2001 auf Platz eins der Jahres-Charts von Radio 1 landete.

An dem Wochenende mit Melys war reichlich Alkohol geflossen, denn eines der Bandmitglieder, Paul, arbeitete als Koch in dem Hotel, in dem wir wohnten, so dass wir abends immer mit ihm und seiner Frau und den anderen Bandmitgliedern einen trinken gingen. John machte das Ganze großen Spaß, doch die Rückfahrt nach Hause war die Hölle. Er musste immer wieder anhalten und eine Runde schlafen, weil alles vor seinen Augen verschwamm.

Dass er anhielt, um zu schlafen, war nichts Außergewöhnliches. Als er in den Sechzigern überall im Land herumtourte, hatte er bestimmte Techniken entwickelt, um zu verhindern, dass er auf der Rückfahrt einschlief. Meistens hielt er den Arm aus dem Fenster, so dass er, wenn er einnickte, herunterkippte und John schlagartig wach wurde. Sobald er den Geruch der heimatlichen Gefilde in der Nase hatte, fuhr er in einem Stück durch, aber wenn er extrem müde wurde, hielt er am Straßenrand und schlief eine Runde. Die Kinder haben lebhafte Erinnerungen an die Heimfahrten mit John, bei denen sie immer wieder auf einem Parkplatz herumsitzen und warten mussten, bis er mit seinem Nickerchen fertig war.

Sobald wir aus Wales zurückgekehrt waren, bestand ich darauf, dass John sich untersuchen ließ. Als die Laborwerte

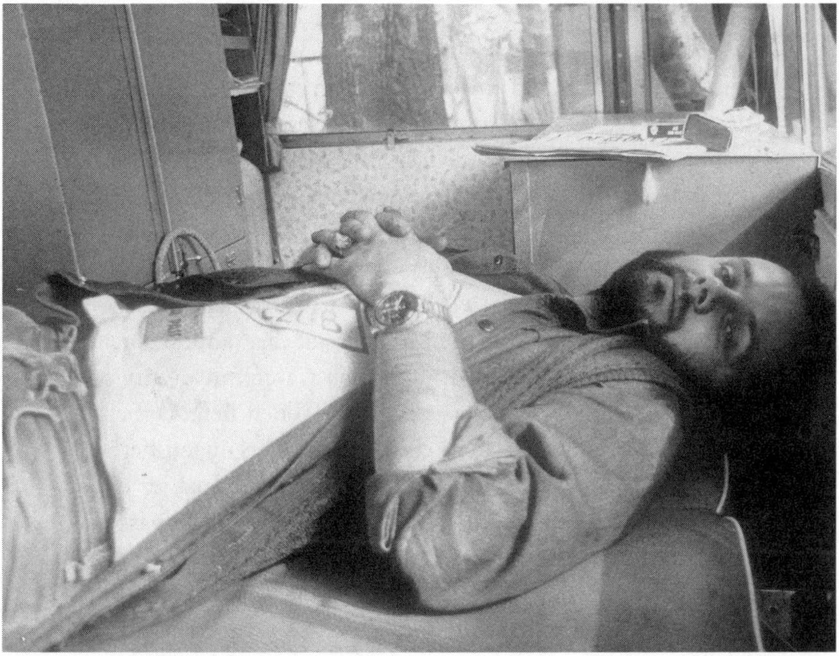

Ausruhen im Campingmobil

eintrafen, erklärte ihm der Arzt, dass sein Zustand sehr ernst sei und er sofort ins Krankenhaus müsse.

John hing eine Woche am Tropf. Wir hatten ihn selten so ruhig und gelassen erlebt, denn er schien gleichzeitig erleichtert. Offensichtlich hatte er die ganze Zeit geahnt, dass etwas nicht mit ihm stimmte, und er war einfach nur froh darüber, dass man etwas dagegen tun konnte. Ich bin sicher, dass seine allgegenwärtigen Befürchtungen, Radio 1 könnte versuchen, ihn loszuwerden, noch verstärkt wurden, als er merkte, dass es mit seiner Gesundheit bergab ging. Im Nachhinein staune ich noch immer, mit welchem Elan und Eifer er sich trotzdem weiterhin abrackerte. Selbst bevor die Diabetes diagnostiziert worden war, legte er eine ungeheure Ausdauer an den Tag, besonders wenn man sein Alter in Betracht zieht und sich dann vergegenwärtigt, welches Stundenpensum er absolvierte und welche Strecken er tagtäglich fuhr. Mit ihm konnte niemand mithalten; wann immer eine Band zu uns nach Hause kam, um eine Live-Session aufzunehmen, konnte man darauf wetten, dass er hinterher die ganze Nacht mit ihnen herumsaß, ein Glas Wein nach dem anderen kippte, Gesangseinlagen dirigierte und ganz einfach Hof hielt. Als Laura Cantrell und ihre Band bei uns waren, blieb er bis um vier Uhr morgens wach, legte irgendwelche obskuren Platten auf und forderte die Musiker auf, dazu mitzuspielen.

Ich glaube, die Insulin-Injektionen waren mitverantwortlich dafür, dass er es etwas ruhiger angehen ließ. Wobei sie ihm in einer Hinsicht auch ein gewisses Vergnügen bereiteten. Man kann sich kaum vorstellen, wie viel Spaß er dabei hatte, sich in der Öffentlichkeit eine Spritze zu verpassen – einfach die Nadel durch das T-Shirt in den Bauch zu jagen, während er in einem vollen Restaurant saß und alle Aufmerksamkeit plötzlich auf ihn gerichtet war. Aber die Injektionen machten ihn auch ausgeglichener. Obwohl er ein Arbeitspensum hatte, das einem Angst einjagen konnte, war John in den letzten Jahren seines Lebens glücklicher und zufriedener, als ich ihn je erlebt hatte.

Es muss sein Selbstwertgefühl doch ein wenig gehoben haben, dass ihm nun innerhalb von kurzer Zeit von allen Seiten so viel Anerkennung und Ehre zuteil wurde. Ende 1995 wurde John für die Sendung *This Is Your Life* auserwählt. Die Redaktion hatte die Idee, ihn zu überraschen, während er die Sendung *Top of the Pops* moderierte. Das Problem bestand nur darin, dass John seit acht Jahren nicht mehr in *Top of the Pops* aufgetreten war und es ihn leicht erstaunte, als man nach so langer Zeit wieder bei ihm anfragte, ob er Lust hätte. Die Technik hatte sich seit 1987 auch ziemlich verändert, und John hatte Probleme, sich daran zu gewöhnen. »Können Sie probieren, daran zu denken, dass Sie in die Kamera schauen müssen?«, fragte eine müde Stimme, während die Produktionshelfer zu Boyzone oder Björk in die Garderobe geschickt wurden mit der freudigen Nachricht, dass sie ihre Nummer noch mal aufführen mussten, weil John es wieder vermasselt hatte.

Und als ob dies nicht schon schlimm genug gewesen wäre, kam noch hinzu, dass John einen ziemlich bösen Verriss über Björks Auftritt beim Reading Festival im gleichen Jahr geschrieben hatte und es infolgedessen überaus beunruhigend fand, nicht mal zwei Meter weit von ihr entfernt zu stehen. Als sie ihn unerwartet anlächelte, ging er davon aus, dass dies nur die Ouvertüre zu einem plötzlichen Gewaltausbruch war. »POP-GÖTTIN VERDRISCHT DJ-VETERAN: POLIZEI SCHREITET NICHT EIN« – solche Schlagzeilen spukten in diesem Augenblick in seinem Kopf herum.

Irgendwann brachte er dann auch die Schlussmoderation hinter sich. Nachdem er sich, umringt von Fünfzehnjährigen, von allen verabschiedet hatte, drehte er sich herum, um sich den Kerl vorzuknöpfen, der ihn gerade ziemlich heftig gegen den Ellbogen stieß, und sah sich plötzlich Michael Aspel gegenüber, der ein großes rotes Buch in der Hand hielt. John war geistesgegenwärtig genug, nicht augenblicklich seine Freude und Dankbarkeit zum Ausdruck zu bringen, immerhin hätte es ja sein können, dass Michael sagen würde: »Nein, John, Sie sind leider nicht gemeint, sondern Sie, Björk – das ist *Ihr* Leben.« Als John bewusst wurde, dass Michael seinetwegen gekommen war, meinte er nur: »Ich hatte mich schon drauf gefreut, nach Hause zu können.«

Zum großen Erstaunen all jener, die John kannten, brach er nicht in Tränen aus. Na ja, nicht allzu sehr. Aber er genoss es in vollen Zügen. Wie Danny Baker später sagte: Es ist unmöglich, den einzigen Moment in seinem Leben nicht zu genießen, wenn Freunde und Familie verpflichtet sind zu applaudieren, sobald man den Raum betritt.

Im Sommer 1998 wurde John der Britische Verdienstorden OBE angetragen. Ich erinnere mich noch daran, dass er kurzfristig zögerte, ob er ihn annehmen sollte, und deshalb den Rat der Familie einholte. William erklärte sehr treffend, dass John, wenn er ablehnte, hinterher doch nur zu den Leuten gehören würde, die herumliefen und jedem erzählten, sie hätten den OBE abgelehnt, und er von daher das Ding auch gleich annehmen könnte. John meinte, das würde ihm einleuchten, und so machten wir uns zusammen mit Alan und Francis auf den Weg zum Buckingham Palace. Da die Anzahl der Zuschauer begrenzt war, konnten die Kinder uns nur bis zu den Toren des Palasts begleiten und kehrten dann wieder ins Hotel zurück.

Die Prozedur, die sich im Inneren abspielte, war von militärischer Steifheit und Präzision. Kaum dass wir den Palast betreten hatten, wurden die Ordensempfänger nahezu augenblicklich von ihren Begleitern getrennt und in die riesige Bildergalerie geführt. Nachdem er ein Weilchen herumgestanden und inständig gehofft hatte, jemanden zu finden, mit dem er sich unterhalten konnte (schließlich fand sich dann Terry Pratchett, der so kameradschaftlich war, John davor zu bewahren, einsam und verlassen in der Gegend herumzustehen), wurden alle um Aufmerksamkeit für eine Demonstration des Prozedere gebeten, das ihnen nun bevorstand. Nach dieser wunderbar gönnerhaften Demonstration wurden die einzelnen Namen in Gruppen von jeweils zwölf aufgerufen. Sodann wurden die Betreffenden aufgereiht und in einen riesigen Ballsaal geführt, wo sie sich aufstellten, um ihren Orden zu erhalten und ein paar nette königliche Worte mit auf den Weg zu bekommen. Dabei mussten sie strammstehen, den Kopf nach links drehen und bescheiden den Kopf neigen – was einem ehemaligen Soldaten wie John natürlich keine Probleme bereitete.

Der Prince of Wales unterhielt sich mit jedem der 150

Ordensempfänger etwa 45 Sekunden lang. Es wäre ein Vertrauensbruch, wiederzugeben, was er zu John sagte, doch er fand überraschend unverblümte Worte zum Thema BBC. Danach ein Händedruck des Prinzen – fest, aber nicht zu fest – als Signal, dass Johns großer Moment zu Ende war. Er machte einen Schritt zurück, verbeugte sich und trat nach rechts ab, um den Ballsaal gleich wieder durch einen Eingang an der Rückseite zu betreten und sich auf den für ihn bestimmten Platz zu setzen, wo er sich damit die Zeit vertrieb, die Galerie, die sich um den Raum herumzog, nach Freunden und Verwandten abzusuchen. Er entdeckte uns allerdings nirgends; ich hatte bei unserem Eintreten dem Platzanweiser erklärt, dass ich schlechte Augen hätte und nicht in der Lage wäre, etwas zu erkennen, wenn ich in einer der hinteren Reihen säße, woraufhin er mir prompt einen Platz ganz hinten anwies. Platzanweiser müssen eben auch ihren Spaß haben.

Dann gab es Musik – zwei Stunden lang »These You Have Loved«, mit wechselnder Akkuratesse dargeboten von einem Militärensemble. Als wir schließlich wieder in die menschliche Gesellschaft entlassen wurden, gingen wir mit den Kindern in ein Restaurant, wo wir während des opulenten Essens Fotos voneinander machten, was einige der anwesenden Gäste dazu veranlasste, uns mit abschätzigen Blicken zu bedenken und »Landeier« zu murmeln. Es war ein fantastischer Tag, und John bedauerte nur, dass niemand von unseren Eltern dieses Ereignis noch miterleben konnte, obwohl mein Vater glücklicherweise noch bei uns war, als wir im Sommer zuvor den Brief mit der Ankündigung der Ordensverleihung erhielten.

Die Ehrungen und Doktorwürden erfüllten John mit großem Stolz, obwohl es auch Auszeichnungen gab, die eine durchaus zweischneidige Angelegenheit darstellten. 1998 landete er im Leser-Poll von *Cosmopolitan* auf Platz 48, was bedeutete, dass er offensichtlich hübscher war als Woody Harrelson, aber nicht so atemberaubend wie Tony Blair. Dass er bei einer landesweiten Umfrage nach den bedeutendsten Briten auf Platz 43 landete, war noch seltsamer. Wir waren sehr erstaunt, als wir erfuhren, dass er es überhaupt in die Liste geschafft hatte, und als man uns mitteilte, er sei sogar unter den ersten 50, dachten wir schon, dass er vielleicht gewinnen würde.

Am meisten Spaß machte es festzustellen, wen er alles hinter sich gelassen hatte, obwohl John über seinen Platz schon so erfreut war, dass er mit dem Gedanken spielte, die Zahl 43 irgendwie im Titel dieses Buches unterzubringen, was ihm nach einiger Überlegung allerdings doch ein bisschen albern vorkam. Jedenfalls war er vor König Arthur, Chaucer und Sir Walter Raleigh gelandet, allerdings hinter Guy Fawkes, Margret Thatcher und – was ohne Zweifel das Grausamste war – hinter David Beckham. Ein Mitglied der Band The Dawn Parade nahm es bei Weitem nicht so locker wie John und beschwerte sich: »Es ist nicht zu fassen, dass bei dem ganzen Der-größte-Brite-Scheiß Churchill gewonnen hat, wo hier noch immer ein Mann unter uns weilt, der von den Steuergroschen der Bürger Platten von Half Man Half Biscuit im Radio spielt.«

Johns Krankenhausaufenthalt fiel zusammen mit einer anderen Festivität – der Party zur Feier seines vierzigjährigen Radio-Jubiläums. Die ging dann einen Monat später über die Bühne, wobei Billy Bragg, Nick Cave und Pulp jeweils kurze, aber feine Auftritte absolvierten und besonders Pulp John zu zähneknirschender Dankbarkeit animierten, als sie ihm den Song »Help The Aged« (in etwa: »Helft den älteren Mitbürgern«) widmeten.

Nachdem die Bands fertig waren, legte John eine Stunde lang Platten auf, und wir schwangen alle das Tanzbein, so gut es ging. Zurück in unserem Hotelzimmer, versuchte ich John davon zu überzeugen, dass es besser sei, im Bett und nicht darunter zu schlafen, doch er wollte nicht hören. Er war zu sehr damit beschäftigt, wie Johnnie Ray fünfzig Jahre zuvor, lauthals zu singen: »It was a night. Oooh, what a night it was. Such a night.«

In den letzten Jahren wirkte John frisch motiviert und von einem Schub frischer Energie erfasst. Er war begeistert von den Künstlern, die Sessions für ihn aufnahmen, zunächst in Maida Vale und später dann hier bei uns zu Hause. Das Ganze begann im Mai 1998 mit den 60ft Dolls, die noch in Maida Vale aufnahmen, wo sich mittlerweile ein Ritual etabliert hatte, das John ein immenses Vergnügen bereitete. Der Abend begann gewöhnlich damit, dass er und das Produktionsteam in einem Thai-Restaurant in der Nähe gemeinsam zu Abend aßen, wobei dann manchmal die Musiker – beispielsweise Loudon Wainwright III, Underworld oder The Immortal Lee County Killers – dazustießen. Wenn sie fertig gegessen hatten, brachte der Ober ein heißes Handtuch für John – ein Service, der anderen Gästen nicht gewährt wurde, sondern einzig und allein John vorbehalten war. Er verließ das Restaurant zehn Minuten vor den anderen, die diese Gelegenheit nutzten, um endlich ihre Zigaretten auszupacken und zu rauchen, was sie sich in seiner Gegenwart verkniffen hatten. John ging dann ins Studio und setzte sich in seine Kabine, wo er Platten hörte, bis seine Kollegen, beladen mit Bier für das Publikum, zurückkamen und die Band sich fertig machte für den Auftritt.

In Maida Vale fanden einige unglaubliche Sessions statt: Melys spielten ein rauschendes Konzert an dem Abend, als Liverpool den UEFA-Cup gewann; Melt Banana, Herman Dune, T. Raumschmiere und DJ Rupture gehörten ebenfalls zu Johns Favoriten. The White Stripes spielten in Maida Vale, bevor sie einen Abend später im 100 Club auftraten. John hatte die Singles im Radio gespielt, die Jack White ihm zugeschickt hatte, und *White Blood Cells* gerade noch rechtzeitig in die Finger bekommen, bevor Meg und Jack in England gelandet waren.

Als John und seine Produzentin Anita in Maida Vale ankamen, war die Band noch beim Soundcheck, und so nutzte John die Gelegenheit, um sich noch mal kurz hinzulegen und zu schlafen. Anita erzählte mir später, dass Jack und Meg es kaum erwarten konnten, bis er wieder aufwachte. Sobald John wieder wach war, gingen sie in das Thai-Restaurant und unterhielten sich über Blues. Jack fragte John über die Konzerte aus, bei denen er gewesen war, und John erzählte ihm alles über den Auftritt von Gene Vincent. Im Nachhinein erscheint es verwunderlich, aber John hätte damals nie vermutet, dass die White Stripes in England so groß rauskommen würden. Auf dem Weg zurück ins Studio sagte er

Die White Stripes live bei uns zu Hause

zu Anita: »Die sind doch süß, oder? Wir müssen auf jeden Fall ihre Tourdaten durchgeben, damit auch Leute zu ihren Konzerten kommen.«

Die White Stripes rumpelten sich durch drei Sets à drei Songs, und die Gesichter des Publikums sprachen Bände: Sie konnten es nicht fassen, dass es nur zwei Leute waren, die einen solchen Höllensound fabrizierten. Anita fragte, ob sie vielleicht noch einen Song extra zum Abschluss spielen könnten. Sie spielten drei. Die letzte Nummer war Gene Vincents »Baby Blues«. John standen die Tränen in den Augen. Und gleichzeitig strahlte er über beide Ohren.

Eine weitere Session, die John sehr am Herzen lag, war der Auftritt von Jeff Mills. John war sogar so begeistert, als er erfuhr, dass Jeff für den Mai 1998 gebucht war, dass er die Produzentin fragte, ob es sich dabei wirklich um *den* Jeff Mills handelte. Als er im Studio angekommen war, schaute John ihm zunächst neugierig durch die Trennscheibe zu, bevor er seinen Mut zusammenraffte, um hineinzugehen und Hallo zu sagen. So wie er aussah, hätte John ihn eher für einen stillen Kerl gehalten, aber da lag er ganz falsch. Schon nach einigen Sekunden begann Jeff, John nach allen möglichen Schallplatten auszufragen, die er gespielt hatte, und nach Künstlern, denen er begegnet war. Jeff hatte fünfzig Schallplatten dabei, und John merkte vorsichtig an, ob dies nicht vielleicht ein paar zu viel seien für ein Set von dreißig Minuten. Jeff lächelte nur verschmitzt. Sein Set war umwerfend. Er bewegte sich nahezu traumwandlerisch zwischen den Decks hin und her, er wirbelte herum, tanzte – und er spielte alle fünfzig Tracks. Noch Wochen später schwärmte John von diesem Auftritt.

Im gleichen Jahr überließ er dem Techno-Label Tresor die Gestaltung einer ganzen Sendung zur Feier ihrer hundertsten Veröffentlichung. Bis zu diesem Zeitpunkt war noch nie ein Techno-Act in die Sendung eingeladen worden, einfach aus dem Grund, weil John und seine Produzentin Anita dachten, diese Leute wären viel zu cool, als dass sie eine solche Einladung annehmen würden. Doch im Gegenteil, Pacou, Tony Surgeon, Carl Regis, Tobias Schmidt und Neil Landström waren hellauf begeistert von der Idee, und ihre Show war eine Offenbarung. Tony nutzte die Gelegenheit, um ein paar neue, stimmungsvollere Mixe auszuprobieren; Neil behauptete, es sei besser als ein Club-Gig gewesen, und Carl ließ es beim Finale so krachen, dass einem die Zähne im Mund wackelten. John war einfach hin und weg.

Es war wunderbar zu sehen, wie er in der Musik aufging. Das Gleiche passierte 2004, als er eine ganze Sendung der damals aufkeimenden Grime-Szene zur Verfügung stellte. John hatte drei Monate zuvor angefangen, Grime-Platten zu spielen, nachdem er durch den Piratensender Rinse FM auf diese Musik aufmerksam geworden war. Er kaufte daraufhin bei Black Market Records in Soho einen Stapel Twelve-Inches – darunter den ersten Grime-Track, den er je im Radio spielte, »Battle« von John E. Cash. Als er, begleitet von seinem Assistenten Hermeet, zum ersten Mal in diesem Laden war, hatte Nicky, der Typ hinter dem Tresen, ihm einen Stapel Platten gereicht und gesagt: »Pionier.« John fragte ihn, ob das der Name eines Grime-Acts war, aber Nicky erklärte: »Nein, Sie sind ein Pionier. Das musste ich einfach mal loswerden.« John lachte verlegen, aber er war sichtlich stolz darauf.

Wann immer John und Hermeet in der Folgezeit Platten kaufen gingen, reichte ihnen Nicky einen Stapel neue Grime-Twelve-Inch-Singles. John blätterte dann den Stapel durch und sagte: »Die hab ich. Die auch. Und die auch.« Es war, als würden Jungs auf dem Spielplatz Fußball-Sammelbildchen tauschen. Er kaufte so viele Platten, dass es gar nicht genügend neue Platten geben konnte, um seinen Hunger zu befriedigen.

Die Idee zur Grime-Nacht kam auf, als John und Hermeet feststellten, dass niemand bei Radio 1 diese Musik spielte. Und das machte die Angelegenheit umso aufregender. Das Studio quoll über von jungen DJs, die Hermeet bei einer Club-Nacht in Brixton engagiert hatte – darunter DJ Eastwood and the Renegade Crew samt den MCs Purple, G Double E, IQ und IE. Diejenigen unter ihnen, die schon angefangen hatten, sich zu rasieren, waren noch zu jung, um Auto zu fahren, und diejenigen, die schon einen Führerschein hatten, waren noch nicht alt genug, um zu wählen. Die meisten von ihnen hatten zuvor in ihren Schlafzimmern Mixe gebastelt oder bei Partys von Freunden, und jetzt sollten sie das Ganze live im Radio veranstalten. Es war eine ziemlich riskante Sache, all diese unbekannten Nachwuchstalente für eine Sendung zu verpflichten, zumal ihre Musik bislang im Radio völlig unterrepräsentiert war, so dass es doppelt wichtig war, dass die Sendung ein Erfolg wurde. Für John stand allerdings im Vordergrund, dieser Musik eine Plattform zu verschaffen, da niemand sonst sie im Radio spielte und er die rohe Vitalität der Szene sehr erfrischend und belebend fand.

1999 begann John seine Donnerstagnacht-Sendung von zu Hause aus auszustrahlen. Zu diesem Zweck hatte er in seinem Arbeitszimmer ein kleines Studio eingerichtet. Die Sendungen am Dienstag und am Mittwoch nahm er nach wie vor in London auf, wo er in einem Hotel übernachtete. Donnerstags arbeitete er von acht Uhr morgens bis um fünf Uhr nachmittags an *Home Truths* und fuhr anschließend nach Hause, damit er um zehn Uhr abends auf Sendung gehen konnte.

Die technischen Details, die mit dem Senden von zu Hause aus zusammenhingen, waren ihm ein Buch mit sieben Siegeln. Er wusste nur, dass alles, was er tat oder sagte, über den Äther ging, wenn er auf einen Knopf mit dem Schildchen »BH Feed« drückte. Also kam jeden Donnerstagabend seine Sendung aus dem Raum am Ende des Flures, hinter dem Billardtisch und dem Kicker, die er für die Kinder gekauft hatte, als ihre Großeltern gestorben waren. Im Verlauf der Sendung wurde er – je nachdem, wer gerade zu Hause war – immer wieder von einem der Kinder unterbrochen, die mit ihm so drängende Probleme besprechen wollten. Zum Beispiel, wer wen am Wochenende im Auto wohin mitnehmen musste, konnte oder sollte. Typische Sätze, die bei diesen Gelegenheiten mit einem flehenden Unterton aus dem Arbeitszimmer drangen, während gerade eine Platte lief, lauteten: »Papa, arbeitet gerade«, »Ich bin auf Sendung«, »*Bitte*, ich bin wirklich am Arbeiten« und »Floss, Frucht meiner Lenden, nicht auf dem Billardtisch sitzen«.

In dieser Zeit fingen wir damit an, Bands zu uns nach Hause zu Live-Sessions einzuladen. Johns Produzentin Anita hatte das ausgeheckt, und die BBC unterstützte diese Sessions, da sie preiswerter als die Maida-Vale-Produktionen waren. Die ersten Bands, denen die Ehre einer Hausproduktion zuteil wurde, waren Blur, PJ Harvey und Cinerama. Es lief so gut, dass die Sessions zu einer festen Institution wurden.

Für uns waren diese Treffen kleine Partys. Normalerweise trafen die Bands donnerstags am späten Nachmittag ein, bauten ihr Equipment auf und machten ihren Soundcheck. Als beispielsweise Belle and Sebastian eintrafen – ich glaube, dass die Band aus neun Personen bestand –, wurde ich großzügig mit Geschenken bedacht: Blumen, Leckereien und Spielzeug für die Hunde.

Später habe ich dann für alle gekocht, manchmal für bis zu 30 Personen – die Musiker und ihre Entourage und jede Menge Freunde und Familienmitglieder, denen wir Bescheid gegeben hatten. Gegen 19 Uhr kam dann John mit der jeweiligen Produzentin – Alison, Anita oder Louisa – und den wirklich netten Technikern George Thomas und Andy

Rogers. Manchmal führte John die Musiker durch seine Plattensammlung und spielte ihnen die Stücke vor, von denen er meinte, sie würden sie interessieren. Beim ersten der beiden Besuche von Blur fragte Damon John, ob er die Silver Apples kennen würde, und sofort ging John an das entsprechende Regal, zog eine Platte heraus und spielte sie. Als John die Bands für das Meltdown Festival zusammenstellte, gönnte er sich das Vergnügen, Blur und die Silver Apples für den gleichen Abend zu buchen, und die Silver Apples spielten eine sehr eigenwillige Version von Blurs »Song 2«.

Blur trat damals in einem Zelt in unserem Garten auf, meistens aber fanden die Aufnahmen in Johns Studio statt. Es konnte sehr eng dort werden, bei Belle and Sebastian musste der Keyboardspieler ins Badezimmer ausweichen. Als PJ Harvey hier spielte, wurde es so eng, dass die Leute ums ganze Haus herumstanden und die Aufnahmen durch

Mit PJ Harvey bei einer Live-Sendung von zu Hause aus

die Fenster beobachteten. Ich erinnere mich noch immer gern an diesen Anblick, ein warmer Sommerabend und die ganzen Leute dicht gedrängt an den Fensterscheiben.

Über die Jahre hatten wir fantastische Musiker zu Gast – Ash, Laura Cantrell, die Super Furry Animals, Supergrass, die White Stripes. Auch Nina Nastasia aus New York nahm mehrere Sessions bei uns auf. Sie blieb uns auch danach immer verbunden; John bemerkte einmal, dass sie die Einzige war, die uns besuchte, auch wenn sie nicht zufällig in der Gegend war. Kaum war sie in England, rief sie John an, um sich mit ihm bei uns auf dem Land zum Essen zu verabreden.

Nach dem Ende der Sendung blieb es häufig nicht aus, dass sich der weitere Verlauf des Abends in eine stark alkoholgeschwängerte, wirre Angelegenheit verwandelte. Ohne Belle and Sebastian hervorheben zu wollen, aber neben ihren Mitbringseln für mich hatten sie die Zutaten für »White Russians« für alle Anwesenden dabei. Als sie sich nach dem Kühlschrank erkundigten, dachte ich mir: »Warum haben sie ihre eigene Milch mitgebracht?« Doch dann packten sie Wodka und Kahlua aus, und bei mir fiel der Groschen. Als sie wieder abfuhren, waren wir noch nicht wieder in der Lage, uns normal zu artikulieren oder zu bewegen.

In den späten Neunzigern hatte John wieder angefangen, Auftrittsangebote als DJ anzunehmen, aber statt wieder auf normalen Universitätspartys aufzulegen, beschränkte er sich auf prestigeträchtige und anspruchsvolle Gigs – in den Sechzigern hätten wir sie »Happenings« genannt. Alles, was er sich rauspickte, das Tribal Gathering, das fantastische Big Chill oder das Sonár Festival in Barcelona, hatte seinen ganz speziellen Reiz.

Sein erstes Tribal Gathering fand 1997 statt. John war überrascht, dass man ihn einlud. DJ-Mixing war eigentlich nicht sein Ding. Als er am Ort des Geschehens eintraf, fuhr er zum »Pacific Tent«, und um zu beweisen, dass er kein alter Knacker war, flitzte er die Metallrampe zum DJ-Pult hinauf. Allerdings hatte er, um zu flitzen, das falsche Schuhwerk angezogen, ein paar alte Stiefel mit abgelaufenen Sohlen statt seiner schwarzen schlammverschmierten Turnschuhe, der einzigen Alternative, die er im Gepäck hatte. So musste er sich mühselig an den Zeltpfosten abstützen, um die Rampe zum DJ-Pult hinaufzugelangen – das kann nicht gut ausgesehen haben.

Auf der Bühne spielten Cornershop. Jemand kam vorbei, um die Plattenspieler zu checken. Das Zelt war gut gefüllt. Als der Applaus für Cornershop verebbte, begann John mit seinem Set. Die erste Platte lief schon mal in der richtigen Geschwindigkeit, bei der zweiten würde man sehen …

Er hatte sich vorgenommen, verschiedenste Musik aufzulegen, nicht unbedingt Dancefloor, aber Musik zum Tanzen. Das war sein Motto für das Festival, und er dachte, das wäre ziemlich clever, auch wenn das so ähnlich war, wie einen Satz mit einer Präposition zu beenden. Also legte er The Fall auf, danach einen gitarrengetriebenen Soukous aus dem Land, das früher einmal Zaire hieß, ein paar Reggae-Nummern, Status Quo. Jawoll, Status Quo. John hatte verschiedenen Leuten erklärt, dass er tiefer gehen wollte, tief, tiefer, am tiefsten – bis ganz nach unten. Er wollte als der Mann in die Geschichte eingehen, der Status Quo auf dem Tribal Gathering spielte. Und es funktionierte. Dann brachte er den einzigen Mix, den er konnte, und mischte den BBC-Fußballkommentar zu Dalglishs Entscheidungstreffer für den FC Liverpool gegen den 1. FC Brügge mit einem Techno-Track: »… kommt zu Souness … Souness nach vorne … Dalglish nicht im Abseits … Dalglish trifft … 1:0!«

Thomas und seine Freunde erklärten John hinterher, dass er sich wacker geschlagen hatte, und das reichte ihm. Pete Tong hat 20 Minuten dieses Sets später auf Radio 1 gespielt; das war vermutlich das einzige Mal, dass The Fall in einem

Dance-Programm gelaufen sind. Und John war kurz nach Mitternacht zu Hause.

Johns Auftritte liefen immer besser, doch trotz seines großen Erfolges und der stürmischen Reaktionen des Publikums ließ sein Lampenfieber nie nach. Egal wo, vor jedem Auftritt verbrachten John und ich bange Stunden und quälten uns mit der Befürchtung, dass dieser Gig ein Desaster werden würde. Doch das Gegenteil trat ein: Es wurde von Mal zu Mal besser. Seine Auftritte in Clubs ragten heraus. Das Chibuku in Liverpool war ein ganz spezielles Highlight, dort ging es um mehr als um Johns Ruf: Zu der Zeit war Flossie an der Universität Liverpool eingeschrieben, sie und alle ihre Freunde würden also da sein, und wenn John es vermasselt hätte, wäre sie in ihrem Freundeskreis erledigt gewesen. Als sie ein halbes Jahr zuvor erfahren hatte, dass er dort auftreten würde, war sie schreckensbleich geworden, doch zu ihrer Ehre sei gesagt, dass sie nie von John verlangt hatte, diesen Auftritt abzusagen.

John und ich hatten uns im Vorfeld dieses Auftritts hundeelend gefühlt – beim Abendessen hatten wir kaum einen Bissen herunterbekommen. Er wollte, dass Flossie stolz auf ihn war. Die Kinder hatten ihren Freunden an der Uni die Tatsache, dass John Peel ihr Vater war, immer verschwiegen – wohl auch, um festzustellen, inwiefern sie sich eigene Identität schaffen konnten unabhängig davon, dass sie einen berühmten Vater hatten. Das konnte gelegentlich auch zu ungemütlichen Situationen führen. William hatte während seiner Zeit an der Universität eines Abends mit einigen Freunden in der Küche gesessen, und sie hatten sich über die Frage unterhalten: »Welchen berühmten Menschen findest du toll?« Eins der Mädchen nannte John Peel und erging sich in nicht enden wollenden Elogen darüber, wie charmant er sei. Das war mehr, als William ertragen konnte. »Der Mann, über den du da redest, ist mein Vater«, stammelte er.

Flossie war vor dem Auftritt im Chibuku ein reines Nervenbündel. Erst ab dem Augenblick, als die erste Platte sich gleich als Volltreffer erwies und alle tanzten, in Jubel ausbrachen und Johns Namen riefen, ging ihr auf, dass dies vielleicht doch nicht das Ende der Welt war. John nahm den Club im Sturm, und sie war danach wahnsinnig stolz auf ihn.

Das erste Sonár, bei dem John aufgetreten war, 2001, hatte ihm Auftrieb gegeben. Beide hatten wir befürchtet, dass es ein großer Fehler war, die Einladung anzunehmen, aber wieder einmal war das Publikum begeistert. Dies gab ihm Zuversicht, und er fing an, Auftritte wieder zu genießen, und legte sogar bei Radio-1-Partys auf. Das war immer der Höhepunkt des Abends.

Die Platten in seinem transparenten Koffer variierten, aber immer waren ein paar solide Standards dabei –»In The Midnight Hour« und »You'll Never Walk Alone« und irgendein Kracher von Status Quo. Was er spielte, war nie esoterisch, es mussten Stücke sein, zu denen die Leute aufsprangen und anfingen zu tanzen. Er war vermutlich der einzige DJ in der Szene, der nicht mixte; hin und wieder versuchte er es, richtig funktioniert hat es nie. Manchmal dachte ich, dass Johns musikalischer Spagat das Wohlwollen des Publikums überfordern würde, erst ein Happy-Hardcore-Track, den er abrupt stoppte, um aus dem Nichts eine irische Fiddle-Nummer anzuhängen, so dass man dachte, jetzt ist es gelaufen. Aber alle waren immer noch voll am Tanzen.

Beide Big-Chill-Festivals – insbesondere das 2004 – hat er ganz besonders genossen. Wir waren in einer kleinen Pension in der Nähe der Malvern Hills untergebracht, und als wir auf dem Festivalgelände ankamen, erlebten wir erstaunliche Reaktionen. Die Menschen jubelten ihm zu und applaudierten, noch bevor er einen Fuß in das Zelt gesetzt hatte, in dem er auftreten sollte. Es war drückend heiß und völlig überfüllt. Als John loslegte, rasteten die Leute aus.

Johns Wirkung auf ein junges Publikum in einem Club oder auf einem Festival hat mich immer wieder erstaunt, vor allem weil ich immer versuchte, John davon abzubringen, sich älter zu geben, als er war. »Du brauchst diesen verdammten Stock nicht«, beschwerte ich mich immer, wenn John mit dem Wischmoppstiel herumhumpelte, den er weiter vorn in diesem Buch bereits ausgiebig gepriesen hat. Er war besessen davon, ein alter Mann zu werden, als ob er den Alterungsprozess beschleunigen wollte. Es war seltsam: Seine Ausdauer und sein Geschmack waren so jugendlich, aber er war dennoch fasziniert davon, alt und senil zu werden. Er wollte enden wie Sir Henry Rawlison in dem Film *Sir Henry at Rawlison End* und freute sich schon darauf, mir und den Kindern dabei unendlich peinlich zu sein. Oft malte er uns aus, dass er aufwachen würde in dem Glauben, es sei das Jahr 1847 oder er wäre ein sechs Kilometer langer Stau auf dem M6.

Am Ende seines Sets beim Big-Chill-Festival näherte sich eine Frau mit ihrem Baby der Bühne und reichte es John mit der Bitte, das Kind zu küssen. Er war ziemlich gerührt und tat ihr den Gefallen, beim Zurückgeben gab er ihr den Rat, doch lieber mit dem Baby das Zelt zu verlassen, um seine kleinen Trommelfelle vor Schäden zu bewahren. Es war ein großes euphorisches Ereignis, aber auch der letzte Gig von John.

Kurz bevor wir im Oktober 2004 nach Peru aufbrachen, baten mich die Kinder, John davon zu überzeugen, seine Sendetermine zu ändern. Im Juli war das Programmschema wieder mal erneuert worden, und Johns Sendung bei Radio 1 war eine Stunde nach hinten gelegt worden, so dass sie jetzt von Dienstag bis Donnerstag zwischen 23 Uhr und 1 Uhr ausgestrahlt wurde. Die Maida-Vale-Sessions konnten daraufhin nicht mehr live gesendet werden, da das Gebäude ab

Mitternacht für das Publikum gesperrt war. Die vorproduzierten Sendungen hatten einfach nicht die gleiche Atmosphäre, und so war ein wesentlicher Bestandteil von Johns Sendung einfach weggeplant worden.

An sich ging es John gut, ein Gesundheitscheck war erfolgt, und nichts sprach gegen die Reise nach Peru. Wir alle aber merkten, dass John nicht mehr so belastbar war, er dachte sogar darüber nach, eine Sendung pro Woche vorzuproduzieren. Die Sendung *Home Truths* in seinen Terminkalender einzubauen wurde allerdings immer schwieriger. Chris Berthoud fand seit geraumer Zeit, dass die Show eine Sommerpause brauchte, und auch John meinte, dass er selbst mal wieder etwas »Lustiges« erleben müsste, um sein Repertoire aufzufrischen. Wenn er 52 Ausgaben von *Home Truths* pro Jahr machte, war das nicht möglich. Die Vorschläge von Chris fanden wie immer kein Gehör bei Radio 4. Als Chris und Fiona John damals vorgeschlagen hatten, *Offspring* in *Home Truths* aufgehen und ihn jeden Samstag eine Stunde auf Sendung gehen zu lassen, hatte er ihre Bedenken ob seiner anderen Verpflichtungen mit der Bemerkung »Keine Sorge, ich fahre nie in Urlaub« weggewischt – im Nachhinein klang das sehr traurig.

Das ist einer der Gründe, weshalb ich so froh bin, dass wir im letzten Jahr vor seinem Tod noch einen richtigen Familienurlaub genießen konnten. Seit zehn Jahren waren wir nicht mehr gemeinsam verreist, und es war klar, dass jede längere Auszeit mit Johns Zeitplanung kollidieren würde. Oder man hätte ihn unter Androhung von Gewalt von seinen Plattentellern und Mikrofonen wegzerren müssen. Am Ende ging es auch so – die Tatsache, dass seine Kinder mit ihm einen Urlaub verbringen wollten, war überzeugend genug.

Die Idee dazu kam von Danda und Zahra, der Freundin von William. Innerhalb eines Monats hatten die beiden es geschafft, eine Reise für zwölf Personen – John und ich, die vier Kinder und ihre Lebensgefährten, Gabrielle und ihr Sohn Little John – sowie einen Aufenthalt in einem wunderschönen Schloss in der Dordogne zu organisieren. Der Urlaub begann direkt im Anschluss an das Big-Chill-Festival im Juli 2003. Gleich nach Johns Auftritt waren wir mit William und Zahra durch Frankreich gefahren und hatten uns mit den anderen im Schloss getroffen. Es war kein Aktivurlaub, aber man sah, dass John sich dringend einmal ausruhen musste. Die meiste Zeit verbrachte er in einem Schwimmring im Swimmingpool. Den Strohhut flott auf dem Kopf, behauptete er, eine Qualle zu sein. Nun ja, Hauptsache, er fühlte sich wohl.

Wir gingen außerdem in einem nahe gelegenen Fluss Kanu und Kajak fahren, wobei der Fluss so ausgetrocknet war, dass wir die meiste Zeit auf dem felsigen Flussbett entlangschrammten. Und wir veranstalteten jeden Tag ein Badminton-Turnier. Da es tagsüber zu heiß war, wurden am Abend die Autos in eine Reihe gestellt, die Schweinwerfer eingeschaltet, und bei Flutlicht wurde bis zum Exzess gespielt. Obwohl sie im achten Monat war, gewann Danda; es hatte wohl damit zu tun, dass sie die Einzige war, die keinen Alkohol trank und somit noch über das notwendige Koordinationsvermögen zwischen Auge und Arm verfügte. Wenn wir nicht betrunken über den erleuchteten Badminton-Platz torkelten, saßen wir normalerweise an einem großen Holztisch vor dem Haus und tranken, um zu vergessen, wie viel wir gegessen hatten, um dann wieder zu essen, weil wir vergessen hatten, wie satt wir eigentlich waren.

Es war der perfekte Urlaub, noch nie hatte ich John so glücklich gesehen. Gegen Ende der zweiten Woche verließ einer nach dem anderen das Schloss in Richtung England, und am Ende waren nur noch John, Thomas und ich übrig. Wir drei hatten eigentlich vor, noch ein paar Tage zu bleiben, doch dieser Plan hatte nicht lange Bestand. Am ersten

Morgen nach der Abfahrt der anderen kam Thomas an den Frühstückstisch und erzählte uns, er hätte die ganze Nacht nicht geschlafen, weil ihm plötzlich aufgefallen war, wie alt und unheimlich das Schloss ohne die anderen war. Kurz darauf fand er seinen Vater am Auto, wie er die Koffer einpackte. John war es genauso ergangen. Ich war überstimmt, und schon bald saß ich widerwillig mit den beiden Weicheiern im Auto.

Als die Kinder wegen unserer Reise nach Peru Bedenken äußerten, hatte ich dafür volles Verständnis und versicherte ihnen, noch mal mit John zu reden. Zu seinem extrem dichten Terminkalender kam seine totale Unfähigkeit, sich selbst zu organisieren – ein Kampf gegen Windmühlen. Ich erinnere mich an die Zeiten seiner *Sounds*-Kolumnen in den Siebzigern, als wir immer mit den gerade fertig geschriebenen Artikeln direkt nach London in die Druckerei fahren mussten.

Er lud sich ein unglaubliches Arbeitspensum bis zur Überforderung auf, versuchte aber, es keinen merken zu lassen. Wenn Chris zum Beispiel für *Home Truths* einen Interviewtermin vereinbaren wollte, für den John irgendwo hinfahren musste, sagte er stets: »Ich denke, das klappt, aber ich frage lieber noch mal Sheila.« Wir hatten ein System entwickelt: In unserer Küche hing ein Kalender mit all seinen Terminen und ohne Abgleich mit diesem waren keine Verabredungen möglich. Wenn ich nicht in der Küche war, konnte er also auch keinen neuen Termin vereinbaren. Dies trieb die Produzenten gelegentlich in den Wahnsinn, aber es erwies sich als der einzige Weg, zu vermeiden, dass John sich völlig überforderte.

In der letzten Zeit ärgerte er sich immer wieder über die Tatsache, dass er mittwochs im Londoner Westend festsaß und nichts zu tun hatte, während sich den Rest der Woche zu Hause die Arbeit türmte. So zog er vor seinen Abendsendungen durch Soho, klapperte die Plattenläden ab oder rief Thomas im Büro an: »Tom, ich stehe unten vor der Tür, komm runter, und wir gehen einen trinken.«

Sollte es jemanden geben, der hoffnungslos überarbeitet und dennoch grenzenlos glücklich mit seinem Leben war, dann war es John. Als er im August 2004 seinen fünfundsechzigsten Geburtstag feierte, waren sämtliche Gäste darüber erstaunt, wie zufrieden er schien. Er liebte sein Leben, so einfach war das. Egal ob er an seinen Sendungen arbeitete oder mit seiner Familie zusammen war, er war einfach glücklich.

Das Schönste für ihn war, auf ein Demo zu stoßen, das ihn wirklich begeisterte. Er muss Hunderte von Stunden seines Lebens damit verbracht haben, in der Küche zu stehen und eine der auf die Kassetten gekritzelten Telefonnummern anzurufen: »Hallo, hier ist John Peel vom wunderbaren Radio 1.« Er freute sich jedes Mal, wenn er eine Band anrief, um sie zu Aufnahmen einzuladen oder sich nach Neuveröffentlichungen zu erkundigen.

Noch heute liegen in seinem Zimmer stapelweise CDs, Bänder und Platten, die er noch nicht gehört hatte, viele noch verpackt, manche kamen erst nach seinem Tod mit der Post. Die beigefügten Briefe spiegeln die typische Mischung aus Verwegenheit, Temperament und Optimismus wieder.

> Lieber John,
> in der letzten Zeit höre ich immer häufiger deine Sendung, denn meine Examen stehen vor der Tür, und meine Zeit wird allmählich knapp. Hätte ich doch konsequenter studiert, statt zu versuchen, die beste aller Rock'n' Roll-Bands zu gründen. Wie auch immer, versunken in meinem Scheitern, gepaart mit der Musik einer total chaotischen Band, ist es beruhigend zu wissen, dass es da draußen jemand gibt, der in Myriaden technischer Probleme versinkt und dabei trotzdem lächelt (ich vermute, du lächelst. Ist ja Radio ...). Und wo wir das eine oder andere gemeinsam haben, dachte ich, ich schicke dir unsere neue EP, ein biss-

chen rau vielleicht, aber was kann man von einer 4-Spur-Aufnahme groß erwarten?
Viele Grüße,
David Marrs (aus Cumbria)

Sehr geehrter Mr Peel,
hallo, mein Name ist Tom Cornell, und wie viele andere versuche ich, mich als Singer/Songwriter in der Musikindustrie zu etablieren. Ich bin ein großer Bewunderer von Ihnen und wünsche mir, dass Sie sich meine CD anhören, es lohnt sich, und vielleicht gefällt sie Ihnen ja. Ich weiß, dass Sie andauernd Demos zugesandt bekommen, aber vielleicht in einer kurzen Pause ein kurzes Reinhören – über jedes Feedback würde ich mich freuen.
Vielen Dank
Tom Corneill

Sehr geehrter Mr Peel,
ich sende Ihnen unser Band, da ich weiß, dass Sie der einzige DJ sind, der überhaupt in Erwägung zieht, uns anzuhören und vielleicht zu spielen. Wenn Sie uns nicht spielen, werden wir bis zu unserer nächsten Aufnahme durchheulen und Sie mit dieser erneut belästigen. Sollten Sie unter Zeitdruck stehen, empfehlen wir das 4. Stück.
Alles Liebe
Sexy Butchers

Alle diese Bands hätten bei John die gleiche Begeisterung ausgelöst wie die Undertones, The Fall, die Ragga Twins und Big Black, die Dwarves und die Butthole Surfers, Captain Beefheart, die Cocteau Twins, die Faces und Carcass.

Einer seiner größten Momente der letzten Jahre war seine erste Session mit den Delgados für eine Sendung, die ursprünglich für Radio Scotland produziert wurde. Man hörte seiner Moderation an, wie erstaunlich er die Band fand, und noch während der Sendung lud er die Band zu einer regulären Session nach Maida Vale ein.

Kurz nach dem Auftritt der Delgados moderierte John eine Doku-Serie mit dem Namen *Sounds of the Suburbs* für Channel 4. Die Grundidee war, Bands aus den britischen Vorstädten und Randgemeinden vorzustellen. Während einer Folge traf John die Band Comatose und interviewte die Sängerin. Anschließend lud er sie zu einer Session für seine Sendung ein, wobei sich herausstellte, dass sie weder seine Sendung kannte noch den blassesten Schimmer hatte, wer er war und was er ihr da anbot. John liebte solche Situationen.

Eine andere Folge beschäftigte sich mit Bands aus der Grafschaft Lanarkshire wie BMX Bandits, The Jesus and Mary Chain, den Soup Dragons und Teenage Fanclub. Während der Sendung traf John auch Stewart Henderson von den Delgados. Nach dem Interview fragte Stewart, ob John Lust hätte, bei einem Quizabend in einem Lokal, dem Electric Club, mitzumachen. John sagte zu, unter der Bedingung, dass das Ganze nicht zu einer Promi-Angaff-Veranstaltung geriet, was in der Vergangenheit öfter passiert war.

Bereits einige Tage vor der Quizveranstaltung schaute Stewart in der Electric Lounge vorbei, um anzukündigen, wen er als prominenten Gast gewonnen hatte. »Du willst uns doch verarschen, Alter«, war die erste Reaktion. »Nein, nein, es ist John Peel«, sagte Stewart, »und tut mir bitte einen Gefallen, benehmt euch nicht wie die letzten Vollidioten, ich habe versprochen, dass es ein normaler Abend wird und ihm niemand auf die Nerven geht.« Er verließ das Lokal, beflügelt von der Aussicht, dass einer seiner Helden seiner Stammkneipe einen Besuch abstatten würde – andererseits aber auch beunruhigt, dass die Stammgäste ihn blamieren könnten, indem sie eine Schlägerei anzettelten oder John vielleicht vollkotzten.

Als der große Tag gekommen war, betrat Stewart eine halbe Stunde vor dem verabredeten Termin den brechend vollen Club, die Buschtrommeln hatten jeden im Umkreis von fünf Meilen dazu bewegt, diesem großen Moment beizuwohnen. Voller Erwartung richteten sich alle Augen auf Stewart, um festzustellen, dass er alleine gekommen war. »Hamwa doch gewusst, dass er nich kommt«, ging das Gezeter los, das temporär abflaute, nachdem Stewart versicherte, John Peel würde auch gleich kommen. Stewart setzte sich an einen Ecktisch, versteckte sich hinter seinem Bier und ging innerlich alle möglichen Katastrophenszenarien durch.

Zwanzig Minuten später betrat John den Club, und ein brüllendes Getöse brach aus. Nervös und irritiert setzte er sich an den Ecktisch, während Stewart die Getränke holte. Die Besucher waren großartig, manche kamen, um John artig die Hand zu schütteln, ließen ihn ansonsten aber in Ruhe.

Als das Quiz begann, realisierte Stewart, dass sein Begleiter nicht wirklich ein Aktivposten war. Das Intro von »Voodoo Chile« wurde abgespielt, und John bestand darauf, dass es »Purple Haze« war. »Mein Gott«, lachte Stewart, »du hast doch Sessions mit Jimi Hendrix veranstaltet? Hättest du mal zugehört!«

Im gleichen Stil ging es weiter, und sowohl John als auch Stewart wurden zunehmend betrunkener und alberner. John meinte zu Stewart, dass solche Abende John Lennon begeistert hätten, in Kneipen rumsitzen und dummes Zeug erzählen, dafür sei er immer zu haben gewesen.

Am Ende des Abends fiel ein riesiger Schatten auf Johns und Stewarts Tisch. Gus Allan, ein baumlanger Stammgast mit einem Furcht erregenden Bürstenhaarschnitt, baute sich vor John auf und stellte sich vor. »Hey, John, du bis' mein verdammter Held, weißte, als ich in der Schule war, hat sich keiner auch nur 'n Scheiß um mich gekümmert, aber ich hab immer deine Sendung gehört, hammergeil, großer Mann, spitzenmäßig.« Ein Händedruck, und Gus war verschwunden.

Ein halbe Stunde später verabschiedete sich John, und ein tosender Applaus beendete diesen unvergesslichen Abend. Ein paar Tage danach erzählte er während seiner Sendung, dass er die große Ehre gehabt hätte, an einer Quizveranstaltung in der Electric Bar in Motherwell teilnehmen zu dürfen und sich dabei prächtig amüsiert habe. »Ein großartiger Laden«, sagte er, »ich hoffe wirklich, dort noch mal vorbeizukommen.« Und dann widmete er das nächste Lied Gus.

Am Dienstag, dem 14. Oktober 2004, um 23 Uhr ging John zum letzten Mal mit seiner Radio-1-Show von seinem Zimmer am Ende des Ganges aus auf Sendung. Es war wie immer. Als Erstes spielte er »I Wanna Holler (But This Town's Too Small)« von den Detroit Cobras und informierte die Zuschauer: »Wir haben ein volles Haus heute Nacht – das heißt, alle anderen schauen fern, während ich die Sendung fahre.« Er erwähnte ein Lied, das er »unserem Tom« widmen wollte – »The Box It Came In« von Anna Firmin and The Trigger Gospel –, »aber er ist zu Bett gegangen und kann es nicht mehr hören, und ihr werdet es auch nicht mehr hören, denn ich spiele es heute Abend nicht«.

Dafür spielte er Trencher mit Stücken wie »Row Upon Row Of Leper Skulls«, »Attack Of The Sex Attackers«, »I Lost All My Hair In A Skiing Accident« und »Trapped Under A Train Alive«. Dann kamen – natürlich – The Fall mit »Powder Keg«, während ich in der Sparte »Pig's Big 78« an diesem Abend Conway Twittys »It's Only Make Believe« auflegte. John und ich sangen jedes Wort mit, während die Plattennadel sich knisternd und rauschend durch die Rillen grub.

Wie immer waren es die E-Mails der Zuhörer, die es für John zu so einem großen Vergnügen machten, live zu senden. Ein Student aus Oklahoma schrieb, wie interessant er es fand, dass John in einer vorhergehenden Sendung erwähnt hatte, er hätte in den Sechzigern bei KOMA gearbeitet. Dan aus Steveless schickte Details einer neuen Website. Irgendjemand schrieb, wie sehr er die Maida-Vale-Session mit den Super Furry Animals und Phillip Roebuck genossen hatte. Jemand anderes fragte nach einem Stück mit der Liedzeile »Hi, I'm Chucky, wanna play?«, das John vor ein paar Jahren gespielt hatte. Gary meinte in einer E-Mail, das wären 150 Volts gewesen, und John versprach, es zu recherchieren und die Platte in ein paar Wochen noch mal zu spielen. Ein weiterer Hörer wollte ein Stück seinem siebenundneunzig Jahre alten Großvater widmen, »der wahrscheinlich nicht zuhört«; John tat ihm den Gefallen und spielte »Backbone Of Society« von den Aphrodisiacs.

Er spielte eine japanische Thrash-Nummer von Swarrrm mit dem Titel »Flummox«. »Swarrrm mit drei Rs« erklärte er. »Ich meine S-w-a-r-r-r-m, nicht ›Swarm mit drei Rs‹, das wäre doch ziemlich dämlich, oder?« Die Platte war ihm von Dean von Extreme Noise Terror geschickt worden. »Was für ein Held dieser Mann ist«, seufzte John. Da waren »What's The Matter Blues« von Frank Stokes, »Hushhh« von Andrew Thomas und »Shangri-La Tiger« von Dollhouse. (»Was denken die eigentlich, was sie machen?«, fragte John sich, als das Stück in einer Feedback-Orgie endete.)

Das letzte Stück der Show war »Time 4 Change« von Klute von dem Album *No One's Listening Anymore*. Dann meldete sich John ab. »Ich werde Anfang November wieder in eurer Mitte sein, hoffentlich erholt, mit euren Plattenwünschen. Wie immer: Danke fürs Zuhören.«

Epilog

Am 26. Oktober 2004 starb John an einem Herzinfarkt in Peru. Die öffentliche und mediale Anteilnahme, mit der die Kinder und ich in den nachfolgenden Wochen und Monaten bedacht wurden, war gleichermaßen überwältigend wie tröstlich.

Wir waren in einer seltsamen Situation. Wo immer wir hinschauten, wurde John betrauert, und wir wussten, dass diese Ehrungen nicht an uns gerichtet waren und spontan stattfanden. Trotz allem, das Wissen, dass andere unsere Trauer teilten, hat uns enorm geholfen.

Als Johns Tod auf Radio 1 bekannt gegeben wurde, saß ich noch in Peru fest, aber die Kinder waren zu Hause. Sie hatten meinen Anruf am frühen Morgen erhalten und warteten gespannt auf die Nachricht im Radio, die für den Nachmittag angekündigt war. Danach brachte die BBC im Radio und im Fernsehen Statements von Kollegen und Musikern, mit denen John im Lauf der Jahre zusammengearbeitet hatte.

In den folgenden Wochen wurden wir von E-Mails und Briefen überhäuft. Menschen, die John nie getroffen hatten, sandten Blumen und Beileidsschreiben – manche an die Adresse »Familie von John Peel. Irgendwo in Suffolk«.

In Liverpool, Brighton und Belfast wurden Graffiti gesprüht. An der Charing-Cross-Brücke in Glasgow setzte jemand »John Peel RIP« zwischen zwei Herzen. In Leeds gestaltete eine Gruppe von Graffiti-Künstlern eine Wand mit einem Bild von John und den Worten: »John Peel, eine bedeutende Inspiration und Schlüsselfigur der unabhängigen Musikszene Großbritanniens … 1939 bis 2004 … Wir vergessen dich nicht.« Ein Freund von mir kam aus einem Meeting und brach beim Anblick einer riesengroßen Fahne, die aus einem Apartmentblock hing, in Tränen aus. »Goodbye John«, stand darauf. »Wir lieben dich.« Die HMV-Kette hielt eine Gedenkminute in ihren Läden ab, als die Nachricht bekannt wurde, und in allen Virgin Megastores wurde »Teenage Kicks« gespielt.

Angesichts dieser außergewöhnlichen Trauer schien es nur sinnvoll, aus Johns Begräbnis eine öffentliche Veranstaltung zu machen. Wir ließen Lautsprecher installieren, damit auch die Leute außerhalb der Kathedrale von St Burys den Trauergottesdienst mitverfolgen konnten.

Die Reaktionen auf Johns Tod waren überwältigend, der beeindruckendste Moment aber war, als wir vor der Kathedrale ankamen und die Menge zu klatschen und zu jubeln anfing. Dankbar hörten wir Ausrufe wie »John, wir lieben dich« und »Danke, John«. Noch dankbarer waren wir, als nach dem öffentlichen Trauergottesdienst unsere Privatsphäre respektiert wurde und wir ganz im Stillen in unserer Dorfkirche Abschied nehmen konnten.

Johns Freunde halten sein Andenken am Leben. Es macht fast den Eindruck, als hätte Andy Kershaw in seiner Sendung auf Radio 3 jede Woche eine Geschichte aus Johns Leben zu erzählen; ein Hörer hat ihm sogar eine Mini-Disc mit den zwanzig witzigsten Überleitungen aus Johns Radio-1-Show zugeschickt, und Andy streut diese immer mal wieder in das laufende Programm ein – gerade so, als ob John Andys Radioshow comoderieren würde. Wir waren auf Konzerten von Loudon Wainwright III und Nina Nastasia, die auf der Bühne von Begegnungen mit John erzählten und

Ein Gedenkschild für John am Straßenrand

ihm Lieder widmeten. Und Danda und Flossie besuchten neulich ein Konzert von Laura Cantrell, bei dem Laura, als sie zur Zugabe auf die Bühne kam, diese »meinem guten Freund John Peel« widmete. In den folgenden Monaten wurde ihm auf Konzerten im ganzen Land Respekt gezollt.

Manchmal frage ich mich, ob das seltsame Gefühl, dass John nicht mehr da ist, jemals aufhört. Bei großen Familienfeiern scheint es mir selbstverständlich, dass er teilnimmt, er war immer im Zentrum des Geschehens. Und jetzt spürt man seine Abwesenheit ganz deutlich. Ich hätte mir so gewünscht, dass er am 26. Mai 2005 beim Sieg von Liverpool in der Champions League bei uns gewesen wäre. Danda und Flossie hatten Cocktails und Häppchen in den Vereinsfarben vorbereitet, das Wohnzimmer war über und über mit Liverpool-Fahnen geschmückt, Archie trug die Vereinsfarben. Zur Halbzeit, nachdem Mailand gegen uns mit 3:0 führte, riefen wir John um Beistand, dann die Wende: Gerrard, Smicer, Alonso – drei Tore in sechs Minuten. Dann gewannen wir das Elfmeterschießen 3:2. Was für eine wahnsinnige Nacht – und wie schade, dass John nicht bei uns sein konnte. Am nächsten Tag bemerkte Johnnie Walker in seiner Radiosendung, dass »John Peel wohl im Himmel getanzt haben muss, als Liverpool letzte Nacht gewonnen hat«. Das hat er bestimmt getan. Und zwar den Westbourne Grove Walk.

Am Tag nach dem Spiel fuhren wir in die Stadt und kauften alle roten Blumen, derer wir habhaft werden konnten. Danach ging es zum Friedhof. Johns Grab ist ein Ort sanfter Trauer, am ersten Weihnachtsfest ohne ihn haben wir ein Glas Champagner über das Grab gegossen, kurz davor hatte jemand ein Glas Rotwein auf das Grab gestellt. Das Glas steht immer noch, der Inhalt ist natürlich verwässert. Wir wissen nicht, wer es war, möchten uns aber dafür bedanken.

Wir haben also alle Blumen auf das Grab drapiert und einen Liverpool-Schal um den Grabstein geschlungen. Dann haben wir uns bei John für die Hilfe beim Cup-Gewinn bedankt, sind über den Friedhof geschlendert und nach Hause gefahren.

Anhang

1992 begann John erstmals ernsthaft darüber nachzudenken, eine Autobiografie zu schreiben. Während der Vorbereitungen dazu schrieb er die folgenden beiden Briefe an seine Literaturagentin Cat Ledger.

Liebe Cat,
ich dachte, ich schreibe dir, bevor die Schuldgefühle, die dein Anruf vor drei Minuten bei mir ausgelöst hat, sich wieder verziehen.
Natürlich habe ich nach wie vor großes Interesse daran, das Buch zu schreiben, und der Tod meiner Mutter stellt in diesem Zusammenhang, wie ich eben schon erklärt habe, noch einen größeren Anreiz dar. Das Problem besteht allerdings darin, die notwendige Zeit dafür zu finden, weil mein Terminplan brechend voll ist mit Verpflichtungen im Zusammenhang mit meinen unpopulären Radiosendungen. Ich vermute, einzig und allein der Lockruf des Goldes wird, wie üblich, zur Lösung dieser Probleme beitragen.
Wahrscheinlich wird das Buch - neben einer Unmenge überflüssiger Kommata - ungefähr Folgendes enthalten: meine Geburt im Alter von vier Jahren in einer Holzfällerhütte im Schwarzwald. Nein, jetzt mal ganz im Ernst ... geboren

drei Tage vor dem Ausbruch des Krieges (Zweiter Welt-), Erinnerungen an die ersten Radiosendungen im Anderson-Luftschutzraum in unserem Garten, deutsche Flugzeuge, die über unser Haus flogen, Kriegsgefangene auf den Feldern neben unserem Garten, Liverpool und Birkenhead in Flammen, die Rückkehr meines Vaters aus dem Krieg - das erste Mal, dass ich ihn überhaupt zu sehen bekam - und gleich darauf seine Abreise nach Rhodesien (so hieß das damals), um es zu inspizieren und uns nachkommen zu lassen. Seine Entscheidung, davon doch wieder Abstand zu nehmen, und sein mächtig beeindruckender Mercury, Baujahr '46. Mein Eintritt ins Internat in Woodlands, Degawny, im Alter von sieben.

Vier Jahre Blut, Sadismus, Desinformation, perverse Vikare, Fußball und noch mehr Blut. Darüber hinaus das Rauchen von Löschpapier, das Verbot der »Just Henry«-Bücher, Sexualkunde (die frühen Jahre), unglaublich ausgeklügelte Schikanen und der stärkste Junge der Welt.

Wechsel zur Shrewsbury School im Alter von 13, trotz knappem Verfehlen der Eingangsvoraussetzungen (Notenschnitt 1% unter der Norm), trotzdem Aufnahme, weil Generationen stolzer Ravenscrofts bereits vor mir auf der Schule waren. Absolutes Schlusslicht der Schule im ersten Halbjahr - gleichbedeutend mit Sitzenbleiben in einer staatlichen Schule. Geringe Begeisterung meines Vaters über meine aus dem Rahmen fallenden Leistungen. Im gleichen Schuljahr Aufstellen eines neuen Rekords in offiziell verhängten Prügelstrafen. Die Probleme, die mit meinem (kaum zu glauben, aber wahr) guten Aussehen zu dieser Zeit einhergingen - d.h. sexuelle Belästigungen, bis hin zum Arschfick (ich weiß doch, wonach das Publikum lechzt). Überlegungen zu den Langzeiteffekten von selbigem.

Die Einsamkeit des einsamen Fußballspielers und die Faulheit des Langstreckenläufers. Konfirmation, Enttäuschung und der Beginn einer lebenslangen Furcht vor religiösen Erfahrungen. Mehr Prügel, hoch ritualisiert und sehr schmerzhaft. Verliebtheit in einen Jungen, der später einmal als Kandidat der Tories erfolgreich bei der Nachwahl im Anschluss an das »Verschwinden« von John Stonehouse abschneiden sollte. Mangelnder schulischer Erfolg, doch Rettung von J.R.P.R. (ich) durch einen überaus weisen, witzigen und großmütigen Hausleiter (dem, wenn es dazu kommt, das Buch aller Wahrscheinlichkeit noch gewidmet sein wird). Drastischer Wechsel der Einstellung durch einen Ausflug zum Boys Club in Everton, der von der Schule gegründet und auf die ekligste Art und Weise von meinen damaligen Mitschülern gefördert wurde. Kam zu dem Ergebnis, dass Liverpool-»Oiks« bessere Menschen sind als die, mit denen ich zur Schule ging. Begeisterung für das Frühwerk von Bill Haley und, nicht so gut, Frankie Laine und Johnnie Ray, hinweggefegt von Little Richard. Abgeblitzt bei den »Flashman«-Typen an der Spitze der Jazz-Gesellschaft der Schule - The High Society, wie denn auch sonst - bei dem Versuch, Gleichgesinnte zu finden. Die Einsamkeit des einzigen Lonnie-Donegan-Fans.
Nach jahrelangem Versagen kurzfristige Phase schulischer Spitzenleistungen in der Klasse des Hausleiters. Gründe für Dankbarkeit, dass ich zu dämlich war, an die Universität zu gehen. Abgang von Shrewsbury mit Prädikat »verhaltensgestört« und vier »O«-Levels.
Arbeit als Bürogehilfe in der Baumwollbörse von Liverpool. Duane Eddy (neben anderen) im Liverpool Empire gesehen. Vorzeitiger Eintritt in die Armee. Stationierung und Grundausbildung in Oswestry

(königliche Artillerie). Ausbilder ein dämlicher kleiner Scheißhaufen, der mit meiner Stiefschwester liiert ist. Diverse Abschnitte über Auseinanderbrechen der Ehe der Eltern und die anschließende Heirat meines Vaters mit spinnerter Schnepfe, mit der er vor Ewigkeiten mal verlobt war, bevor er sich während der romantischen Dreißiger in meine Mutter während eines Ski-Urlaubs in Wengen verliebt hatte. Eigene Erlebnisse bei Ski-Urlauben, einschließlich der Vickers Viscount und Jodeln.
Scheitern - wieder mal - bei dem Versuch, Offizier zu werden (vermutlich als erster Abgänger von einer Privatschule überhaupt), und die Reaktion der Unteroffiziere auf den gescheiterten Privatschulabgänger in ihrer Mitte - weitere Unannehmlichkeiten, gefolgt von überraschenden Reaktionen seitens der Kameraden beim Fußvolk.
Versetzung nach Salisbury Plain, einhergehend mit weiteren hohen Dosen von Gewalttätigkeit.
Unerwartete Rolle der Heilsarmee im Leben des jungen Soldaten JRPR. Antrag auf Versetzung nach Anglesey aus familiären Gründen (völliger Schwindel) bewilligt. Versetzung zur Versuchseinrichtung der königlichen Artillerie, Abteilung Lenkwaffen, mit anschließenden Kapiteln voller haarsträubender Geschichten über das Leben in der Armee. Sentimentaler Kram darüber, wie ich Alan (11) und seinen besten Freund Anthony Bolden (königlicher Biograf und Kartenspieler) zum Essen ausgeführt und ihnen hinterher beim Spielen auf den Felsen von Tre-Arddur Bay zugeschaut habe.
Gründung einer Skiffle-Band zusammen mit einem Kameraden, der mir später androhte, mich zu verklagen, wenn ich seinen Namen in der Öffentlichkeit nenne. Arbeit an streng geheimer Radareinrichtung und Vorführung derselben vor hochrangigen NATO-

Offizieren (völlige Farce). Das rituelle Niederbrennen des Versorgungslagers. Motorradrennen. Fahrt nach Liverpool, um Gene Vincent und Eddie Cochran spielen zu sehen. Fahrt nach Liverpool, um Liverpool spielen zu sehen. Seitenweise Auslassungen über Billy Lidell (linker Flügel).
Entlassung aus Armee nach zwei recht glücklichen Jahren. Abschätziger Abschlussbericht von Kompanieführer. Abschätzige Reaktion des Vaters auf ebendiesen. Rückzug auf schwere körperliche Arbeit in Baumwollfabrik in Rochdale. Romantische Vorstellungen à la Alan Bennet über das Leben im grauen Industrierevier des Nordens. Drohung des Vaters, mich in die USA zu schicken. James-Dean-mäßige Antwort meinerseits, gefolgt von Panik, als ich mich unvermittelt auf der SS Eugene Lykes unterwegs nach Houston befand.
Überquerung des Atlantiks.
Ankunft in Houston. Tod eines Zeitungsverkäufers. Eilige Abreise nach Dallas. Opfer einer versuchten Vergewaltigung im YMCA. (Bis hierher nur enttäuschend wenig Sex - außer man rechnet Masturbation dazu, dann allerdings Unmengen.)
Eiliger Umzug in malerische Pension auf Gaston Avenue, mit wechselnden Gästen, bestehend aus Tagedieben, Taugenichtsen, Trinkern, Rassisten und Landeiern. Nächte voller Flirtversuche mit Kellnerinnen in gefährlichen Bars und Clubs. Erste Konfrontation mit der Magie von Roy Orbison. Zweite und dritte dito. Vierte dito. Messerstechereien in Club-Toiletten. Verliebt in eine Rothaarige namens Judy. Erste sexuelle Erfahrung (leider nicht mit Judy). Fahrt zum Bezirksgefängnis von Fort Worth zur medizinischen Untersuchung wegen Antrag auf dauerhafte Aufenthaltserlaubnis. Konzerte - Big D Jamboree etc. Erste Radiosendung (1961). Blut geleckt und in der Folgezeit däm-

liches Benehmen. Wieder verliebt, diesmal in eine Stewardess - wieder eine Judy. Fahrten nach New Orleans - ohne Judy -, um die Karriere einer Stripperin namens Chris Colt, the Girl with the 45's, zu verfolgen. Gründungsmitglied des Dallas County Cricket Club. Cricket-Spiele in Houston, Austin, San Antonio, Abilene. Feindliche Reaktionen seitens der Eingeborenen. Begegnungen mit - und das ist wahr - John Kennedy, Richard Nixon und Lyndon B. Johnson während des Wahlkampfs 1961. Zweites sexuelles Erlebnis.
Erstes Auto. Fahrten zu Dragster-Rennen. »American Graffiti«-mäßiges Leben. Weiterhin Dasein als Bürogehilfe. Verwandlung in Vertreter für Ernteausfallversicherungen und Fahrten nach West-Texas einschließlich Besuche in mexikanischen Bordellen (jedoch nie aktiver Teilnehmer am Geschehen!). Weitere Konzerte. Begegnung mit Lightnin' Hopkins und Memphis Slim. Jimmy Reed live erlebt. Eintritt in das Leben der Beatles und schamloses Ausnutzen mangelhafter Geografiekenntnisse der Amerikaner, die glaubten, weil ich aus Liverpool kam, müsste ich die Fab Four persönlich kennen. Ausnutzen (schändlich) weiblicher Fans mit ähnlichen Fehleinschätzungen. Verfolgt von über 2000 kreischenden Teenagern in der Innenstadt von Dallas. Mehrere Monate voller bizarrer sexueller Aktivitäten, die die wildesten Masturbationsfantasien überstiegen. Die Gefahren von oben Erwähntem. Fluchtartiger Auszug aus der Hütte, die ich bewohnte, ins Haus der Eltern einer Dauerfreundin. Tod ihres Vaters und ihrer Mutter, gefolgt von unserer Heirat. Sie war 15, ich 26.
(Davor: Ermordung Kennedys - ich war's nicht - und meine Anwesenheit bei der Pressekonferenz, bei der Lee Harvey Oswald des Mordes angeklagt wurde - später bestätigt (zu meinem Erstaunen) durch

Granada-TV-Filmausschnitt). Details über kurzfristige Inhaftierung im Bezirksgefängnis.
Umzug - vor Eintreffen der Polizei - nach Oklahoma City. Erster Vollzeitjob beim Radio. Große Beliebtheit der Paul 'n' John Show. Stürmischer Empfang bei High-School-Jahresfeier. Kauf einer Corvette. Erweist sich als Fehlgriff. Kauf eines Chevrolet 409. Benutzung desselben für Transport von Dan Yankee and the Carpetbaggers und Jay Walker & the Pedestrians zu Konzert in Indianerreservation. Immense Bedeutung von »Hang On Sloopy«, »Gloria« und »Louie, Louie«. Gefahren bei nächtlichem Stopp an Raststätte auf dem Land. Gefahr, eingezogen und nach Vietnam geschickt zu werden, abgewendet durch Hinweis auf abgeleisteten Militärdienst in alliierter Armee. Psychische Schäden bei Kumpel, der in 'Nam gelandet war. Fahrt nach Minneapolis, um die Beatles zu treffen. Fehlschlag. Von der Polizei verprügelt worden. Weitere Fahrten aufs Land in Oklahoma. Beginn des Auseinanderbrechens der Ehe.
Häusliche Gewalt und ein Frosch aus Stein. Jobverlust. Umzug nach San Bernardino, Kalifornien. Achtzehn Monate bei KMEN. Weiteres Auseinanderbrechen der Ehe. Fahrten nach Los Angeles zu Konzerten von Capt. Beefheart und einer Menge anderer angesagter Bands. Begegnung mit Jefferson Airplane. Mochte sie nicht. Arbeit mit lokalen Bands. Misunderstood nach England geschickt, wo sie bei Mutter wohnen sollten. Mutter nicht erfreut. Fahrten nach Watts nach Unruhen. Verwicklung der Polizei in weiteres Auseinanderbrechen der Ehe. Abreise aus Kalifornien. Ankunft zu Hause. (All dies gewürzt mit mehr Einzelheiten, z.B. Stones-Konzert in San Bernardino, bei dem ein Fan einen Polizeirevolver in die Bühne leer schoss. Gefährliche Nähe zu selbigem Ereignis. Erstaunliche

Stärke weiblicher Fans. Konzerte von Herman's Hermits, Animals, Hollies.)
Ehefrau ebenfalls in London. Das Leben gegenüber der Royal-Fulham-Reinigung. Weiterer Zerfall der Ehe führt zu endgültigem Auseinanderbrechen.
Umzug in Wohnung Nähe Regent's Park zu androgynem Fotografen (mein Umzug) bei gleichzeitigem Versinken der Frau in Melancholie und Kriminalität, die letztlich zu ihrer Inhaftierung und frühem Tod führt - allerdings wollte ich mich darüber nicht allzu sehr auslassen.
Leben inmitten der feinen Leute auf der Upper Harley. Schließung der Piratensender. (Seitenlang lustige Anekdoten über die Leute auf dem Schiff.)
Treffen mit John Lennon unter merkwürdigen Umständen. Begegnung mit Yoko. Allgemeine Überlegungen über das Leben als kleiner Prinz unter den Hippies. Weitere sexuelle Erlebnisse. Fahrten zu Hautklinik (Tripper). Bizarre Filzlaustherapie durch zukünftige Ehefrau in einem Hotel in Birmingham. Abfassen diverser mistiger Artikel für verschiedene Hippie-Zeitungen. Abfassen furchtbarer Linernotes für Plattencover. Zitate daraus. Festivals. LSD-Erfahrungen. Begegnung mit Brian Jones. Dessen Tod. Hendrix. Radio-1-Sessions. Sessions mit Who, Cream, Hendrix, Pink Floyd.
Das Leben als drittklassiger TV-Star. Der Prozess gegen *OZ* und die (anhaltende) Haltung Richard Nevilles gegenüber JRPR (einschließlich eines erniedrigenden Vorfalls vor Kurzem im Groucho Club). Eine Reihe von Auftritten inklusive der Schilderung von Katastrophen, die damit einhergingen. Begegnungen mit so ziemlich jeder interessanten Band der damaligen Zeit. Doors-Konzert in London. Weitere sexuelle Erlebnisse einschließlich solcher mit Anhalterinnen. Begegnung mit Marc Bolan und Diverses über die drei Jahre, in denen er mein

bester Kumpel war. Das Leben als abgedrehter Hippie in London unter Einbeziehung der Velvet Trouser Experience und weniger glücklicher Erfahrungen als Kiffer. Sex in der Eisenbahn.
Begegnung mit Sheila Gilhooly (alias the Pig) und allmählicher Wandel des Lebens zum unendlich Besseren und der Hoffnung, dass dies so bleibt bis ins hohe Alter.
Tod des Vaters.

Damit sind wir etwa im Jahr 1970 angelangt. Ich werde dir später mehr schicken, aber jetzt muss ich nach draußen und den Kindern helfen, ein Zelt aufzubauen.

Liebe Cat,
wie angekündigt, Teil 2 der »Erinnerungen eines englischen Gentlemans«.

Dandelion Records - ein Traum zerbröselt. Gründung einer Plattenfirma aus hochgradig unpraktischen, aber idealistischen Beweggründen. Seltsame Beziehung(en) zu Künstlern führen zu Erweckungserlebnis auf dem gekachelten Boden einer Herrentoilette in Portsmouth. Überlegungen über die großen DJs (ein Widerspruch in sich? Namentl. The Weird Beard, John R., Wolfman Jack und der Verkauf

von signierten Kopien des Letzten Abendmahls, und der einzige große DJ aus GB, Alan Freeman). Erniedrigendes Scheitern bei *Top of the Pops* und der anschließende Tod des Produzenten. Freundschaft mit den Liverpool Poets, darin eingestreut - wie in das gesamte Buch - Überlegungen und Reflexionen über den FC Liverpool, z.B. Kenny Dalglish, einfach der Beste. Briefe von David Bowie in dem Bestreben, mir Geld aus dem Kreuz zu leiern und damit das ... warte, warte ... Beckenham-Kunst-Labor aufzuziehen. Generelle Überlegungen über Kunst-Labors, die grenzenlosen Mengen hochtrabenden Schwachsinns, die mit selbigen einhergehen, und die Wirkungen derselben - die tödliche Wirkung derselben - auf die osteuropäische Musik (einschließlich der Theorie über dämliche Kopfbedeckungen und fortgeschrittene Pop-Kritik).
Sesshaftwerden in Suffolk, Gründung eines Jugendclubs (der aus Gründen, die mir nicht mehr präsent sind, Great Finborough International Airport hieß). Ferienreisen mit selbigem nach Wales, Cornwall und in das frühere Jugoslawien. Rettung von Menschenleben (wirklich!), als die Bremsen eines Kleinbusses bei der Fahrt durch die Alpen versagen.
Sex. Mit dem Jugendclub zu Konzerten - Status Quo in Stafford, Tangerine Dream in Aldershot ein paar Wochen nach den Bombenanschlägen auf die Pubs.
Gründung einer Familie - William. Vater (ich) weint live im Radio. Geschichten über die Dandelion-Band Stackwaddy - Punks, bevor es Punk überhaupt gab - einschließlich Anekdoten über Sauforgien, Grausamkeit und Rache auf dem M6.
Festivals in Holland, PinkPop (in der Nähe von Maastricht - das Buch ist aber garantiert frei von Gedanken über die Maastricht-Verträge). Weitere Festivals im In- und Ausland mit Anekdoten über das

Buxton Festival, Hell's Angels, Schlamm, Besoffene, Messer und einen vorzeitigen Rückzug nach Hause.

Sich häuslich niederlassen - ein Ratgeber für Anfänger, einschl. der Suche nach dem richtigen Haus und dem Wohnen in einem Kleinbus, Besuche von berühmten Freunden - na ja, ziemlich berühmt, z.B. Richard Neville. Das Weihnachtskonzert mit Rod Stewart, Ivor Cutler, The Faces, Robert Wyatt und anderen. John Walters und sein Einfluss auf unser Leben. Bizarre Samstagabende im Zusammenhang mit den Spätfilmen im Fernsehen.

Journalismus, angefangen mit halbgaren Artikeln (und der Möglichkeit, völlig bescheuerte Zitate einzubauen, z.B. »Wolken sind Gedichte am Himmel«) in der *International Times*, *Oz*, *Gandalf's Garden*. Aufstieg (na ja) zu *Disc and Music Echo* (einschließlich Klappfoto in Schulmädchen-Outfit sowie allerlei Fotos mit nackten Frauen und plumpen Versuchen, selbige zu rechtfertigen, die schließlich zum Schulmädchen-des-Jahres-Wettbewerb bei Radio 1 führten, der - um mir selbst gegenüber fair zu sein - einmal von einem halben Rhinozeros und einmal von einer Schreibmaschine gewonnen wurde). Danach *Sounds*, *The Observer*, *The Independent* (kurze Zeit) und die Rolle als Korrespondent des *Bike Magazine*.

Interviews mit Frank Zappa, Canned Heat und Dr. John the Night-Tripper in/bei Clympings.

Freundschaft mit Captain Beefheart, möglicherweise das einzig wahre Genie auf dem Gebiet der Popmusik. Anekdoten (nett) über den großen Mann (leider mittlerweile ernsthaft krank).

Bay City Rollers in Mallory Park während eines Autorennens, bei dem Tony Blackburn in einem Boot fuhr, das von einem Womble gesteuert wurde. Der Untergang von Slade.

Treffen mit einem Geisteskranken, der behauptete, er sei nicht nur einer, sondern alle Small Faces. Gedanken über die große Bandbreite von Leuten mit Dachschäden, denen ich im Verlauf meiner Karriere im Showbiz begegnet bin.
Radio 1 Fun Days und Fun Weeks. Tony Blackburn bei dem Versuch, feindselige Geschäftsleute in Birmingham zu unterhalten, gefolgt von prompter Neubewertung Blackburns. Disco-Tanzwettbewerb in Livingston.
Überraschungstrip mit Sheila zu den Niagarafällen und ein bizarres Zusammentreffen mit den Dire Straits. Reisen mit dem BBC World Service nach Simbabwe (einschließlich ersungenem Grenzübertritt nach Sambia), Sierra Leone (einschließlich tiefem Entsetzen über die Armut der dortigen Bevölkerung), Bulgarien (einschließlich William verliebt sich) und die baltischen Staaten. Radio-1-Reisen nach Russland (prä-Glasnost) und Ungarn, in die Tschechoslowakei. Ferien auf St Lucia und der Einfluss eines Sex-Pistols-Songs.
Heysel-Stadion und unsere Anwesenheit in der Menge, knappes Entkommen und nachwirkendes Trauma. Die Auswirkungen von Hillsborough - kurzfristig und langfristig. Die Fernsehshow Tiswas und die Freundschaft mit John Gorman (ehemals Scaffold) einschließlich der Feierlichkeiten im Dorf anlässl. Royal Wedding und Kronjubiläum.
Kurzes Gastspiel bei Radio Luxemburg (in einer anarchischen Sendung mit dem Titel »Stenhouse-muir 2, Cowdenbeath 2« - die, kaum zu glauben, aber wahr, in irgendeiner Zeitung zur besten Sendung von ganz Europa gewählt wurde). (Ich war der einzige Mensch, der jemals gleichzeitig bei Radio 1 und Radio 208 gearbeitet hat, glaube ich.)
Überlegungen über die Auswirkungen von Radio

Luxemburg und AFN auf das Leben. Bewunderung für Kid Jensen. Unter dem Namen Rhythm Pals sowohl *Top of the Pops* als auch Radio 1 aufgemischt. Sehr niedergeschlagen gewesen, als er zu Capital gewechselt ist.
Sendungen für British Forces Broadcasting. Mangel an Interesse an diesen seitens unserer Jungs und Mädels in den Schützengräben, doch große Beliebtheit bei den Zivilisten in Deutschland, was dazu führte, dass einige meiner besten Freunde Deutsche sind. In den letzten beiden Jahren in Deutschland zum besten DJ gewählt worden. Absolut unfähig, deutsch zu sprechen. Sendungen für Radiosender in Bremen und Berlin (aufgenommen in der Ecke unseres Wohnzimmers), wurden beide letztes Jahr abgesetzt im Zuge von wiedererwachendem Nationalismus. Sendungen (bis zum heutigen Morgen) in Österreich und für Radio Mafia (erstaunlicher Name) in Finnland.
Die Punk-Revolution und ihre anhaltenden Effekte im privaten und globalen Rahmen. Der Flirt zwischen Punk und Reggae, die erstaunlichen Reaktionen des Publikums in den späten Sechzigern, als ich anfing, Reggae im Radio zu spielen, offene Feindseligkeit des Publikums in Reading gegenüber Reggae, Briefe und Drohungen von rassistischen Gruppierungen inklusive einer Kampagne, mir Scheiße per Post zu schicken (einschließlich eines Päckchens von der British-Movement-Zelle in Walsall, dem ein Brief beilag, der mit den Worten »Lieber John« anfing). Generelle Überlegungen zum Thema Rassismus.
Versuche, Radiosendungen in die USA zu lizensieren, anfängliche Begeisterung seitens der Yankee-Geschäftsleute, die sich allerdings schnell in Luft auflöst, als sie die Sendungen hören. Erneute Versuche derzeit, die zumindest so weit gediehen

sind, dass die Programme, gesponsert von der Nana Company, ausgestrahlt werden. Absurd überoptimistische Vorhersagen seitens der amerikanischen Publicity-Maschinerie und generelle Veranlassung zu lachen. Wichtige Einsicht, dass die Chance zur Aufrechterhaltung der geistigen Gesundheit mit der Distanz zum Showbiz zunimmt - zu selbiger gelangt durch den Anblick von Clive James und André Previn in grauenhafter TV Sendung - dachte, wenn ich wirklich alle Strippen ziehen würde, könnte ich die meiste Zeit in Gesellschaft solch glamouröser Gestalten verbringen, gefolgt von dem Gedanken, dass ich mich lieber schmerzhaften und erniedrigenden Operationen im Analbereich unterziehen würde. Stürzte mich daraufhin ins dörfliche Leben. Die Vorteile und Segnungen desselben sowie die Freude darüber, im *Guardian* als »exzentrischer Einsiedler« bezeichnet worden zu sein. Erscheint mir wie ein Freifahrtschein, mich so zu benehmen, wie es mir gefällt. Gefolgt von so vielen Seiten, wie du willst, mit süßlichen Geschichten über Babys, hoffnungslose Liebe zu Kindern, Pigs Beinahe-Tod bei der Geburt von Kind Nr. 4 (Flossie) und der widerwilligen Entscheidung, es damit bewenden zu lassen, der Kauf eines gebrauchten Morgan, den wir immer noch besitzen, aber seit zwölf Jahren nicht mehr gesehen haben. Erlebnisse auf einem Parkplatz auf dem Weg nach Bury St Edmunds.

Gebrochenes Handgelenk nach einem Foul von John Birt bei einem Spiel fünf gegen fünf in Holborn.

Diverse furchtbare Erlebnisse als Radio-1-Paradepferd bei verschiedenen superwichtigen BBC-Events einschließlich reichlich gönnerhaftem Verhalten seitens eines Attenborough.

Die Auswirkungen einer Kritik im *Guardian*, in der ich Dylan verarscht habe.

Freundschaft mit Andy Kershaw.
Reisen zum Eurovision Song Contest in Brüssel - Besuch in Heysel und ein urkomisches Zusammentreffen mit dem König und der Königin von Belgien bei einer kleinen Party, bei der auch der verstorbene Ray Moore zu Gast war, als Überleitung zu generellen Überlegungen über die wirklich großen Fernsehleute wie Moore, Lyttleton, Clayton, Arlott (einschließlich Beschreibung des einzigen Zusammentreffens mit Letzterem und einem 25-Minuten-Monolog seitens desselben) - und Lausanne.
Begeisterung für Eurovision, seine Simplizität und alberne Unverfälschtheit. Bedauern über den Bedeutungsschwund.
Erlebnisse in »Down Your Way« und »Desert Island Discs«. Bewegende Auswirkungen von nahezu sämtlichen Auftritten bei Radio 4 einschließlich Briefen von Gott und der Welt und dem Auftauchen von lange vergessenen Verwandten. Abstruses Zusammentreffen mit Prinzessin Margaret und Sympathie für selbige. Gemeinsamkeiten erstrecken sich auf die Bewunderung für ihren Vater und die Archers, wo wir beide als wir selbst aufgetreten sind. (Der Rest des Buches ist garantiert frei von irgendwelchem Royals-Unfug.)
Außerdem gibt's Seemannsgarn über meine Mitwirkung bei der Sendung *Quote Unquote* und einer weiteren mit dem Namen *The Law Game* und über Ausflüge ins Kino, Theater und eine Ausstellung mit grauenhaften japanischen Gemälden zusammen mit Samantha Fox und Shirley Williams für Gloria Hunniford TV. Enthusiastische Begeisterung für diese und andere surreale Kombinationen.
Besuch einer Gruppe von Lebenslänglichen in Gartree (einschließlich dreier Mitglieder der Guildford 4) vier Tage vor der Entlassung der Guildford 4.

Überlegungen über andere Radio-1-DJs einschließlich (wenn rechtlich möglich) des meistgehassten Mannes auf der Welt, ein Abend mit Noël Edmonds, der beinahe zum Tod eines Kollegen vor den Augen eines landesweiten Fernsehpublikums geführt hätte, gefolgt von Gedanken über Ruhm und das Bedürfnis der Leute, in die damit verbundenen Fallen zu tappen.
Begegnungen mit Kylie Minogue und Bewunderung für selbige. Ihr nettes Benehmen Flossie und ihrer Freundin Chloe gegenüber. Begründung, warum Kylie, Sheena und der Rest Springsteen, U2 und Dire Straits etc. vorzuziehen sind.
Darüber hinaus Anekdoten (unschmeichelhaft) über Besuche von Sue Cook (hat unsere Heizdecke kaputt gemacht) und Bob Geldof in Peel Acres.

So, Cat, das ist so weit alles, was mir heute Morgen einfällt. Selbstverständlich wird noch etliches anderes auftauchen, sobald ich die ganzen Kisten voller Gerümpel durchforstet habe, die hier herumstehen. Eine oberflächliche Sichtung hat beispielsweise zehn Briefe und Postkarten von Elton John zutage gefördert - und gerade fällt mir auf, dass ich eine wunderbar lustige Reise nach Japan oben gar nicht erwähnt habe. Außerdem wird es jede Menge Privatgeschichten über Autos, Hunde, Katzen, Kinder, Freunde der Kinder, Autos, Nachbarn und Partys geben.

Genau, noch was - auf der Party zu meinem fünfzigsten Geburtstag sind die Four Brothers aus Simbabwe im Garten aufgetreten. Pig hatte das organisiert, drei Jahre nachdem ich in einem Club in Harare eine beiläufige Bemerkung diesbezüglich gemacht habe, und außerdem habe ich noch vergessen, was für eine Mischung von netten Leuten aus dem Showbiz und

Freunden aus Stowmarket bei dieser Gelegenheit und bei unserer Hochzeit da war.

Die Gefahr bei dem Buch besteht darin, dass es in eine einzige Lobeshymne auf Sheila ausartet, aber ohne sie gäbe es ohnehin kein Buch, das sich zu schreiben lohnen würde.

Viel Glück bei der Jagd ...

Danksagungen

Unser Dank gilt Chris Berthoud, Lawrence Blackall, Big Bob, Billy Bragg, Richard Clark, Fiona Couper, John Darin, Paul Gambaccini, David Gedge, Peter Griffiths, Stewart Henderson, Claire Hillier, Tracey Holmyard, Alison Howe, Kid Jensen, Anita Kamath, Louise Kattenhorn, Andy Kershaw, Phil Knappett, Chris Lycett, Mike McCartney, The Misunderstood, Tom Robinson, Mike Sampey, Shurley und Clive Selwood, Feargal Sharkey, Bridget St John, Mike Stax, Dave Tate, Helen Walters, sämtlichen Mitarbeitern bei Transworld und all den Freunden, die wir mit ziemlicher Sicherheit vergessen haben zu erwähnen.

Ein spezielles Dankeschön geht an Frank, Alan, Gabs, John, Angela, Paul, Carmel, Zahra, Ashley, Hermeet und Archie.

Wir danken außerdem Ryan Gilbey und Cat Ledger dafür, dass sie dieses Unternehmen zu einem solchen Erlebnis gemacht haben.

Bildnachweis

Die Federzeichnungen im Text stammen von Sheila Ravenscroft und wurden Büchern entnommen, die sie vor etlichen Jahren für John geschrieben und illustriert hat.
Die meisten Fotos wurden von der Familie Ravenscroft zur Verfügung gestellt. Soweit Hinweise auf die Urheber existieren, sind sie hier abgedruckt, doch waren wir leider nicht in allen Fällen in der Lage, die Inhaber der Urheberrechte ausfindig zu machen. All jene, die wir nicht erreicht haben, sind herzlich eingeladen, sich an den Verlag zu wenden.

S. 18: Mike McCartney. S. 76: Joseph Comber.
S. 86/S. 87 oben: Barry Plummer.
S. 87 unten links: Nando Val Verde. S. 111: BBC.
S. 114: Peter Sanders. S. 239: Denis Jones.
S. 297: Richard Fowler. S. 301: O C Hill.
S. 355: Rex Features. S. 370: Michael Proudfoot.
S. 385: Richard Wallis. S. 416: Adrian Boot.
S. 423: Daily Mirror. S. 443: Jayne Houghton.
S. 450, S. 451: Dave Tate.
S. 460: East Anglian Daily Press.

Register

Kursive Ziffern verweisen auf Abbildungen

26 Monday

Week 22 (146-219)

HOLIDAY IN ENGLAND, N. IRELAND AND WALES

Another glorious day and in the morning Paul and Carmel did some gardening and I listened to records and made a rather hasty and unsatisfactory link for Petals for Thursday so that I wouldn't have to rush in at the crack of dawn on Thursday. Left around 1:00 for London. It was yet another glorious day and I felt very melancholy about leaving Pig behind – she seemed upset too. Picked up a hitcher beyond Stow who'd seen Bebop Deluxe at our Village Hall. Took him near Ipswich, picked up two girls, children's nurses or something, and drove them both into Colchester and to the Clacton roundabout. Rather less traffic than I'd imagined and I reached London around 3:15. Sat in the car for a bit and then went and sat in Petals office and made 'phone calls. The whole place quite deserted because it was a Bank Holiday and I was feeling very lonely and very forlorn. Ambled over to the studio and the monitor screen in the control room was showing Evel Knievel's attempt at Wembley Stadium to jump his motor-cycle over 13 single-decker buses. Incredible American hokum with Evel telling us all that he is still kinda proud of that old red, white and blue, cheer-leaders high-stepping round the ground, well out of time and dropping their batons as they went. Then Evel did a few rather desultory wheelies and then stood on top of the buses to tell us, in his home-spun way, that gee, he's no kind of a politician but he reckons, y'all, that our wunnerful country sure should stay in the Common Market and that Amyrica would be real happy if we did. Unfortunately Bill Schumo, ex-Beefheart man, arrived with the tape of the LP. of Mallard which is the band which was the Magic Band. I was a bit disappointed with their new vocalist [illegible] but the first half of the LP, which was all I had a chance to hear, sounded pretty good. Then Greg Tlain arrived and stayed for the first thirty minutes of the programme and really distressed me with a series of silly questions while I was trying to get on with the programme. Eventually chased him out and tried to salvage something of the programme. Hate doing these golden hit holiday shows. When it was over I rushed out and drove fairly swiftly round to Hadleigh and the White Lion. Arrived exactly at the same time as Pig and the others. Had a drink there – as usual the place was almost empty. Had another drink at a crowded pub outside Hadleigh and a third at one in [illegible]. Looked pleasant from the outside but it was filled w. scruffs around a duff jukebox.